한국어 표현 교육의
이론과 실제

지은이 김성숙

연세대학교 국문학과에서 학사·석사·박사 학위를 받았다. 국내 제1호 학술적 글쓰기(academic writing) 전공 박사이다. 1993년부터 2012년까지 연세대학교 한국어학당에서 한국어 교육 및 관련 연구 프로젝트를 수행했으며 3년여 간 한양대학교 창의융합교육원 조교수로 재직 후 2016년부터 연세대학교 언어연구교육원 교수로 재직 중이다. 2013년 대학 신입생 대상 '렌즈에세이' 강의 자료를 공개하여 제1회 교양기초교육 우수 콘텐츠 콘테스트에서 우수상을 받았다.

저서로 『한국어 논리와 논술』, 공저로 『한자와 함께 배우는 한국어』 1~2, 『(한달완성) 중급 한국어 쓰기』, 『대학 강의 수강을 위한 한국어 말하기, 쓰기, 읽기, 듣기』, 『새 연세한국어 3 말하기와 쓰기』, 『새 연세한국어 3 어휘와 문법 교사지침서』, 『KBS 생활 한국어』, 『KBS 생활 한국어 활용연습』, 『A+ 대학 한국어』, 『세계화 시대의 국어국문학』, 『대학 글쓰기 연구와 텍스트 해석』, 『영화 로그인』, 번역서로 『장르』, 『쓰기 평가』가 있다.

한국어 표현 교육의 이론과 실제

©김성숙, 2022

1판 1쇄 인쇄_2022년 05월 20일
1판 1쇄 발행_2022년 05월 30일

지은이_김성숙
펴낸이_양정섭

펴낸곳_경진출판
    등록_제2010-000004호
    이메일_mykyungjin@daum.net
    사업장주소_서울특별시 금천구 시흥대로 57길(시흥동) 영광빌딩 203호
    전화_070-7550-7776 팩스_02-806-7282

값 27,000원
ISBN 978-89-5996-877-0 93710

한국어 표현 교육의
이론과 실제

김성숙 지음

경진
출판

오랫동안 이 땅에는 말은 있어도 문자가 없었다. 배운 사람들끼리는 이웃한 중국의 문자를 빌려 의사를 전달하기도 했지만 생업에 바쁜 사람들은 어려운 한자를 익힐 여유가 없었다. 한 나라 안에서 말과 글이 서로 통하지 않으므로, 학식이 부족한 사람들은 전하고 싶은 바가 있어도 그 뜻을 글에 실어 표현하지 못하는 이가 많았다. 평민들의 이러한 삶을 불쌍하게 여긴 세종은 스물여덟 개 자모만 배우면 누구나 쉽게 그 결합 방식을 익혀 편하게 사용할 수 있는 '한글'을 만들었다. 한글은 이렇게 그 출발부터가 예사롭지 않았다. 군주(君主)의 측은지심과 집현전 학자 다수의 실천적 의지에서 듣도 보도 못한 문자가 태어났기 때문이다.

600여 년이 흘렀다. 이제 한국에서는 빈부나 성별의 차이 없이 전 국민이 의무교육을 받고 고등학교 졸업자의 80% 이상이 대학에 진학한다. 대학에서 다양한 자료를 해독하고 상황의 필요에 맞춰 글 쓰는 법을 배웠다면 모름지기 지식인이라 불릴 것이다. 그런데 한글을 매개로 학문이나 직업 활동을 하는 지식인이라면 한글을 창제한 세종의 염원을 기억해야 한다. 세종은 타자에 대한 연민과 실천적 의지로 그들의 꿈을 지원하고자 하였다. 우리가 교사로서 혹은 교수로서 제3세계 코리안 드림이나 대학생의 자아실현을 기꺼이 도와야 할 이유가 여기에 있다. 글은 인간을 사유하게 하고 사유의 결과는 같은 고민을 가진 타자에게 이익이 된다. 글이 소통되는 공동체에서 지식인의 문어적 실천은 늘 가치 있는 행동이어야 한다.

세계적으로 한글의 창제 정신을 기리는 학자들이 늘고 있고 실용적인 목적에서 한국어를 배우려는 학습자도 줄어들지 않는다. 한국어 교사라는 직업은 현재의 청년 실업 문제를 해소하고 미래의 노년 봉사 청사진을 그리기에 적합한 자격이다. 이러한 수요를 고려해 볼 때 한국어 교육 관련 콘텐츠도 무한 가치를 창조할 것이다. 이 책에 소개된 쓰기 교육 이론과 실제 사례들은 한국어 쓰기 교육뿐만 아니라 말하기 교육을 포함한 표현 교육 일반의 내실을 다지는 데에도 유용하다. 특히 이 책에서는 더 생각해 볼 거리로 말하기 교육과 관련된 내용을 추가하여 한국어 표현 교육 방법론 이해에 도움을 주고자 하였다.

2015년 초판(『한국어 쓰기 교육의 이론과 실제』)을 내고 2022년 증보판(『한국어 표현 교육의 이론과 실제』)을 내기까지 한국어 사용 맥락의 여건이 많이 달라졌다. 종이에 손 글씨를 쓰는 상황보다 휴대폰이나 컴퓨터에다가 손가락으로 활자를 두드려 넣는 시간이 훨씬 많다. 이제 지식인은 유용한 내용의 저술뿐만 아니라 가치 있는 콘텐츠 저작에도 능통할 것을 요구받는다. 이러한 시대적 변화를 반영하여 온라인 쓰기 수업의 학습자 참여형 평가 원리와 디지털 리터러시 구성 요소 및 콘텐츠 제작 사례를 소개하였다. 새로 소개된 내용이 한국어 표현 교육의 외연을 말하기와 쓰기뿐만이 아니라 콘텐츠 제작으로까지 넓히고자 하는 이들에게 유용하게 쓰이기를 바란다.

2022년 3월

김 성 숙

차례

1장 한국어 작문 과정 모형

2장 작문 과정의 각 단계별 전략

3장 내·외국인의 작문 수정 전략 비교

4장 중국인 학습자의 쓰기 표현 오류 분석

5장 보고서 쓰기 수행 과제 개발

6장 실제적 텍스트 중심의 교재 개발

7장 대학 신입생 대상 쓰기 교수요목 개발 사례

8장 실제적 텍스트 중심의 쓰기 능력 평가 도구 개발

9장
온라인 대중 공개강좌(MOOC) 한국어 수업에서
학습자 참여형 쓰기 평가의 효용성

10장
글로벌 평생교육을 위한
한국어 멀티모달 콘텐츠의 구조화 요인 탐색

1장

한국어문정형

한국어문정형과 모작

한국어로 자신의 견해나 감정을 표현하는 글을 쓰라고 하면 학습자는 어떤 인지적 사고 과정을 거쳐 내용을 생성하게 될지 생각해 봅시다.

√ 외국어로 발표를 하거나 글을 썼던 자신의 경험을 떠올려 봅시다. 본격적으로 말을 하거나 글을 쓰기 전에 어떤 점을 고려하면서 준비했습니까?
√ 표현 영역의 과제를 수행하는 과정에서 고려해야 할 것을 나열해 보고 우선순위를 매겨 봅시다.

1. 한국어 작문 과정 모형 개발의 필요성

문법 중심 교수법이나 청화식 교수법이 주도적인 시대에는 외국인 화자가 모국어 화자와 유사하게 말하는 데 도움이 되는 문형 표현들을 집중적으로 연구해 왔다. 하지만 1980년대 이후 세계적으로 의사소통 중심 교수법이 부상하면서 발화 행위가 유발하는 사회적 기능에 주목하는 장르 중심, 학습자 중심의 외국어 교육 방법이 호응을 얻고 있다. 그래서 쓰기 교육에서도 맞춤법이나 문법에 맞게 쓰기(Writing)보다 개인의 의사나 감정을 상황 맥락에 맞게 표현하는 작문(Composition) 교육 방법이 관심을 끌게 되었다. 초급 학습자에게는 사유를 문자화하는 데 필요한 어휘와 문법 연습이 더 필요하지만, 중급 이상의 학습자는 특별한 맥락에서 작문 과제를 수행하는 데 필요한 전략 교육이 강화되어야 한다. 그러자면 먼저 작문이 어떤 인지적 과정으로 수행되는지 그 단계별 사고의 흐름을 알 필요가 있다.

2000년 이후 외국어로서의 한국어 교육이 대학의 전공 학문으로 자리를 잡으면서 한국어 교육학의 전공도 어학, 문학, 문화학 등으로 세분되었다. 수준 높은 한국어를 구사하며 전문직에 종사하는 외국인이 늘어나면서 특수 장르 작문 교육에 대한 학습자 요구가 높아진 것도 이러한 전공의 세분화를 촉진하였다. 이 과정에서 한국어 교육학의 하위 학문으로서 '한국어 작문'에 대한 이론적 연구 경향이 생겨났다. 하지만 한국어 작문 과정의 특수성에 대해 연구하거나 그 인지 과정을 모형화하는 연구는 아직 그리 많지 않다. 그래서 이 글에서는 관련 선행 연구를 참조하여 한국어 작문 과정을 모형화해 보고자 한다.

Kaplan(1996)은 598명의 비영어 모국어 화자들의 작문 자료를 철학, 심리학, 인류학, 언어학적인 관점에서 비교하여 그 차이를 다음과 같이 도식화하였다.

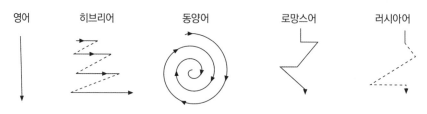

〈그림 1〉 Kaplan의 수사 조직 대조(김정숙, 1999: 202)

탈선과 반복을 참지 못하는 영어권에서는 직선적인 담화 구조를 선호하는 반면, 동양어권의 담화 구조는 나선형이라는 것이다. 즉, 영어 화자는 어떤 글을 쓸 때 결론부터 제시하고 이를 논리적으로 입증해 가는 반면, 동양권 언어 화자는 핵심의 주변부에 대한 언급에서 논의를 시작해 우회적으로 결론에 도달한다고 보았다. 물론 Kaplan의 주장이 너무 단순하고 과잉 일반화되었으며, 외국어 학습 필자가 보이는 표현 방식의 특징을 모국어의 간섭으로만 해석하였다는 문제가 있기는 하다. 하지만 모국어로 사고하고 한국어로 작문하는 외국인 초보 필자가 작문 과정에서 어떤 어려움을 겪는지를 교사가 이해하기 위해서는, 언어권별로 정형화된 사고 패턴이 있다는 사실을 고려해야 한다. 특히 사유의 전개 방식이 상이한 서구의 작문 과정 모형으로는 한국어 표현에 동원되는 인지 과정을 충분히 설명할 수 없으므로 한국어 작문 과정 모형을 독자적으로 개발하고 이에 기초하여 한국어 작문 전략을 개발할 필요가 있다.

이 글에서는 한국어 표현의 쓰기 인지 과정을 '반복 숙련 모형'(〈그림 6〉)이라 명명하였다. 한국어 5급 학습자가 작문의 초고를 수정하는 협동 학습 과정에서 어떤 인지적 사유가 전개되는지를 관찰한 결과이다.1) 학생들이 한국어 작문 과정에서 동원한 동양적 사유의 나선형적 사고 구조와 작문 일반의 공통적인 과정 및 한국어 작문의 구체적인 전략을 분석하여 이 모형을 구상하였다. 그리고 계획과 작성, 수정의 과정에서 학습자 수준별로 강화되는 쓰기 지식 요소도 〈그림 8〉로 항목화하여 작문 능력 집중 수업의 교수요목 개발에 참조할 수 있도록 하였다. 이 연구에서 한국어 작문 과정을 모형화하는 데에는 다음과 같은 글쓰기 이론이 검토되었다.

2. 글쓰기 이론의 전개 과정

Rohman(1964)은 작문이 쓰기 전(前) 과정에서 쓰기 과정을 거쳐 고쳐쓰기 과정으로 진행된다고 보았고, Britton(1970)은 착상(conception)―부화(incubation)―생성(production)이라는 은유적 과정으로 쓰기 과정을 모형화하였다. 하지만 Sommers(1980: 378)는 작문을 선형적인 과정으로 파악하는 기존 이론에 이의를 제기한다. 선형적 모델에서 수정은 쓰기 과정의 마지막에 분리된 단계, 즉 초고를 완결한 후 이루어지는 단계이거나, 쓰기 전 단계나 쓰기 단계와는 구분되는, 또 하나의 단계로 구분되기 때문이다. Sommers는 작문을 지속적인 수정의 과정으로 봐야 한다고 주장하였다.

이러한 글쓰기 이론은 내향적인 방향(inner-directed)과 외향적인 방향(outer-

---

1) 2006년 가을학기(9.4~12.20)에 국제교환학생들을 대상으로 실시한 이 수업은 매일 2시간씩 주 5일 수업으로 진행되었다. 이 수업에서 교사는 날마다 배운 어휘와 문형으로 일기 쓰기 과제를 부과하였다. 주제를 한정하였을 때 학생들이 느낄 심리적 부담을 고려하여 자신에게 익숙한 주제를 선택해 사고를 자유롭게 표현시키려는 목적에서 일기 과제를 부여하였다. 이 반은 미국계 한국인 1명, 재미교포 4명, 재일교포 2명, 일본 국적 5명, 중국 학생 1명으로 구성되었으며 모두 날마다 신문을 읽고 시사적 주제를 요약하여 주 1회 발표하고 토론할 정도의 한국어 능력을 가진 학생들로 구성되었다.

directed)으로 전개되어 왔다(Bizzel, 1982). 전자는 개인의 언어 습득 구조와 사고 과정에 중점을 두고, 후자는 언어 습득과 사고 능력이 어떻게 특정 공동체 안에서 형성되고 사용되는가 하는 사회화 과정에 더 주목한다.

• 인지 구성주의 작문 이론

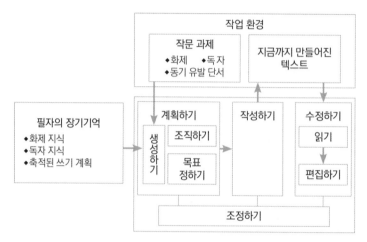

〈그림 2〉 The Hayes-Flower Model Proposed in 1980(Hayes, 2000: 8)

내향적인 작문 이론의 대표 격은 인지 구성주의 이론이다. Flower와 Hayes(1981)는 〈그림 2〉와 같이 작문 과정을 3개의 상위 요소(계획 - 작성 - 수정)와 여러 하위 요소로 나누었다.2) 글쓰기 과정 모델의 효시라고 할 수 있는 이 모형은 쓰기 주체가 작문 과정에서 직면하는 문제 해결 과정을 3단계로 구분하고 각 단계에 발휘되는 인지 요소를 항목화하였다. 하지만

---

2) 쓰기 인지 과정 모델은 크게 작업 환경, 필자의 장기기억, 글쓰기 과정으로 구성된다. 작업 환경은 주제, 독자, 동기 유발 단서 등 특정 과제에 한정된 수사적 문제나 점점 늘어나는 텍스트 자체를 포함한다. 장기기억은 주제나 독자, 다양한 쓰기 계획을 비롯해 필자가 가진 지식 모두를 일컫는다. 글쓰기 과정은 필자의 초인지가 작동하는 가운데 계획, 작성, 수정의 기본적인 과정들로 이루어진다(Flower & Hayes, 1981: 371~374). 이들이 작업 환경(task environment) 안에 특정 과제(writing assignment) 요소를 구분하였으므로 이 모델에 한정하여 '과제 환경' 대신 '작업 환경'이라는 용어를 사용하였다.

세부 과정에 작동하는 인지가 매 단계마다 어떻게 구체적인 목표를 설정하여 필요한 수단을 강구하고 당면한 문제를 해결하는지를 설명하지 못하여 이후 이 모형의 수정과 관련된 많은 논의를 촉발시켰다.

• 지식 나열 모델과 지식 변형 모델

Bereiter와 Scardamalia(1987)가 제안한 지식 나열 모델과 지식 변형 모델은 상이한 속성의 전문적 글쓰기 과정을 설명할 수 있다. 첫째, 지식 나열 모델은 과제와 관련된 배경지식을 그대로 동원할 수 있는 과제 해결에 효율적이다. 특정 장르의 내용과 구조 관련 지식이 자동화되어 있는 필자는 따로 계획을 세우지 않아도 금세 내용을 생성할 수 있다. 모범 예시문의 구조와 내용을 모방해 단락을 작성하는 지식 나열 과제는 초보 필자의 쓰기 능력을 짧은 시간 안에 향상시키는 데 도움이 된다.

지식 나열 모델은 쓸 주제에 대해 해박한 지식을 가진 전문 필자나 과제의 요구를 제대로 파악하지 못하는 미숙련 필자에게서 나타나는 쓰기 인지 과정을 형상화한 것이다. 과제 맥락에 대한 별 다른 고려 없이 글의 주제와 관련하여 장기기억에 저장된 내용 지식과 담화 지식을 그대로 나열하는 쓰기 인지 과정이 강조되어 있다. 필자는 과제가 어떤 것이라고 스스로에게 표상하고 나서 화제 식별자와 장르 식별자를 동시에 작동시킨다. 장기기억 속에 들어 있는 정보를 탐색한 후 과제 상황과 관련된 지식을 최대한 소환해 내어 주제와의 적합성을 기준으로 채택하거나 기각한다. 하지만 지식 나열 모델에서는 글쓰기 전 과정을 관리하는 데 필요한, 필자의 초인지적 점검이나 반성적 사고가 크게 중시되지 않는다.

인간과 유사하게 사고하는 인공 지능 개발에 관심을 가지게 된 1960년대 이후로 이렇게 지식을 구조화시켜서 효율적으로 적용하는 방법에 대한 연구가 활발해졌다. Ernst와 Newell(1969)도 인간의 문제 해결 과정을 컴퓨터의 인공 지능 처리 과정으로 도해한다. 어떤 문제를 해결할 때 대부분의 사람들은 머릿속에서 일련의 IF ⟨pattern⟩ THEN ⟨action⟩ 구조를 순환시키는데, 이는 *General Problem Solver* 같은 컴퓨터 프로그램의 인공 지능 처리

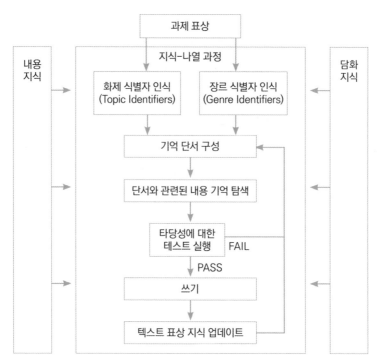

〈그림 3〉 지식 나열 모델 구조(Bereiter & Scardamalia, 1987: 8)

과정과 같다는 것이다.

지식 나열 모델을 쓰기 교육에 적용한다면, 글의 주제나 장르 등 특정 과제 여건 지식을 구조화해서 동일한 패턴의 문제에 일관된 대처를 하도록 연습시킬 수 있다. 구조화된 지식의 장점은 단서가 있을 때 장기기억으로부터 쉽게 소환된다는 점이다. 또 구조화된 지식 중에는 자동화된 내용이 많아 단기기억에 큰 부담을 주지 않으므로 작업기억의 용량이 늘어난다. 쓰기 과정의 매 단계를 조정하는 작업기억 용량에 여유가 생기면, 적합한 내용 생성에 쓰기 역량을 집중할 수 있으므로 텍스트의 질도 개선된다. 한국어 수준이 높지 않더라도 특정 장르에 대한 수사적 지식을 구조화할 수 있다면 일정 수준 이상으로 텍스트를 작성할 수 있다는 말이다.

하지만 구조화된 지식을 적용하여 글을 쓰는 전략은 두 가지 이유에서 실패할 가능성이 높다. 첫째, Langer(1984) 연구의 9학년 필자 경우처럼 지식이 위계적으로 잘 구조화되지 않았거나 적절히 개념화되지 않고, 충분히 통합되지 않았을 때 문제가 생긴다. 화제 관련 지식(topic knowledge)이 연쇄적으로 구조화되어 있는 학생들은, 결론이 열려 있는 글을 잘 쓴 반면 한 가지 특정 주제에 대해 대답하는 글은 잘 써 내지 못했다. 그러므로 잘 구조화되지 않은 지식을 근거로 문제 해결 계획을 수립하면 지엽적인 문제를 특화시키거나 초점이 없는, 실패한 보고서를 쓰게 되는 것이다.

둘째, 필자의 지식이 흠잡을 데 없이 잘 구조화되어 있으나 과제에 부적절한 경우에도 구조화된 지식은 별 도움이 안 된다. 전문적인 연구 결과를 토대로 비전문가용 사용설명서(guidelines)를 만드는 경우를 생각해 보자. 사용설명서 작성 과제를 수행하기 전까지 한 번도 써 본 적이 없는, 제품 조립 절차나 사용 시 주의사항 등을 작성하기 위해 자신의 화제 관련 지식을 재조직해야 하는 것이다. 실제로, 제품 매뉴얼 중에 잘 읽히는 텍스트가 별로 없다. 매뉴얼을 작성한 전문가의 화제 관련 지식 항목에 독자를 고려하는 수사적 지식이 빠져 있기 때문이다(Kern, et al., 1976).

구조화된 지식 나열만으로 해결하기 어려운 과제 상황에서 초보 필자와 전문 필자의 대응 전략은 구별된다. 초보 필자는 과제 맥락에 상관없이 자신에게 익숙한 지식 패턴에 따라 문제를 해결하려고 한다. 서사(narrative) 장르에 자신이 있으면 보고서도 미셀러니 양식으로 작성하는 것이다.[3] 초보 필자는 과제 맥락을 오해하거나 과제 맥락을 제대로 이해해도 해결할 능력이 부족하다. 하지만 전문 필자는 지식 변형의 인지 전략을 동원하여 글을 쓴다. 이 글에서 제안하는 반복 숙련 모형은 장르에 관한 수사적 지식과 내용 지식 간의 상호 작용을 구조화한, 지식 변형 모델에 근거하고 있다.

필자의 사고는 내용 영역과 수사적 영역을 오가며, 주제 지식과 장르 지식을 상호 작동시키고 그러면서 계획은 지속적으로 수정된다. 수사적 표현

---

3) 에세이(essay)는 중수필(formal essay), 미셀러니(miscellany)는 경수필(informal essay)에 해당한다. 전자가 지적(知的)·객관적·사회적·논리적 수필을 지칭한다면, 후자는 감성적·주관적·개인적·정서적 특성의 신변잡기적 수필을 말한다(『시사상식사전』, 박문각 참조). http://terms.naver.com/entry.nhn?docId=69562&cid=43667&categoryId=43667

연결 작용

〈그림 4〉 작문 중 반성 과정의 양대 문제 공간 모델(Bereiter & Scardamalia, 1987: 303)

의 수정이 내용 수정으로 이어지고 수정된 내용이 다시 수사적 표현을 조정하는 과정을 화살표로 나타내었다. 내용 영역과 수사적 영역은 문제 변환 과정을 통해 〈그림 4〉와 같이 연결되어 있다(Bereiter & Scardamalia, 1987: 12).

지식 변형 모델은 주제에 익숙하지 않은 숙련 필자의 쓰기 문제 해결 과정을 형상화한 것으로, 과제를 표상하여 문제를 분석하고 수사적 목적에 따라 내용 지식과 담화 지식을 적절히 조정하는 초인지 작용에 중점을 둔

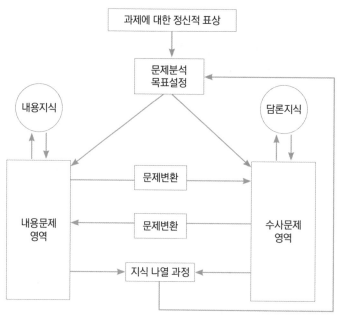

〈그림 5〉 지식 변형 모델 구조

다. 하지만 지식 변형 모델 역시 한 편의 글을 쓰기 위해 변형시킨 지식이 지속적인 글쓰기 과정에서 개인의 인지적 성숙과 지식의 확장에 어떻게 기여하는지 설명하지 못하였다. 그래서 본 연구의 반복 숙련 모형에서는 한 편의 글을 완성해 본 경험이 축적되어 개인의 쓰기 능력 향상을 추동해 내는 변인으로 작용함을 설명하고자 하였다.

• 사회 구성주의 작문 이론

외향적인 글쓰기 교육 이론의 출발점인 Vygotsky는 개인이 사회와 접촉하면서 인지를 발달시켜 간다는 사회 구성주의 교육관을 주창하였다. 쓰기 주체의 인지는 특정 공동체 안에서 이해 받고 거부당하는 경험을 통해 성숙해 간다는 것이다. Vygotsky는 아동이 학습 과정에서 근접발달대[4]를 넘어 수행 능력의 진전을 보인다는 사실을 발견하였다. 이러한 Vygotsky의 견해를 받아들여 학습자가 교사나 동료와의 협동 학습을 통해 쓰기 주체로서 필요한 지식을 순차적으로 확장해 가는 쓰기 인지 성숙 과정을 〈그림 8〉에 도해(圖解)하였다. 이 화살표 모형은 '반복 숙련 모형'(〈그림 6〉)의 설계 도면인 셈이다. 작문 연습을 거듭할수록 쓰기 동기가 고양되고 자아 요인이 강화되어 학습자는 이전보다 유리한 입지에서 새로운 글에 착수할 수 있다.

작문 과정에서 사회적 맥락을 중시하는 Bizzel(1992: 202)은 학술 담론 장르가 학술 공동체를 통합하는 방식에 주목하면서, 대학 신입생이 학술 담론 공동체에 잘 적응하지 못하는 이유를 설명한다. 학생마다 출신 지역이나 부모의 소득 수준에 따라 학술 담론 장르에 노출된 경험은 상이하다. 그렇기 때문에 대학 입학 전에 경험한 환경적 차이가 학생들의 이후 사회 진출에 차별적인 장벽이 되지 않도록, "경험에 대한 비판적인 거리", "비판적인 의식"을 가르쳐야 한다는 것이다. 대학의 쓰기 수업에서 학술 담론 공동체

---

4) '근접발달대(Zone of Proximal Development)'란, 아동이 독립적으로 문제를 해결하고자 할 때 가지고 있는 실제적 발달 수준이 낮다고 해도, 성인의 안내를 받거나 유능한 또래와의 공동 노력으로 문제 해결을 추구하면 도달할 수 있는 최고 수준까지를 일컫는다.

가 공유하는 언어 사용 패턴과 추론 능력 등 일련의 학술적 관습을 중요하게 가르쳐야 하는 이유이다.

한편 수사학적 장르 연구자(Rhetorical Genre Studies, 보통 '북미 수사학파'의 장르 이론이라 불리는 입장)들은 장르를 반복되는 상황에 대한 수사적 반응으로 파악한다. 사회적 행위의 유사성이 텍스트 형식과 내용상 규칙의 틀을 마련한다는 것이다. 그래서 담화 관습을 집중적으로 가르치기보다 왜 담화 관습을 익혀야 하는가를 더 중요하게 가르쳐야 한다고 여긴다. 어쨌든 학습자가 처한 상황을 먼저 고려하고, 작문 과제 맥락에 따른 텍스트 변인을 중시한다는 점에서 Bizzel 등의 장르 중심 쓰기 교육에 대한 논의는, 과정 중심 쓰기 교육을 할 때 어떤 '내용'을 가르쳐야 하느냐와 관련하여 중요한 시사점을 제공하였다(이재승, 2002: 145 참조).

이와 같이 한국어 학습자의 작문 과정에 대한 '반복 숙련 모형'을 설계하는 데에는 Flower와 Hayes(1981)가 제안한 인지 과정 모델과 Bereiter와 Scardamalia(1987)의 지식 변형 모델, Vygotsky의 사회 구성주의 교육관, Bizzel의 장르 중심 쓰기 이론 등이 참조되었다. 그리고 한국어 쓰기 수업에서 수집한 자료를 토대로 '모형'의 세부 항목을 조정하였다. 다음 3장에서는 이 반복 숙련 모형의 작동 원리를 설명하고, 이 모형의 주체라 할 수 있는 한국어 작문 초보 필자에 대해 정의를 내린 다음, 이 모형의 구성 요소인 과제 환경과 동기, 숙련 단계에 대해 상세히 설명하고자 한다.

3. 반복 숙련 모형의 작동 원리

반복 숙련 모형의 중심축에 놓인 과제 환경은 개별 필자의 초인지를 다르게 구성한다. 학습자별로 국적, 성(性), 인종, 재산, 학력 등 성장 배경이 다른 데다가, 과제 조건도 늘 상이하기 때문이다. 또한 일련의 작문 과제를 완수하면서 성장한 주체의 쓰기 역량은 다음 과제 환경의 난이도를 낮춘다.

쓰기 과제를 수행할 때 계획과 작성과 수정의 단계는 선형적이지 않다.

교사와 동료로부터 코멘트를 들은 학습자는 '계획 → 작성 → 수정 → 새로운 계획 짜기'의 단계를 나선형으로 반복하며 텍스트 분량을 늘려 나간다. 필자는 작문 경험을 거듭하면서 각 단계에 필요한 전략을 내재화하게 되고 다음 작문을 시작할 때는 전보다 나은 과제 환경에서 새로운 문제 해결에 도전하게 된다. 〈그림 6〉의 하단에 설정된 1, 2, 3단계 버튼은 한국어 작문에 임하는 초보 필자가 숙련 필자로 나아가는 성숙 과정을 표상한 것이다.

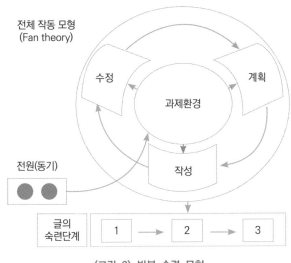

〈그림 6〉 반복 숙련 모형

3.1. 작문에 임하는 초보 필자

이 글에서 말하는 '초보 필자'는 자신의 모국어로 고등학교 이상의 학력을 마치고 한국어를 배우기 시작해 중급 이상의 한국어 능력을 갖춘 외국인 필자를 지칭한다. 문장과 단락 수준의 완결성을 추구하는 한국어 능력 초급 과정을 마치고, 서너 단락을 연결해 일관성 있는 글을 쓰려고 시도하는 중급 이상이라야 실제적 맥락에서 글로 자기 견해를 설득력 있게 피력할 수 있다.

또한 한국에서 태어나 중등 교육과정을 이수하고 대학에 진학하였으나 학술 담론 장르에 대해서는 배경지식이 적은 대학 신입생들도 초보 필자

범주에 포함된다. 국적을 막론하고 학술 담론 장르에 노출된 경험이 적다는 점에서 대학 신입생은 내·외국인 모두 '초보 필자'로서의 속성을 공유한다.[5] 이들의 공통점은 일정 수준의 어휘와 문법을 써서 자신의 사고를 글로 표현할 수 있지만 특정 담화 공동체에 속한 독자를 대상으로 해서 특정 규범을 준수하여야 하는 장르의 글을 써 본 경험이 적다는 것이다.

모국어로 일정 수준 이상의 글을 쓸 수 있는 외국인 학습자는 한국어 작문 과정에서 모국어 장르 지식을 끌어다 쓴다. 하지만 어느 언어로도 글을 써 본 경험이 적은 학습자는 장르 지식은 물론 계획, 작성, 수정 등 쓰기 절차 관련 지식도 부족하다. 따라서 초보 필자를 대상으로 한 쓰기 수업에서는 수강생의 배경지식 정도에 따라 교수요목을 달리 설계해야 한다.

초보 필자들이 써 내는 글의 성취 수준은 개인의 인지 발달 수준은 물론 개인이 처한 사회적 환경에 의해서도 좌우된다. 한국어 능력과 사회적 경험, 쓰기 장르별 언어 관습의 숙달 정도와 수사적 지식, 내용의 깊이도 글의 수준 차이를 발생시킨다. 〈그림 7〉은 이렇듯 과제 착수 지점이 상이한 필자들의 계획-작성-수정 과정별 과제 환경 변인을 요약하여 보여준다. 〈그림 7〉의 외곽에 '발전'에서 '동기'로 이르는 화살표는, 한 편의 글을 완성해 본 경험이 쓰기 주체 요인을 강화하여 쓰기 과제 경험이 축적될수록 작문 동기가 강화되는, 쓰기 인지 발달의 선순환 과정을 나타낸다.

3.2. 과제 환경

〈그림 7〉의 과제 환경에서 쓰기 '동기'와 본격적인 작성 사이에 '사회, 맥락 요인'이 따로 설정된 이유는 이 모형이 공적인 맥락에서 생성되는 사

---

5) 국내 대학에서 기초필수교양 과목으로 가르치고 있는 〈의사소통〉 수업에서는 학술 담론 공동체에서 전문 저자로 활동하는 데 필요한 기초 학술 역량 증진을 목표로 삼는다. 따라서 대학교 〈의사소통〉 수업에서는 학술 담론 장르 생성과 관련된 사실적, 명제적, 절차적 지식을 위주로 교수요목을 구성해야 한다. 하지만 대다수 외국인 대상 대학 쓰기 교재가 어휘, 문법, 맞춤법, 관용어 등 어법 위주로만 구성되었다는 점이 문제이다.

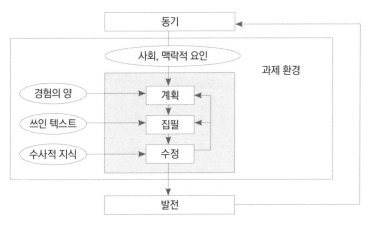

〈그림 7〉 한국어 작문의 과제 환경 변인

회적 장르를 대상으로 하기 때문이다. 한국어로 글을 쓰는 외국인이나, 학술 담론에 대한 배경지식이 없는 상태에서 보고서를 써야 하는 신입생, 쓰기 경험이 별로 없는 성인 필자들은 특정 맥락의 장르 규범을 고려하는 데 익숙하지 않다. 하지만 과제의 사회적 맥락 요인을 고려해야 함을 알고 있고 고려하고자 시도하므로, 이러한 과제 환경 요인을 따로 설정하였다.

과제 환경에서는 작문의 진행 단계별로 상이한 요소가 특화된다. 어떤 장르의 글을 한국어로 작성하려면 동료와 협업이 가능할 정도로 한국어 능력이 숙달되어야 한다. 쓰기(writing)는 한국어 초급 과정에서도 가능하지만 작문(composition)은 중급 이상이라야 가능하다. 숙련 필자가 되기까지 학습자는, 본인에게 익숙한 언어로 내용 지식을 탐색하고 한국어 작문 규범을 준수하면서 사유를 글로 옮겨 쓰는 연습을 계속한다.

• 계획하기

계획하기 단계의 완성도나 소요 시간은 학습자가 한국어로 경험한 직·간접 체험 양에 따라 달라진다. 많은 연구에서 읽기 경험과 쓰기 수준의 상관관계를 이야기한다. 한국어 텍스트를 얼마나 접했는지, 실생활에서 한국인의 사유 방식에 얼마나 가까워졌는지에 따라, 계획하기 단계에서 필자·독자 요인, 작문 목적, 담화 관습 등을 이해하고 논지를 구성하는 데 걸리는 시간과 성과는 다르다.

• 작성하기

작성하기 단계에서는 집필이 단절되는 순간마다 그 때까지 완성된 텍스트의 내용이 주요 과제 환경으로 작용한다. 집필이 단절된 때마다 필자는 이제까지 쓴 글을 읽어보면서 눈에 띄는 오류를 수정하는 한편 작성 중인 내용과 연계된 화제 지식을 탐색한다. 친구, 교사, 인터넷 등도 논지를 발전시킬 아이디어를 제공할 수 있다. 그러므로 초보 필자의 교우 관계나 인터넷 공간 적응 정도도 과제의 질을 좌우할 유의미한 환경 변인이 된다.

• 수정하기

수정하기 단계에서는 과제 맥락에 대한 수사적 지식과, 오류를 변별해내는 어법 지식이 필자에게 얼마나 자동화되어 있는지가 과제 환경의 주요 변수이다. 동료가 지적하는 오류에 대해 얼마나 적극적으로 수용하고자 하는지 그 심리적 성향도 중요하다. 국적별로 보면 서구권 학습자는 서로의 오류를 지적하고 수용하는 데 개방적이지만, 일본인 학습자는 서로의 오류를 지적하는 데 소극적이다. 동료 학습자가 같은 일본인일 경우 더욱 완곡어법을 쓰고 직설적 언급을 삼가려는 경향을 보인다.

3.3. 동기

초보 필자는 평소에는 자신에게 익숙한 언어로 SNS 등에 자유롭게 글을 쓰다가 과제가 생기면 긴장을 하며 쓰기 활동을 시작한다. 하지만 불완전한 어법이나 화제의 고갈로 인해 외국어로서의 한국어로 글을 쓰는 과정은 자주 단절되곤 한다. 반복 숙련 모형(〈그림 6〉)에 그려진 '전원'은 외부 조건에 의해 쓰기 과정이 단절되었다가 재착수하게 되는 상황에 필요한 집필 '동기'에 대한 비유이다. 쓰기 과정이 단절된 중에도 필자의 모국어 초인지는 문제 해결 방법을 숙고하고 쓰기 과정에 재착수하게 되었을 때 그 숙고의 결과를 반영한다.

・ 내적 동기

학습자에게 부여된 과제가 자발적인가 타율적인가에 따라서 "진정한 (authentic) 표현적 쓰기와, 과제 요건에만 부응하려는 형식적 쓰기로 나누어지고 이는 학습자의 동기 유발에도 영향을 미친다. 자발적 쓰기란 일상에 대한 감흥을 일기에 적거나 영화와 연극의 관람 후기를 자발적으로 작성하는 것처럼, 정형화된 문체나 내용에 대한 강박성이 없는 작문을 일컫는다.

내적 동기가 강할수록 작문의 각 단계는 긴밀성이 높아지고 글을 쓰는 데 걸리는 시간도 단축된다. 내적 동기에 의한 쓰기 과정에는 감성이 이성보다 활발히 작용하며, 경험 지식이 활성화되므로 적은 집중력으로도 생생하게 살아있는 글을 쓰게 된다. 하지만 비모국어 작문 과정에서 내적 동기에 의한 자발적 쓰기 맥락은 거의 없다. 정형화된 문체나 내용에 대한 규제가 없는, 일기를 쓸 때조차 학습자는 오류에 대한 자기 검열을 하게 된다. 한국어 고급 학습자라도 대부분의 작문 과정에는 외적 동기가 지배적이다.

・ 외적 동기

외적 동기에 의해 글을 쓸 때에는 과제 환경의 배경지식 중에서도 특히 과제 맥락에 적합한 요소들을 논리적으로 선별해 결합하는 내용 구성 능력이 요구된다. 공적 담론을 작성하는 과제 맥락에서는 결과에 대한 평가가 중요하므로 자신의 작문 역량을 최대한 발휘하려는 성취 욕망이 강하게 작용한다. 대규모 시험이나 교육과정에서 성취도를 평가할 목적으로 수행되는 쓰기 과제 맥락에서는 작문의 외적 동기 요인이 강화된다. 성취 의지가 강한 학습자일수록 교사의 출제 의도를 고려하여 글을 쓰고자 하므로 높은 평가를 받게 된다. 하지만 성취감보다 부담감을 더 크게 느끼는 일부 학습자는 작문 상황 자체를 기피하는 부정적 전략을 사용하기도 한다.[6]

학생이 가진 쓰기 두려움을 줄이려면 평가를 목적으로 하지 않는, 쓰기 포트폴리오를 만들라고 지도하는 것이 좋다. 다양한 주제와 장르로 글을 써서 2, 3차로 수정한 원고를 모아 두도록 하면, 초보 필자가 숙련 필자로 성장하는 모습을 스스로 확인하게 할 수 있다. 이러한 연습을 통해서 초보 필자는 낯선 쓰기 과제 환경에서 지식 변형 모델에 따라 글을 쓰는 전략을 숙달하게 된다. 물론 준비해 둔 글과 장르나 주제 면에서 일치하는 과제를 받을 경우, 지식 나열 과정을 통해 손쉽게 과제를 완수할 수도 있다.

3.4. 숙련 단계

교사나 동료의 도움이 필요한 미숙련 필자는 작문 과정 중 특히 수정에 대한 반복 연습을 통해 숙련 필자의 경지에 이를 수 있다. 기존의 작문 모형들은 한 편의 글이 완성되는 과정을 선형적이라 보았지만, 수정은 계획과 작성 단계에서도 계속 이루어지는 다시 보기(re-vision) 과정이다. 한 편의 글을 써 내는 중에도 수정 역량이 성장하지만, 한 번 작문을 완성한 경험은 다음 작문을 시작하는 반성적 쓰기 주체의 초인지 역량을 강화한다.

2006년 가을학기에 실시한 설문 조사에서도 집중적인 작문 교육의 효과를 확인하였다. 한국어학당에서 16주간 고급 한국어 과정을 수강한 국제교환학생 13명 중 대다수는, 날마다 일기를 씀으로써 길게 쓰는 것에 대한 두려움을 없앴다고 응답하였다(12명). 교사가 수정해 주는 내용을 숙지하면서, 자신에게 빈발하는 오류를 알아내었고 고착화된 문법 오류를 수정했으며(9명) 정해진 분량을 작성하는 데 걸리는 시간을 줄여 나갔다(13명).

또한 학습자들은 작문 능력이 선천적이기는 하나(7명) 이 작문 능력을 유지, 개선하려면 꾸준한 연습이 필요함을 알고 있었다. 그러므로 교사는

---

6) Krashen(1985)은 "언어를 습득할 때 입력된 정보 활용을 방해하는 정신적 장벽"으로 '정의적 필터(affective filter)' 가설을 제시한다. 정신적 장벽은 불안, 동기 부족, 자신감 결여와 관련이 있다. 정의적 필터가 낮아야 입력된 내용이 출력으로 이어지는 비율이 증가한다. 쓰기 '주체'의 '정의적 필터' 수준이 높으면 쓰기 동기도 갖기 어렵다. 교사는 학생의 '정의적 필터' 수준을 낮춰서 수업에 대한 부정적 방어 기제를 해제해야 한다.

학습자 변인을 고려하여 개별 학습자가 자신의 현 수준에서부터 작문 능력을 꾸준히 개선할 수 있도록 쓰기 교수요목을 구성해야 한다. 이 수업을 들은 학생들은 한국학, 경제학, 영문학, 의학 등 서로 다른 전공 지식을 가지고 있었으므로 작문 계획 단계의 협동 학습 과정 동안 동료에게 다양한 관점으로 유의미한 조언을 해 줄 수 있었다. 학습자들은 '사회소수자 문제'라는 주제로 한국어 말하기 연습을 하면서 동·서양 사고방식의 차이에 대해 토론하고 서로 동의할 수 있는 범주 내에서 각자의 쓰기 주제를 찾아 나갔다.

4. 각 단계별 쓰기 지식과 전략

한 편의 글을 쓰기 위해서 계획을 세우고 내용을 작성하고 수정을 하는 동안 고려해야 할 쓰기 지식은 다방면에 걸쳐 있다. 과제의 수사적 목표에서부터, 표현 방식, 논리적 구성, 독창적 내용 등 다양한 쓰기 지식들이 초인지의 지시에 따라 점멸하며 역동적으로 협업하는 것이다. 〈그림 8〉에는

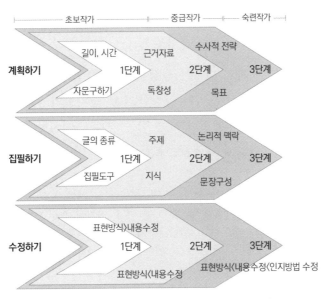

〈그림 8〉 필자 숙련 단계별로 강화되는 쓰기 지식

이러한 쓰기 지식 요소들이 한국어 작문의 계획, 작성, 수정 과정 동안, 또한 필자의 쓰기 역량이 1, 2, 3단계로 성숙되어 가면서 어떻게 초점화되는지가 정리되어 있다. 제1단계 초보 필자가 글을 쓸 때 고려하는 수사적 지식은, 제2단계 중급 필자에 이르면 상당 부분 자동화되어 필자에게 익숙한, 구조화된 지식이 된다. 그리하여 제3단계 숙련 필자는 해당 장르에 적합한 수사적 표현을 써서 소속 담화 공동체 독자에게 필요한 내용을 효과적으로 전달하는 데 쓰기 주체의 초인지 역량을 집중할 수 있는 것이다.

4.1. 계획하기

계획 과정의 과제 환경은 '경험의 양'으로, 이 경험에는 "수사적 지식"을 포함하여 "필자의 장기기억" 전체가 포함된다. 쓰기 주체의 장기기억에는 각자의 직·간접경험이 다양한 수준으로 축적되어 있어서, 같은 주제나 장르의 작문이어도 그 결과에는 편차가 있게 마련이다. 좋은 글을 쓰기 위해서는 표현주의 교육에서 중시하는 자질7) 가운데 하나인 독창성 강조 전략이 필요하다. 관련 주제의 자료 검색이 용이해진 디지털 쓰기 환경을 고려할 때 내용의 독창성과 쓰기 주체의 윤리성 교육은 더욱 중요해졌다.

쓰기 수업을 준비하는 교사는 학생들 모두가 관심을 가질 만한 보편적인 주제 중에서도 다양한 하위 범주가 생성될 수 있는 포괄적인 주제를 선정하는 것이 좋다. 그래야 관심 분야가 다양한 초보 필자들의 집필 동기를 강화할 수 있다. 계획하기 단계에서 교사는 작문 주제를 예시하기에 앞서, 관련 소재에 대해 언급함으로써 내용 분야 사고를 촉진(Brainstorming)8)한다. 혹

---

7) "좋은 글"이란, 신선하고 독창적인 방식으로 주제를 지배함으로써 인간에게 진정성을 허락하는 단어들의 조합을 발견해 낸 것. "나쁜 글"은 상황에 맞춰 끌어온 다른 누군가의 조합의 메아리. … "좋은 글"은 그 주제 내부에 자신만의 독특함을 지니고 있으며 그에 대해 책임질 수 있는 사람에 의한 발견이어야 한다(Rohman et al., 1964: 107~108; Lester Faigley, 1986: 529에서 재인용).

8) 작문 주제에 관심을 갖게 하고 다른 학생들이 갖고 있는 생각과 정보를 공유하게 함으로써 내용 생성을 도울 수 있다. ① 교사가 모의 주제를 제시하고 학생들이 주제에 대해

은 전략적 질문(Strategic questioning)9)을 해서 학생들이 배경지식으로부터 작문의 화제 식별자(topic identifiers)를 추려낼 수 있게 돕는다. 과제 맥락이 요구하는 장르의 형식적 특징도 명시적으로 소개할 필요가 있다.10) 학습 대상 장르 맥락에 노출된 경험이 적은 초보 필자일수록 목표 장르의 형식적 특징이나 언어 규범들을 명시적으로 가르치면 작문 결과물의 질이 전반적으로 향상된다.

• 초보 필자

한국어 작문에 임하는 초보 필자들은 협동 학습 과정에서 산출된 내용 지식을 구조화하고11) 수사적으로 표현하는 데에 어려움을 느끼곤 한다. 그래서 글의 길이나 글을 쓰도록 허용된 시간 등 물리적 제약에 신경을 많이 쓰고, 교사에게 의지하려는 마음이 크다. 초보 필자를 위한 계획하기 협동 학습에서는 학생들의 심리적 불안을 줄이고 창의적인 내용을12) 생성하기 위한 과제로 자료 읽기, 드라마 보기 활동 등을 하기도 한다. 본문 논지의

알고 있는 정보를 말하면 칠판에 적는다. ② 이러한 과정을 그룹 활동으로 유도하여, 그룹마다 각기 다른 소주제를 제시하고 그룹별로 관련 생각이나 정보를 모으게 한다.

9) 작문 주제와 관련된 질문을 던짐으로써 주제에 관해 생각해 볼 수 있는 기회를 제공한다. 주제에 대해 어떤 관점을 가지는지, 그 문제를 어떻게 생각하는지 등의 질문을 한다. 학생들로 하여금 자신들이 알고 있는 것이 무엇이고 주제에 대해 쓰려면 어떤 자료와 절차가 필요할지 미리 생각해 볼 기회가 된다. 먼저 모의 주제에 대한 질의응답을 마치면, 그룹별 주제에 대해서는 어떤 질문들을 할 수 있는지 조별로 만들어 보게 한다.

10) 한국인 학생들에게는 학술적인 글의 서론, 본론, 결론의 3단 구성과 세부 내용별로 적합한 표현의 상당 부분이 자동화되어 있지만, 한국어 학습자에게 '…하고자 한다; …을 수 있다(완곡어법, hedging); 본론에서 말한 것과 같이…'의 표현은 고급 문법에 속한다.

11) 개요 작성의 전략으로는 다발 짓기(clustering: 아이디어를 관련 있는 것끼리 묶음), 생각그물 만들기(mind mapping: 중심 개념에서부터 관련된 아이디어를 시각적으로 표시해 나감), 얼개 짜기(outlining: 이야기의 뼈대를 개요 형식으로 만듦), 협의하기(conferencing: 친구나 교사와 이야기를 나눔으로써 자신의 생각을 정교화함) 등이 있다.

12) 경제학 전공생은 도박이 장려되어야 한다는 이색적인 논지를 펼쳤다. 도박을 스포츠로 생각하는 미국의 사고방식, 도박에서 세금을 걷어 수익을 얻은 네바다 주의 사례를 소개하고 한국도 도박에 대한 인식과 처벌을 달리해야 한다는 주장이었다. 주장을 타당하게 입증하였고 창의적인 시각이 돋보였다.

객관성을 확보하기 위해 제3자(주제 권위자, 설문조사 결과, 동료 등)에게 내용 검토를 받도록 지도할 수도 있다. Flower 등(1989)은 불명료한 과제를 해결하기 위해 필자 스스로 구성적 계획하기를13) 할 때 고려할 수 있는, 5개 요소와 하위 전략들을 제시하였다(72~76쪽 **Tip** 참조).

• 중급 필자

반복된 쓰기 경험을 통해 글쓰기를 덜 두려워하게 된 중급 필자들은 계획 중 많은 시간을 독창적인 관점14)에서 문제를 제기하고 자신의 주장을 뒷받침할 근거 자료를 찾는 데에 할애한다. 예술, 과학, 외국어 등 특수목적 고교 출신이나 외국인 등 대학에 입학하기 전까지 다양한 학습 경험을 가진 학생들은 일반 중등교육을 이수한 대다수 신입생과 다르게 사유하므로 독창적인 논지는 쉽게 찾는다.15) 이 창의적인 논지를 객관적으로 입증할 자

---

13) 1. 최초 과제 표상
  2. 작업 목표들의 연결망 형성
  3. 계획, 목표들과 지식을 통합
  전략 1) 탐색적 계획하기와 여러 방면으로 목표들 연결
    2) 하위 목표 창안
    3) 목표에 대한 초인지적 점검 과정
    4) 목표 집합 창안
    5) 의도 설정
    6) 관련 지식의 통합과 강화
  4. 추상적 목표들의 구체적 예시
  전략 7) 독자를 주목시킬 관용 어구(Code Words) 사용
    8) 정교화 방법 창안(구체적 방법에 의한 퇴고법 창안)
  5. 상충하는 갈등 해결
14) 독창적인 내용 생성 전략으로는 브레인스토밍(얼른 떠올리기), 열거하기(의도적으로 떠올리기) 등을 통해 발상의 전환, 기존 개념 수정(뒤집어 보기, 전제 부정하기, 가정하기) 방법 등을 사용할 수 있다.
15) 현재 국내 중등교육과정에는 창의적인 글을 써 볼 시간이 그리 많지 않다. 특히 대학 입시를 준비하는 고등학생의 작문 경험은 정해진 답안이 있는 논술문을 작성해 보는 것이 전부이므로 대학에 입학한 신입생의 사고의 폭은 매우 제한적이다. 따라서 대학 신입생을 위한 글쓰기 수업에서는 학술 담론 장르의 구조나 격식에 대한 사실적 지식 교육은 물론 창의적 내용 생성을 위한 명제적, 절차적 지식 교육이 필요하다.

료를 구하고 타당하게 조직하기 위해서는, 도서 자료, 신문, 인터넷, 내용 전문가 등으로부터 내용 자문을 구하는 전략이 필요하다. 중급 필자에 이르면 읽기나 듣기 등 한국어 이해 능력이 표현 능력에 적지 않은 영향을 미치게 된다. 또한 학술적 맥락이나 직업적 맥락에 맞게 특정 장르를 생산하는 데 필요한 도구적 지식도 숙달해야 한다. 소속 담화 공동체의 장르 규범에 익숙할수록 쓰기 과제의 수사적 목표를 성공적으로 완수할 수 있다.

• 고급 필자

숙련 필자의 수준에 이르면 글을 쓰는 데 필요한 사실적 지식이나 절차적 지식의 상당 부분이 구조화된 지식으로 습득되어 있다. 그래서 독창적인 내용을 보다 용이하게 생성할 수 있고, 외부의 권위자가 아닌 필자 내부의 초인지로 과제 맥락의 요구를 파악할 수 있다. 그리고 과제 맥락에 적합하게 글의 구조와 문체에 대해 계획을 세우게 된다. 이 때 필자는 자신의 글로써 어떤 목적을 달성하고자 하는지에 더 관심을 가지고 그 목적을 성취하는 데 가장 효율적인 수사적 전략을 점검하게 된다.

〈그림 8〉과 같이 필자의 숙련 단계에 따라, 초보 필자는 시간과 매체 등 물리적 과제 환경에 더 집착하고, 다음 단계에서는 독창성에, 숙련 필자에 이르면 수사적 전략에 더 집중한다. 그런데 필자의 숙련 단계에 따라 달리 강화되는 쓰기 지식 요소들이 한 편의 글에 대한 계획하기 과정에서 순차적으로 주목되기도 한다.

예를 들면 어떤 과제를 부여 받은 필자는 가장 먼저, 써야 할 글의 길이와 주어진 시간에 따라 계획과 집필, 수정에 걸릴 시간을 배분한다. 이어서 글의 주제가 자신에게 낯선 것이라면 자료와 자문을 구하는 과정을 통해 독창적인 문제제기가 타당성을 가지도록 논거를 마련한다. 또한 자신의 주장이 소속 담화 공동체에 익숙한 방식으로 수용되게 하려면 어떤 수사적 전략을 사용해야 하는지도 고려할 것이다. 필자의 쓰기 역량이 성숙된 정도에 따라서 계획하기 단계에 고려하는 내용들이 달라지겠지만, 숙련 필자라면 시간과 매체, 독창성과 근거 자료, 전략과 목표 등을 순차적으로 점검하면서 자신이 쓸 글에 대한 개괄적인 상(象)을 마련하고 집필에 들어간다.

4.2. 작성하기

'반복 숙련 모형 〈그림 6〉'에서 한국어 작문 과정의 중심축인 과제 환경
은 Flower-Hayes 모델(1981)에서 "필자의 장기기억"과 "쓰인 텍스트", "수사
적 지식", 그리고 Hayes(2000)가 이 모델을 보완하며 제안한 작업기억16)을
포괄한다. 작업기억의 부담을 줄이려면 어느 정도 자동화된 쓰기 지식이
있어야 한다. 특히 어법 관련 지식이 자동화될수록 작업기억의 부담은 줄어
든다.

내용을 생성할 때 처음에는 제목만이 글을 제한하지만, 점차 문장이 늘어
나면서 다음에 이어질 주제와 어휘의 선택 폭이 한정된다. 초보 필자가 작
성한 내용에 일관성이 적은 것은, 작성 중인 텍스트가 이후의 작문 과정에
거의 영향을 미치지 못하기 때문이다. 반면 쓰기 규범에 익숙한 숙련 필자
는 문장을 이어나갈 때 앞뒤 문장에서 논지가 흔들리지 않는지를 살피고,
텍스트의 국지적 수정이 글 전반에 영향을 미칠 만큼 비약적인 결정을 내리
지 않도록 주의한다(Flower & Hayes, 1981: 371).

글을 잘 쓰게 하기 위해서 책을 많이 읽도록 지도하는 것도 유용한 쓰기
교수법이다. 이해 활동에 속하는 읽기가 기존의 텍스트를 해석하는 행위라
면, 표현 활동인 쓰기는 새로운 텍스트를 생산하는 행위다. 읽기와 쓰기는
다른 인지 활동이지만 독해를 할 때 사용된 스키마가 쓰기 과정에도 이용된
다. 스키마 이론에서는 읽기와 쓰기 간에 밀접한 관련이 있다고 본다(Noyce

---

16) Baddeley의 모델(1986)에서 중앙 관리자(central executive)는 저장과 수행 기능 외에도
다양한 조절 작용, 즉 장기기억에서 정보를 불러오는 일, 완전히 자동화되어 있지 않거나
문제 해결 혹은 결정을 요구하는 작업들을 다루는 일 등을 수행한다. 나(Hayes)는 새
글쓰기 모델에서 계획하기와 결정하기를 작업기억이 아니라 숙고 과정의 한 부분으로
보았다. 그리고 의미론적 기억(semantic store)들을 작업기억에 포함시켰는데 이렇게 구분
하는 것이 텍스트 생성을 설명하는 데 유용하기 때문이다(John R. Hayes, 1996: 15).
53쪽 각주 6) 그림 참조.

& Christie, 1989: 8). 읽기는 쓰기에 필요한 내용 스키마를 제공해 줄 뿐만 아니라 형식적인 장르 스키마도 제공한다.[17] 다음은 글의 도입, 본문, 마무리 부분을 작성하도록 지도할 때 필요한 쓰기 지식과 전략들이다.

• 도입

집필에 필요한 쓰기 지식으로 교사가 처음에 소개해 주어야 할 것은 과제 장르의 형식적 특성이다. 한국어 텍스트의 서두에서는 직접적 언술을 회피하는 한국어 사유 구조의 특성상, 글의 주제를 환기할 수 있는 상황 여건이나 해당 주제를 다루어야 할 필연성을 쓰도록 지도한다. 글의 장르에 따라 도입부를 전개해 나가는 양상이 조금씩 다르기는 하지만, 대부분의 한글 텍스트에서는 주변부에서 시작된 논의가 점차 주제로 집중되는 경향을 보인다. 일반적으로 도입부의 수사적 목표는 독자의 흥미를 유발할 만큼 참신하고 신선하게 주제를 소개하는 것이다.

• 본문

필자의 주장을 설득력 있게 전개하는 일반적인 글에서 본문을 구성하는 방식에는, 중심 주제를 병렬식으로 전개해 나가는 구성과, 반대 의견을 먼저 소개하고 이를 반박하면서 자신의 논지를 합리화하는 2단 구성 양식이 있다. 교사는 계획하기 단계에서 얻은 생각을 다발 짓게(Clustering) 하거나 그려보게(Sketching)[18] 하면서 먼저 자유롭게 내용을 생성해 가도록(Free writing)[19] 지도한다. 한국어 작문 초보 필자는 어휘 부족으로 인해 우회적 표현을 자주 쓰고 자신에게 익숙한 문법만을 선별적으로 사용하므로 동일한 어휘나 문형 표현이 반복되어 글이 진부해지지 않도록 주의시켜야 한다.

---

17) 스키마는 적절한 인용문구, 단어, 어조, 문체를 선택하도록 도와준다. 스키마에 간단한 계획만을 추가하여 텍스트의 실질적 내용을 작성할 수 있다(Flower et al., 1989: 15).

18) 전체적으로 내용을 구상하는 단계로 종이 위에 글의 흐름을 대체로 그려 보게 한다.

19) 문법이나 철자 등 형식에 얽매이지 않고 자유롭게 머릿속에 떠오르는 것을 글로 바꾸어 옮기게 한다. 이때 서론, 본론, 결론의 구조를 갖추도록 유도한다.

• 마무리

글을 마무리할 때는 본문을 간단히 요약해 독자의 내용 이해를 돕고, 특히 보고서와 논문 등 학술 담론에서는 글의 의의를 부각하거나 한계를 덧붙이는 내용이 필요함을 알려준다. 학술 담론에서 서론의 마지막 단락과 결론의 첫 단락이 구조적으로 대응을 이루는데, 서론의 마지막 단락이 본문의 전개 순서에 대한 구조적인 개괄이라면, 결론의 첫 단락은 연구의 성과를 내용적으로 요약해야 함을 주지시킨다. 독자에게 강한 인상을 주면서 글을 끝맺으려면 다시 한 번 독창적인 내용으로 마무리하도록 연습시킨다.

• 집필 매체의 영향

한국어 작문 초보 필자들은 쓰기 매체에 따라서도 집필에 몰두하는 정도와 소요 시간이 달라진다. 한글 자판에 익숙하지 않으면 제한된 시간에 자판을 정확히 두드리는 것에도 적잖은 노력이 필요하다. 반면 필체와 맞춤법에 자신이 없다면 컴퓨터의 도움을 받아 깨끗한 인쇄체로 출력해 독자에게 호감을 줄 수 있다. 현재 학술 담론 공동체에서 유통되는 문어 텍스트 대부분이 컴퓨터 출력본이므로 특수 목적 한국어 학습자는 컴퓨터 작문 경험을 자주 쌓아 디지털 작문 역량도 길러야 한다.

일찍이 E. A. Poe(1846)는 자신의 시 「*The Raven*」을 설명하면서 '효과의 단일성(unity of impression)'을 위해 문학 작품은 한 자리에서 읽을 수 있을 만큼 짧아야 한다고 주장한 바 있다. 길이가 길어지면서 수반되는, 통일성의 상실을 상쇄할 만한 어떤 이익이 있는지를 필자가 고려해야 한다는 것이다. 당시의 집필과 발표 매체 하에서는 그의 주장이 타당하였지만 오늘날 그의 주장은 더 이상 유효하지 않다. 집필 매체가 원고지와 펜에서 컴퓨터 자판으로 바뀐 이후 글의 길이는 길어지는 경향을 보인다. 참고자료 검색과 참조가 용이하고 이전에 자신이 완성한 글로부터의 인용도 간단해졌기 때문이다. 컴퓨터 작문의 경우 집필 중 편집이 용이하므로 본론을 쓰다가 서론을 수정할 수도 있고, 글을 써 나가면서 인지의 연쇄 구조에 의해 상기된 장기기억 중 일부를 글의 적당한 위치에 끼워 넣을 수도 있으며 논리적 맥락을 고려하여 전·후 단락의 순서를 바꾸는 것도 쉬워졌다.

반면 참고 자료에 대한 접근이 쉬워지면서 저자로서의 윤리성이 낮은 일부 학습자의 경우, 인터넷에서 완성된 글을 구입해 제출하기도 한다. 그러므로 교사는 베낄 수 없는 참신한 주제를 제시하고, 동료와의 협동 학습을 통해 완성도를 높일 수 있는 과제를 마련하는 데 신경을 써야 한다.

4.3. 수정하기

수정은 장르 양식, 맞춤법, 띄어쓰기, 문단 길이 같은 형식 요소에 대한 점검을 포함해, 논리성, 참신성, 적절성 등 내용 요소의 수사적 적합성까지 따져 봐야 하는 초인지 과정이다. '반복 숙련 모형'에서는 이러한 수정에 대한 전통적 함의를 확장하여, 작문 과제를 거듭 수행하면서 필자로서의 초인지 역량을 강화하는 인지적 수정까지도 포괄하고자 하였다. 숙련 필자에게 수정은 마지막 수선 단계가 아니라 글을 쓰는 내내, 그리고 글을 다쓴 후에도 여전히 지속되는 '다시 보기(re-vision)' 과정이기 때문이다.

따라서 글쓰기 모형에는 계획과 수정을 연합시키는 기본적인 사고 과정을 반영할 필요가 있다(Sommers, 1980: 378~388). 수정 전략을 가르치면 전반적인 쓰기 능력이 증진된다는(이호관, 1999) 점으로 미루어 보아도, 수정의 인지 능력 수준은 쓰기 역량을 변별할 주요 자질이 된다. 수정 단계에서 능숙한 필자에게는 대체로 자기 평가 전략이, 미숙한 필자에게는 동료 평가 및 협의 전략이 더 효과적이다(이재승, 2002: 84~85).

배경지식이 상이한 학생들이 모인 쓰기 수업에서는 작문의 수정 단계에서 협동 학습의 효율성이 두드러지게 나타난다. 학생들은 오류를 수정하기 위해 서로 의견을 나누는 과정에서 쓰기 지식의 함양은 물론 말하기, 듣기, 읽기 언어 기능을 모두 숙달할 수 있다.[20] Vygotsky가 제안한 근접발달대의

---

20) • 훑어 읽기: 지엽적 부분의 수정에 신경 쓰지 않고 글을 전체적으로 파악하여 첨가하거나 삭제할 내용을 생각해 본다.

효과도 나타난다. 같은 급의 한국어 학습자라도 작문 능력 수준은 상이하고 각기 다른 문법 지식이 강화되어 있으므로, 자신과 다른 문법 숙달도를 가진 동료 학습자의 오류를 잘 찾는다. 하지만 지적 받은 오류를 자신의 쓰기 지식으로 체득하기까지는 시간이 걸린다. 오류 정정 기간을 단축하려면 스스로 자기 오류를 인식하고, 고치기 위해 의식적으로 노력하는 자세가 필요하다. 교사가 약호를 정해 문법적 오류를 항목화해 주고 학습자가 스스로 고쳐볼 기회를 주면 학습된 지식이 비교적 빠른 시일 내에 습득된다.[21]

모국어 필자에 의한 작문 과정 동안에는 맞춤법과 주술 관계 등 어법에 대한 검열이 집필과 동시에 거의 자동적으로 이루어진다. 하지만 외국인 필자는 작문의 최종 단계에 어법 수정을 고려해야 한다는 점이 다르다. 한국어 학습자가 글을 수정할 때는 먼저 전체 구성이 적절한지를 살피고, 계획한 개요에 맞게 내용이 충분히 생성되었는지를 확인하고 나서야, 맞춤법과 어법을 효율적으로 수정할 수 있다. 삭제될 내용에 대해 맞춤법이나 표현의 정확성을 검토하는 것은 비효율적이기 때문이다. 다음은 계획, 작성, 수정 단계에서 각각 진행된 수정 교수법 사례이다.

• 계획하기 단계의 1단계 수정

작문 과정 모형을 개발하면서 실험을 진행한 수업에서는 학기 전반부에 일기를 쓰게 해서 교사가 오류 부분을 표시해 주었고, 쓰기 성적에 반영할 주제 제시형 작문 시험을 2회 실시하였다. 그리고 후반부에는 '사회 소수자

- 평가하기(자기평가/동료평가): 글의 주제, 목적, 독자 등을 충분히 고려한다. 평가 기준은 교사가 제시할 수도 있고 학생 스스로 만들게 할 수도 있다.
- 청문회 활동: Graves & Hansen(1983)이 제안한 '저자의 의자(author's chair)' 형태와 유사하다. 즉, 앞쪽에 의자를 하나 배치한 다음 글을 쓴 학생이 의자에 앉고 다른 학생들은 그 주의에 둘러앉는다. 글을 쓴 학생이 자신의 글을 읽고 거기에 대한 자신의 생각을 말하면 다른 학생들은 그 이야기를 듣고 적절한 반응을 보인다. 이들 반응에 대해 저자인 학생이 답변을 한다(이재승, 2002: 101).
21) 맞춤법 오류는 밑줄을 그어주고, 문법적 오류는 □로, 다른 어휘로 대체해야 할 필요가 있는 것은 ○로 표시를 하겠다고 학기 초에 미리 밝히고 학습자의 쓰기 노트에 코멘트를 하면 학습자가 자신의 오류를 인식하고 수정하는 데 도움이 된다.

문제'에 대해 브레인스토밍 과정을 거쳐 사회 소수자의 정의와 유형, 문제 해결 방안에 대해 이야기를 나누었고, 각자 관심 있는 주제로 개요를 짜게 하였다. 학생들은 학술 담론 규범에 익숙하지 않았으므로 서론과 본론의 내용 구성 등 설득적인 글을 작성하는 데 필요한 쓰기 지식을 학습하였다. 1차 개요를 완성한 학생은 두 명 이상의 동료에게 보이고 주제와 구성의 타당성 여부를 검사 받았다. 동료의 의견을 반영한 개요 수정이 계획하기 단계에서 이루어진 1단계 수정이다. 교사는 이 개요에서 부족한 부분에 대한 코멘트를 써서 돌려주고 800자 이상의 글을 쓰도록 지시하였다.[22]

• 작성된 초고에 대한 2단계 수정

초고에 대한 2단계 수정은 여러 번 수행될 수 있다. 먼저 교사는 개요에서 세운 논지 전개 계획에 비추어 볼 때 단락 구성과 각 세부 단락 비율이 적당한지 여부를 코멘트해서 돌려주었다. 또 교사가 언급하지 않은 사항 중에 자신의 글을 발전시키려면 어떤 내용을 수정해야 할지 학생 스스로 하나 이상의 수정 계획을 세우게 하였다. 학생은 '교사 점검'과 '자가 점검' 안을 반영하여 수정고를 작성하여야 한다. 이러한 수정 절차는 글의 전체적인 구성을 수정할 안목을 길러주기 위함이다.

수정된 글을 받은 교사는 논지를 뒷받침할 구체적인 예시 자료를 찾고 각주를 달아보게 하는 수정 과제를 한 번 더 내 주었다. 그리고 2단계의 마지막 수정에서는 그동안 원고지에 작성한 글을 전자 문서로 옮겨 쓰면서 맞춤법에 유의하게 하고 동일 어휘의 반복을 피하기 위해 적절한 다른 어휘로 대체하거나 주술 호응 등의 어법 준수 여부를 검토하게 하였다. 이 최종고는 사이버 강의실에 제출되었다.

---

22) 원고지에 글을 쓰는 과제 환경이 실제적이지는 않다. 하지만 대규모 한국어능력시험에서 평가의 편이성 때문에 원고지 작문이 선호된다. 또한 컴퓨터가 지원되는 쓰기 교실이 충분하지 않아 수업에서도 자주 원고지에 글을 쓴다.

• 최종 수정을 위한 3단계 수정

과정 중심 글쓰기 수업의 마지막 절차로 교사는 교실에서 다른 학습자와 함께 3단계 수정을 실행한다. 학생들에게는 미리 다음 차시에 수정할 글을 나누어 주고 잘못 쓰인 부분을 고쳐 오라는 과제를 준 후에 수업 시간에 조언하게 한다. 학생들은 동료 학습자와 교사의 의견을 반영해 구조에서 내용, 어법에 이르기까지 최종적으로 전반적인 수정과 편집을 한다.

이렇게 계획과 작성, 수정의 각 단계에 적합한 수정 전략을 지도한 결과, 개별 작문 과정은 한 편의 글을 완성하는 경험에 그치지 않고 이후 더욱 발전된 초인지 수준으로 글을 쓰기 시작할 토대가 되었다. 동일 국적자에게 공통된 오류가 있음을 학생들 스스로 인지하고 특정 오류를 의도적으로 자제할 의지도 강화되었다. 설문 조사 결과, 수정을 거듭할 때마다 작문의 완성도가 높아진 사실을 학생들 스스로 체감하기도 하였다(13/13). 학생들은 전·후반부의 작문 과정을 비교하면서 후반부에 실시한 과정 중심 작문 수업 을 통해 스스로 한 편의 글을 완성하는 방법을 익힐 수 있었다고 밝혔다.

5. 한국어 작문 모형의 성과와 남은 문제

서구의 작문 과정 모델도 글쓰기 과정의 회귀적 속성을 언급하였으나 평면화된 도표의 화살표만으로는 작문 과정의 순환성을 설명하는 데 한계 가 있다. 그래서 이 글에서는 선풍기라는 입체적인 표상으로 한국어 작문 과정에 적합한 반복 숙련 모형을 제안하였다. 이 모형에서는 팬의 세 날개 로 계획, 작성, 수정의 작문 과정이 순환적임을 설명하였고, 팬 하단의 풍속 세기 버튼으로 작문 경험이 축적됨에 따라 과제 환경의 자아 요인을 강화하 여 초보 필자의 잠재적 쓰기 능력이 향상되는 양상도 형상화하였다. 그리고 〈그림 7〉에서 계획하기 단계에는 필자의 직·간접 경험의 양이, 작성하기 단계에는 집필의 매 순간까지 쓰인 텍스트가, 수정하기 단계에는 필자에게 내재된 수사적 지식이, 과제 환경의 변별적 기제로 작용함을 밝혔다. 또한 〈그림 8〉에서는 초보 필자와 숙련 필자가 작문의 세부 과정에서 고려하는 쓰기 지식의 차이를 설명하였다.

한국어 학습자의 전문적인 쓰기 능력에 대한 요구를 충족하려면 쓰기 선택반과 같이 효율적으로 구성된 작문 교육과정이 필요하다. 현재 한국어 교육 기관이 실시하고 있는 쓰기 성취도 평가는 해당 학기에 배운 어휘와 문법을 기억하는 정도에 대한 평가가 주를 이루기 때문에 실제 작문 능력을 측정하기 어렵다. 학습자가 구체적인 맥락에서 얼마나 성공적으로 과제를 수행할 수 있는지를 알아보려면 문제 해결식 학습 방법(Problem Based Learning)이 유용하다. 교사는 과제 수행 절차를 포트폴리오로 정리하게 하고 다음에 이어질 절차를 수행하는 데 도움이 될 피드백들을 제시하여야 한다.

최근 인터넷의 발달과 함께 마련된 웹 기반 교수-학습 여건에서는 학습자 참여형 과제 개발이 용이해졌다. IT강국인 한국에서 대학생은 인터넷을 통해 친교를 나누고 정보를 공유하는 데 익숙하다. 중급 이상의 한국어 능력을 가진 유학생은 블로그나 페이스북을 이중 언어로 작성하여 방문자의 이해를 높이고, 효과적인 자기 표현 방법을 모색하기도 한다. 디지털 공간에서는 유행하는 어법이나 재치 있는 아이콘을 써서 의사소통의 효율을 높일 수도 있다.

20세기 말에 새로 출현한 디지털 공간에서 독자와 소통하려면 디지털 문식성(文識性, literacy)이 필요하다. 디지털 문식성이란 디지털 기기를 사용해 정보를 습득하고 생산할 줄 아는 능력이다. 디지털 정보를 생산하는 데에는 전통적인 쓰기 지식이나 전략 이외에 거의 실시간으로 대면할 독자에 대한 고려 등 새로운 차원의 쓰기 지식과 전략이 필요하다. 근래에 와서 새로이 강화된 컴퓨터 매개 의사소통에 대한 학습자 요구까지를 수용하여 다양한 소통 맥락에서 작성될 구체적인 작문 과제를 개발하는 데 본 반복 숙련 모형이 도움이 되기를 바란다.

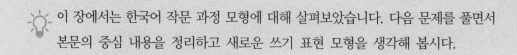
이 장에서는 한국어 작문 과정 모형에 대해 살펴보았습니다. 다음 문제를 풀면서 본문의 중심 내용을 정리하고 새로운 쓰기 표현 모형을 생각해 봅시다.

1. 본문 이해

1) 지식 나열 모델과 지식 변형 모델은 각각 어떤 작문 과제 상황에 적합합니까?

2) 한 편의 글을 작성할 때 계획, 작성, 수정 과정에 영향을 미치는 과제 환경 요인에는 각각 어떤 것들이 있습니까?

3) 초·중·고급 필자로 성장해 가면서 숙련 단계별로 계획, 작성, 수정 과정에는 어떤 쓰기 지식이 초점화됩니까?

2. 수행 과제

1) '필자 숙련 단계별로 강화되는 쓰기 지식 〈그림 8〉'에 포함된 작문 과정이나 쓰기 지식 이외에 새로 추가되어야 할 요소로는 어떤 것이 있습니까?

2) 작문 과정을 모형화하기에 적합한 모델을 각자 만들어 봅시다.

3) 각자 만든 모델을 설명하고 동료들로부터 들은 수정 조언을 반영하여 자신의
작문 모형을 완성해 봅시다.

3. 더 생각해 볼 거리

'반복 숙련 모형 〈그림 6〉'을 말하기 모형으로 수정한다면 어떤 부분을 어떻게
바꿔야 할지 생각해 봅시다.

2장

작문 과정의 각 단계별 전략

표현 과제를 수행하기 위해 학습자는 먼저 전반적인 계획을 세우고 나서 본격적으로 내용을 작성하면서 틈틈이 수정을 하는 인지적 활동을 거치게 됩니다. 작문 과정의 각 단계별로 어떤 전략이 사용될 수 있는지 생각해 봅시다.

√ 작문 결과물의 완성도를 높이기 위한 계획하기의 긍정적인 전략에는 어떤 것들이 있을지 생각해 봅시다.
√ 완성도에 상관없이 과제를 빨리 마치는 데 소용되는 전략에는 어떤 것들이 있을지 생각해 봅시다.

1. 작문 과정의 각 단계별 전략 연구의 필요성

한국어교육학의 하위 학문으로서 '한국어 작문'에 대한 이론적 연구가 모색되고 Flower와 Hayes(1981: 365~387)의 작문 과정 인지 모델에 기반해 한국어 작문에 대한 구체적 전략과 실천적 성과도 축적되었다. 그러나 서론 −본론−결론 같은 논문의 3단 구성 체계나 전통 서사물의 기−승−전−결, 근대 소설의 발단−전개−위기−절정−결말 같은 구조가 외국인 필자의 한국어 작문 과정에 지침이 되기는 어렵다. 하지만 아직 한국어 작문 이론에서는 영작문의 각주 작성 원리인 BEAM[1]이나 담론 장르별 글의 구조화 전략인 TREE, SPACE, STOP[2]과 같이 내용 요소별로 머리글자를 따서 학습자의 기억을 돕는 전략적 접근에 대한 논의는 거의 없다.

---

1) BEAM이란 Background, Exhibits, Argument, Method를 위한 참고문헌을 조사하여 내용 각주를 달도록 한 머리글자 전략으로, 컬럼비아 대학교 신입생 수업에서 협력적 탐구 보고서를 작성할 때 사용하는 내용 생성 원리이다(김성숙·이아라, 2007).

2) TREE(opinion essay): ① 화제문 정하기(Note Topic Sentence), ② 근거 마련하기(Note Reasons), ③ 근거 평가하기(Examine Reasons), ④ 결말 정하기(Note Ending)
SPACE(story writing): ① 배경 정하기(Note Setting), ② 목적 정하기(Note Purpose), ③ 행동 정하기(Note Action), ④ 결말 정하기(Note Conclusion), ⑤ 정서적 반응 정하기(Note

중급 이상의 한국어 학습자가 긴 글을 쓰는 과제 환경에 직면하여 필요한 장기기억을 작업기억 장으로 소환해 내도록 돕기 위해서는 핵심어로 지식을 구조화해 주는 것이 좋다.[3] Hayes(2006: 37)는 작문학의 새로운 방향을 제시하는 글에서 자신이 Flower와 만든 쓰기 모델(1981)을 예로 들며 개념어(frameworks)의 유용성을 주장한다. 즉, 개념어는 ① 의사소통에 공통된 주제어를 제공하고, ② 기억의 단초를 제공함으로써 우리의 사고를 조직할 수 있고, ③ 공통점에 주목하고, ④ 예측들을 가시화하며, ⑤ 연구 계획에 근거를 제공함으로써 새로운 지식을 습득하게 한다는 것이다. 한국어 작문 과정 및 쓰기 인지 성장의 나선형적 원리는 '환-하-다'의 비유적 동사로 개념화할 수 있다.

• 환-하-다

한국어 작문의 일반적인 삼단 구성 체계에서 텍스트의 '처음-중간-마지막' 부분의 역할은 '환-하-다'라는 개념어를 써서 설명할 수 있다. 한국어 작문의 개별 텍스트는 일반적으로 서론에서 주제와 관련된 논의를 '환'기함으로써 독자의 관심을 유도한다, 그리고 본론에서는 해당 텍스트에서 전개하고자 하는 주된 논의를 작성'하'며, 결론에서 '다'시 한 번 글의 주제를 환기하고 향후의 진전된 논의를 남겨두는 열린 구조를 지향한다.

'환-하-다' 원리는 쓰기 인지 성장 원리에도 적용할 수 있다. 한국어로 글을 쓰기 위해서 초보 필자는 먼저 자신의 장기기억에 저장된 관련 지식을

Emotions)
STOP: ① 판단 유보하기(Suspend Judgement), ② 아이디어 배양하기(Take Aside), ③ 아이디어 조직하기(Organize Ideas), ④ 계획 조정하기(Plan More As You Write)
(Harris, K. R. & Graham, S., 1996; 박영목, 2007에서 재인용.)
3) 흄은 물질에서 원자들을 서로 결합시키는 인력(attraction)이라는 것이 있듯이 정신에도 '관념연합의 법칙'이 있다고 주장한다. 관념에는 비슷한 것들, 가까이 있는 것들, 그리고 언제나 잇따라 생겨나기 때문에 원인과 결과의 느낌을 주는 것들이 있다. 유사성, 인접성, 인과성이라는 이 세 가지 특징에 의해 관념들은 서로 모이거나 흩어진다. 이렇게 해서 기억은 어느 정도 일관되게 자리 잡고 잃어버린 고리를 메우면서 인격의 동일성을 낳는다고 한다(황수영, 2006 : 94).

탐색해 필요한 정보를 '환기'시켜야 하고, 중급 필자는 여러 번의 연습을 거쳐 과제 환경에 숙달해 가며 내용을 문어적 표현으로 재조직'하여야' 하며, 고급 필자는 자신의 작문 실력을 유지·향상시키기 위해 새로 익힌 수사적 전략을 적용하여 자신의 쓰기 능력을 '다시' 갱신하는 작업을 끊임없이 수행하여야 한다.

수사학적 장르 연구자들은 특정 과제 맥락의 패턴에 반응하도록 구조화된 지식이 초보 필자들의 쓰기 교실에 미친 긍정적인 성과들을 소개해 왔다. 이렇게 수사학과 작문 연구 분야에서 1960년대 중반부터 각광을 받아온 경험주의적 연구방법론은 이론적 가설과 사고·학습의 상관성을 규명하는 데 유용했다. 미국에서의 작문 이론은 '과정' 본위의 인지적 전통 위에 다양한 작문 교실의 경험을 축적하여 교수법 관련 연구의 변증법적 진전을 보게 되었다. Karen(1990: 7~8)은 교실 현장으로부터의 귀납적인 추론이 수사학과 작문 이론에 크게 기여하였다고 평가한다. 그리고 귀납적 연구를 바탕으로 연역적 '유추'를 수행해서 기존 이론을 정교화, 재개념화하거나 기존의 경험적 연구 성과를 이론화할 것을 조언한다.

따라서 이 글에서는 한국어 학습자의 작문 과정에 대한 사고 구술 프로토콜4)을 분석하는 경험주의적 연구를 바탕으로, Flower와 Hayes(1981) 모델에서 '작성' 과정의 공백이 드러낸 이론적 한계를 보완하고자 한다. 한국어 작문 과정의 세부 인지 요소 및 활용 전략을 밝히기 위해 참조한 선행 연구 이론은 다음과 같다.

---

4) 사고 구술 프로토콜(thinking aloud protocol)이란 아무 인지적 제약 없이 머릿속에 드는 생각을 그대로 소리 내어 말하고 이를 녹음하여 전사한 기록을 말한다. 성인이거나 동양권 국적인 경우 정의적 여과(Affective Filter) 장치가 강하게 작용하므로 사고 구술 전사 자료를 얻으려면 특별한 주의나 연습이 필요하다.

2. 작문 과정의 각 단계별 전략 탐구를 위한 이론적 배경

Emig(1971)의 사고 구술 실험[5] 이후 서구 작문학의 관심은 결과물에 대한 1회적 평가에서 쓰기 과정을 중시하는 방향으로 대전환을 이루게 되었다. Flower와 Hayes(1981, 365~387)가 인지심리학을 바탕으로 문제 해결 과정으로서의 작문 과정 모델을 제안한 이후, 많은 연구자들이 작문 과정에 대한 인지심리학적 접근을 시도하였다. 또한 작문 연구에 사회 구성주의적 관점이 반영되면서 기존 인지 모델의 성과와 한계도 여러모로 논구되었다. Hormazábal(2007)은 이 모델이 모든 필자의 경우를 일반화함으로써 실제 텍스트가 어떻게 산출되는지 밝히지 못한 한계를 지적하였다. Bizzel(1993)은 사회적 여건이 배제된 인공적 쓰기 상황에서 필자와 텍스트 간의 문제 해결로 작문 과정을 단순화시킨 오류를 지적하였다. Bartolome(1985)도 필자의 숙련 단계에 따라 필자 중심적 글쓰기에서 독자 중심적 글쓰기로 이행되는 과제 환경의 사회적 맥락이 간과되고 있음을 지적하였다. 김성숙(2007: 26)도 이 모델의 한계를 보완한 반복 숙련 모형(25쪽 〈그림 6〉)을 제안하였다. 이 과정 중심 인지 모델은 개별 필자가 자신의 숙련 단계별로 문제를 어떻게 다르게 해결하는가 하는 인지 성장 과정을 설명하지 못한다. 그러나 이렇듯 많은 한계가 있음에도 Flower와 Hayes 모델(1981)은 작문 과정을 분석적으로 개념화하는 데 선구적 역할을 하였다.

Flower와 Hayes는 쓰기에 관여하는 인지 과정을 작업 환경, 장기기억, 쓰기 과정, 초인지로 크게 나누고 이를 다시 하위 범주로 세분하였다. 이 모델의 작업 환경이란 주제, 독자, 동기 유발 단서 등 특정 과제의 조건과 매순간

---

5) 12학년생 8명을 4개 집단으로 나누어 자신의 쓰기 경험에 대한 자서전을 쓰도록 하였다. 이들은 또 3편의 글을 쓰는 동안 머릿속에 드는 생각을 소리 내어 말하면서 녹음하였다. 사고구술 내용을 분석한 결과, (1) 반성적(reflexive) 에세이는 자발적으로 쓰이는 반면 포괄적(extensive) 에세이는 과제가 있을 때만 쓰인다. (2) 이 두 유형의 에세이 작문 과정은 그 길이나 어휘, 통사, 수사, 개념화 조직 구성이 상이하다. Emig은 이 사례 연구 결과를 토대로 미국 중등교육의 작문 교수법이 변화해야 할 필요를 역설하였다.

축적되는 텍스트를 비롯하여 필자를 둘러싼 모든 환경 조건을 의미한다. 사회 구성주의 작문 이론가들은 인지심리 연구자들이 작문의 사회적 성격을 간과하였다고 비판하지만, Flower와 Hayes 모델의 작업 환경 영역에는 필자의 국적, 지위, 성(性) 등 사회적으로 개인을 구성하는 제반 요인이 포함된다. 그리고 필자의 장기기억에는 주제와 독자(audience)에 대한 고려를 비롯하여 쓰기 과정 전반에 대한 수사적 지식이 들어 있다. 작문 과정의 장기기억에 대해서는 많은 실험 연구가 있었다(Hayes, 2006: 28~40).[6] 이들 연구는 간섭이 있을 때 작문의 질이 어떻게 달라지는가를 확인한 것으로 작문학과 인지심리학의 공동 관심사를 반영하고 있다.

　　과정 중심 인지 모델의 핵심이라 할 수 있는 글쓰기 과정은 계획하기와

---

6) Chenoweth & Hayes(2001: 94)는 제2언어 학습자들이 글의 내용을 생성할 때는 상이한 지식의 간섭을 더 많이 받으므로 텍스트 작성을 마친 후에 수정을 더 잘 한다는 사실을 밝혀냈다. Baddeley & Hitch(1974), Gathercole & Baddeley(1993)는 언어적 데이터와 시각적 데이터가 분리·저장되는 작업기억 모델을 제시하였다. Longoni, Richardson & Aiello(1993)의 실험에서는 발화 내용을 제한하자 어휘 기억이 약 50% 정도 감소되었다. Levy & Marek(1999)은 문장 쓰기 과제를 수행하는 동안 무관한 발화를 듣도록 했을 때 참가자들이 문장을 적게 썼음을 들어, 음운론적 방해가 텍스트 형성 과정과 관련이 있을 거라는 가설을 입증하였다. Kellogg(1996)는 작문 과정 이론들과 Baddeley(1986)의 중앙 관리(central executive) 과정 등을 통합하여 다음과 같이 모형화하였다.

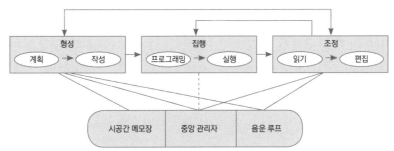

그림 하단의 작업기억(Baddeley, 1986)에서 음운 루프와 시공간 메모장이 단순 기억 장치인데 비해 중앙 관리자는 작문 과정 전반의 인지를 관리한다. 음운 루프는 음소와 발음으로 된 소리 정보를 저장하고, 시공간 메모장은 시각 정보와 공간 정보를 이미지로 저장한다. 반면 중앙 관리자는 작업 인지를 음운 루프나 시공간 메모장에 할당하거나 장기기억에서 탐색한 정보를 프로그래밍하고, 타이핑에 필요한 운동 신경까지 관리하는 등 다양한 기능을 한다.

작성하기, 수정하기의 세 단계로 이루어지며 각 과정은 필자의 초인지에 의해 점검된다. 초인지는 메타인지, 상위인지로도 번역되는 것으로 필자 안에서 스스로 작동하는 검열 기재를 가리킨다.

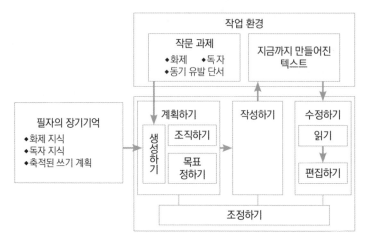

〈그림 1〉 The Hayes-Flower Model Proposed in 1980

이 그림에서 계획 과정은 생성하기와 조직하기, 목표 정하기로 세분되어 새로 생성되는 내용과 장기기억에 의한 수사적 재조직, 내용의 전개 방향을 제시하는 목표 조정까지를 미시적으로 포착하였고, 수정 과정도 읽기와 편집하기로 구분하여 정보 판단과 수행 절차를 구분하였다. 특히 계획하기 과정에 대해서는 이후 연구에서 지식 기반 계획, 스키마 기반 계획, 구성적 계획으로 유형화하고, 사고 구술 자료를 바탕으로 구성적 계획하기의 5개 성공 요인과 8개 세부 전략들을 규명하기도 하였다.[7]

그런데 계획과 수정 사이의 작성 과정에는 하위 항목이 없다. 이 모델이 영어

---

7) 숙련 필자(수사학 분야의 저술활동을 하는 영어 교사) 3명, 대학 부설 글쓰기 능력 센터의 조교를 지원할 만큼 쓰기 동기가 형성되어 있는 학생 필자 3명, 문제가 많고 수준이 낮은 텍스트를 써 낸 교사로부터 "문제가 있는" 학생이라고 지적 받은, 자발적으로는 글을 쓰기 싫어하는 학생 필자 3명 등 총 9명 필자의 계획하기 과정을 분석하였다(Flower et al.(1989: 69); 72~76쪽 **Tip** 참조).

화자의 사고 구술 실험 결과에 따른 것임을 감안할 때, 모국어 필자에게 거의 자동화되어 있는 텍스트 작성 과정의 세부 요소를 규명하기가 어려웠을 것이다. 그러나 사유하는 동시에 활자화가 진행되는 것은 아니며 사유 내용이 활자화되면서 집필 계획을 수정하는 경우도 있으므로 작성 과정의 하위 항목 요소도 밝혀야 한다.

한국어 학습자를 대상으로 사고 구술 실험을 한 결과(김성숙, 2008나), 작성 중의 필자는 장기기억에 저장된 지식을 탐색(Searching)해 주제와 관련된 내용이나 표현을 찾는다. 이 탐색은 계획 단계의 최초 내용 생성에서 한 단계 나아간 인지 활동으로 화제를 초점화시키기 위함이다. 화제 지식은 특정 언어 표현으로 번역·재조직(Reorganizing)되고 필기 매체의 운동에너지로 전환된다. 내용이 작성(Transcription)되는 동안에는 특정 장르 양식에 적합한지, 즉 수사적 전략(Strategy)에 대한 초인지적 검열이 상존(常存)한다.

모국어로도 글을 써 본 경험이 적은 한국어 학습자는 주어진 주제에 대해 한국어로 10개 문장을 쓰라는 과제를 접하면 문법과 어휘 지식 이외의 다른 지식을 동원하기 어렵다. 또 이러한 과제는 작문을 통한 자아 성장이나 의사소통, 지식 습득 등 쓰기 교육의 궁극적인 목표와도 거리가 멀다. 실용적 목적의 쓰기 교육과정에서는 한국인 독자와 직접 소통할 수 있는 실질적 텍스트 생성 능력을 길러 줘야 한다. 학문 목적 쓰기 교육과정에서라면 과제 맥락을 파악한 후 해당 학술 공동체에서 통용되는 텍스트 양식에 따라 소속 공동체의 지식 확장에 기여할 참신한 생각을 한국어로 옮길 수 있게, 또 그 과정을 스스로 평가하고 수정할 수 있게 지도해야 한다.

그렇다면 일반 목적의 중급 한국어 교육과정에서는 어떤 쓰기 지식을 가르쳐야 할까? 어느 텍스트로도 분화되어 필요한 장르 결과물을 생성할, 작문 기술의 줄기세포를 이식해 주어야 한다. 즉, 실용적이거나 학술적인 그 어떤 과제 환경에 처해서도 내용을 논리적으로 구성하고 합목적적인 수사 전략을 동원할 수 있게 하려면 다양한 쓰기 지식을 개념화해서 명시적으로 가르쳐야 한다. 이 때 '환-하-다'와 같은 개념어의 머리글자 전략은 한국어의 작문 구성 원리를 설명할 수 있는 유용한 메타 지식이 된다.[8]

• 쓰기 학습 전략

말하기와 쓰기에서 주로 쓰이는 언어 학습 전략은 인지 전략, 기억 보조 전략, 초인지 전략, 보상 전략, 정의적 전략, 사회적 전략 등 6가지이다. 이들 전략은 과제 유형과 필자 능력에 따라 둘 이상이 동시에 사용되기도 한다(Oxford, 2001: 167~168 참조). 한국어 교육 분야에서도 문법 위주의 교육에서 청각 구두식 교육의 단계를 거쳐 의사소통 중심 교육으로 교수 방법의 전환이 이루어지면서 그동안 학습 전략에 대한 연구가 활발히 이루어져 왔다. 이러한 학습 전략들은 쓰기 표현 전략으로도 활용될 수 있다.

① 인지 전략(cognitive strategies)을 써서 필자는 기지(既知)의 정보와 미지(未知)의 정보를 결합하거나 기존 정보를 재구조화한다. 인지 전략의 예로는, 맥락으로부터 추측하기, 연역적이거나 귀납적인 방법으로 근거를 찾기, 원래의 구조를 따라 요약해 적은 정보를 재구조화하기, 분석하기 등이 있다. 사회구성주의적 인지 학습 전략의 언어 이론으로는 Vygotsky(1978, 1986)의 논지를 반영한 태피스트리9) 접근법(tapestry approach, Scarcella and Oxford, 1992)이 있다. Vygotsky는 타자와의 상호 작용 가운데 특히 교사처럼 좀 더 유능한 타자와 함께 있을 때 사회 인지 학습이 이루어진다고 보았다. 교사는 학습자가 더 이상 필요를 느끼지 않을 때까지 비계(飛階, scaffold)가 될 만한 도움을 제공한다. 이러한 과정을 통해 학생은 적용, 분석, 종합, 논증 등 고등 사고 기술에 해당하는 인지적 학습 전략을 개발한다.

---

8) 이 '환-하-다' 개념은 동북아 일대에 '붉다'와 '환하다'의 가치를 숭배하는 문화권이 있었다는 최남선 '불함문화론'의 '환 사상'에서 추출한 것이다(오문석, 2006: 353~356). 최남선은 '불함문화론'에서 환웅이 웅녀와 결합하여 낳은 단군에 대한 설화에 이러한 문화가 반영되어 있다고 설명한다. 식민지 시대 일본이 실증사학을 들어 기록이 남아 있지 않은 옛 조선의 역사를 부정하려 들자, 최남선은 한반도 전역에 남아 있는 이름에서 이를 반박할 경험적 증거를 찾았다. 즉, 백두산 등 '밝을 백(白)'자가 들어 있는 지명이나 '박(朴)' 씨 성 등에 밝고 환한 것을 숭상하던 겨레의 가치관이 보존되어 있다는 것이다.

9) 여러 색깔의 날실과 씨실을 교차하여 직물에 그림을 짜 넣는 것처럼 다양한 배경의 동료와 협력하는 과정을 통해 개인이 사회적으로 인지를 형성해 가도록 하는 교수법이다.

특정 주제와 관련된 글을 쓸 때 학습자는 인지 전략을 사용해서 자신의 배경지식과 주변 여건에서 얻을 수 있는 단서들을 탐색한다. 학술적 쓰기 과제 맥락의 문제 해결 과정에서는 이러한 인지 전략을 기반으로 탐색한 정보가 유용한지 여부를 판단하여 특정 정보를 수용하거나 기각한 다음, 그와 관련된 정보를 새로이 재탐색하는 가설 수립과 검증 과정을 반복한다.

② 기억 보조 전략(mnemonic strategies)을 써서 학습자는 새로운 정보를 기지의 정보 구조에 질서 정연하게 연결시킬 수 있다. 머리글자의 운을 맞춘 다거나 교사의 지시에 따라 몸으로 반응하고, 공책이나 칠판의 특정 위치에 적힌 내용을 이미지로 기억하는 등의 방법이 그러한 예에 해당한다. 인지 전략은 다른 층위의 정보들을 모아 종합적으로 다루는 반면 기억 보조 전략은 일련의 정보를 단순히 조건반사적으로 연결 지을 뿐이라는 점에서 구별된다. 이러한 한계가 있음에도 언어 학습 초기에 어휘나 문법 규칙을 외울 때 기억 보조 전략은 자주 애용된다.

기억 보조 전략은 지식 나열 모델에 들어맞는 쓰기 기술이다. 숙련 필자가 내용 주제 관련 배경지식과 담화 형식 관련 수사적 지식의 도움으로 빠른 시간 안에 일정 수준 이상의 텍스트를 작성할 수 있는 것은 기억 보조 전략을 유용하게 사용하기 때문이다. 하지만 초보 필자의 경우에는 자기가 자신 있게 잘 할 줄 아는 쓰기 지식에 대한 기억 하나로 모든 과제를 해결하려는 경향이 있으므로 먼저 과제 맥락을 고려하는 방법부터 가르쳐야 한다.

③ 초인지 전략(metacognitive strategies)을 쓰는 학습자는 첫째, 자기가 해야 할 일을 혼자 관리할 수 있다. 스스로에 대해 파악함으로써 자신의 흥미와 필요, 알맞은 학습 유형 등을 찾아내는 것이다.

둘째, 초인지 전략은 자신의 자원 가운데 어떤 자원이 해당 과제에 유용한가를 결정하고 학습 계획을 세우고 공부할 최적의 장소를 마련하는 등 학습 과정을 전반적으로 관리한다. 학습의 목적을 세우는 것도 포함된다. 하지만 목적을 잘못 세울 경우 학습이 계획대로 안 이루어지기도 하므로 초인지가 일정 수준으로 발달하기까지는 교사의 조언이 필요하다.

셋째, 초인지 전략은 학습의 전반적인 과정뿐만 아니라 당면한 특정 과제를 효율적으로 관리하는 데에도 도움이 된다. 특정 과제를 완수하기 위해 장단기 계획을 세우고 해당 과제에 집중하며 필요한 어휘와 문법을 적용하고 관련 자원을 찾고 적용 가능한 자원 목록을 점검해 대안을 마련하는 작업이 모두 초인지 전략에 포함된다.

쓰기 과정에서 초인지 전략은 특정 주제의 쓰기 과제를 수행하면서 검색한 참고 자료와 동원한 전략들이 적절한지 여부를 끊임없이 점검하는 과정에 쓰인다. 자신의 고유한 논지를 펼치기에 적당한 개요를 작성하고 단락의 구조를 조직하는, 일련의 문제 해결 전략 수립 과정도 이에 해당한다.

④ 보상 전략(compensatory strategies)은 의사소통 전략(communication strategies)이라고도 할 수 있다. 듣기나 읽기 과제를 수행하면서 언급되지 않은 정보를 맥락에서 추측하는 것처럼, 말하기나 쓰기 의사소통 상황에서 정보의 공백을 채우는 인지 행위를 가리킨다. 말을 할 때 유의어를 사용하거나 완곡하게 둘러말하기, 몸짓으로 의미를 전달하는 행위나, 글을 쓸 때 동일한 의미를 유의어나 완곡어법을 써서 표현하는 수사적 전략 등이 이에 해당한다.

⑤ 정의적 전략(affective strategies)은 쓰기 동기를 활성화할 시공간을 마련하거나 긍정적인 예언을 반복함으로써 쓰기 두려움을 없애고 자발적인 쓰기 동기를 부여하는 언어 학습 방법이다. 쓰기 과제가 실제적이고 실용성이 높을수록 학습자의 쓰기 동기가 강화된다. 글을 쓸 때 정의적 전략을 써서 독자와 적극적으로 소통하고자 하는 필자라면 독자의 기대를 고려하여 읽기 욕구를 불러일으킬 공감적 표현과 내용을 탐색해야 한다.

⑥ 사회적 전략(social strategies)은 대상 언어 문화권의 규준과 가치를 이해함으로써 언어 학습을 촉진하는 전략적 방법이다. 과정 중심 쓰기 교수법에 이어 등장한 장르 중심 쓰기 교수법에서는 특정 텍스트가 유통되는 사회적

맥락과 소속 담화 공동체의 규범을 먼저 배울 필요가 있다고 본다. 과제의 수사적 목적을 파악하고 공동체 내 역할 구조를 이해하면 특정 쓰기 과제를 완수하는 데 필요한 도움을 적절히 지원 받을 수 있다는 것이다.

• 제2언어 쓰기 능력으로서의 전략 수행 능력

Bachman과 Palmer(1996)가 제2언어 쓰기 능력을 모델화한 다음 표에서도 전략적 능력은 언어 지식과 대등하게 다루어졌다. 하지만 언어 지식 범주가 구조 지식 범주 아래 문법 지식과 맥락 지식으로, 화용 지식 범주 아래 화행 지식과 사회언어 지식으로 각각 세분된 것에 비해서, 전략적 능력 범주는 초인지 전략과 위계화된 수행 전략의 중범주로만 구분되는 데 그치고 있다. 전략적 능력이 구조 지식이나 화용 지식보다 쉽게 학습될 수 있는데도 세부 요인이 탐구되지 않은 것이다. 이에 본 연구에서는 다음 표의 빈 부분을 보충하기 위하여 한국어 쓰기 능력 가운데 초인지전략을 집중적으로 살펴보고자 한다.

〈표 1〉 제2언어 쓰기 능력 모델(Bachman & Palmer, 1996)

언어 지식	구조 지식	문법 지식	어휘(vocabulary), 통사(syntax), 음운(phonology), 표기(graphology)
		맥락 지식	응집성(cohesion), 결속력(coherence), 수사적 조직(rhetorical organization)
	화용 지식	화행 지식	개념화(ideational: 묘사, 분류, 설명, 비교 및 대조), 조작적(manipulative), 도구적(instrumental or 탐구적 heuristic), 상상적(imaginative) 기능
		사회 언어 지식	담화역, 관용 표현, 화법−어휘와 담화역의 적절성
전략적 능력	초인지전략		
	위계화된 수행 전략	목적 설정−자료 검토−계획 수립	

학술적인 글을 쓰는 데 필요한 전략적 능력의 습득 여부를 측정하기 위해서는 인터뷰나 사고 구술(think aloud), 학습 일지 쓰기, 교실 관찰 등의 다양

한 방법을 채택할 수 있다. 본 연구에서는 인터뷰와 사고 구술 방법을 써서 한국어 학습자의 쓰기 문제 해결 전략의 습득 정도를 파악해 보고자 한다.

3. 작문 과정에 대한 사고 구술 실험 설계

2008년 1학기 연세대학교 학점인정과목인 한국어학당의 〈한국문학 읽기와 쓰기〉 수업에서 8명의 한국어 능력 5급 학습자가 사고 구술 실험에 참여하였다. 한국어 집필 과정에서 한국 문학을 읽은 경험이 내용을 생성하는데 어떤 영향을 미치는지, 즉 읽기 배경지식이 쓰기로 변환될 때 어떤 인지 전략이 사용되는지를 알아보기 위한 연구였다.

구체적인 수업 절차를 밝히자면, 학습자들은 먼저 1차시에 박두진의 시 〈해〉를 노래로 부르는 등 텍스트에 대한 읽기 동기를 강화하였다. 2, 3차시에 이 시에 대한 이어령의 시평 내용을 각 팀별로 요약해 발표하였다. 이 과정에서 시평에 상세히 설명된 시 〈해〉의 음양 상징체계를 비롯해 개별 문화권의 상징 코드에 대해 숙지하였다. 이렇게 시평이라는 모범 예시 글을 함께 분석해 보는 작업은 장르 중심 교수법에서 해당 장르의 글을 명시적으로 가르치고 분석해야 한다는 Modeling 절차를 따른 것이다.

이후 교사는 '문화권별로 상이한 상징체계를 어떻게 이해할 것인가'라는 화제로 글을 쓰기 위한 모범 개요와 예시문을 보여 주고 평가 기준을 제시하였다. 이어서 개요 작성 과제를 제시하여 써야 할 내용에 대해 준비를 시켰다. 그리고 특정 지식에 대한 장기기억이 문자화되는 과정을 알아보기 위하여 속담이나 사자성어를 반드시 넣어서 쓸 것을 조건으로 제시하였다. 실험에 참여한 학습자들은 1시간 동안 비평적 에세이를 쓰면서 머릿속에 떠오르는 생각을 모국어와 한국어로 자유롭게 발화하였다.

실험 후 교사는 회수한 음성 파일을 국적별로 분류해 동일 국적의 다른 필자가 작성한 음성 파일을 들으면서 모국어 발화는 한국어로 번역해 적고 한국어는 그대로 받아 적어 전자 문서로 작성하게 하였다. 음성이 작거나 발음이 모호해 동료 필자가 해독하지 못한 부분을 보완하기 위해 텍스트로 작성된 사고 구술 내용을 본인에게 검토해 보완하게 하였다. 이 과정에서 학습자들은 전문 학술 한국어를 듣고 쓰는 연습과 번역 연습을 하였다.

• 한국어 집필 과정의 세부 요인

제출된 녹음 파일과 번역된 전자 문서를 비교하면서 학습자들이 한국어 집필 과정 중 발화한 사고 구술 내용을 분석한 결과, 텍스트를 작성하는 인지 과정에는 탐색하기와 적합한 문어적 표현으로 재조직하기, 수사적 전략 적용하기의 하위 요소가 발견되었다. 여기서 집필 과정의 '탐색하기'는 순수하게 새로운 내용을[10] 탐색하는 활동으로 한정한다. 즉, 과제를 분석하고 전략을 탐색하는 초인지 활동은 집필 직전의 '계획하기' 과정 동안에 진행되는 것이고, 탐색된 지식을 특정한 텍스트 양식에 적합한 표현으로 재현하는 것은 집필 중 '재조직하기' 과정 동안에 진행되는 것으로 구분하였다.

• 다시 읽기 전략

'쓰기 전략' 요인 가운데 '다시 읽기 전략'은 탐색하기와 재조직하기, 수사적 전략 쓰기 등 집필의 전 과정에서 발견되었다. 하지만 사고 구술 전후의 텍스트 내용을 분석한 결과 '다시 읽기 전략'은 집필 중 탐색된 정보에 대한 적합성을 검증하고 새로운 내용을 생성할 때, 전략 사용의 효과가 특히 두드러지게 나타났다. 따라서 본 연구에서 '다시 읽기 전략'은 탐색하기 항목에 포함시켜 빈도를 수치화하였다. 필자는 작성한 텍스트를 읽으면서 작업기억의 장에 부상(浮上)한 정보를 기존 내용에 이어서 써 나가기도 하

---

10) Halliday가 응집성의 구분 범주로 제시한 화제 단위를 참조하여 한국어 학습자들의 탐색하기 인지 활동 빈도를 수치화하였다. 그러므로 탐색된 화제로부터 연상된 내용이나, 그 화제를 상술하는 내용은 탐색하기 수치에 포함시키지 않았다(Halliday & Hasan, 1976: 1~30). 내용 생성을 위한 탐색적 사유나 적절한 어휘와 문법 표현, 수사적 전략에 의한 재구성 등은 모두 장기기억 정보를 탐색한 결과로 이루어지는 인지 작용이다. 이러한 기존 정보에 대한 탐색은 쓰기 전(全) 과정에서 일어나는 기본적인 인지 활동이다. 따라서 집필 과정 중의 '탐색하기' 활동은 내용 생성을 위한 장기기억 환기에 한정하였다.

고, 부족한 정보를 보충한 새로운 단락을 삽입하기도 하였다.

실험 참여자 가운데 일본인 학습자는 일본어로 사고 구술을 한 후 그 내용을 한국어로 번역해 가면서 각 표현이 합당한지를 점검하였다. 이러한 사례로 미루어 볼 때 탐색하기와 재조직하기는 순차적으로 발생하는 선형적 과정이 아니라 재조직된 내용이 합당한지를 다시 탐색하기도 하는 상보적 관계라고 판단된다.[11]

한국어 학습자는 문자화된 텍스트의 논리적 응집성을 점검할 때, 번역되기 이전의 모국어 사유 기재에 의존하였다. 사고 구술된 내용을 보더라도 이들에게는 모국어에 의한 논리적 사유가 더 익숙하다. 즉, 새로운 내용을 생성할 때 학습자는 매개 언어의 문법성이나 수사적 전략보다 장기기억에 저장된 정보를 불러내는 데 더 비중을 두었다. 모국어로 글을 잘 쓰는 필자가 외국어로도 글을 잘 쓰는 원인은 기존 정보를 재조직해 내는 지식 구성 능력의 차이에 있을 것으로 보인다.

4. 기존 모델의 수정과 '(번역)작성' 과정의 세부 요인

Flower와 Hayes의 모델(1980, 〈그림 1〉)에서 작성(translation) 과정은 글의 내용 생성을 위한 기존 정보의 번역과 문자 언어화(transcription) 과정을 모두 함의하는 개념이다. 이 글에서 한국어 학습자의 작문 과정을 다룰 때 사용하는 '작성' 개념도 '(번역)작성' 과정을 지칭한다.[12] Flower와 Hayes

---

11) 일제시대에 개방을 바라는 사람들 마음의 소리? 그런 것들이 나타나 있는 문장이라고 느꼈습니다. 일제…시대…일제…시대…어려움을…겪고…겪다……고통을…겪고…일제시대에 고통을 겪고 있던 사람…사람…개방을 바라는 소리…개방…개방…개방…대망하다?…대망하다…흠…나타내는(선택한 단어의 적합성을 따져 봄)…시라고 생각했어요. 여기는 조금 덥다! 이동하자, 이동…그리고…아~, 이거는 격식체 반말로 해야 되는구나. (글의 문체에 대한 수사적 지식)…그럼, 여기를 고치고…음, 뭘 쓰면 될까, 좀 더 이 부분을 길게 쓰고…더 길게 써도 되겠지? (글의 길이에 대한 수사적 전략) (밑줄부분─일본어)

12) 물론 인지와 표현 과정의 선후를 따진다면 '번역─작성'과 같이 두 과정을 대등하게

(1981)의 '쓰기 과정 모델'(〈그림 1〉)을 보면 계획하기 하위에 생성하기, 조직하기, 목표 정하기 항목이, 수정하기 하위에 읽기, 편집하기 항목이 있지만 작성하기 하위에는 뚜렷한 세부 요인이 없다. 본 연구는 이 그림을 정교화하고 특히 작성하기 항목을 구체화하기 위해 추진되었다.

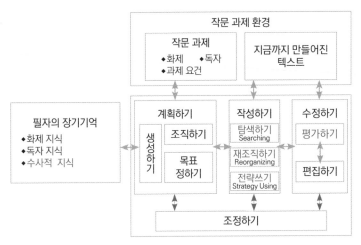

〈그림 2〉 수정된 쓰기 인지 과정 모형

계획-작성-수정의 작문 과정은 '작업 환경'이나 '필자의 장기기억'과 쌍방향적으로 소통한다. 과제에 대한 수사적 지식이나 물리적 작업 환경은 한 편의 작문이 수행되는 과정에 지속적으로 영향을 미치기 때문이다. 작성하기 하위의 세부 요인을 추가하기 위해서 기존 모델을 수정하면서 쓰기 과정의 연계성(連繫性)과 가역성(可逆性)을 반영하기 위해 계획, 작성, 수정 사이에 쌍방향 화살표를 추가하였다. 집필 매체가 필기도구에서 자판으로

기술하는 것이 바람직할 수도 있으나 언어의 기표화가 자동화된 고급 필자일수록 정보의 탐색과 언어적 번역이 순간적으로 일어나며 인지적 번역과 문자화의 작성 과정을 구분하기가 어렵다. 하지만 순간적으로 처리되는 인지 과정이라 하더라도 이 과정에 수반되는 정보의 언어적 재현에 따른 번역 과정을 무시할 수 없고, 특히 한국어 학습자의 작문 과정에서 이러한 '집필' 과정의 하위 항목을 찾아보고자 하는 것이 이 글의 목적이므로 이 글의 '작성'의 개념에는 '(인지적 번역 후) 작성'의 함의가 실려 있음을 밝힌다.

변모하면서 계획, 작성, 수정 과정이 나선형으로 회귀하게 됨을 표상(表象)한 것이다. 특히 작문 과제의 요구 조건(exigency)은 수사학적 장르 연구 분야에서 위급함(urgency)을 특별히 강조한 용어인데, 상황적으로 반응을 요구하는 필요나 의무, 자극이 있는 과제 환경을 의미한다.

작성된 텍스트의 질적 차이는 필자별로 상이한 장기기억의 질적 수준 차이와, (번역)작성 과정에서 장기기억의 내용 정보를 탐색해 재조직하는 필자의 전략 숙달 정도에 달려 있다. 이러한 전략들은 조정하기를 관장하는 초인지의 발전 수준에 따라 필자별로 상이하게 실현된다. 따라서 49쪽의 〈그림 1〉은 위 〈그림 2〉와 같이 작성하기 하위에 '탐색하기, 재조직하기, 전략 쓰기' 항목을 채워 넣어 보완될 수 있다. 또한 수정하기 과정의 '읽기' 활동도 '평가하기'로 구체화하였다.

4.1. 탐색하기

특정 과제를 부여 받은 필자는 장기기억 내용을 탐색하여 필요한 지식 정보를 단기기억들로 운영되는 작업기억 장으로 소환한다.[13] 이때 소환되는 지식에는 작문 과정의 절차에 대한 수사적 지식, 주제 관련 내용 지식 등이 모두 포함된다. 과제가 요구하는 글을 작성하기 위하여 필자는 계획하기 단계에서 과제 지시문을 여러 번 읽어 보면서 필요한 정보를 탐색하거나 유사 과제에 대한 경험 기억을 탐색하는 것에서부터 시작한다.[14]

---

13) 언어의 이해와 정보 처리 과정에서는 전략을 써서 기호의 분절, 범주화, 결합, 해석의 4가지 규칙을 효과적으로 적용할 수 있다. 단기기억은 유입되는 정보들을 처리하는 〈작업 장〉인 반면, 장기기억은 단기기억에서 분석(분류되거나 범주화)된 인지 내용에 의미를 부여하고 개념을 결합시킨다(반다이크, 2000: 265~268 참조).

14) 지난번에 노래를 들었을 때에(장기기억 내용 탐색) 음은 대게 뭐랄까 밝고 되게 희망도 있는 노래였는데 왠지 가사만 생각을 하면 불희망이 나와요. … 아무래도 시인이 남자, 남성적인 남자의 성격이(단어를 고르고 있음) 나타날 것 같아요. 그런데 시인이 뭐랄까. 그 상황에서 해가 뜨는 거나 밤이나 사람이 사람에 사람한테서 어떻게 말을 할까? 사람에(문맥에 맞는 문법 표현을 고르다가 오랜 휴지 후에 하나를 선택함) 달려 있지 않아요.

모국어로 알고 있으나 한국어로 적절한 어휘를 찾지 못할 때 필자는 자신이 알고 있는 어휘망에서 가장 근접한 단어를 찾아 문자화한다. 탐색해낸 정보 내용에 대해 자신이 없을 때는 어말의 문법 표현을 여러 번 바꿔 발화해 보면서 수정을 하거나, 어절의 억양을 높여 스스로 회의하는 태도를 보였다. 그리고 탐색하기에서 재조직하기로 작업 과정이 전이되면서 사유 내용을 문자 언어화하는 데 필요한 작업기억이 증가하자 탐색하기의 결과로 나타난 사고 구술 발화의 속도가 느려지는 경향을 보였다.[15]

러시아 학습자의 경우 글의 개요를 쓸 때는 빛과 어둠의 대비되는 상징체계에 주목하였으나 글을 써 나가면서 빛을 지각하는 주체의 소중함과 참된 빛의 가치에 주목해야 한다는 쪽으로 논의 전개 방향을 바꾸었다. 그리고 과제 제한 시간이 촉박해지자 미완인 채로 성급한 결말을 내리고 말았다. 이렇듯 새로운 화제 정보가 글을 논리적으로 결집하는 데에 기여하지 못하면 전체 내용이 산만해질 수 있다. 따라서 미숙련 필자의 쓰기 과정에는 논지의 구심점 역할을 할, '주-리-에'나 '주-의-보'[16] 같은 구조화된 쓰기 전략 지식이 필요하다.

사고 구술 상황에서 교사가 아닌 자신과의 자문자답을 통해 내용을 전개해 나간 일본인 학습자는[17] 자신이 일본어 환경에서 자라서 적절한 표현을 찾지 못하는 것에 대해 안타까움을 토로하였다.[18]

---

15) 그러나 이것은 문자화 속도를 따라가기 위한 것이지 Flower와 Hayes(1981)가 지적한 것처럼 단기기억 용량의 제한으로 빈약한 내용을 생성하는 것은 아니었다.

16) '주장-리유-에비던스(evidence)': 여러 단락을 연결할 때, 자신의 주장에 대하여 주관이 뚜렷하게 드러나는 이유를 댄 다음 객관적으로 논증해 가도록 지도할 수 있다.
'주제문-의미-보충 자료': 단락의 도입부에 먼저 주제문을 쓰고, 선행 연구를 참조하여 주제문 핵심어의 개념을 설명한 뒤, 도표나 그림 자료로 논거를 제시하도록 지도한다.

17) 김유정 문학제의 산문 백일장에 참가해 〈그림자〉라는 제목으로 한국인과 대등한 조건에서 차하상을 받았으므로 글을 잘 쓰는 필자라고 볼 수 있다. 그러니까 글을 잘 쓰는 필자가 자신의 수사적 지식에 근거해 대화적 글쓰기 전략을 시도한 것이다.

18) 왜 이 시를 읽고 밤이라는 느낌이 들어? 달밤이 싫어 라고 하는 부분? 응 … 눈물 같은 골짜기에 서러운 달밤이 싫어 아무도 없는 뜰에라는 부분인가?(독자인 자아에게 필자인 자아로서 의견을 구함) 외로운 만큼 아름답다… 외롭다… 아름답고 외롭다. 단어 양이 모자라네…(과제 분량

글을 쓰는 초기에는 과제문을 다시 읽는 것이 계획하기 단계에서 설정한 목표에 부합하게 내용을 생성해 나가는 데 도움을 주었다. 하지만 중반 이후에도 과제문을 다시 읽는 학생의 경우는 처음부터 글의 갈피를 제대로 잡지 못해 헤매고 있었거나 끝까지 글이 잘 풀리지 않아 주어진 과제에 대해 불평을 토로하였다. 이로써 과제 수행 기간 중반 이후에 과제 지시문을 반복하여 다시 읽는 것은 작문 결과물의 질에 긍정적 영향을 주지 못함을 알 수 있다.[19)]

작성하는 텍스트가 내적 결속력을 가지도록 과제 지시문을 여러 번 환기하다가 집필 과정의 일정 마디에 이른 필자는 '이제까지 작성한 텍스트'의 내용을 다시 읽어 보면서 텍스트가 제공한 정보 내용을 심화하거나 예시, 반증하는 구조화 전략을 통해 텍스트 내적 논리의 일관성을 추구하였다.[20)]

에 대한 인지) 뭐, 저기…적당한 표현을 못 써서 너무 답답해.(적당한 어휘 탐색) 눈물 같은 골짜기에 서러운? 아…질린다. 졸려… 아직 조금 밖에 안 지났는데… 집에 돌아가고 싶어. 800글자? 그런 것 셀 수 없네. 이 시는 일단 쓰고 싶은 것은 설명할게.(필자인 자아에게 계획하는 자아로서) 이 시는 해라고 하는 제목이고 해야 솟아라라고 몇 번 말하고 있는데 달에 대한 표현이 더 아름답다고 할까? … 예쁘다? 아름다운 표현이 아닌 것 같아. 이것은 내가 일본어로 자랐으니까 그래? (수사적 문제의 원인에 대한 진단)

19) 100분 동안 에세이 내용을 생성하는 추이를 그래프로 작성한 경험적 연구에서, 작성된 텍스트를 다시 읽는 것과 새로운 사고를 추동해내는 것 사이에 상관성이 0.1 이상 꾸준히 증가한다는 보고가 있다. 그러나 작문이 시작되고 20분이 지나기 전에 다시 읽기를 많이 수행하는 것은 작문의 질과 −0.3에서 −0.1까지의 부적 상관을 보였다. 집필에 앞서 써야 할 내용을 충분히 마련하고 일정 분량의 내용을 생성하기까지는 '자유롭게 쓰기' 전략이 유효함을 알 수 있는 대목이다. 한편 과제 지시문을 다시 읽으면서 내용을 생성하는 것은 작문의 질과 0.1의 상관에서 출발하여 30분에 0.3의 가장 높은 상관을 보이다가 이후 감소 추이를 보이나 여전히 0.1 이상의 상관을 보였다. 이로써 과제의 요구 조건은 집필 초반에 고려하는 것이 바람직하며, 집필을 마치기까지 수시로 과제의 요구를 환기해야 함을 알 수 있다(Rijlaarsdam & Huub van den Bergh, 2006: 45 참조).

20) 내용 생성을 어려워하는 필자들은 대부분 다시 읽기 전략을 통해 내용을 생성한다. Van der Hoeven(1997)은 11세 어린이의 작문 과정에 대한 연구에서 계획, 작성, 다시 읽기, 평가 등의 인지 활동과 고쳐 쓰기가 대부분 상관성이 있다는 결과를 얻었다. 작성된 텍스트를 평가하는 안목이 뛰어날수록 다시 읽고 평가하고 변형을 하는 횟수가 많았고 그 결과로 작성한 텍스트의 질도 높았다. 그러나 작성된 텍스트에 대한 감식안 자체와 텍스트의 질은 부정적 상관을 보였으며 수정이라는 작문 과정을 거쳐야만 긍정적 상관으로 변환시킬 수 있었다(Rijlaarsdam & Huub van den Bergh, 2006에서 재인용).

이로써 Flower와 Hayes 모델이 보여준 것처럼 작문 과제 환경의 '지금까지 쓰인 텍스트'는 계획, 작성, 수정의 전 과정에 긴밀히 작용함을 알 수 있다.

4.2. 재조직하기

수정된 쓰기 과정 모델에서 '재조직하기' 인지 활동은 처음 계획하기 단계에서 조직한 개요에 대한 재조직 활동뿐만 아니라, 수사적 지식을 탐색한 결과 적절하다고 파악된 정보 내용을 매개 언어의 문어적 표현에 맞게, 즉 본 연구에서는 한국어의 문법 체계에 맞게 기표화해 내면서 사유를 문자언어로 재구성하는 활동 전반을 의미한다.

재조직 과정에서는 필자가 모국어로 사유한 내용을 한국어 쓰기 과제 맥락에 맞게 번역할 때 필연적으로 수반되는 표현의 굴절이 발생한다. 표현의 굴절 현상은 사유와 표현의 완벽한 동일성은 늘 차연(次延, différance)될 수밖에 없는 모국어 작문 과정에서도 피할 수 없다.21) 그러므로 한국어 쓰기 교육과정에서는 해당 담론 공동체의 독자가 납득할 수 있는 한도 내에서 표현의 굴절과 오류를 최소화하도록 연습시켜야 한다.

집필 과정에서 기존의 정보는 과제 맥락에 따라 순간적으로 재구성되고 표현의 굴절이라는 투과막을 거쳐 첨가, 개별화, 세분화된 형태로 문자화된다. 필자는 이제까지 완성한 텍스트를 다시 읽어 보면서 텍스트의 내적 응집성에 부합하도록 단락의 위치를 바꾸기도 하고, 읽으면서 새로이 탐색된 정보를 더 첨가해 넣기도 한다. 글을 작성할 때 전략적인 재조직과 관련 정보 탐색은 서로 상보적인 인지 행위라 할 수 있다.22)

---

21) 차연(différance)은 차이(difference)와 지연(deferment)의 합성어로 프랑스 철학자 Jacques Derrida가 만든 개념이다. 데리다는 구조주의로부터 어떤 텍스트에서 특정 표현이 갖는 '의미'는 그것의 '지시 대상'과 동일하지 않다는 관점을 물려받았다. 단어의 의미는 언어 내에서 다른 단어와의 관계를 통해서(다른 단어와의 '차이'를 통해서) 후에 결정되는 것이지, 단어 하나하나에 대해 언어 외적인 대상이 1대 1로 대응하면서 그 의미가 선험적으로 주어지는 것은 아니다(에릭 메슈스, 1999: 263 참조).

22) 조사를 정확하게 밝혀 쓰지 않는 현대 중국어의 특성상 중국인 필자들은 한국어 조사

장기기억에 저장된 정보를 탐색하는 과정에 이은 지식의 재조직 과정에서는 정보 처리의 인지적 과정인 생략, 일반화, 재구성의 조작(반다이크, 2000: 292) 가운데 재구성 과정이 중심적으로 나타난다. 한국어를 배우면서 학습자는 모국어에 비추어 동일한 정보는 따로 기억하지 않아도 되므로 생략하고, 유사한 정보는 모국어의 같은 범주 안에 일반화하며, 아주 다른 정보 내용만을 선별해 기존 정보 체계 속에 재구성하여 저장하는 정보 처리 과정을 거친다. 문제는 모국어의 유사한 정보 속에 일반화시켜 버린 한국어의 정보가 '각자'와 '작가'처럼 미세한 차이를 가지고 있을 때 글을 쓰면서 이러한 오류를 어떻게 포착해내도록 지도하는가 하는 것이다.23)

필자는 작업기억의 장에서 장기기억 중 관련 지식 내용을 탐색하고 재조직하는 과정을 통해 새로운 내용을 형성해 나가면서도 단기기억의 일부는 작성을 마친 글에서 모호한 표현에 대한 탐색과 타당성 검증을 계속하도록 할애하여 결국 의도한 단어('작가', '전달')를 찾아내는 양상을 보인다. 그러므로 재조직하는 과정에서도 작동하는 '탐색하기' 인지 과정은, 현재 써나가고 있는 내용과 표현에 국한되지 않는다. '탐색하기'는 이미 완성된 내용에서 해결을 지연시키고 넘어간 문제를 다양한 층위에서 분석하고 해결을 시도하는, 거의 무한 회귀적인 과정임을 알 수 있다.

4.3. 전략 쓰기

이 실험에서는 문제 해결을 위한 수사적 전략에 대한 다양한 사고 구술 자료를 수집하였다. 글을 쓰면서 사고 구술을 하는 동안 교사를 상대로 수

처리를 어려워했다. 그러므로 탐색하고 재조직하는 사고 구술 과정에서 조사와 종결어미를 정확하게 쓰려는 초인지 작용을 많이 확인할 수 있었다.

23) "작가" 각자 아니고요. 아 정말, 틀렸어요. 갑자기 생각났어요. "작가들의 생각하고 의견을 잘 알려줄 수 있다고 생각한다." 이 알려주는 건 틀려요, 틀렸어요. 틀렸는데 그 단어가 정말 몰랐어요. 이렇게 썼어요. 생각 안 나올 때 항상 다른 단어로 바뀌어 써요. (대체 전략) 아름답게 깊은 의미… 담고 있기, 담고 있기 때문이다…. 아 전달,(원하던 단어를 찾음) 여기서 전달, 잘 전달할 수 있다. 잘 전달할 수 있다고 생각한다.

다를 떠는 필자도 있었고 과제 수행 자체를 굉장히 어려워하며 입을 다물고 교실을 왔다 갔다 하는 필자도 있었다. 글이 막힐 때 필자에 따라 다양한 반응과 전략을 보였는데 과제 지시문을 다시 읽으면서 얽힌 생각의 실타래를 풀어보려는 필자가 있는가 하면 이제까지 작성한 글을 다시 읽으면서 해결의 실마리를 탐색하는 필자도 있었다.

필자가 한 편의 텍스트를 완성하는 전체 작문 과정에 대한 절차적 지식이나 수사적 전략을 가졌느냐 여부는 내용 작성 과정이나 결과물 질의 성패를 좌우했다. 자신이 가진 주제 관련 지식에서 적당한 내용이나 표현을 찾지 못할 때 필자는 각자의 초인지 수준에 따라 회피나 대체, 화제 전환 등의 수사적 전략 지식을 동원하곤 하였다.

4.3.1. 초인지 수준에 따른 전략 적용의 차이

실험에 참여한 중국인 필자는 프로토콜 실험에 흥미를 보였고 상징체계를 분석하는 과제 수행에도 적극적이었으며 글을 쓰는 단계나 어휘와 문법, 자신의 작문 과정에 대해서도 비판적으로 평가할 줄 아는 모범적인 학습 필자였다. 이 필자는 과제 지시문을 읽고 개요를 작성한 후에 집필에 들어가기, 모르는 단어를 '… 등'으로 회피하거나 다른 단어(전달하다→알려주다)로 대체하기, 열거한 예들(이태백의 시에서 자주 나오는 상징인 달, 해, 물, 눈, 대나무) 가운데 과제에서 요구하는 주제어(달)에 집중하여 논의 전개하기 등의 전략들을 써서 내용을 효과적으로 전달하였다. 그리고 공사장 소음으로 인한 열악한 과제 환경에서도 과제 수행에 집중하고자 하는 초인지를 보였으며 과제의 제한 시간과 내용에 대해서도 검열을 강화하였고 다른 문화 간에 문학 작품이 번역, 수용되는 과정에 대해서도 비판적 인식을 가지고 있었다. 또한 과제를 수행하고 나서 '과제가 요구하는 고급스런 단어'를 쓰지 않아 과제 조건을 충족시키지 못했음에 대해서도 스스로 평가를 내리는 등 필자인 동시에 독자로서도 강한 초인지 전략을 가지고 있었다.[24]

4.3.2. 회피의 전략

과제가 어렵다고 생각하는 필자일수록 자신을 방어하고자 하는 심리 기재로 회피 전략을 사용하였다. 그리고 생성되는 문장 사이에 휴지부가 긴 경우는 대체로 그 다음 문장의 화제 단서를 찾아내곤 하였는데 이는 적극적으로 사고 구술을 하지 않는 동안에도 내용 생성을 위한 탐색의 인지 작용이 계속되고 있음을 의미한다.[25]

그리고 자신에게 익숙하거나 유용한 과제가 아니라고 생각하면 과제 자체에 거부감을 보이기도 하였다. 그러므로 교사는 한국어 학습자가 한국어로 의사소통하고자 하는 구체적 쓰기 맥락을 모색하고 학습자가 흥미를 느낄 만한 과제를 부여하여 작문 동기를 유발해야 한다. 대학 진학을 목적으로 하는 한국어 학습자라면 보고서 작성에 필요한 비평문 쓰기 연습을 강화해야 하겠으나 그렇지 않은 경우엔 최근 급증하고 있는 디지털 텍스트 등 실용적 과제에 대한 쓰기 연습을 하는 것이 바람직하다.

수사적 지식을 갖춘 한국어 학습자의 경우, 쓴 내용을 다시 읽어 보면서 필자인 자기를 돕는 내재적 독자로서의 초인지가 강하였다. 필자에게 내재된 독자는 논리적 흐름을 점검하고 부족한 부분을 보충할 필요와 대안을 제시한다.[26] 또한 글의 마지막을 감성에 대한 비교로 맺는 것을 지양하고

---

24) 아… 정말 어려워요. 쓰다가 보면 띄어쓰기도 잘못하고 그리고 또 문법도 신경 안 써서 틀리는 것도 많고 그리고 간단한 문법을 쓰는 경우 더 많고 저 원래 이런 실수 하고 싶지 않은데 그렇게 해 버렸어요. 신경 써서 쓰는 거 더 좋을 걸요? 근데 정말 못해요 … 제가 지금 여기까지 썼는데 그 다음에 어떻게 써야 하는지 정말 정확하게 잘 몰라요. 정말 어려워요. 어려웠어요. 두 번째 문단은 이미 썼는데 좀 부족해요. 부족하는데 내용이 별로 재미없고 또 너무 간단해요. (평가) 한국처럼 우리나라 중국에도(읽어 본다)… 아이…어떻게 해야 해요? 여기 쓰고 20분 남았네… 20분 남았네.

25) 중국에서 음양도 있으니까 이렇게 음양 상징 의미 대해 문제가 많지만, 많다. 아 모르겠다. 시험 아니잖아. (과제 회피) 다른 문화에서 똑같은 문제를 어떻게 이해해야겠습니까?(중국어로 발화) 문화는 상대적인 것이기 때문에 수박 겉핥기처럼 이해를 못하면 비판도 하지 마세요. (아주 긴 휴지부) 아, 어렵다 문화마다 다른 상징체계의 이해 (어렵다고 느낄 때마다 지시문을 다시 읽으며 과제를 환기) 저는 색깔에 대해 말하겠습니다. (긴 휴지부 후에 화제를 초점화함)

자 하고 두 이야기의 상이한 배경을 한 번 더 언급함으로써 본문의 내용을 요약하면서 글의 통일성을 기하려는 수사적 전략을 발휘하였다.

4.3.3. 개요와 구성에 대한 수사적 전략

계획하기 단계에서 전체 쓰기 과정과 텍스트에 대해 틀을 잘 세운 필자는 과제가 요구하는 시간과 분량, 성취도를 달성하는 데 큰 어려움이 없었다. 그러나 스스로 신뢰할 만한 틀을 갖추지 못하고 글부터 쓰기 시작한 필자는 텍스트의 결론부에 이르기까지 탐색하는 정보의 범주가 정돈되지 않았고 텍스트 작성 시간이나 분량도 그리 만족스럽지 않았다.[27]

한국어로 사유하는 방식이나 한국어 담론 체계에 익숙하지 않은 필자가 기존 한국 문학 작품의 주제나 내용에 기대어 글을 써 나간 경우, 글의 내용이 한국어 담론 공동체에서 검증 받은 초구조(超構造, meta-structure)에 기대고 있었으므로 일관성이나 결속력 면에서 안정적이었다.[28] 미숙련 외국인 필자가 한국어로 글을 쓸 때는 한국인에게 대중적인 자료의 내용이나 구성

---

26) 영웅들의 열정을 통해서 중국 영화계 경쟁력이 높아진다는 것과 중국 정통 정의를 알 수 있는가 하면 음(여기까지 쓴 것을 읽고 나서) 잠깐만요 여기서 뭐 보충해야 돼요.(내용 삽입의 필요를 느낌) 전통 정의는 정의가 깊고 두터, 두터운 감정 당당한 정의, 잠깐만요, 붙여야 돼.(띄어쓰기 지식 적용) 중국 전통 정의, 정의가 깊고 두터운, 두터운 감정이다는, 이다는 거, 이다는 것을 있다는, 있다는 것을 알 게 될 수 있는가 하면, …겨울 눈의 겨울(?) 겨울(!) 연가라는 드라마는 보는 이들로 하여금 황홀감 하고 동감을 빠지게 돼 있는데, 되어 있는데(글에서는 축약하지 않는 것이 좋다는 수사적 전략 적용)

27) 시작합시다. 주제는 문화마다 다른 상징체계의 이해, 제목 좀 어려워요. 근데 신기하기도 하고 부담이 되었어요. 사실은 우리나라 그 문화 상징체계는 좀 많고요. 저도 인터넷에서도 찾아봤는데 한국어 아직 못하니까 좀 번역 같은 거 할 수 힘들어요. 그래도 한 번 해 보고 싶어요. 제목… "문화마다 다른 상징체계의 이해" 이해, 어디서 시작할까요? 먼저… 쓰기 전에 먼저 메모를 해야 돼요. 이 제목 보면 어디로 시작할까요?…… (작문 과정에 대한 절차적 지식을 적용)

28) 중국 필자는 인생의 각 단계를 오전, 정오, 석양의 태양에 비유하여 글 전체의 논리적 일관성을 추구하는 비유 전략을 썼다. 그리고 다시 읽으면서 필자의 초인지에 비추어 만족스럽지 않을 때 고쳐 쓰는 전략을 사용하였다. 또 단락의 마지막 부분에서는 핵심 내용을 반복함으로써 단락의 내용을 요약하고 독자를 설득하고자 하는 전략을 썼다.

체계를 기반으로 주장을 전개하는 것이 독자의 이해도를 높일 전략이다. 이 경우 텍스트의 내용은 기존의 문학 작품에 대한 새로운 해석으로 이어져 주제나 내용 면에서 기존 학술 담론과 연계될 수 있었다.

하지만 〈표 2〉에서 알 수 있듯이 탐색, 재조직, 전략 등의 전체 빈도와 작성된 텍스트의 질과는 큰 상관이 없었다. 과제 지시문이나 써 온 텍스트를 다시 읽으면서 장기기억에서 주제 관련 지식을 많이 탐색한다고 해도 그것이 결속력 있게 재조직되지 않으면 텍스트의 질을 높일 수 없었다.

〈표 2〉 (번역)작성하기에서 하위 항목의 적용 수치

학생	국적	분량 (글자수)	평가	총 빈도	(번역)작성하기		
					탐색	재조직	전략
1	러시아	1037	C	24	16	8	
2	일본	957	A−	32	17	9	6
3	일본	1156	Ao	18	10	4	4
4	중국	900	B−	53	18	31	4
5	중국	1236	C	15	13	1	1
6	중국	1234	B−	39	18	18	3
7	중국	1182	Ao	46	22	17	7

그러나 초인지 전략의 사용 유무(음영 표시)는 텍스트의 질과 관계가 있었다. 과제 회피와 같은 부정적 전략이 아닌 경우, 글의 작성 절차에 순응하기보다는 글을 잘 쓰기 위해 학습자 나름대로의 수사적 전략을 동원하는 것이 텍스트의 질을 높이는 데 도움을 준 것이다. 한국어 학습자의 작문에서는 개별 문장 간에 응집성이 있어도 글의 전체 구성에 대한 수사적 전략이 부족해 전반적인 결속력이 떨어지는 경우가 많으므로 교사는 주제의 일관성과 단락 간 결속력을 보완할 전략을 가르쳐야 한다.

5. 작문 과정 전략 중심 교수법의 남은 과제

교수와 같이 특정 담론 체계에 익숙한 독자는 학생이 제출한 보고서에 일부 표면적 실수가 있더라도 독자 자신의 배경지식에 근거해 필자의 의도를 해독해 가면서 읽는다. 그리고 이렇게 독자 스스로 재구성한 내용만을 장기기억에 저장하므로 한 편의 글에 대한 전반적인 평가는 학생 필자의 논리가 얼마나 참신하고 설득력이 있는가에 의해 좌우된다.

물론 대학 입학 전에 한국어를 배우는 과정이라면 표현, 구조, 내용별로 분석적인 쓰기 능력 평가를 해야 한다. 학문 목적 한국어 교육과정에서는 문법 오류의 개수를 따져 평가기준표의 문법적 능력 항목에서 감점을 하고, 담화 능력과 화용 능력 항목에서도 글의 형식과 내용 지식 및 독자에 대한 인식 정도를 합당하게 평가할 필요가 있다는 말이다. 타당한 평가 방법으로 필자의 쓰기 능력을 수치화한다면 학습자는 그 결과로부터 자신이 부족한 부분을 확인하고 보완할 계획을 세울 것이다.

하지만 평가의 맥락이 아니라 소통의 맥락이라면 문법 구조나 어휘 오류에 대한 독자의 단기기억은 텍스트에 대한 전체적 인상으로 남을 뿐 텍스트의 의미를 해독하는 데에는 큰 장애를 주지 않는다. 텍스트에서 추출된 내용 지식은 단기기억의 작업장에서 맥락이 있는 의미 체계로 재구성되어 장기기억에 저장되고 개별 텍스트의 효용가치는 해당 담론 세계에 기여하는 내용의 창의성 정도에 따라 결정된다.[29]

그러므로 한국어 학습자를 대상으로 한 쓰기 교육에서는 본 실험에서 추출한 '탐색, 재조직, 수사적 전략' 능력 등 작성하기의 하위 인지 역량을 강화하여 학습자마다 고유하게 사유하는 내용을 한국어로 전개할 수 있도록 도와야 한다. 이 때 '환-하-다, 주-리-에, 주-의-보'와 같은, 글의 내용

---

[29] 본 연구에서는 독서 경험이 어떻게 정보 탐색의 사유를 거쳐 문자 언어로 구현되는가를 알아보고자 한 것이 실험의 주요 목적이었으므로 특정 담화 공동체의 구체적인 독자를 고려한 실제적 작문을 유도하지 못했다는 한계가 있다.

이나 작성 절차에 대해 구조화한 지식이 유용할 수 있다.

본 실험에서는 과제 상황에서 글을 써야 했으므로 필자들 모두 시간의 경과를 강하게 의식하였다. 프로토콜 자료를 분석하다 보면 필자가 글을 쓰지도 않으면서 5초 이상의 휴지를 갖는 경우가 있었다. 휴지 이후 발화하는 내용들을 분석해 보면 발화하지 않는 중에 생성된 아이디어의 유형에 대해 좀 더 구체적인 자료를 얻을 수 있을 것이고, 그 휴지부가 작문의 질과 어떤 관련을 가지는가도 알아볼 수 있을 것이다. 그러나 이 글에서는 사유가 언어로 번역되고 활자로 작성되는 과정의 전략 유형에만 주목하였으므로 휴지부와 내용 생성의 관계에 대해서는 추후의 과제로 남기고자 한다.

이 장에서는 글을 '작성'하는 과정 동안 초점화되는 인지 활동의 유형을 밝히고 각 인지 활동에 따르는 전략을 구분해 보았습니다. 다음 문제를 풀면서 본문의 중심 내용을 정리하고 새로운 쓰기 전략들을 탐색해 봅시다.

1. 본문 이해

1) Flower와 Hayes의 작문 과정 모델(1980)에서 세부 인지 활동이 가장 자세히 파악된 것과 전혀 파악되지 않은 것은 각각 어느 과정입니까? 왜 이들의 연구 결과에서는 이런 차이가 발생했을까요?

2) 글의 작성(transcription) 과정 동안 활성화되는 인지 활동과 운동 기능에는 어떤 것이 있습니까?

3) 장기기억과 단기기억, 작업기억의 차이는 무엇입니까?

2. 수행 과제

1) Flower와 Hayes의 작문 과정 모델(1980)의 성과와 한계에 대해 분석해 봅시다.

2) 본문에서 언급된 전략 유형을 구분해 보고 이외에 추가할 전략들이 있는지 논의해 봅시다.

3) 쓰기 인지 활동과 수사적 전략을 조사하는 데 적합한 연구 방법에 대해서 정보를 모으고 각자의 실험 방법을 설계해 봅시다.

3. 더 생각해 볼 거리

말하기 활동에 필요한 인지 전략에는 어떤 것이 있을지 생각해 보고 쓰기 표현과 말하기 표현에 공통적으로 적용되는 전략과 변별적으로 적용되는 전략의 차이는 어디에서 기인하는 것인지 정리해 봅시다.

Tip

계획하기는 작문 상황과 필자 지식이 서로 협조하는 전략적 과정이다

Linda Flower, Karen A. Schriver, Linda Carey, Christian Haas, John R. Hayes(1989), *Planning in Writing: The Cognition of a Constructive Process*, Technical Report No. 34.

이 논문은 성인 필자가 소논문이나 보고서, 계획안과 같이 글의 작성 절차가 불명료한 설명적 글쓰기를 해 나가는 과정에 대한 것이다. 계획을 할 때 필자는 지식 주도형 계획하기(knowledge-driven planning), 스키마 주도형 계획하기(script or schema-driven planning), 구성적 계획하기(constructive-driven planning)라는 세 가지 수행 전략을 사용한다. 쓰기 교육이나 학술적 글쓰기에 대한 기존의 연구에서는, 불명확한 과제를 접한 필자는 구성적 전략을 구사하지 못한다고 하였다. 이 논문에서는 숙련 필자와 초보 필자에 대한 상세한 분석을 바탕으로 구성적 계획하기에 대한 이론을 제시하고자 한다. 본문에서는 구성적 전략을 이루는 5개 요소를 소개할 것이다. 구성적 전략을 수행하면서 필자는, 목표 성취를 위해 독창적인 구조를 짜고 상충하는 결과들을 통합하며, 구체적인 예를 드는 등 특수한 문제들을 다루어야 한다. 이 논문은 필자가 이러한 요구에 직면해 사용하는 전략들과 전체 계획을 통합하는 데 있어, 숙련 필자와 초보 필자가 다른 반응을 보임을 설명하였다. 이 이론적 틀은 계획하기를 가르치고 지원하는 데 유용한 목표를 제시할 것이다.

이 논의는 1981년의 쓰기 과정 모형(Flower & Hayes, 1981)이 제시한 일부 데이터에 대한 재분석을 포함하고 있다. 기존의 담론 샘플에서 특히 계획하기 과정에 대해 좀 더 정치하게 분석함으로써 의미 있는 결론에 도달할 것이다.

필자들은 약 한 시간가량 계획하기 작업을 하였다. 『Seventeen』 잡지를 읽는 소녀 독자를 대상으로 자신의 직업을 소개하는 에세이를 쓸 계획을 세우고 글을 쓰는 동안 생각하는 것을 소리 내어 말해야 했다. 각자가 가진 화제 지식의 차이에서 오는 영향력을 최소화하고 낯선 수사적 문제에 직면해 지식을 구성하는 과정을 보기 위해 이러한 과제를 고안하였다. 숙련 필자를 포함하여 필자 대부분은 이 과제 맥락에서 독자의 요구를 고려할 때 "내 직업"은 어떤 의미를 가지는가에 대해 자신이 충분한 지식을 가지고 있는가를 확인하고 숙고하는 데 시간을 많이 들였다. 제한 시간이 있었기 때문에 필자들은 계획하기에 효율적으로 집중해야 했다.

필자들에게 요구한 복합적인 설명문 과제는, 학교나 직장에서 보고서, 제안서, 사용설명서, 소논문 등을 쓸 때 자주 부과된다. 이러한 과제를 완수하는 데 일반적으로 필요한 것들을 생각해 보자. 물론 필자에게 화제 지식(topic knowledge)(Anderson, 1985; Gould, 1980)이 잘 구조화되어 있어야 한다(화제에 정통한 사람은 계획을 세울 필요가 거의 없다). 하지만 화제에 정통한 것만으로 늘 충분한 것은 아니다. 필자는 화제뿐만 아니라 형식, 구조, 문체를 제약하는 담화 관습(discourse convention) 범주에도 정통해야 한다. "우수한 논증(a good argument)" 과정에서처럼 복합적인 텍스트를 작성할 때에도 적합하지 않은 담화 관습과는 타협을 보아야 한다. 또 독자에게 호감을 주기 위해서 필자는 새로운 정보나 개념 틀을 생성(generate)하거나 기존에 가지고 있던 지식을 혁신적으로 재구성(restructure)해야 한다. 계획하기는 이러한 요구들에 대응하는 것이다.

•구성적 계획하기의 5개 주요 요소
1. 최초 과제 표상
2. 작업 목표들의 연결망 형성
3. 계획, 목표들과 지식을 통합
　　전략 1: 탐색적 계획하기와 목표들의 복합적인 연결
　　전략 2: 하위 목표 창안
　　전략 3: 목표에 대한 초인지적 점검 과정
　　전략 4: 목표 집합 창안
　　전략 5: 의도 설정

전략 6: 관련 지식의 통합과 강화

4. 추상적 목표들의 구체적 예시

　전략 7: 독자를 주목시킬 관용 어구(Code Words) 사용

　전략 8: 정교화 방법 창안(구체적 방법에 의한 퇴고법 창안)

5. 상충하는 갈등 해결

최초 과제 표상

　당면 과제를 인지적으로 표상해 보는 것은 모든 계획하기 과정의 필수 요소이다. 수학의 주관식 문제, 퍼즐 문제 풀이, 체스 두기 등 많은 과제에서 전략은, 당면 문제나 패턴이 규범적인 세트 상황이라고 인식될 때 적용된다. 물리학 전문가가 새로운 과제를 "힘"의 작용 문제로 표상하고 나면 그에 따라 나머지는 일사천리로 진행된다(Larkin, 1983). 패턴(pattern) 인식은 글쓰기에서도 중요한 역할을 하는데, 기술 보고서에서 연구 방법과 연구 대상을 설명하는 단락과 같이 관습적인 요소가 많은 텍스트를 계획할 때는 특히 더 그렇다. 스키마와 지식이 주도하는 계획하기 과정에서는 처음에 과제를 표상할 때 앞으로 해야 할 절차를 간소화하려면 문제의 낯익은 요소를 일찍 알아보는 게 관건이다.

　하지만 과제의 성격이 불명료할 때 필자는 과제를 표상하기가 어렵다. 풍향과 풍속이 급변하는 상황(wind shear)에 대한 기후 정책 제안서를 작성하는 것과 같이 수사적인 목적을 가지고 특정 독자를 겨냥한 글을 써야 하는 과제가 있다고 치자. 이때 필자가 자신의 지식을 재구성하면서 과제를 정의하는 과정은 인식(recognition)이라기보다 구성(construction)에 가깝다. 구성적 계획하기에서 과제 표상은 과제 완료의 임무를 연장하면서 뭔가를 계속 창안해 내야 하는 정신적 과정이다. II장에서 설명한 직업 맥락의 과제 표상에는 상사, 기술 전문가, 생산직 임원과의 협력은 물론 비용과 마감 기한까지, 새로 매뉴얼을 쓰는 데 고려해야 하는 작업 여건 전부가 포함되어 있다. 학술적인 맥락에서 과제 표상 과정에는 수업 목표, 교사 의도, 동료와의 대화 등 필자가 현재까지 보유한, 대학 글쓰기 기술과 전략 등 모든 선험

적 전제와의 상호 작용을 고려하면서 "읽는" 과제가 포함된다. 필자 9명이 받은 과제는 정해진 답이 있는 것은 아니지만 학술적 과제 맥락에서 빈발하는 유형이다. 즉, "흥미롭고", "정보제공적"이어야 하는 특별한 목표를 가진 에세이 쓰기의 전통 안에서 필자로서의 역할을 주도적으로 수행해야 한다. 문제는 이들 다양한 내용, 기회, 제약들을 필자마다 어떻게 상이하게 중재하는가이다.

복합적이고 독특한 최초의 과제 표상은 구성적 계획하기의 특징인 동시에 필자 로서의 성공과도 상관이 크다. 특정 독자를 대상으로 자신의 직업에 대해 쓰라고 하는 과제를 고안하면서 우리는 필자들 각자에게 주제 관련 지식이 충분할 거라고 생각했다. 하지만 요구하는 독자상(readership)이나 목표에 맞게 구조화된 지식이 갖춰지지 않은 이들이 있었다. 복합적인 과제로 계획하기 세부 과정을 다룬 여타 연구에서의 문제 해결자들(Hayes-Roth, Hayes-Roth, 1979)과 달리, 우리 연구의 필자들은 다음 사항을 준수하면서 독자를 고려한 전문적 글쓰기를 해야 했다.

- 필자들은 자기 글의 전반적인 목표를 결정해야 했다. (예, 이 에세이에서 달성하고자 하는 목표는 무엇인가? 필자들은 다음과 같은 목표를 고려하였다.: 지금 흥미를 가지고 연구 중인 증기 기관 개발이라는 직업을 조금 설명할 수 있겠다; 무선기기에 대한 실용적 팁을 주어야겠다; 이 글이 여학생의 평균 수준을 좀 높여서 자신의 미래를 비판적 시각으로 바라보는 데 도움이 되면 좋겠다.) 9명의 필자들은 각자 현저하게 다른 문제를 해결하려고 상정하였다.
- 필자들은 각자 독자를 표상해야 했다. (예, 내 또래에게 글을 쓰고 있는 거지? 나도 20대였던 적이 있잖아, 하지만 20년 동안 난 달라졌는데, 패션 소비 세대, 19살 남성이 관심을 가지는, 모델이 되는 것처럼 뭔가 정신 나간 일을 하고 싶어 하는 이들에게 글을 쓰는 거지.) 많은 필자들이 실제 독자나 가상 독자에 대한 제2, 제3의 관점을 세우느라 애를 썼다.
- 필자들은 목표와 관련된 지식 범주를 찾아내야 했다. 흥미롭게도 많은 필자들은 "내 직업이 과연 무엇인가?" 하는 질문조차 해결하기 어려운 문제라 여겼다. 대답은 각자 세운 에세이의 목표와 독자상에 따라 달라졌다. 이 결정은 어떤 정보가 접근하기에 쉬운가를 결정짓는 데에도 영향을 미쳤다.

필자들마다 과제 표상(과 재-표상)에 많은 시간을 들였고 공통된 과제로부터 대단히 상이한 상들을 이끌어 냈기 때문에, 과제 표상은 생성된 텍스트에 뚜렷이 영향을 미쳤다. 후속 연구(Carey 등, 1989)에서 우리는 이 최초의 과제 표상이 최종 텍스트의 질과 강한 상관이 있음을 발견했다. 처음의 표상은 수사적 문제를 전반적으로 살펴보고자 노력하는 과정이었다. 필자들이 규칙적으로 신경을 쓰고 또 목표를 창안하는 데 고려된 수사적 문제는 다음 5개 범주이다. 우리는 "화제(topic)", "주제나 목적(theme or purpose)", "형식(form)", "독자(audience)", "기타 과제별로 특화된 목표(other task-specific goals)" 등 5개 차원으로, 필자들이 최초 표상 시간 동안 창안해낸 목표를 분석하였다. (여기서 "최초(initial)"란 쓰기 시작 전에 세운 모든 계획을 가리킨다.) "효율적"인 글을 쓴 필자는 모두 이들 차원 하나하나에 일정 수준의 주의를 기울였다. 하지만 성공적이지 않은 필자들은 이 문제들의 상당수를 고려하지 못했다. ("주제나 목표" 차원이 특히 간과되었다.)

텍스트의 질은 계획 시간의 양(최초의 계획을 포괄적으로 할수록 더 잘 썼다)과 계획의 질(최초 계획하기 프로토콜 자료에도 평가 점수를 매겼다)에 비례하였다. 흥미롭게도 초보 필자들이 작성한 일부 텍스트는 숙련 필자의 것보다 십대 독자에게 더 효과적이라는 평가를 받기도 했다. 이로써 필자로서 전문가냐 초보자냐 하는 지위보다는 최초의 포괄적(extensive) 계획하기 정도가 텍스트의 질과 더 큰 상관이 있음을 알았다. 필자들은 과제에 대한 최초의 표상에 기반을 두고 글을 써 나가면서 과제를 재-표상하고 과제에 대한 관점을 빈번히 개선해 가므로, 이 최초의 과제 표상 과정은 매우 중요하다. 숙련 필자들에게서도 과제 표상의 수정은 아주 자연스럽게 나타난다. 이 연구의 의의는 최초의 과제 표상이 제한적이고 구성적이지 못한 초보 필자들에게 필요한 구체적인 지침을 제시해 줄 수 있음을 확인했다는 점이다.

내·외국인의
작문 수정
전략 비교

다 쓴 글을 수정할 때 다음 항목별로 어떤 변이가 있는지, 그리고 각각의 수정 조건마다 어떤
사항을 더 고려해야 효율적일지 생각해 봅시다.

√ 수정 시기
√ 빈도
√ 수정 조언을 하는 주체

1. 외국인 대상 대학 〈기초 글쓰기〉 수업 여건

외국인 유학생 말말말

- 서울대 박사과정 오트공바야르(39·몽골)

"11년간 국립대, 사립대 다 다녀봤는데, 멘토 제도 들어본 적 없다. 지인들에게 커피를 사주면서 한국어로 리포트 작성하는 법 등을 물어봤다."

- 아주대 공대 석사과정 장챠오(27·중국)

"한국어 몰라도 배우면 된다고 해서 왔더니 교재는 영어인데, 교수님은 한국어로 강의한다."

- 인하대 공대 속삼오옹(24·가명·캄보디아)

"마지막 남은 한 한기를 마치면 미련 없이 한국을 떠날 생각이다. 외국인은 취업은커녕 인턴조차 받아주지 않더라. 영어권 국가에서 학위를 따면 한국에서보단 낫지 않겠나."

- 부산대 석사과정 왕위밍(29·가명·중국)

"유학 6년간 배운 게 하나도 없다. 누가 한국 유학 온다면 적극 말리고 싶다."

- 전남의 한 사립대 대학원 야오웨이(26·여·가명·중국)

"유학생활 5년째지만 한국어로 이력서 쓰는 법도 모른다. 학교의 취업지원부서는 한국 학생들만 위할 뿐 유학생들 취업엔 아무런 관심이 없는 것 같다."

- 부산 동명대 관광경양학부 왕신신(23·중국)

"교수들이 사투리를 사용하거나 한국식 영어발음을 할 땐 정말 알아듣기 힘들었다."

- 건국대 D씨(24·중국)

"글로벌 기업인 한국 대기업에 취업하겠다는 목표를 갖고 왔는데, 우리 같은 외국인에겐 닫힌 문이나 마찬가지더라. 1년도 지나지 않아 그런 꿈이 사라졌다."

- 충북대 이공계 C씨(베트남_)

"지도교수와의 갈등으로 한국 온 지 2년 만에 학교를 옮겨야 했다. 당시 상황은 기억하기조차 싫다."

2004년 한국 정부가 외국인 유학생 유치 정책(Study Korea Project)을 추진해 온 이래 한국 유학을 희망하는 외국인과 재외 동포 수가 급격히 늘었다. 하지만 외국인 유학생이 증가하는 만큼 질 관리가 제대로 되지 않자 정부는 2011년 "외국인 유학생 유치·관리 역량 인증제"를 시행하였다. 국제적으로 한국 대학에 대한 이미지가 부정적으로 될 수 있겠다는 문제가 제기되었기 때문이다. 그래서 유학생은 '대학 입학을 위해서 TOPIK(Test of Proficiency in Korean) 3급 이상, 졸업 전까지 4급 이상 취득' 기준을 따라야 한다. 그리하여 무자격 유학생을 입학시켜 한국어 과정 이수 점수를 학점 인정 과목으로 대체 운영하는 편법은 줄었다. 하지만 현 유학생의 학업 만족도도 크게 나아지지 않아 정부 관계 부처는 물론 대학도 대책 마련에 고심 중이다.

2010년 이후 국내 유학생 유입 인구는 꾸준히 증가하고 있다.[1] 하지만 한국어 능력 3~4급으로는 대학 수업을 제대로 따라가기가 어렵기 때문에 현 유학생의 생활 만족도는 아직도 그리 높지 않은 편이다. 학업을 따라가지 못하는 유학생 가운데 일부는 불법취

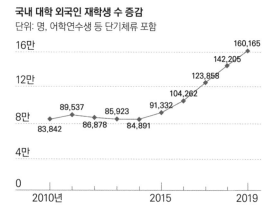

국내 대학 외국인 재학생 수 증감
단위: 명, 어학연수생 등 단기체류 포함

---

1) 〈표 1〉 외국인 유학생 국적별 변화 추이(단위, 명(%))

연도\국가	중국	베트남	우즈벡	몽골	일본	미국	기타	계
2012	55,427 (63.8)	2,447 (2.8)			4,093 (4.7)	2665 (3.1)	22,246 (25.6)	86,878
2019	71,067 (44.4)	37,426 (23.4)	7,492 (4.7)	7,381 (4.6)	4,392 (2.7)	2,915 (1.8)	29,492 (18.4)	160,165

〈표 2〉 국내 대학 외국인 재학생 수 증감(단위: 명)

연도	2014	2015	2016	2017	2018	2019	2020
대학(연수)	31,255	35,593	41,158	51,826	56,169	59,950	40,692
대학(학위)	53,636	55,739	63,104	72,032	86,036	100,215	113,003

업 전선으로 빠지기도 한다.[2] 그럼에도 교육부에서는 대학 입학 허용 한국어 수준을 더 낮춰 문제가 되었었다. 정부 는 2011년 이후 정체되고 있 는 외국인 유학생 수를 늘리 기 위해 2014년 3월 "전략적 유학생 유치 및 정주 지원 방

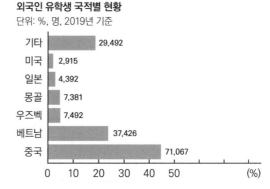

외국인 유학생 국적별 현황
단위: %, 명, 2019년 기준

국적	명
기타	29,492
미국	2,915
일본	4,392
몽골	7,381
우즈벡	7,492
베트남	37,426
중국	71,067

안"을 발표하면서 한국어 구사력이 상대적으로 낮게 요구되는 이공계열을 중심으로 입학 자격 등급을 기존 한국어 능력 3급에서 2급으로 낮추는 것 을 허용하였다.

한국어 능력 4급으로도 이해하기 어려운 대학 강의를 한국어 능력 2급 수준으로 따라가기란 불가능하다. 현재 한국 유학 정책에 필요한 것은 유학 생을 대상으로 한 강의 운영을 정상화하여 양적 성장보다 질적 도약을 도모 하는 것이다. 입학한 유학생이 중도에 탈락하지 않고 성공적으로 학업을 마치게 지원하여 이들을 소극적인 지한파(知韓派)나 부정적인 혐한파(嫌韓 派)가 아닌, 적극적인 친한파(親韓派)가 되도록 후원해야 한다. 그러려면 유 학생의 한국어 표현 능력을 체계적으로 개선하기 위한 교수요목과 교수 전략 개발 연구가 필요하다. 지금으로서는 학부 유학생 간의 한국어 능력 편차가 크다 보니 한 대학 내에서도 유학생 대상 〈글쓰기〉 수업의 교과 목표나 교수요목을 표준화하기가 어렵다. 이 수업의 교수요목이 표준화되 면 학생들의 기초적인 학업 수행 능력도 고르게 향상될 텐데 말이다.

국가별로 중등교육과정의 작문 교과목 유형이나 교수요목 내용이 다르 다는 점도 유학생 대상 쓰기 수업을 표준화하기 어려운 요인이다. 서구권

---

2) 법무부에 따르면 2012년 출입관리법 위반으로 적발된 외국인 유학생 가운데 활동범위 위반이 1208명, 불법취업이 714명 포함되어 있었다(「외국인 유학생 9만 명 … 무너지는 코리안 드림」, 중앙일보, 2013. 6. 5. http://article.joins.com/news/article/article.asp?total_ id=11718334&cloc=olink|article|default).

유학생은 비교적 체계적으로 에세이 쓰기 기술을 익힌 반면, 명문 대학 입시 경쟁이 치열한 아시아 국적 유학생은 한국과 마찬가지로 작문 시간에 입시 위주의 내용 교과 수업을 한다. 중국인 유학생의 경우 서양 고전이나 근대 예술, 자본주의 경제 체제에 대한 이해가 부족하고, 특히 종교 문화에 대한 상식은 거의 전무하다. 이렇게 국내 대학의 교양 과목을 수강하기 위해 반드시 알고 있어야 하는 전문 교양 용어나 주요 인물에 대한 이해가 부족하므로, 대부분의 유학생은 대학 교수자의 기대를 충족시키지 못하고 내용이 빈약한 보고서를 작성할 수밖에 없다.3) 유학생은 내국인에 비해 그 수가 적기 때문에 전공별로 〈기초 글쓰기〉 반을 따로 구성하기 어렵고, 그래서 동일한 수업을 듣는 학생들이 각기 특화된 내용 지식을 가지고 있는 점도 〈기초 글쓰기〉 교과의 교수요목을 표준화하기 어려운 요인이 된다.

학문 목적 한국어 학습자에게는 대학 강의를 수강하는 데 필요한 학술적 쓰기 능력을 갖추는 것이 시급하지만, 과사무실에서 보낸 이메일에 대한 답신 등 대학의 일상생활을 영위하는 데 필요한 의사소통적 쓰기 능력도 필요하다. 그러므로 유학생을 위한 대학 〈기초 글쓰기〉 교육과정에서는 외국어로서의 한국어 작문이 가지는 특수성에 기반을 두고 학문 목적 한국어 학습자의 수준별 요구를 수용하여 교수요목을 수립해야 한다.

하지만 아직 학문 목적 기초 한국어 쓰기 능력 기준에 대한 학계의 합의가 없으므로 학교마다 〈기초 글쓰기〉 수업을 맡은 교수자는 개인적인 교수 경험에 입각하여 효과가 있을 것이라 추측되는 교수요목을 설계, 운영하고 있다. 그래서 이 글에서는 내국인 대상 〈글쓰기〉 수업과 구별되는 유학생 대상 〈기초 글쓰기〉 수업의 교수요목과 교수 전략을 설계하기 위한 기초 연구의 일환으로서, 내국인과 외국인의 글 수정 양상이 보이는 차이점을 살펴보고자 한다. 다양한 전공 학생을 대상으로, 또 작문 과정의 각 단계별로 수행된 효율적 교수 사례들이 축적되면 유학생 대상 〈기초 글쓰기〉 수업의

---

3) 국내 중국 유학생에게 필요한 고교 수준의 기본적 내용 지식을 요약하면 다음과 같다. ① 문학(현대, 고전, 세계) ② 한국어 문법 현상 ③ 윤리 교과의 주요 개념 ④ 과학 교과의 기본 원리 ⑤ 수학 교과의 기본 원리 ⑥ 사회 과목의 주요 개념(정치, 경제, 남북관계, 역사)

표준화 방안에 대해서 합의를 모을 수 있을 것이기 때문이다.

글쓰기 수업에서 신입생들은 대학 생활을 하는 데 가장 긴요한 학업 기술인 학술 담론 생성 능력을 배운다. 담론(discourse)이란 특정 사회 집단에 속한 개인이 사고와 감정, 신념과 가치 등을 표현하여 대사회적으로 유의미한 역할을 수행하고 있음을 나타낼 수 있는, 특정 사회에서 공유되는 인공적 기표(artifacts)이다(Gee, 1996: 131). 이렇게 특정한 언어와 기호로 표상되는 특정 공동체의 인위적 담론 양식을 익히려면 일정 시간 이상 교육을 받아야 한다. 가정에서 사용하는 일차적 담론 지식은 자연스럽게 습득되지만, 학교나 직장, 종교 생활을 하는 데 필요한 이차적 담론 지식은 교육을 통해서만 학습된다(Freeman, 2007: 4). 현재 국내 학부 유학생에게 필요한 것은 이 이차적 담론 생성을 위한 학문 목적 기초 한국어 쓰기 능력이다.4)

그러나 한국어를 모국어로 사용하는 내국인 신입생에게도 상황 맥락에 맞게 글을 잘 쓰는 것은 어렵다. 대학 사회의 "글쓰기 초보자"가 글을 쓰는 방법은 아주 "독특"하다(Bizzell, 1992: 164). 대학에 들어온 신입생은 자신의 지역 언어와 다른 표준어, 낯선 담론 유형, 학술적 사유 방식의 차이를 헤아리는 데 어려움을 겪는다. 더욱이 이들 글쓰기 초보자가 외국인이라면 대학의 교양이나 전공과목에서 보고서를 작성할 때 과제에 대한 부담은 내국인보다 훨씬 크다. 상대평가인 교과 수업에서 한국어 능력 부족으로 유학생의 학기말 평점이 낮아지는 경우가 적지 않다.

현재 한국어 능력 3급 이상의 유학생을 대상으로 한 〈기초 글쓰기〉 수업이나 해외 거주 12년 이상 재외국민을 대상으로 한 〈특례반 글쓰기〉 수업의 운용은 담당 교수자의 재량에 맡겨지고 있다. 그래서 유학생 대상 수업의 교수자는 강의 첫 주나 둘째 주에 자체적으로 실시한 진단평가 결과를

---

4) '학문 목적 기초 한국어 쓰기 능력(Basic Korean Academic Purposes)' 개념은 한국어를 공유하는 학술 공동체 내에서 소통 가능한 담론 텍스트를 생성할 때 필요한 최소한의 문어적 한국어 쓰기 능력을 한정하는 개념이다. 반면 '학술적 쓰기 능력(academic writing ability)' 개념은 언어를 초월하여 학술 공동체에 속한 전문 독자를 설득할 목적으로 문서화하는 일반적인 학술 담론 생성 능력을 포괄한다.

기초로 수강생 수준에 맞게, 수업 자료를 개발하거나 공통 교재의 일부를 발췌해서 사용한다. 하지만 개별 교수자가 전체 유학생의 요구에 적합한 자료를 체계적으로 개발하기 어렵고, 또 한 수업에서 효과를 거두었다고 하더라도 그 결과를 전체 유학생에게 일반화하기도 어렵다. 따라서 학부 대학의 교양 수업 담당 부서에서는 유학생의 쓰기 문제 원인을 진단하는 연구를 수행하고 이 연구 결과를 반영한 교과과정이나 교재를 타당하게 개발하도록 지원할 필요가 있다.

이 연구에서는 인문학 계열의 외국인 신입생과 내국인 신입생이, 어휘·문법, 담화 맥락, 내용 범주 면에서 문제가 많은 텍스트를 수정할 때 각 범주별 배경지식을 적용하는 데 있어서 어떤 차이를 보이는가, 그리고 명시적인 수정 교육을 받은 후 2차 수정을 할 때는 어떤 교육적 차이가 있는가를 실험하였다. 이제까지 대학 〈기초 글쓰기〉 교과의 표준화 방안을 위한 논의가 거의 없었고 모국어 필자와 한국어 학습자의 수정 양상을 비교한 국내 실험 논문도 없었다. 일찍이 대규모 평가 등에 작문 문항을 넣어 고등 교육과정에서 쓰기 교육의 중요성을 강조해 온 미국에서도 내·외국인 필자의 작문 과정에 대한 비교 연구는 최근에야 시작되었다. 그러므로 본 실험의 결과가 학문 목적 한국어 학습자를 위한 쓰기 교과과정, 특히 수정 과제 수행과 관련된 연구를 촉진하는 데 도움이 되기를 기대한다.

2. 수정 과제 수행과 관련된 선행 연구 검토

대학 〈글쓰기〉 수업은 내·외국인 모두 학술 담론 공동체로 진입하기 위한 첫 관문이다. 이 과목에서 다양한 쓰기 과제를 수행하면서 신입생은 전공 공부를 시작하기 위한 기초를 닦게 된다. 특히 학술 공동체의 쓰기 담론 양식에 낯설어하는 〈기초 글쓰기〉 수업에서는 학술적 에세이의 특징과 오류 수정 방법이 주로 교수된다. 하지만 대학의 쓰기 교육은 문법적 정확성보다 내용의 창의성을 위주로 진행되어야 한다. 다양한 배경을 가진 유학생들이 자신의 고유한 배경지식을 이용해 학술 담론 공동체에 도움이 될 내용을 생성하도록 하는 지도가 더 긴요하다(Larsen, 2003: 7~13).

미숙련 필자는 수사적 상황에 따라 독자를 고려하거나 텍스트의 목적 및 구성을 조정하는 전체적인 수정보다 어순 도치와 같은 지엽적인 수정을 더 많이 한다. Stallard(1974)는 12학년의 불과 2.5%에서 어휘나 문장 수준 이상의 수정이 시도되었음을 보고하였고, Bridwell(1980)도 12학년의 극소수만이 문장 수준 이상의 수정을 할 수 있음을 보고하였다. Sommers(1980)도 "대학생들이 수정 과정을 어휘 재배열 과정으로 이해하고 있으며 … 텍스트 내에서 특정 어휘가 맡고 있는 역할을 무시하고 자구 자체에만 집중하는 경향이 있다"고 지적하였다. Faigley와 Witte(1981)는 숙련 필자가 고급이나 초급 학생 필자에 비해서 전체 내용에 영향을 미치는, 전반적인 수정을 하는 경향이 있음을 밝힘으로써 Sommers의 결론을 뒷받침하였다. Flower 등(1989)도 작문 과정에 대한 사고구술 연구를 통해 숙련 필자가, 개별 어휘나 문장에만 주목하는 대학 신입생보다 독자의 요구나 필자의 목적에 따라 텍스트 전반에 걸친 수정을 더 많이 한다는 사실을 확인하였다.

Wallace와 Hayes(1990)는 대학 신입생이 수정 과제를 어려워하는 이유로 첫째, 기초적 수정 기술의 부족, 둘째, 기초적 수정 기술이 있어도 이를 조정하는 절차적 수행 능력 부족, 셋째, 과제에 대한 오인을 꼽는다. 신입생은 과제를 부여한 교수자의 의도와 다른 목적과 수행 과정상 목표를 가진다는 것이다. Flower 등(1989)도 대학 신입생에게 텍스트의 문제를 탐지하는 데 필요한 기본 기술이 부족함을 지적하였다. Bereiter와 Scardamalia(1983)는 4, 6, 8학년을 대상으로, Bartlett(1982)는 7, 8학년을 대상으로 실험을 했는데 이들 학생 필자들은 텍스트에 문제가 있음을 인지해도 그 문제를 수정하는 데 필요한 기초 기술이 부족했다. Bartlett(1982)는 모호한 표현을 고치려고 시도한 학생의 60% 이하만 성공했다며 이러한 어려움을 극복하려면 훈련과 연습이 필요하다고 보았다. 또한 Bereiter와 Scardamalia(1983)는 문법이나 어휘 선정 문제로만 고심하고 독자가 흥미 있어 할지 여부를 고려하지 못하는 초보 필자의 초인지 조정 능력 부재를 지적하였다.

국내에서는 초등학교에서부터 고등학교에 이르기까지 초·중등 작문 교육을 개선하기 위한 연구가 많이 진행되었다. 하지만 대학생을 대상으로 한 쓰기 교육에서 숙련 필자와 미숙련 필자의 수정 양상을 비교한 연구는 많지 않다. 정희모·김성희(2008)가 대학 신입생을 능숙한 필자와 미숙한 필자군으로 나누어 양 집단이 작성한 텍스트의 특징을 어휘 수, t-unit 수,[5] 화제 수와 화제 구조, 응집성 지표 등으로 분석한 논문은 한국어 작문의 질을 비교할 계량적 요인을 탐색했다는 점에서 의의가 있다.

외국인을 대상으로 한 한국어 교육에서는 1990년대 후반부터 과정 중심 쓰기에 대한 연구가 시작되었다. 이 중 수정과 관련된 연구로는 학습자 작문의 오류에 대해 교사의 피드백 방법을 제시(손연자, 1996; 정현경, 1999; 김정애, 2000; 이미혜, 2000)한 것과, 교사 피드백의 효과를 실험(이수민, 2002; 박주현, 2007)한 연구가 있다.[6] 이수미(2007)는 문법과 어휘, 담화 오류에 대해 모국어 화자로부터 재형태화[7] 피드백을 받은 실험 집단이 내용 관련

---

5) T-unit이란 Hunt(1965)가 제안한 개념으로 의미를 이루는 최소 단위이다. 영어에서는 대문자로 시작해서 구두점으로 끝나는 문장, 또는 필수 문장 성분 부족으로 문장의 깨진 파편이 생기지 않도록 구획된 최소 단위 즉, 종속절을 포함한 하나의 구절로 나타난다. 따라서 종속절이 아닌 대등하게 연결된 문장의 경우, 각각의 절이 T-unit이 된다. T-unit 은 외적 형식 단위가 아니라 내적 의미 단위라는 점에서 글의 화제 깊이를 분석하는 데 유용하다.

6) 한국어 쓰기 교수에 대한 본격적인 논의는 1987년부터 이루어져 왔으며, 쓰기 교육의 원리와 실제, 과정 중심 쓰기 수업 모형, 매체를 활용한 쓰기 교육 방안, 언어권별 쓰기 교육 방안, 학문 목적의 쓰기 교육 방안, 포트폴리오를 활용한 쓰기 교육 및 평가에 관한 연구 등이 주된 연구 주제이다(강승혜 외, 2006 참조).

7) 재형태화는 모국어 화자가 학습자의 작문 내용을 그대로 보존하면서 최대한 모국어 화자들이 쓰는 것처럼 형태화하여 다시 쓰는 것을 말한다. 학습자는 본인이 쓴 작문 (original version)과 재형태화된 작문(reformulated version)을 비교하면서 자신의 오류를 인지하고 수정 역량을 강화하게 된다. 재형태화 피드백을 하면 학습자는 교사의 서면 피드백(written feedback)을 보면서 능동적이고 자율적으로 수정 인지를 강화한다. Cohen(1983: 1~5)은 대학에서 영어를 제2언어로 배우는 중국인을 대상으로 300~400자 의 짧은 글을 쓰게 한 후 모국어 화자가 재형태화한 작문을 제공하는 수정 교육이 효과적이었음을 밝히고, 모국어 화자로부터 형태와 내용 둘 다와 관련된 재형태화 피드백을 많이 접할수록 제2언어 쓰기 능력을 향상시킬 수 있다고 제안한다.

피드백을 받은 통제 집단보다 다시 쓰기를 할 때 형태적 오류 정정을 더 많이 한다는 사실을 통계적으로 검증하였다.[8] 이들 연구는 주로 대학 입학 전의 한국어 학습자를 대상으로 한 수정 교육에 대한 것이므로 형태적 오류에 대한 피드백 사례가 주를 이루었다. 하지만 일정 수준 이상의 형태적 정확성을 가진 대학 신입생의 학술적 쓰기 능력을 개선하기 위해서는 독창적 내용 생성과 관련된 피드백과 수정 교육 사례 연구가 필요하다.

Slotnick과 Rogers(1973: 75~87)는 정확성보다 내용 구성의 아이디어를 개발하도록 강조 받은 학생들이 글의 질과 길이에서 높은 성취를 보였음을 확인하였다. Hillocks(1986)와 Smagorinsky(2006)도 문법적으로 정확한 구조나 문장을 쓰도록 연습하는 것이 쓰기 능력 향상에 유의미한 효과를 제공하지 못한다고 주장한다. 문법적 정확성과 글의 수준이 낮은 상관을 보이는 까닭은 글의 내용을 생성하는 인지 행위와 정확성을 고려하는 인지 행위가 서로 다른 영역에서 일어나기 때문이다.[9]

이상에서 살펴 본 수정 관련 선행 연구들에 따르면 어휘·문법과 담화 맥락이 자동화되어 있지 않은 미숙련 필자일수록 문장의 표면적 오류를 수정하는 데 집착하고 전반적인 수정을 하지 못함을 알 수 있다. 이 글에서는 내국인 신입생에 비해 한국어 어휘·문법과 담화 맥락 면에서 미숙련 필자라고 할 수 있는 외국인 신입생이 수정 과제를 수행할 때 정말 전체 텍스트의 구조와 내용에 영향을 미치는 전반적인 수정을 하지 못하는지, 그렇다면 그 양상이 어떠한지를 분석해 보고 유학생을 위한 효율적 수정 교육 방안을 모색해 보고자 한다.

---

8) 동료 필자가 성공적으로 수행한 수정 과제와 자신의 수정 패턴을 비교하며 스스로 오류를 인지하도록 한 수정 교육 결과를 보고하였다. 동료 필자가 작성한 수정 사례 글의 오류에 대해서는 모국어 화자인 교사의 설명이 있었다. 모국어 화자가 아닌 동료 필자가 작성한 수정 사례를 예시 글로 제시하여 한국어 수준이 높지 않은 학습자들이 2차 수정을 할 때 자신감을 가지게 하였다.

9) 서수현(2008: 135)은 글의 기계적인 정확성과 관련된 인지적 부담이 상위 수준의 계획하기를 방해할 수 있음을 지적하고, 표현의 '정확성'이 아닌 '적절성'을 쓰기 평가 준거로 채택할 것을 제안한다.

3. 수정 과제 실험 방법 및 절차

3.1. 연구의 목적과 가설 설정

이 연구에서는 실험과 인터뷰 조사 결과에 대한 분석을 통해 한국어 학습자(집단 1)와 한국인 필자(집단 2)의 수정 과제 수행 양상을 비교하였다. 이로써 유학생의 수정 관련 배경지식이 수정 과제 수행 국면에서 어떻게 작동하는가를 알아보고자 하였다. 그리고 평가 준거와 오류 유형에 관한 명시적인 수정 학습 이후 재수정 과정에서 두 집단 간에 어느 정도의 성취도 차이가 나타나는지, 차이의 원인이 무엇인지를 고찰하였다. 유학생의 수정 양상을 분석하기 위해 다음과 같은 실험 절차별 연구 목적을 수립하였다.

첫째, 작문 수정 과제를 평가할 객관적인 기준을 정립하고 다자간 채점 결과를 통해 평가 기준표의 신뢰성을 확인한다.

둘째, 내·외국인이 수정 과제를 수행할 때 달라지는 지점을 확인하고 그 변별적 차이의 구체적 양상을 밝힌다.

셋째, 1차 수정 과제를 수행한 지 한 달 후에 명시적 수정 교육으로 교육적 처치를 하고 2차로 동일한 수정 과제를 수행하게 함으로써 명시적 수정 교육의 효과 내용을 분석한다.

넷째, 실험 결과에 대한 통계적 수치를 바탕으로 대학에서 외국어로서의 한국어를 수단으로 학술 과제를 수행해야 하는 미숙련 필자의 한국어 작문 수정을 효율적으로 도울 방안을 모색한다.

3.2. 실험 절차와 채점 과정

2009년 1학기 A대학교 기초필수교양 과목인 〈기초 글쓰기〉 수업을 들은 유학생 21명과 〈글쓰기〉 수업을 들은 한국인 신입생 18명이 이 실험에 참여하였다. 실험 집단인 외국인은 A대학교의 인문 및 상경계열 학부생이고 비교 집단인 한국인은 다양한 전공이 포함된 자유전공 학부생들이다.

실험은 1차 수정과 2차 수정으로 나누어 실시하였다. 수정을 두 차례 실시한 것은 명시적 수정 교육의 유무에 따른 수정 결과의 차이를 비교하기 위함이다. 그리고 내국인 학생과의 비교를 통해 외국인 학생의 한국어 작문 수정 양상이 보이는 특징을 찾을 수 있을 것으로 기대하였다. 전체적인 수정 실험 절차는 다음과 같다.

첫째, 1차 수정은 학생들이 교수자로부터 수정 과제에 대한 설명을 듣고 과제 텍스트를 수정하여 원고지에 옮겨 적는 과정으로 진행되었다. 수정 과제는 대학 〈기초 글쓰기〉 수업 시간을 이용하여 50분간 수행되었다.

둘째, 1차 수정 과제를 실시한 지 한 달 후 오류 유형별 수정 방법에 대한 명시적 교육을 하고 나서 2차 수정을 하였다. 담당 교수는 모범적인 수정 예시문을 보여 주며 어휘·문법, 담화 맥락, 내용에 관한 평가 준거를 50분간 설명하였으며, 이어서 50분 동안 동일한 텍스트로 동일한 수정 과제를 다시 한 번 수행하였다.

학생들에게 제시된 과제문은 A대학교 한국어학당 7급의 중국 학생이 고등학교 후배들에게 쓴 격려문이다. 담당 교수는 이 글 속에 어휘·문법 및 담화 맥락, 내용 관련 오류들을 다양한 평가 항목의 측정을 위해 인위적으로 심어 두었다.10) 학생들은 의도된 오류를 찾아 담화 맥락에 맞는 문법과

---

10) 담화 맥락, 내용 관련 오류에 대한 자세한 내용은 3장을 참조 바람.
　　(1) 시제, 조사, 맞춤법 관련 오류: 어미5(는 → 던 등), 시제5(흘렀고 → 흐르고 등), 조사6
　　　(이 → 을, 한테 → 을, 에 → 에서, 힘 합쳐서 → 힘을 합쳐서 등), 맞춤법5(하교 → 학교,
　　　였던 → 이었던, 머리 속 → 머릿속, 축재 → 축제, 열심이 → 열심히)
　　(2) 어휘의 삭제 및 첨가 관련 오류: 삭제4{나의 2, 역시, 중학교}, 첨가5{나는, 을, 와,
　　　내용의 상세화(가는 → 달려가던, 학생 → 고3 학생}
　　(3) 대체 관련 오류(5개): 시대 → 시절, 을 그리워한다 → 이 그립다, 허가 → 허락, 속 →
　　　중, 다툼 → 겨룸, 그러나 → 그때, 지겨워하다 → 힘들어하다 등, 연속적으로 이어지는
　　　'그러나'도 다른 어휘로 바꾸어야 함.
　　(4) 문장의 구조 관련 오류(4개): '부러워했었다. 막상', '생활했다. 올해부터', '흘렀다.

어휘로 적절하게 수정해야 했다.

수정 과제의 논제는 "'모교에서 발행하는 신문에 싣는 졸업생 선배의 글'에서 잘못 쓰거나 이상한 부분을 모두 고쳐서 원고지 사용법에 맞게 옮겨 쓰고, 신문 기고문의 구조나 내용 전개상 부족한 내용이 있으면 필요에 따라 단락을 나누고 더 쓰십시오"라는 지시문으로 되어 있다. 이 지시문에는 실험 집단 학생들이 기고문을 작성하는 주체가 되어 내용까지 창의적으로 수정하라는 의미가 담겨 있다.

채점을 담당한 평가자 중 1인은 대학생 〈글쓰기〉 수업 담당 교수이며, 2인은 한국어 교육 담당 교수로 모두 10년 이상의 교수 경력이 있다. 본 수정 실험의 평가지는 객관식이나 단답식이 아닌 개방형 문항으로 구성되었으므로 채점자[11]의 주관적 판단에 따라 채점 결과가 좌우될 수 있었다. 따라서 점수 부여의 타당도를 높일, 객관적이고 정교한 채점 기준 마련이 본 수정 실험의 신뢰도를 높이는 관건이었다.

〈표 2〉 채점자 간 상관계수

채점자 간 상관계수		채점자 1	채점자 2
채점자 2	Pearson 상관계수	.962**	
채점자 3	Pearson 상관계수	.981**	.968**

** 상관계수는 0.01 수준(양쪽)에서 유의함.

평가는 사전에 모범 답안과 평가 준거를 공유한 3인의 채점자가 12개 평가 항목에 따라 쓰기 능력을 점수화하는 3자 간 중복 채점 방식을 채택

고등학생였던', '낫다. 지금' 등의 4개 부분을 연결하여 복문을 구성해야 함.

(5) 원고지 사용법 관련 오류: 제목 가운데, 각 단락 들여 쓰기, 띄어쓰기 10개

11) 통계 처리를 위한 데이터를 작성할 때 평가자는 그 역할에 따라 실험 참여자의 행위를 관찰하는 관찰자, 급을 산정하는 평정자, 점수를 부여하는 채점자로 나눌 수 있는데 이 글의 실험에서 평가자는 평가 문항별 준거에 따라 점수를 부여해 총점을 산출하는 방식을 따랐으므로 채점자라 칭하고자 한다.

하였다. 채점자 간 간섭 오류[12]를 줄이기 위하여 동일 답안 채점자 사이에 정보 교환을 통제하였다. 채점 방식은 평가의 표준 지표를 달성한 정도에 따라 단계별 점수를 부여하는 방식이었다. 그 결과 세 사람의 채점자 간 신뢰도는 39건의 사례 수에 대해 Pearson 상관계수 .962, .981, .968이었으며 p값은 모두 p < .01이었다(<표 2> 참조). 이렇게 평가자 간 신뢰도가 높은 이유는 수정 실험 과제에 대한 평가 준거에 비교적 객관적 측정이 가능한 문법 및 어휘, 담화 맥락 지식의 정도를 묻는 항목이 많았기 때문이다.

4. 수행 평가 준거 설정

글을 쓸 때 필자는 주제와 관련된 정보를 탐색하고 독자를 고려하며 담화 맥락에 맞는 텍스트 유형을 찾는 등 여러 인지 기능들을 동시에 작동시켜야 한다. 숙련 필자와 미숙련 필자 사이에는 과제 맥락에 따라 이러한 인지 전략들을 선택적으로 사용하는 초인지 능력에 차이가 있다. 고급 수준의 쓰기 교육에서 강조하는 것은 사고의 독창성과 내용의 논리성이다. 물론 어조나 문체, 문법적 정확성과 같은 언어 규범도 중요하지만 모국어 필자에게 이러한 형태적 범주는 내용이나 구성적인 측면보다 덜 중시된다. 그런데도 외국인이 글을 쓸 때는 제2언어의 문법적 규범과 특정 담화 맥락 관련 지식을 강조하고, 외국인은 이러한 어법을 준수하느라 내용의 독창성이나 논리성에 미처 신경을 쓰지 못할 때가 많다(Weigle, 2005: 17).

이 글에서는 내·외국인이 1, 2차 수정 과제를 수행할 때 적용하는 어휘·문법, 담화 맥락, 내용 지식 양상이 서로 어떻게 다른가를 비교하기 위해

---

12) 평가자 간 오류는 ① 후광 오류, ② 관대함의 오류, ③ 범주 제한 오류로 구분할 수 있다 (Murphy & Davidshofer, 1991). 후광 오류는 연속적으로 에세이를 읽을 때 한 편의 글에서 강한 인상을 받으면 다음 에세이에도 그 인상이 영향을 미침을 말하고, 관대함의 오류란 너무 높거나 낮은 점수를 주려는 경향을, 반대로 범주 제한 오류는 낮은 점수나 높은 점수 주기를 기피하는 경향을 가리킨다(Sue M. Legg, 1998: 137에서 재인용).

5점 척도의 12개 평가 범주를 설정하였다. 물론 언어적 숙달도가 높은 내국인이냐 아니냐에 따라 세부 평가 영역의 반영 비율을 달리 해야 하겠지만, 본 실험의 목적이 외국인과 내국인 간 수정 과제 수행 양상 비교이므로, 〈표 3〉, 〈표 4〉, 〈표 5〉와 같이 일률적 평가 기준을 적용하여 두 집단의 수정 능력을 수치화하였다.

4.1. 어휘·문법 영역의 평가 준거

제2언어 학습자는 언어 능력의 하위 기술 발달 정도가 각기 상이하다. 그 때문에 외국인의 작문 평가는 각 평가 영역을 분석적으로 평가하는 것이 더 적절하다(최주리, 2008: 50). 제2언어 학습자 쓰기 능력의 분석적 평가 준거로 널리 쓰이는 Jacobs 등(1981)의 척도에서는 내용, 구성, 어휘, 문법, 맞춤법과 구두점 같은 기계적 측면 등 다섯 개 영역으로 외국인의 작문을 평가한다.[13] 이번 실험에서는 내·외국인의 작문 수정 능력 가운데 양식의 정확성, 구조 및 내용의 적절성 관련 수정 지식의 차이를 알아보고자 한다. 그래서 Jacobs 등(1981)의 5개 준거를 어휘·문법, 담화 맥락, 내용 지식 등 3개 영역으로 범주화하였다. 어휘·문법 평가 영역에서는 오류 표현을 삭제, 첨가, 대체하는 능력을 측정하였다. 어휘·문법 영역 평가 준거에서 어휘와 문법, 맞춤법 관련 쓰기 지식을 측정한 기준은 다음 5개 문항이다(〈표 3〉 참조).

(1)번 문항에서는 '-게 되다'와 같은 수동적 표현의 오류를 비롯해 '는(→ 던)', '흘렀고(→ 흐르고)'와 같은 시제 오류, 조사와 맞춤법 오류[하교(→ 학교), 였던(→ 이었던), 머리 속(→ 머릿속), 축재(→ 축제), 열심이(→열심히)] 수정 능력을 평가하였다.

---

13) 내용(30점), 구성(25점), 어휘(20점), 문법(20점), 맞춤법과 구두점 같은 기계적 측면(5점)으로 구성된 이 척도는 많은 미국의 대학 글쓰기 프로그램에서 강사 훈련 자료로 쓰이고 있다(Jacobs et al., 1981; Weigle, 2005: 115에서 재인용).

〈표 3〉 어휘·문법 영역의 분석적 평가표

범주	평가 기준	세부 지침	점수
어휘 · 문법	(1) 관형형 어미 등의 시제와 조사 활용, 맞춤법 사용이 정확한가? (쉼표 등 문장 부호의 과용이나 부족, 수동적 표현 사용의 오류도 포함)	문장 간의 자연스러운 연결을 위해 20개의 명백한 오류 이외에도 조사나 어미를 대체할 줄 안다.	5
		6개 이상 10개 이하의 오류가 있다.	4
		11~20개의 오류가 있다.	3
		21~30개의 오류가 있다.	2
		31개 이상의 오류가 있다.	1
	(2) 불필요한 어휘 및 문법을 삭제하고 적절한 어휘 및 문법을 첨가할 수 있는가?	내용의 자연스러운 흐름과 상세한 설명을 위해 9개의 명백한 오류 이외에도 어휘 및 문법을 삭제, 혹은 첨가할 줄 안다.	5
		2개 이하의 오류가 있거나 글을 줄여 오류 수정의 기회를 피했다.	4
		3~5개의 오류가 있다.	3
		6~8개의 오류가 있다.	2
		9개 이상의 오류가 있다.	1
	(3) 대체한 어휘 및 문법의 내용과 그 위치가 문장 내·문장 간 결속성에 기여하는가?	내용의 자연스러운 흐름을 위해 7개의 부절적한 표현 이외에도 다양한 어휘를 대체할 줄 안다.	5
		2개 이하의 오류가 있다.	4
		3~5개의 오류가 있다.	3
		6~8개의 오류가 있다.	2
		9개 이상의 오류가 있다.	1
	(4) 초급 수준의 단문을 지양하고 연결 어미나 접속사 등을 써서 중급 수준의 긴 문장을 만드는가?	전체 문장의 구조와 길이가 다양하고, 접속사로 인해 인위적으로 단절된 문장들을 자연스럽게 연결하였다.	5
		단문으로 연결된 부분이나 접속사를 쓰거나 안 써서, 혹은 문장 간 연결이 어색한 부분이 1개 이하이다.	4
		어색한 부분이 2개이다.	3
		어색한 부분이 3개이다.	2
		어색한 부분이 4개 이상이다.	1
	(5) 원고지 사용법을 아는가? (제목 가운데, 각 단락 들여 쓰기, 띄어쓰기, 문장 수정 부호 포함)	원고지 사용법의 오류가 1~2개 정도 있고 실수를 해도 수정 부호를 이용해 오류를 수정할 줄 안다.	5
		3~6개 이하의 오류가 있다.	4
		7~10개의 오류가 있다.	3
		11~14개의 오류가 있다.	2
		15개 이상의 오류가 있다.	1

(2)번 문항에서는 불필요한 어휘 및 문법을 변별해 수정하는 능력을 측정하였다. 예를 들어 "농구장에서 멋있는 중학교 선배들한테 응원하는 것"[14]에서 '중학교'는 고등학교 시절을 회상하는 글의 내용 맥락에서 볼 때 삭제하는 것이 좋다. 그리고 글의 분량을 줄여 오류 수정의 기회를 피한 것은 회피의 전략을 사용한 것으로 보아 5점 가운데 4점을 부여하였다.[15]

(3)번 문항에서는 글의 내용과 문어적 담론 형식을 고려해 대체해야 할 7개의 오류 수정에 관한 능력을 평가하였다[시대(→ 시절), 을 그리워한다(→ 이 그립다), 허가(→ 허락), 속(→ 중), 다툰(→ 겨룬), 그러나(→ 그때), 지겨워하다(→ 힘들어하다)]. 그리고 이외에도 잘못 대체한 어휘, 즉 '기억에 남는다'를 오류로 인식하여 '기억이 남는다'로 정정하는 것과 같은 과잉 수정의 경우도 이 항목에서 오류의 개수에 포함시켰다.

(4)번 문항은 한국어 교육의 중급 수준에서 배우는 복문 구성 능력을 측정하기 위한 것이다. 학생들은 적절한 연결 어미나 접속사를 써서 인위적으로 단절되어 부자연스러운 두 개의 단문을 한 문장으로 연결시켜야 한다.

(5)번 문항은 원고지 작성법 관련 지식을 측정하기 위한 것으로 띄어쓰기와 단락 들여 쓰기 관련 오류 수정 능력을 평가하였다. 아울러 내용에 맞게 제목을 원고지의 가운데 쓰고, 제출 전에 수정 부호를 사용하여 초고의 오류를 스스로 정정하는 능력이 있는지를 평가하고자 하였다.

---

14) 114쪽 〈부록〉 참조. 이후 본 수정 과제의 예시문은 모두 이 〈부록〉에서 발췌함.
15) 김성숙(2008나: 225~228)은 한국어 학습자를 대상으로 한 작문 과정 프로토콜 실험 결과를 통해 필자가 가진 초인지 수준에 따라 집필 과정에 전략을 적용하는 데 차이가 있음을 밝혔다. 외국인이 사용하는 긍정적 전략으로는 과제 상황에 알맞은 개요를 작성하고 나서 집필을 시작하는 절차적 지식과, 전체 구성을 감안해 내용을 추가하거나 삭제하는 등의 수사적 지식이 있다. 부정적이기는 하나 외국인이 그 나름의 효과를 거둘 수 있는 전략으로는 방어의 심리 기재로 동원하는 과제 회피 전략이 있다.

4.2. 담화 맥락 영역의 평가 준거

보통 외국인 필자는 모국어 쓰기 기술을 그대로 외국어 쓰기 과정에 전이 시킨다. 그러나 모국어로 해당 주제에 대한 배경지식이 많은 유학생이라도 제2언어에 능숙하지 않다면 제2언어로 내용을 확장하는 것은 서툴 수밖에 없다. 그래서 제2언어로 작문을 해야 하는 미숙련 필자는 새로 배워 알게 된 어휘·문법 지식을 적용해서 오류를 탐지하거나, 자신의 기존 배경지식 에 비추어 담화 맥락 상 오류를 수정하게 된다. 그러다 보니 초보 필자는 내용에 대한 수정까지를 고려하기가 어렵다. 문법적으로 정확한 글을 작성 하기까지는 연습이 많이 필요하고 내용적으로 깊이가 있는 글을 쓰기 위해 서도 주제 관련 배경지식이 쌓이기까지 시간이 오래 걸린다. 하지만 구체적 인 담화 맥락의 독자 요구를 파악하는 능력은 비교적 단시간에 상당히 높은 수준까지 성취가 가능하다. 유학생이 담화 맥락의 요구에 효과적으로 부응 할 수 있다면, 쓰기 과제의 목적도 비교적 수월하게 달성할 수 있다. 그래서 수정 교육에서도 담화 맥락을 먼저 이해시키는 것이 중요하다.16)

본 담화 맥락 영역의 평가 준거에서는, '기고문' 텍스트의 대사회적 기능 을 적절히 수행할 수 있는가, 도입-본문-결말의 문어 텍스트 구성 지식 이 있는가, 글을 읽는 독자를 고려해 존대 표현을 제대로 쓸 수 있는가의 정도를 측정하였다. 담화 맥락 영역의 평가를 위한 소범주는 다음(〈표 4〉) 과 같다.

담화 맥락 영역에서는 완결성을 갖춘 한 편의 글을 구성하는 능력과 함 께, 신문 기고문 장르에 대한 인지 정도를 측정하고자 하였다. 먼저 '도입- 본문-결말'의 내용 단위로 단락을 구분하고, 전후 내용 맥락을 고려한 결

---

16) 제2언어로 학술적 글을 쓰는 것과 관련된 그간의 연구에서는 유학생이 대학 공동체에 진입해 학술적 담화 맥락에 적응해 가는 과정을 보고하면서 학술적 과제의 사회적 측면 을 중시하라고 권고한다(Spack, R. F., 1988: 29~52; Swales, J., 1990).

<표 4> 담화 맥락 영역의 분석적 평가표

범주	평가 기준	세부 지침	점수
담화 맥락	(6) 도입, 본문, 결말의 텍스트 구조에 따른 단락 구분 능력이 있는가? (① 도입과 고교 시절 회상 부분의 단락을 구분하였다. ② 회상과 결론 부분의 단락을 구분하였다. ③ 전후 맥락을 고려해 다양한 결속 표지를 쓰려는 시도가 있다. ④ 단락 간 구조가 기승전결로 내적 일관성을 이루었다. ⑤ 한 단락을 3문장 이상을 써서 혹은 150자 이상으로 구성하였다.)	위 내용 중 부족한 점이 없다.	5
		위 내용 중 1가지가 부족하다.	4
		위 내용 중 2가지가 부족하다.	3
		위 내용 중 3가지가 부족하다.	2
		위 내용 중 4가지 이상이 부족하다.	1
	(7) 독자 대중에 대한 존대법을 지킬 수 있는가?	8개의 존대법 오류 수정을 포함해 독자 대중에 대한 존대법을 완벽히 지킬 수 있다.	5
		존대법 오류가 1~2개 있다.	4
		존대법 오류가 3~4개 있다.	3
		존대법 오류가 5~6개 있다.	2
		존대법 오류가 7개 이상 있다.	1
	(8) 축약어나 구어체를 안 쓰는 신문 담론 원칙을 아는가?	5개의 오류 수정을 포함해 글 전체에 신문 기고문임을 고려한 표현이 고루 있다.	5
		1개의 오류가 있다.	4
		2개의 오류가 있다.	3
		3개의 오류가 있다.	2
		4개 이상의 오류가 있다.	1
	(9) 적절한 관용 표현(속담 포함)을 구별하고 개념어를 다양하게 썼는가?	4개의 오류 수정을 비롯해 글 전체의 관용 표현과 한자 어휘가 다양하고 자연스럽다.	5
		1군데 잘못 쓰이거나 어색한 부분이 있거나 관용 표현이 별로 없다.	4
		2군데 잘못 쓰이거나 어색한 부분이 있다.	3
		3군데 잘못 쓰이거나 어색한 부분이 있다.	2
		4군데 잘못 쓰이거나 관용 표현이 전혀 쓰이지 않았다.	1

속력 있는 표현으로 단락을 시작하며, 내용 전개의 논리적 필요에 따라 문장을 배치하는 정도를 측정한 (6)번 문항에서는 텍스트의 구조적 지식이 평가된다. 그리고 (7) 일관된 존대법 사용 지식, (8) 신문 담론 규약에 대한

인지, (9) 적절한 관용 표현과 한자 개념어 이해 등 3개 항목은 신문 기고문의 담화 맥락과 관련한 지식을 평가하는 영역들이다.

(7)번 문항에서는 공적 텍스트 작성과 관련된 한국어 존대법 지식, 즉 3인칭 객체 및 독자 존대 지식을 측정하였다. 예를 들어 "고등학교 3년간 선생들한테서 공부하라는 말을 귀가 못이 박이도록 들었습니다."에서 '선생들한테서'는 '선생님들에게서'나 '선생님들께로부터'로 정정해야 한다. 그리고 기고문의 필자가 독자들의 선배이기는 하지만 후배들을 대상으로 공적인 기고문을 작성할 때는 존대법을 써야 하는데, 이러한 한국어 담론 특유의 존대법 규칙을 알고 있는가를 평가하고자 하였다. 또한 종결 어미를 포함한 존대법에 일관성이 있는가를 살펴보았는데, 예를 들어 "올해부터 A대에서 한명의 대학생으로 저의 대학생활을 시작하셨다."에서 '저의 ~ 시작하셨다.'는 '나의 ~ 시작하였다'로 바꾸어야 한다. 언어권에 따라 종결 어미나 명사형에서 존대법이 발달되지 않은 모국어를 쓰는 한국어 학습자는 한국어의 존대법 관련 문법 지식을 특히 어려워한다. 그리고 전체 글의 격식체 반말 어미와 다른, 격식체 존대 어미, 즉 '납니다(→ 난다)', '입니다', '들었습니다' 등도 전체 글의 통일성을 고려하여 일관되게 수정하는가를 평가하였다.

(8)번 문항은 공적 담화에서 축약어나 구어체를 안 쓰는 신문 담론 원칙을 아는가를 평가한 항목인데 내국인 신입생도 이 영역에서는 1차 수정에서 낮은 점수를 보였다.[17] 1차 수정 후 수정 교육을 통해 공적 담화에서는 축약어[A대(→A대학교), 그땔(→그때를), 축제다(→축제이다)', '거고(→것이고)',

---

17) 내국인 중에 문법적 오류는 적으나 구어체적 표현이 많아 1차 수정 시 그리 높지 않은 점수를 얻은 학생이 있었다. 구어와 달리 문어적 표현 능력은 교육에 의해 습득되므로 다양한 독자를 대상으로 여러 장르의 글을 써 보는 훈련이 필요하다. 그러나 이들 내국인 신입생은 대학 입학에 필요한 논술문 이외에 다양한 장르를 접해 보지 않아 기고문에 합당한 담화 형태에 익숙하지 않았다. 이로써 구어적 표현을 잘 구사하는 외국인의 경우와 마찬가지로 모국어 필자도 유창한 구어 능력이 작문 능력과 비례하는 것이 아님을 알 수 있다.

'거다(→것이다)]나 구어체[자기(→자신), 진짜(→정말), -을까(→-은가), -이랑(→와/과), 그러니까(→그러므로)]를 지양함을 교육하였고, 그 결과 2차 수정에서 내·외국인 모두 이 영역의 점수를 높일 수 있었다.

(9)번 문항에서는 한국어 능력 중급 수준에서 배우는 관용 표현 지식을 평가하였다. 모교 신문에 기고문을 쓰는 과제 맥락에서 후배들을 설득하는 데 합당한 관용 표현을 골라 쓸 수 있는지 여부를 측정함으로써 특정 맥락에 적합한 관용 표현 전략의 숙달 정도를 파악하고자 하였다. 한국어 교육에서 속담이나 한자성어는 4급 이상에서 배우기 때문에 이러한 표현을 적절히 쓴다면 중급 상 이상이라고 판정할 수 있다. 연어 관계[영화 필름처럼 흐르다(→영화 필름처럼 지나가다/스치다/펼쳐지다)]나 속담(매도 먼저 맞는 게 낫다→고생 끝에 낙이 온다, 고진감래 등) 대체 능력이 있는가를 측정하였는데 이 문항으로 말미암아 초급과 중급 학생의 변별도가 높아졌다.

4.3. 내용 지식 영역의 평가 준거

대학의 쓰기 과제에서는 내용적 측면이 중시된다. 내용 위주의 쓰기 과제를 수행하면서 해당 교과의 논리적 사고 체계에 숙달할 수 있다고 보기 때문이다. 그래서 제2언어 학습자 대상의 학술적 쓰기 교육과정에서도 언어적 측면보다 내용적 측면에 비중을 두는 평가표를 채택한다(Mendelsohn & Cumming, 1987; Santos, 1988; Boldt et al., 2001). 〈표 5〉의 내용 지식 영역 평가 준거는 쓰기와 관련된 선행 연구를 참고하여 미숙련 필자가 내용을 수정할 때 고려해야 할 항목들을 정리한 것이다. 창의적 내용 관련 지식을 담화 맥락에 맞게 가져다 쓸 수 있는가를 측정한 내용 지식 영역의 3개 소범주는 다음과 같다.

(10)번 문항은 새로운 내용을 생성해 내는 능력을 평가하고자 한 것으로, 제시문에 언급된 '운동회' 관련 내용에 비추어 적절한 분량으로 '축제'에

〈표 5〉 내용 지식의 분석적 평가표

범주	평가 기준	세부 지침	점수
내용 지식	(10) '축제'에 대한 예시 단락이 '운동회'에 대한 회상의 분량과 비교하여 적절한 분량으로 추가되었는가?	'축제'에 대한 예시 단락을 추가하였고 내용이 구체적이고 길이도 '운동회'에 대한 설명과 비교하여 적당하다.	5
		축제에 대한 예시 단락을 운동회에 대한 설명보다 1/3 적게 구성하여 추가하였다.	4
		축제에 대한 예시 단락을 운동회에 대한 설명보다 1/2 적게 구성하여 추가하였다.	3
		축제에 대한 언급이나 운동회에 대한 예시를 삭제하였다.	2
		축제에 대한 언급은 그대로 있으나 내용이 추가되지 않았다.	1
	(11) 결론에 해당하는 내용이 추가되었는가? (설득하는 기능이 있는가?)	마무리 단락을 추가하였고 설득하는 기능을 수행하였으며 길이도 적당하다.	5
		마무리 단락을 추가해 설득하는 기능을 수행하였으나 별도의 한 단락으로 구성될 정도로는 길이가 적당하지 않다.	4
		마무리 단락을 1문장 추가하였거나 설득하는 기능을 제대로 수행하지 못했다.	3
		마지막의 불필요한 문장을 삭제하였거나 마지막 문장의 오류만을 정정하였다.	2
		마지막 문장을 그대로 두고 결론 단락을 추가하지 않았다.	1
	(12) 각 단락의 논리적 흐름을 위해 창의적으로 추가한 내용이 있는가?	150자 이상 추가하였다.	5
		100자 이상 150자 미만 추가하였다.	4
		50자 이상 100자 미만 추가하였다.	3
		추가된 내용이 거의 없고 단락만 나누었거나 500~600자 정도로 내용을 대폭 줄였다.	2
		내용과 단락 구성 면에서 수정한 내용이 거의 없다.	1

대한 내용을 추가할 수 있는지를 알아보고자 기획되었다. 제시문의 내용에는 고등학교 3년 동안의 추억 중에 가장 기억에 남는 것이 '운동회'와 '축제'라고 되어 있다. 이후 내용에서 '축제'에 관한 예시 단락이 빠져 있으므로 학생들은 수정을 할 때 글의 결속력을 높이는 데 필요한 '축제' 관련 회상 내용을 추가해야 한다. 이 문항은 내용 생성 능력을 측정하는 것이 주목적이므로 '운동회' 등 고등학교 시절에 대한 회상 내용을 삭제하여 전체 글의 길이를 줄임으로써 내용 생성의 부담을 회피한 시도에는 낮은 점수를 부여

하였다. 어휘·문법 수정 능력을 측정한 (2)번 문항에서는 글의 분량을 줄여 오류 수정의 기회를 피한 것이 긍정적 전략일 수 있지만, 내용 생성 능력을 평가하는 (10)번 문항에서 회피의 전략은 부정적 전략이기 때문이다.

(11)번 문항에서는 결론부에 누락된 내용을 인식하고 필요한 내용을 새로이 추가할 수 있는가를 측정하였다. 제시문은 마무리 부분이 없이 결론 단락 중간에서 중단되어 있기 때문에, 학생들은 선배로서 후배에게 당부하는 내용의 마무리 인사 내용을 추가해야 한다. 그래서 학생들이 내용 맥락에 맞게 적절한 분량으로 마무리 글을 추가했으면 높은 점수를 주었다. 반면에 마지막 단락의 오류를 수정하거나 삭제하여 마무리의 느낌을 살리고자 한 시도에 대해서는 낮은 점수를 주었다. 문법 영역에서는 글의 길이를 줄임으로써 문법적 오류를 줄인 데 대해 과제 회피 전략을 사용한 것으로 보아 비교적 높은 점수를 인정하여 주었으나 내용 생성 능력을 평가하는 영역에서는 이러한 전략이 유효하지 않은 것으로 판단하여 점수를 주지 않은 것이다.

(12)번 문항에서는 평가지가 내용을 덧붙이도록 의도한 부분, 즉 '축제'나 결론부 내용을 보강하기 위해 추가해야 하는 단락뿐만 아니라 전체 글의 내용을 자연스럽게 이어 나가기 위해 학생들이 자발적으로 덧붙인 내용 분량에 대해 점수를 부여하였다.

이상에서 살펴본 바와 같이 제시문을 수정하는 과제가 창의적으로 내용을 덧붙일 것을 요구하고 있음에도 불구하고 실험에 참여한 외국인 학생들은 거의 대부분 문장의 표면적 오류를 수정하는 데 그쳤다. 학생들은 실험 후 인터뷰에서 교수자의 설명이나 과제 지시문에 주의를 기울이지 않은 것이 수정 후 텍스트 질을 충분히 개선하지 못한 이유였다고 고백하였다. 한국어 쓰기 수업 교실에서는 일반적으로 문장의 통사론적 오류 수정 연습을 반복한다. 이 때문인지 유학생에게는 한국어로 글을 쓰거나 수정을 할 때 문법적으로 오류 없는 글을 생성하는 것이 가장 중요하다는 고정관념이 있다. 인터뷰 과정에서 유학생의 과제 해석이 교수자의 의도와 상당히 달랐다는 사실도 확인하였다. 유학생들은 한국어 능력에 자신이 없기 때문에 수정 과제에서도 문장 단위의 표면적 오류 수정에만 집착하는 소극적인 자세를 취했다.

5. 유학생의 수정 과제 분석 결과

이 연구에서는 1차 실험의 영향을 최소화하기 위해 1차 수정 과제를 실시한 지 한 달 후 2차 수정 과제를 진행하였다. 이는 1차 수정을 실시하면서 활성화시킨 어휘·문법, 담화 맥락, 내용 지식의 잔상을 소거하고, 2차 수정을 실시하기에 앞서 진행한 명시적 수정 교육의 실험적 처치 효과만을 측정하기 위함이다. SPSS 12.0의 독립 표본 T검정을 이용하여 이 실험에 참여한 외국인 21명과 내국인 18명이 수행한 1차, 2차 수정 과제의 총점 평균을 비교해 본 결과, 1차 수정 과제의 총점 평균은 내국인이 외국인보다 평균 20.2점 높았지만 2차 수정 과제에서는 12.7점으로 그 차이를 좁혔다. 이는 적절한 수정 교육을 통해 외국인과 내국인 간 수정 능력의 격차를 줄일 수 있다는 사실을 보여 준다.

전반적으로 1차 수정의 점수가 낮았던 외국인은 2차 수정 시 여러 문항에서 점수를 올려 교육적 효과를 입증하였다. 그런데 12개 평가 영역을 자세

〈표 6〉 1차와 2차 수정 과제에서 내·외국인의 평균 비교

	대상	사례 수	평균	차이	표준편차	자유도	t	유의 확률
수정 1	외국인	21	29.5	20.2	5.0	37	-13.926^{***}	.000
	내국인	18	49.7		3.8			
수정 2	외국인	21	43.8	12.7	6.1	37	-8.217^{***}	.000
	내국인	18	56.5		2.6			

히 살펴보면 수정 관련 세부 지식 항목의 성장 정도에 차이가 있다. 이 연구에서는 1차 수정 이후 수정 교육을 실시하고 그 처치에 대한 효과를 2차 수정 이후 나타난 점수 차이로 살펴보았다. 각 문항의 만점이 5점이었음을 감안하면 그 10%에 해당하는 0.5점 이상의 성장은 유의미한 수준의 교육적 효과라고 할 수 있다. 하지만 여기서는 수정 교육의 두드러진 효과에 주목하기 위해서 어휘·문법, 담화 맥락, 내용 지식 영역을 나누어 1점 이상의 성장을 보인 문항에 한해 집중적으로 분석해 보고자 한다.

• 영역별 수정 교육의 효과

1, 2차 수정 결과를 어휘·문법, 담화 맥락, 내용 지식 영역으로 나누어 비교해 볼 때, 외국인과 내국인은 어휘·문법 영역에서 가장 큰 차이를 보였다(3.7점 차, 〈표 7〉 참조). 내국인에게는 문법 관련 지식이 자동화되어 있어 수정 교육을 실시하기 전과 후의 성적이 크게 달라지지 않았다(1.4점 차). 그러나 한국어 능력 초·중급 수준의 외국인은 아직 기본 문법이 숙달되지 않았고, 추상적 개념의 한자 어휘가 부족했지만 이러한 부분을 중점적으로 교육한 결과 높은 교육적 효과를 거둘 수 있었다(5.1점 차).

담화 맥락 영역은 명시적인 수정 교육 후 유학생이 가장 크게 개선한 부분이다. 유학생은 신문 기고문이라는 한국어 텍스트의 담화 맥락에 익숙하지 않았고, 또 한국어 텍스트의 문맥에서 고등학교 학창시절을 회상하라는 개인 서사의 과제 상황에도 당황해했다. 이런 부분들은 사회 문화적 환

〈표 7〉 1, 2차 수정 과제에서 내·외국인이 보인 각 수정 영역별 성장의 정도

수정 영역	어휘·문법 (25점)			담화 맥락(20점)			내용 지식(15점)		
수정 차수 및 차도	1차	2차	차도	1차	2차	차도	1차	2차	차도
외국인	14.0	19.1	5.1	10.3	16.2	5.9	5.2	8.5	3.3
내국인	22.4	23.8	1.4	17.1	19.7	2.6	10.3	13	2.7
내·외국인의 차이	8.4	4.7	3.7	6.8	3.5	3.3	5.1	4.5	0.6

경의 차이에서 기인했기 때문에 담화 맥락 교육을 통해서 상당 부분 교수자의 의도에 맞게 내용을 수정할 수 있었다. 유학생들은 수정 교육을 통해 해당 과제의 문화적, 담화적 맥락과 의미, 글의 구조, 기고문에 합당한 종결 어미 등을 교육 받음으로써 문장의 오류들을 쉽게 개선할 수 있었다.

그러나 내용 지식 영역에서는 내·외국인 모두 수정 교육의 효과가 그리 크지 않았다. 그 원인은 실험 이후 학생들을 대상으로 한 인터뷰 내용을 통해 추정해 볼 수 있다. 내국인의 경우 수정해야 할 텍스트에 눈에 띄는 어휘·문법적 오류가 너무 많아 편집자 자격으로 이런 표면적 오류를 고치는 데 역량을 집중했던 것으로 보인다. 또한 이들에게는 과제가 제시한 내용적 상황이 익숙하기 때문에 수정 교육을 할 때 내용적인 측면에 등한시했던 것으로도 보인다. 반면에 유학생은 수정 교육을 받으면서 잘못된 내용 부분을 충분히 인지했지만, 이에 대한 문화적 맥락 지식이 없어 필요한 내용을 추가할 수 없었다고 밝혔다.

• 문항별 수정 교육의 효과

1, 2차 수정 과제를 실시하면서 어휘·문법, 담화 맥락, 내용 지식 등 세 영역의 총점이 달라진 원인을 세부 문항별로 분석해 보자. 유학생의 경우 총 5점 중 1점 이상의 성장을 보인 문항은 어휘·문법 영역에 두 문항(3번: 어휘 관련, 4번: 연결 어미 사용)이 있고, 담화 맥락 영역에 세 문항(6번: 텍스트 구조, 8번: 신문 담론 형식, 9번: 관용적 표현)이 있다. 내용 지식 영역에도 두 문항(10번: 내용 생성 능력, 12번: 창의성 관련 문항)이 있다. 그런데 이 중에서도 2점 이상의 괄목할 성장을 보인 것은 (4)번 연결어미의 사용, (8)번 신문 담론 원칙과 관련된 문항이다. 이러한 변화에 대해서는 보다 세밀한 분석이 필요하다. 어휘·문법, 담화 맥락, 내용 지식 영역에 관한 구체적인 성장도를 〈표 8〉, 〈표 9〉, 〈표 10〉을 통해 하나씩 살펴보자.

5.1. 어휘·문법 관련 수정 지식의 성장도

본 수정 과제 실험에서 외국인 필자의 수정 형태는, 수정의 초인지를 내용 영역보다 어휘·문법 영역에 더 많이 투여함으로써 수정 효과를 거두지 못하는 미숙련 필자의 수정 양상과 매우 흡사하다. 미숙련 필자에게 특징적인 수정 형태는 선행 연구에서도[18] 확인된 바 있다. 외국인 필자에게 일반적인, 어휘·문법 위주의 수정 양상을 국내 유학생에게서도 확인함으로써 이후 유학생의 한국어 수준별 수정 교육을 계획할 때 어느 영역에 더 주안점을 두어야 효율적일지를 가늠해 볼 수 있게 되었다.

〈표 8〉 어휘·문법 관련 문항의 성장 정도

영역	문항	수정 차수	외국인				내국인			
			평균	사례 수	표준편차	성장 점수	평균	사례 수	표준편차	성장 점수
어휘·문법	1	전	3.2	21	0.7	0.1	5.0	18	0.0	0
		후	3.3	21	0.6		5.0	18	0.0	
	2	전	3.4	21	0.4	0.9	4.2	18	0.6	0.3
		후	4.3	21	0.6		4.5	18	0.4	
	3	전	1.9	21	0.7	1.9	4.4	18	0.3	0.3
		후	3.8	21	0.9		4.7	18	0.4	
	4	전	1.5	21	0.8	2.0	4.4	18	0.5	0.4
		후	3.5	21	1.0		4.8	18	0.3	
	5	전	4.0	21	0.5	0.1	4.4	18	0.4	0.5
		후	4.1	21	0.8		4.9	18	0.3	

(▨ 1점 이상 2점 미만 성장, ▨ 2점 이상 성장한 문항)

---

18) Bereiter와 Scardamalia(1983), Bartlett(1982), Stallard(1974), Bridwell(1980), Sommers(1980), Faigley와 Witte(1981), Flower et al.(1989).

(1)번 문항은 문법과 맞춤법 수정 능력에 관한 것으로, 내국인 필자는 1, 2차 수정 모두 만점을 기록했고, 외국인 필자도 단지 0.1점의 성장을 보여 성장 폭에 큰 변화는 없었다. 내·외국인 모두 문법과 맞춤법 수정 교육의 효과가 거의 발생하지 않은 것이다. 문법 영역과 관련하여 성장 폭이 적은 것에는 이유가 있다. 내국인에게는 기초 문법 지식이 자동화되어 있으므로 문법적 오류 수정의 인지적 부담은 상대적으로 낮은 편이다. 그래서 내국인은 2차 수정 중에 문법 영역을 제외하고 1차 수정에서 상대적으로 낮은 점수를 받았던 문항 수정에 주력할 수 있었다. 그 결과 내국인은 어휘·문법 영역 전체에서 1.4점을 올리는 데 그친 반면, 담화 맥락과 내용 영역에서는 각각 2.6점과 2.7점의 높은 성장을 보였다. 이로써 내국인 필자는 수정의 초인지 역량을 담화 맥락과 내용 영역에 집중 투자했다고 추정할 수 있다.

• 어휘·문법 영역의 수정 교육 효과

문제는 문법 영역 지식은 학습이 어려울 뿐만 아니라 습득되는 데 걸리는 시간도 길다는 점이다. 외국인 필자의 (1)번 문항 성장도가 0.1점인 것을 보면 문법 지식이 단시일에 개선될 수 없음을 알 수 있다. 더구나 한두 번의 수정 교육을 통해서 문법적 오류를 만족스럽게 교정할 수는 없다. 그런데도 불구하고 외국인은 수정을 할 때 문법 관련 수정에 많은 시간과 노력을 쏟는다. 유학생들은 인터뷰에서 학술적인 글을 쓸 때 어려운 점으로 문어적 담화 맥락에 필요한 어휘력과 문법 지식의 부족을 꼽았다. 내국인이 모국어로 작문 과제를 수행할 때에는 문법 관련 지식이 자동화되어 있기 때문에 내용 생성에만 주력할 수 있지만, 모국어가 아닌 언어로 작문을 하는 유학생은 자동화된 문법 지식이 적어 어휘와 문법에 더 많은 신경을 쓰게 된다. 그래서 글 전체의 내용을 장악하지 못한 채 그저 한 문장, 한 단락 수준의 완성도에만 집중하게 되는 것이다.

〈표 8〉을 통해 유학생은 같은 어휘·문법 영역이라 하더라도 맞춤법이나 조사와 같은 문법 영역을 더 어려워한다는 사실을 알 수 있다. 반면에 필요한 곳에 접속사를 넣는 것이나 적절한 어휘를 대체하는 것과 같은 어휘

영역은 상대적으로 교육적 효과가 높았다. 외국인 필자가 (4)번 문항(연결 어미를 사용한 복문 구성)에서 평균 2점이라는 높은 성장을 보인 것은 지나친 단문을 피하고 문장 간 자연스러운 연결을 위해 알맞은 접속사를 사용해야 한다고 가르친 수정 교육의 효과와 분명한 관련이 있다. 이러한 결과를 볼 때, 맞춤법이나 문법 관련 지식은 유학생마다 오류의 고착 정도가 심해 단시일에 교육적 효과를 거두기 어렵다. 단시일의 집중적인 수정 교육으로 유학생의 쓰기 능력을 신장하려면 학술 담론 텍스트 작성에 필요한 어휘 교육이 더욱 효과적임을 알 수 있다.

5.2. 담화 맥락 관련 수정 지식의 성장도

학술적 과제 맥락에 맞게 쓰려면 보고서의 구조와 문채(文彩, style), 문어적 어조(tone), 객관적 어휘 관련 지식이 있어야 한다. 그리고 공적 담론 텍스트 가운데 계몽적인 글이나 신문 기고문, 방송 원고와 같이 상황 맥락에 따라 구체적인 독자가 전제되는 경우에는 주체 겸양과 독자 대중 존대 규칙에 의거해 어휘와 문체를 가려 쓸 수 있어야 한다. 이 실험에서는 신문 기고문에 적절한 문어 구사 능력을 평가하기 위해 다음 4개 문항으로 공적 문채(文彩)에 적절한 구조 및 어조, 어휘 선별 능력을 측정하고자 하였다.

유학생들은 담화 맥락 영역 중에서 6번(단락 구분 능력)과 8번(신문 담론 형식), 9번(적절한 관용 표현) 문항에서 두드러진 성장을 보였다. 특히 8번(신문 담론 형식)은 1차 수정에서 가장 점수가 낮았던 문항이지만 수정 교육 이후 성장한 정도가 가장 두드러졌다(〈표 9〉 음영 표시 부분 참조). 이는 문법 영역과 다르게 담화 맥락의 특정 영역에서는 명시적 수정 교육의 효과가 있었다는 증거로 볼 수 있다. 특히 유학생의 경우 수정 교육 동안 해당 과제의 문화적 맥락이나 특성을 효과적으로 지도하면 짧은 시간에 상당한 정도로 작문의 질을 개선할 수가 있다.

<표 9> 담화 맥락 관련 문항의 성장 정도

영역	문항	수정 차수	외국인				내국인			
			평균	사례 수	표준편차	성장 점수	평균	사례 수	표준편차	성장 점수
담화 맥락	6	전	2.3	21	1.3	1.5	4.5	18	0.6	0.4
		후	3.8	21	0.8		4.9	18	0.3	
	7	전	3.9	21	0.5	0.5	4.4	18	0.6	0.6
		후	4.4	21	0.4		5.0	18	0.0	
	8	전	1.8	21	0.7	2.3	3.9	18	1.0	1.0
		후	4.1	21	0.7		4.9	18	0.2	
	9	전	2.3	21	0.6	1.6	4.3	18	0.4	0.6
		후	3.9	21	0.8		4.9	18	0.1	

(▨ 1점 이상 2점 미만 성장, ▩ 2점 이상 성장한 문항)

• 담화 영역의 수정 교육 효과

문법 영역과 달리 담화 맥락 영역에서 수정 교육의 효과가 높았던 것은 외국인 대상 쓰기 교육의 특수성과 관련이 있다. 쓰기 능력의 개선 속도는 읽기, 듣기, 말하기 능력의 개선 속도보다 상대적으로 늦다. 한 편의 글을 작성하기 위해서는 기본적인 언어 규범을 알아야 할 뿐만 아니라, 독자를 고려하는 수사적 상황을 이해해야 하며, 적절한 표현 기교도 익혀야 한다. 그렇기 때문에 학문 목적 한국어 고급 쓰기 교육에서 중점을 두어야 할 것은 특정 과제의 수사적 상황에 대한 필자의 전략적 대처 방안이다. 어휘 지식이나 문법 규칙은 맥락이 배제된 짧은 단문 쓰기 연습으로도 습득될 수 있지만 쓰기 능력은 실제적 텍스트 작성 연습을 통해서만 숙달된다.

Kroll(2001)은 교사가 언어 수준의 문제로 인해 쓰기 교육과정을 문법 교육과정으로 바꾸는 실수를 해서는 안 된다고 말하고 있다. 작문 상의 문법적 오류를 처음부터 수정하고 편집하는 교사 활동은 비생산적이며, 작문에 대한 외국인 학생들의 불안감만 조성한다는 것이다. 더구나 이런 활동은 학생들이 스스로 자기 글의 오류 개선에 관심을 가지고 문제점을 찾을 기회를 빼앗게 될 것이다. 문법 오류는 장기적인 관점에서 학생 스스로가 편집 활동을 통해 고쳐 나가도록 유도하는 것이 좋다.[19)]

Kroll(2001)의 관점은 위의 실험에서 그대로 증명되었다. 순수하게 문법과 관련된 문항(1번)의 경우 수정 교육의 효과가 거의 없었기 때문이다. 또 한국어 존대법에 관한 문항(7번)에서도 거의 성장이 없었다. 정확한 문법 관련 지식은 웬만한 문법 체계가 이미 자동화된 모국어 화자에게도 어려운 것으로, 한국어 학습자가 일회성의 수정 교육을 통해 성취할 수는 없다. 반면, 외국인 필자가 논리적으로 이해하고 적용할 수 있는 수준의 오류 사항들은 비약적으로 개선되었다. 어휘 대체(3번), 단락 구분(6번), 신문 담론 규약(8번) 등에서 매우 높은 교육 효과를 거둔 것은, 이들 영역이 교사의 적절한 피드백이 있을 때 외국인 필자 스스로 수정할 수 있는 영역이기 때문이다. 수정 교육을 통해 잘못 쓰인 어휘를 지적하고, 도입과 결론 부분을 포함하여 단락을 구분하는 원칙을 가르쳤으며, 구어체나 축약어를 쓰지 않는 신문 담론 규약을 명시적으로 교수한 결과, 이런 사항들은 외국인 필자들이 어렵지 않게 고칠 수 있었다. 그러나 조사나 어미, 존대법과 같은 기본 문법 관련 오류들은 쉽게 고쳐지지 않았다. 한국어의 복잡한 어법에 속하는 사항들을 숙달하려면 오랜 기간의 숙련과 자동화 과정이 필요함을 알 수 있다.

• 담화 영역 쓰기 지식의 특수성

수정 교육을 통한 학생들의 성장 정도가 높았던 문항이 담화 맥락 영역에 가장 많았던 점은 주목할 필요가 있다. 문법 지식은 고착성이 강하기 때문에 구문 반복 학습과 같은 장기간의 교육이 필요한 반면, 담화 맥락과 사회 문화 맥락 지식은 수정 관련 쓰기 교육에서 단기간의 집중적인 교육으로도 효과를 거둘 수 있음이 확인되었기 때문이다. 대학에서 〈기초 글쓰기〉 수업을 듣는 유학생의 경우 한국어 능력 수준의 차이는 있지만 기본적인 문법 교육은 마친 상태이다. 말하기보다 쓰기에서 정확한 문법을 사용하기가 어려운 건 사실이지만 그렇다고 하더라도 Kroll(2001)이 말한 대로 대학 〈기초 글쓰기〉에서 이루어지는 쓰기 교육을 문법 교육으로 만들 필요는 없다.[20]

---

19) Celce-Murcia, 임병빈 외 역, 『영어교육의 이론과 실제』, 경문사, 2004, 235쪽.

유학생이 대학에서 한국어로 글을 쓰는 데 익숙해지려면 한국어의 학술적 담화 맥락과 문화적인 맥락을 빨리 깨우치는 것이 중요하다. 따라서 대학 〈기초 글쓰기〉 교육에서는 학술적 쓰기 과제의 담화 맥락을 효과적으로 가르칠 교수요목을 설계해야 한다.

5.3. 내용 관련 수정 지식 문항의 성장도

외국인과 내국인 모두 1차 수정 결과를 보면 (10) 텍스트에 언급된 '운동회' 관련 추억과 유사한 분량으로 '축제' 관련 내용을 추가하는 문항에서 점수가 가장 낮았다(외국인 1.1점 : 내국인 2.7점/ 5점 만점). 본문에서 고등학교 시절을 회상하면서 운동회와 축제가 가장 기억에 남는다고 했지만 제시문의 추후 서술 과정에서 축제 부분은 의도적으로 누락되었다. 학생들은 수정을 하면서 '축제' 관련 내용을 추가해야 했는데, 외국인과 내국인 모두 1차 수정 과제에서 이 부분에 대한 개선이 만족스럽게 이루어지지 못했다. 그래서 명시적으로 수정 교육을 하는 동안 '축제'에 관한 내용 오류를 지적한 후 이에 대한 단락을 추가하도록 지도하였다. 하지만 수정 교육 이후 내국인이 총 5점 가운데 1.6점의 두드러진 성장을 보인 데 반해 외국인은 1.3점의 성장에 그쳤다. 물론 1.3점으로도 수정 교육의 효과를 확인할 수 있지만, 객관적인 점수 비교에서 내국인과 큰 차이를 보였다. 수정 교육을

---

20) Haswell(1988)은 대학교 1, 2, 3학년 학생과 대학원생의 쓰기 샘플 32개를 비교하면서, 글의 내용과 길이 등 쓰기 능력의 전반적 수준은 학년이 올라감에 따라 향상되지만, 소유격, 주술 호응, 대명사, 대구법, 문장 부호, 미완성 문장, 단락 구분, 맞춤법 등 문법 관련 오류는 여전히 잔존함을 확인하였다. Ojeda(2004: 36)는 이 Haswell의 연구 결과를 인용하면서 학년이 올라갈수록 쓰기 능력이 성숙해지는 모국어 화자도 문법적 실수를 완전히 배제할 수 없다면, 고도의 수사법과 복잡한 구문, 개념 어휘를 사용한 제2언어 학습자의 글에 문법적 오류가 많다고 해서 평가 절하할 수 없다고 주장한다. 학술 담론의 최종 목적은 해당 전공 분야의 발전에 기여할 창의적 내용 생성이지 문법적으로 완벽한 문장을 만들어내는 데 있지 않기 때문이다. Belanoff(1991: 58)도 학술적인 글의 요건을 명료성과 조직력, 맥락적 지식, 응집성, 언어 사용의 정확성 순으로 꼽으면서, 문법 규범의 준수 여부에는 큰 비중을 두지 않았다.

영역	문항	수정 차수	외국인				내국인			
			평균	사례 수	표준편차	성장 점수	평균	사례 수	표준편차	성장 점수
내용	10	전	1.1	21	0.4	1.3	2.7	18	1.5	1.6
		후	2.4	21	1.6		4.3	18	1.0	
	11	전	1.5	21	1.2	0.8	3.4	18	1.3	0.5
		후	2.3	21	1.5		3.9	18	1.2	
	12	전	2.6	21	1.0	1.2	4.2	18	0.9	0.6
		후	3.8	21	1.0		4.8	18	0.7	

(▨ 1점 이상 성장한 문항)

받고 난 후 외국인이 받은 2.4점은 내국인의 1차 수정 결과인 2.7점에도 못 미친다.

• 내용 영역의 수정 교육 효과

(10)번 문항의 수정 결과를 검토해 보면 학창 시절 행사의 문화적 맥락에 대한 내국인과 외국인의 인지 차이는 뚜렷하다. (10)번 문항에서 의도한 것은, '운동회' 관련 내용 단락과 유사하게 '축제'에 관한 내용 단락을 추가하는, 즉 전후 맥락에 맞게 내용을 생성하는 능력이다. 그런데 내국인에 비해 외국인은 이런 내용 맥락적 요구를 거의 인지하지 못했다. 유학생이 이 문항을 1차 수정한 점수가 총 5점 가운데 1.1점인 것을 보면 수정 교육 이전에 이들 유학생 필자는 내용 요소보다 문장이나 맞춤법과 같은 표면적 요소에 더 많은 인지 역량을 투자하였음을 알 수 있다. 또 사후 인터뷰 결과 한국의 고등학교 문화, 즉 운동회나 축제와 같은 행사에 대해 충분한 지식이 없었다는 사실도 확인할 수 있었다. 만약 수정 교육에서 전후 맥락에 맞게 내용을 생성해야 함을 지도하지 않았다면 반복되는 수정 과제 국면에서도 이에 관한 수정은 전혀 고려하지 않았을 것으로 보인다.

수정 교육 이후 내국인은 비슷한 분량으로 '축제'에 관한 구체적 경험을 추가한 반면, 외국인은 훨씬 적은 분량으로 간단한 언급을 하는 데 그치거나, 오히려 '운동회'에 대한 예시를 삭제하는 것으로 '축제'에 관해 새로운 내용을 생성해야 하는 부담을 해소하였다. 이러한 수동적 과제 회피 전략은 현행 한국어 쓰기 교육의 한계에서 기인한다. 현재 일반 목적 한국어 교육에서 이루어지는 문법, 형태 중심의 쓰기 교수요목에 담론 장르별 수사적 규범과 문화적 맥락에 대한 내용이 추가되지 않고서는, 학술적 과제 상황에 적절하게 문제를 해결하는 쓰기 전략은 활용되기 어렵다. 특히 〈표 7〉에서 보듯 어휘·문법, 담화 맥락, 내용 관련 수정에서 내용 영역의 수정 점수가 가장 낮은 것을 보면 유학생이 수준 높은 문어적 텍스트를 작성하게 하기 위해서는 내용 지식 생성과 관련된 쓰기 능력 함양이 매우 긴요하다.

Hillocks(1987: 71~82)는 수사적 지식과 담화 지식만으로는 과제의 요구를 충족시킬 수 없다고 하였다. 외국인 필자가 작문의 질을 개선하는 데 내용 지식이 얼마나 중요한가를 지적한 것이다. Flower(1987: 110~120)도 절차적 지식과 함께 내용 지식의 중요성을 강조한 바 있다. 국내 대학에 입학한 유학생 역시 한국어 작문의 절차적 지식뿐만 아니라 과제가 요구하는 내용 관련 지식이 있어야 작문 결과물의 전반적인 질을 높일 수 있다. 학술적 에세이의 내용 생성 능력을 개선하려면 유학생 대상의 교양 및 전공과목에서 범교과적으로 읽고 쓰기(reading to write) 교수 방법을 단계적으로 적용하고 읽기 지식을 활용할 보고서 과제를 주어야 한다.

· 내용 영역 수정 교육의 특수성

(11)번 독자를 설득하는 결론 단락을 추가하여 수정하는 지식이 있는가를 측정한 문항에서 내·외국인은 모두 1차 수정에서 낮은 점수를 보였고 2차 수정에서도 그리 높지 않은 성장을 보였다(외국인: 1.5점 → 2.3점, 내국인: 3.4 → 3.9). 이 점수는 2차 수정의 여러 평가 문항 중에서 내·외국인 모두 가장 낮은 수치이다. 이러한 결과는 두 가지로 해석할 수 있다.

첫째, 제시된 글의 마무리가 부실한 것을 간과하고 결론 단락을 추가해야 하는데, 내·외국인 모두 눈에 띄는 오류 수정과 내용 추가에만 집중하여 정작 이 신문 기고문 장르의 수사적 목표인 설득의 필요를 간과한 것이라고 추정할 수 있다.

둘째, 문제를 인지했더라도 추가할 담론 지식 및 내용 지식이 부족하다면 적합하게 수정할 수가 없다. 내국인의 경우 이 문항에서 수정 교육 효과가 낮은 것은 담론 지식의 부족 때문이었을 것이라고 추정할 수 있으며, 유학생의 경우에는 담론 지식 및 내용 지식 두 가지 모두가 부족하여 생긴 문제로 볼 수 있다.

창의적 내용을 추가하는 (12)번 문항에서는 내국인보다 외국인의 성장 폭이 높았다. 물론 1차 수정에서 내국인이 더 좋은 점수를 얻었기 때문에(내국인 4.2, 외국인 2.6) 창의적 내용을 추가하는 능력은 외국인보다 내국인이 더 좋을 것이다. 그러나 적절한 수정 교육을 통해 담화 맥락을 이해하게 한 후 내용을 추가하라고 했을 때 외국인의 수정 능력 성장 폭은 매우 높았다. 그 결과 2차 수정에서 외국인의 추가 내용 생성 능력은 내국인에 비해 1.0점 정도의 차이밖에 나지 않았다. 외국인 대상 쓰기 수정 교육이 담화 맥락과 내용 중심으로 진행되어야 하는 이유를 여기에서도 확인할 수 있다.

• 대학원 유학생 수정 교육의 효과

이 실험과 별도로 같은 수정 과제를 2009년 한국정부초청 대학원 장학생 과정에 선발되어 어학연수를 하고 있던 예비 대학원생 집단에게도 실시하였다. 이들은 국내 대학의 대학원 과정에 입학하기 위해 한국어를 배우는 학생들로, 학부 유학생과 달리 과제 텍스트의 담화 맥락을 잘 파악하고 있었으며 독자를 고려한 글을 쓰려고 노력하는 경향을 보였다. 그 결과 수정 과제 실험의 최고 점수는 국내 대학원에 입학한 한국정부초청 대학원 장학생 과정의 일본인 유학생이 받았다. 이 대학원생은 인터뷰에서 전공 관련 학술 서적을 읽으며 문어적 담론의 문체를 익히고 있으며, 단락별로 내용을 요약하며 학술적 에세이의 구조를 분석하고 있다고 밝혔다. 이 대학원생의 수정 과제 성적과 인터뷰 내용을 통해 볼 때 책을 많이 읽어 배경지식을 늘리는 것이 어휘·문법과 담화 맥락의 완결성을 갖추는 데뿐만 아니라 내용 수준이 높은 글을 쓰는 데에도 도움이 된다는 사실을 알 수 있다.

6. 〈기초 글쓰기〉 수업의 교수요목 차별화 방안

이 글에서 내·외국인의 수정 전략을 비교하기 위하여 사용한 경험적 실증주의 방법은 실험 데이터를 수집해 분석하는 통계적 방법이다. 통계를 이용한 양적 연구 방법은 일차 자료를 분석하고 그 결과를 토대로 일반화 가능성을 도출하는 장점이 있다. 이 글에서도 유학생의 한국어 작문 수정 과정에 대해 일정량의 데이터를 표집, 해석하고, 그 연구 결과를 대학 〈기초 글쓰기〉 수업의 교수요목 차별화에 적용하고자 하였다. 물론 교육 현장의 다양한 현실적 변인들 때문에 본 실험의 결과를 일반화하거나 이를 토대로 수정 관련 과제 내용을 획일적으로 개선할 수는 없다. 그러나 외국어로서의 한국어 작문과 관련된 실증적 연구 성과가 적은 현실적 여건을 감안할 때 모국어 필자와 유사하게 발휘하는, 유학생 필자의 수정 관련 배경지식의 적용 양상이나, 수정 관련 배경지식의 변별적 성취도를 밝힌 점은 본 연구의 성과이다.

다만 본 실험의 목적이 내·외국인의 수정 과제 수행 양상의 차이를 살펴보는 것이었기 때문에 각 평가 영역별 점수 배분에 차이를 두지 않았다는 점은 한계로 지적할 수 있다. 총점에 대한 어휘·문법, 담화 맥락, 내용 지식 관련 영역의 기여도가 균등하지 않음에도 요인분석[21]이나 회귀분석[22] 등의 통계적 방법을 통해 표준 점수를 제시하지 않았기 때문이다. 정확한 점

---

21) 요인 분석(factor analysis)이란 알지 못하는 특성을 규명하기 위한 통계적 방법이다. 문항 간 관계를 분석하고 상관이 높은 문항을 모아 요인 구조를 도출한 뒤 그렇게 묶인 요인들에 대표 의미를 부여하는 절차를 수행한다. 문항 개발자는 요인 분석을 통해 총점과의 상관도가 낮은 문항을 제거함으로써 측정 척도 문항의 구인 타당도를 높일 수 있다.

22) 회귀분석(regression analysis)은 독립변수와 종속변수 사이의 선형식($y = \beta 0 + \beta 1x$)을 구함으로써 독립변수들의 값을 알 때 종속변수의 값을 예측하고, 종속변수에 대한 독립변수의 영향력을 분석하는 통계적 방법이다.

수 산출을 위해 평가 항목의 요인을 분석하고 점수역을 재배분하는 것은 추후의 과제로 남기고자 한다. 유학생을 대상으로 한 이 글의 통계 결과를 바탕으로 다음과 같은 결론을 가정해 볼 수 있다.

첫째, 맞춤법이나 어휘·문법 관련 지식은 내·외국인 학습자 모두 오류의 고착 정도가 심해 단시일에 교육적 효과를 거두기 어렵지만, 과제의 담화 맥락만을 잘 파악하게 해도 유학생의 한국어 작문 과제물 수준을 높일 수 있다. 즉, 내국인에 비해 외국인 학습자는 과제의 수정에 필요한 어휘·문법, 담화 맥락, 내용 관련 배경지식이 전반적으로 부족한 편이지만 과제의 성격에 대해 분명히 인지하고 나면 과제 텍스트의 유형과 관련된 담화 맥락 관련 오류에 대해서는 가장 수월히 개선할 수 있다.

둘째, 의사소통 중심의 일반적 한국어 교육과정을 이수하고 대학에 입학한 유학생은 학술 공동체가 요구하는 문어 텍스트 작성 능력, 즉 (6) 본문의 삼단 구성 능력 (3) 적절한 한자 어휘 (9) 문어적 관용 표현 사용 능력 (10) 단락마다 필요한 내용을 적절한 분량으로 생성, 조정하는 능력 등에서 텍스트 전반에 걸친 수정 능력이 내국인에 비해 부족하다. 따라서 대학 〈기초 글쓰기〉 교과에서는 이러한 담화 맥락 관련 지식을 중점적으로 교육할 필요가 있다.

셋째, 과제가 가진 문제를 인지한 후에도 내용과 관련하여 전반적 수정을 할 수 없는 것은 이들 유학생에게 내용을 확장할 때 필요한 기본적 배경지식이 부족한 데 그 원인이 있다. 하지만 유학생이 한국어로 글을 써서 한국의 학술 담론 공동체에 기여하는 바는 내국인과 같은 수준의 정확한 문법과 어휘 표현 능력이 아니라 내용의 참신성과 비판적 사유 내용이다. 그러므로 독해력을 비롯해 유학생의 학술적 문식성 수준을 전반적으로 높일 교육 방안을 마련해야 한다.

학문 목적 한국어 학습자에 대한 쓰기 교육은 초급에서는 기본 문법과 어휘를, 중급에서는 텍스트의 기본 구조를 가르쳐야 하겠지만, 궁극적으로 고급에서는 비판적 사고 내용을 표현하는 전략적 기술을 가르쳐야 한다. 새로운 것의 탄생은 기존 사고에 대한 비판을 통해서만 가능하다. 그리고 유학생에 의한 한국어 작문은 한국인에게는 너무나 익숙해서 간과되고 있는 문제를 지적하는 실천 행위여야 한다. 유학생이 학술적인 주장으로 한국인 독자를 설득할 수 있게 하려면 텍스트 이면의 구조와 담론을 분석하는 연습이 필요하다. 그러므로 유학생을 대상으로 한 한국어 작문 수업에서는 어휘·문법적 숙달도는 물론 텍스트가 작성되는 과제의 담화 맥락과 비판적 사유를 추동하는 전략적 기술까지를 교수요목의 항목으로 구성해야 할 것이다.

〈부록〉 수정 과제문

다음 '모교에서 발행하는 신문에 싣는 졸업생 선배의 글'에서 잘못 쓰거나 이상한 부분을 모두 고쳐서 원고지 사용법에 맞게 옮겨 쓰십시오. 신문 기고문의 구조나 내용 전개상 부족한 내용이 있으면 필요에 따라 단락을 나누고 더 쓰십시오.

모교에서 발행하는 신문에 싣는 졸업생 선배의 글

학창 시대 선배의 글을 읽으며 부러워했었다. 막상 이렇게 졸업생이 되어 글을 쓰자니 감회가 새롭다. 고등학교를 졸업한 후부터 지금까지 계속 서울에서 생활했다. 올해부터 연대에서 한명의 대학생으로 저의 대학생활을 시작하셨다. 그러나 역시 아직도 나의 고등학교 생활을 그리워한다. 그땔 생각하다보니 추억들이 머리 속에서 영화 필름처럼 흘렀다. 고등학생이였던 시절이 쏜살같이 느껴진다. 점심에 식당의 맛있는 음식이 떨어질까 봐 100m 달리기를 할 때의 빠른 속도로 식당으로 가는 것, 쉬는 시간에 선생님이 흉내 내는 것, 농구장에서 멋있는 중학교 선배들한테 응원하는 것, 방에 기숙사친구들이 서로 비밀을 나누던 것, 이 모든 것을 전부 다시 하고 싶은데 시간은 허가하지 않는다.

고등학교 3년 동안은 진짜 여러 가지 일이 있었다. 그 속에서도 가장 기억에 남는 것은 고등학교 3학년 때 있은 운동회와 축재이다. 운동회는 반의 단결력을 과시할 수 있는 가장 큰 계기가 되었다. 반별로 다투는 경기가 많았기 때문에 반성원모두가 힘 합쳐서 경기에 나섰다. 그러나 매우 즐거웠던 기억이 납니다. 그러나 학생에게 있어서 가장 중요한 것은 학습입니다. 고등학교 3년간 선생들한테서 공부하라는 말을 귀가 못이 박이도록 들었습니다. 아마 너희들이 특히 수능시험을 앞둔 학생들이 매일 어렵고 재미없는 공부를 하는 것을 지겨워하고 있을 거야. 그러나 매도 먼저 맞는 게 낫다. 지금 좀 고생하더라도 열심이 노력하면 그에 대한 보상이 분명 있을 것이다. 노력에 대한 배신은 없어. 좋은 풍경은 내일도 여전히 있을 거고 예쁜 여자 잘생긴 남자도 여전히 많을 거다.

이 장에서는 실험을 통하여 내·외국인의 작문 수정 전략을 비교한 연구 결과를 살펴보았습니다. 다음 문제를 풀면서 본문의 중심 내용을 정리하고 내·외국인의 제2언어 작문 전략을 비교할 실험 조건을 설계해 봅시다.

1. 본문 이해

1) 내·외국인의 작문 전략을 비교하는 연구가 필요한 이유는 무엇입니까?

2) 선행 연구에 따르면 숙련 필자와 미숙련 필자의 수정 양상은 어떻게 다릅니까?

3) 이 연구의 실험 절차와 분석 내용을 다음 표로 정리해 봅시다.

〈실험 연구 절차〉

절차	자원 및 도구	분석
1. 선행 연구 검토 2. 연구 목적과 가설 설정 3. 4. 5.	• 오류 포함 텍스트 • 평가 준거 표 • •	1. 평가 준거 문항 선정 2. 실험 대상 오류 유형 확정 3. 4.

2. 수행 과제

1) 내·외국인의 작문 전략이나 오류 양상이 국적이나 직업, 연령별로 어떻게 다른지 조사해 보고 연구 가설을 세워 봅시다.

2) 자신이 세운 연구 가설의 진위를 검증할 실험이나 조사 연구 방법을 설계해 봅시다.

3) 자신이 설계한 실험의 진행 절차와 분석할 내용을 다음 표로 정리해 봅시다.

〈실험 연구 절차〉

절차	자원 및 도구	분석
1. 선행 연구 검토 2. 연구 목적과 가설 설정 3. 4. 5.	• 오류 포함 텍스트 • 평가 준거 표 • •	1. 평가 준거 문항 선정 2. 실험 대상 오류 유형 확정 3. 4.

3. 더 생각해 볼 거리

1) 작문 결과물의 완성도를 높이기 위한 수정하기 전략 가운데 윤리적이지 않은 수정 방법에는 어떤 것이 있을지 조사해 봅시다. 학생들이 윤리적인 방법으로 수정을 하게 하려면 어떻게 해야 할지 생각해 봅시다.

2) 한국어 학습자의 말하기 수행 능력 가운데 공적 발표에 대한 자신감을 늘리기 위하여 교수자가 제공할 수 있는 과제 및 피드백 방법에 대해 조사해 봅시다.

중 국 인
학 습 자 의
쓰 기 표 현
오 류 분 석

4장

한국어를 배우는 학습자의 국적에 따라서 전형적으로 나타나는 오류 유형이 있습니다. 두 언어의 차이가 클수록 모국어 체계의 간섭 현상이 강하게 나타나는데 다음 오류는 어느 나라 국적의 학습자들에게 왜 자주 나타날지 생각해 봅시다.

√ 발음
√ 조사
√ 어순
√ 존대 표현

1. 중국인 학습자 오류 분석 연구의 필요성

외국인 유학생은 2011년 한국어 연수생 및 학위 유학생을 합하여 총 89,537명을 기록한 뒤, 2012년 86,878명, 2013년 85,923명 등으로 감소 추세를 보였으나 2015년부터 다시 증가하였고, 세계적 감염병의 유행으로 2020년 국내 한국어 연수생이 급감한 중에도 학위 과정 유학생이 증가하는 기현상을 보였다. 유학생의 국적 분포도 2012년 대비 유입 인구가 두 배로 증가한 2019년에 보다 다양해졌다. 지리적 인접성이나 정치, 경제적 요인 등으로 인해 중국 유학생이 가장 많은 것은 당연하나 그 비중이 20% 준 대신 그만큼 베트남 유학생 비중이 늘어난 것이 주목을 끈다. 그리고 우즈베키스탄과 몽골 유학생이 일본과 미국 출신 유학생보다 많아졌다는 점도 동북아시아 유학생이 점차 증가하는 추세를 반영한다.[1] 이렇게 유학생 국적이 다양화된 데에는 COVID19 시기 동안 더 인기를 끌게 된 K-콘텐츠 유행도 영향을 미쳤지만 교육부가 2011년부터 꾸준히 추진하고 있는, 해외 초중고

---

1) http://www.index.go.kr/potal/main/EachDtlPageDetail.do?idx_cd=1534#quick_02;, 2022. 02. 05 검색

교 교육과정에 대한 한국어 교과목 개설 지원 사업이나 국내 기업의 글로벌 진출 등도 영향을 미쳤을 것으로 보인다.[2)]

하지만 아직도 국내 유학생 비중은 중국인 국적이 가장 높다. 이 많은 중국인 유학생들이 한국어 능력 4급이라는 대학 입학 자격 요건을 충족하고 입학했음에도 학술적인 과제 수행 능력은 적잖이 부족한 게 현실이다. 그래서 유학생 교육 경험이 없는 대학 교수자가 한자어를 직역한 듯한 개념 어휘로 가득한 보고서를 받았을 때 이들 유학생의 실제적 학술 과제 수행 능력을 제대로 평가하기란 여간 어려운 일이 아니다.

중국인 유학생이 글을 쓸 때 어려움을 느끼는 주된 원인은 두 언어 간 통사 구조의 차이에 있다. 그래서 한국어 문장의 길이가 길어질수록 관형절이나 부사어의 위치 등에서 통사적 오류가 증가하게 된다. 또한 중국어에는 한국어의 의미 변별에 크고 작게 기여하는 '조사'가 없고 연결·종결어미가 다양하지 않다. 그래서 중국인 유학생이 작성한 보고서에서는 주격 조사와 목적적 조사를 혼용하거나 생략하는 등의 오류가 자주 발견된다.

이 글에서는 중국인 고급 학습자의 쓰기 수행 결과를 분석하여 이들의 대학 입학 전 쓰기 수행 능력 수준을 진단해 보고자 한다. 그래서 구조, 내용, 양식의 각 범주별 쓰기 지식 수준과 쓰기 수행 능력 간 상관을 알아보고, 특히 문어 텍스트에 자주 나타나는 호응 오류 유형을 집중적으로 분석하여, 중국인 학습자의 학술적 쓰기 능력 개선 방안을 모색하고자 한다.

---

2) 2011년 국내 대학의 외국인 유학생 수는 89,537명으로 2010년(83,842명) 대비 6.8%나 증가하였다가 2013년에는 81,847명으로 그 성장세가 약간 주춤하였다. 중국 등 개발도상국의 고등교육 수요 증대와 한류 확산, 정부 및 대학의 유학생 유치 노력으로 유학생 수는 최근 10년간 다시 증가하고 있다. 향후로도 정부는 적극적으로 외국인 유학생을 유치하고 그 지원을 증대할 것이므로 국내 외국인 유학생 수는 증가할 전망이다(e-나라 지표 참조).

〈표 1〉 외국인 유학생 국적별 변화 추이(단위, 명(%))

국가 연도	중국	베트남	우즈벡	몽골	일본	미국	기타	계
2012	55,427 (63.8)	2,447 (2.8)			4,093 (4.7)	2665 (3.1)	22,246 (25.6)	86,878
2019	71,067 (44.4)	37,426 (23.4)	7,492 (4.7)	7,381 (4.6)	4,392 (2.7)	2,915 (1.8)	29,492 (18.4)	160,165

2. 쓰기 문법 교육 관련 선행 연구

박영목 외(1996: 277)는 문법 능력을, "발음, 형태, 통사, 의미, 사회 언어학적 규범, 담화·텍스트 체계를 통달하여 갖게 되는 지식과 그 지식에 입각하여 상황과 목적에 맞게 말하기, 듣기, 읽기, 쓰기 등을 효과적으로 할 수 있는 기저 능력 전체"로 정의한다. 즉, 문법 능력을 형태와 통사적 정확성에 국한시키지 않고, 사회 언어적 담화·텍스트 차원에서 격식에 맞게 쓰는 능력까지를 포괄하여 넓게 보는 것이다.

이러한 포괄적 문법 능력과 쓰기 수행 능력 간 상관을 고찰한 연구에는 박은화(2008), 안지용(2010), 유혜령·김성숙(2011) 등이 있다. 박은화(2008)는 영어 문법 능력과 영작 능력 간 상관을 고찰하였고, 안지용(2010)은 문법 관련 객관식 문항 70%, 주관식 문항 30%의 지필 평가 도구에서 주관식으로 기술된 탈맥락적 문장의 문법 능력을 측정하였다. 유혜령·김성숙(2011)은 고등학생 논술문의 문법 능력과 작문 능력 간 상관을 분석하여 유의미한 상관을 발견하였다.

중국인 학습자 작문에 나타난 호응 오류 관련 연구로는 최병선(2001), 유형선(2006), 곽수진·김영주(2010) 등이 있다. 최병선(2001)은 대련외국어대학교 학생 작문 과제에서 형태 오류와 어휘, 의미 호응 오류를 분석하고 표현 문형을 숙지하는 활동이 작문 능력 향상에 도움이 됨을 밝혔다. 유형선(2007)은 서술어 격틀을3) 중심으로 중급 학습자 작문을 분석하여 출현 문형 분포가 기본 문형에 집중됨을 확인하였다. 곽수진·김영주(2010)는 서술어와 각 문장 성분의 통사적·의미적 호응 오류 비율이, 급이 높아져도 감소하

---

3) 격조사를 중심으로 하여 논항 구조를 표시한 것이 격틀(case frame)이다. 논항이란 서술어가 필수적으로 요구하는 명사구로서, 서술어의 의미 구현은 물론 통사적 구현에도 필요한 요소로, '명사구(NP)+격조사'의 구성으로 실현된다(이선웅, 2005: 38). 문장은 문장 구성의 핵어인 서술어와 서술어가 요구하는 논항, 부차적 성분의 부가어로 이루어지며 이러한 통합 배열관계를 논항 구조라 한다. 국어학에서는 논항 구조와 격틀 개념을 유사한 것으로 본다(곽수진, 2011: 16).

지 않으므로 지속적인 교육이 필요함을 주장하였다.

현재 한국어 교육 현장에서 이루어지고 있는 문형 중심 교수의 핵심인 통사적 호응 지식은 문장 및 문단과 글 전체를 정확하게 작성하는 데 필요한 기초적인 쓰기 지식이다. 특히 한국어는 문장의 주성분이 대부분 격조사에 의해 표시되므로, 격조사와 서술어의 구조적 호응 지식은 학술 담론의 가독성을 높이는 데 필수적이다. 그런데 중국인 학습자는 조사와 종결 어미가 다양하지 않은 모국어의 간섭 현상으로 인해 한국어의 통사적 호응 지식을 구조화하는 데 어려움을 겪는다. 그래서 이 글에서는 중국인 학습자의 쓰기 수행 결과물에 나타난 호응 오류 유형을 분석하여 집중적인 교육이 필요한 호응 지식 목록을 마련하고자 한다.

3. 중국인 학습자의 쓰기 능력 분석

이 연구에서는 대학 입학 직전에 있는 중국인 학습자의 학술적 쓰기 수행 능력을 분석하였다. 이들은 2011년 가을학기에 A대학교 언어연구교육원에서 한국어 고급 과정을 수료한 중국인 유학생 24명이다. 이들의 학술적 쓰기 수행 능력을 분석하기 위하여 다음과 같은 연구 절차를 수행하였다.

〈표 2〉 연구 절차

단계	절차	주요 내용
1	선행 연구 검토	국내외 문장 성분 호응 오류 연구 검토
2	쓰기 샘플 수집	5, 6급 기말 쓰기 시험 작문 시험지 수집
3	채점 기준 수립	기존 학술적 쓰기 능력 평가 준거 수정
4	쓰기 샘플 평가	평가자 3인이 구조, 내용, 양식 관련 쓰기 능력 측정
5	평가 결과 분석	• 호응 오류 범주 구분 및 오류 빈도별 난이도 구분 • 개별 평가 준거와 쓰기 능력 간 상관 분석

3.1. 평가 범주의 세부 항목

박영목(2008: 309~311)에서는 Purves(1984)의 작문 평가 기준과 국제교육 평가학회(IEA, 1988)의 작문 평가 기준 등을 종합하여 국어 작문 영역 평가에 일반적으로 활용할 수 있는 기준을 제시하였다. 이 평가 범주는 크게 '내용 창안', '조직', '표현' 범주로 구분되는데, '내용 창안' 범주에서는 "내용의 풍부성과 정확성, 내용 사이의 연관성, 주제의 명료성과 타당성, 사고의 참 신성과 창의성"이 평가된다. 그리고 '조직' 범주에는 "글 구조의 적절성, 문 단 구조의 적절성, 구성의 통일성과 일관성, 세부 내용 전개의 적절성"이, '표현' 범주에는 "어휘 사용의 적절성, 문장 구조의 적절성, 효과적 표현, 개성적 표현, 맞춤법, 띄어쓰기, 글씨"가 평가 항목으로 포함되어 있다.

이 글에서는 국어과 작문 영역 평가에서 활용하는 이 일반적 준거를 바탕 으로, 중국인 유학생의 학술적 쓰기 수행 능력 평가 준거를 "구조, 내용, 양식"의 세 범주로 설정하였다. 수험자의 쓰기 수행 능력을 타당하게 평가 하려면 각 평가 범주별로 3~4개 이상의 평가 문항이 필요하다. 하지만 이 글에서 분석한 직접 쓰기 문항은 4개 제목 가운데 하나를 골라 10여 문장 내외로 의견을 진술하는 과제이므로, 특정 장르로 구분해 구성의 적절성이 나 주제의 참신성 여부 등을 평가하기 어렵다.[4] 이렇게 제한된 과제 상황을 감안하여 본 평가 국면에서는 〈표 3〉과 같이 구조와 내용 범주는 단일 문항 으로 평가하고 양식 범주만 정확성 유형에 따라 세분하였다.

---

4) 이 연구에 자료로 제공된 한국어 고급 수준의 기말 작문 시험을 채점할 때 적용 가능한 평가 기준이 협소한 것에서도 유학생에게 학술적 쓰기 수행 능력이 부족한 원인을 찾을 수 있다. 현 어학원 쓰기 시험에서는 논리적 단락 구성이나 논제 제시 능력 등 특정 장르 지식을 평가할 수 없다. 특히 독자를 염두에 두지 않으므로 학습자는 구체적 맥락에 서 작성되는 글의 사회적 효용을 생각해 볼 기회가 없다. 따라서 현 일반 목적 한국어 교육과정에서 공부하는 학생들은 고급 과정을 이수하고도 특정 과제 상황에 결부된 수사 적 전략을 익히기 어렵다.

〈표 3〉 채점 기준표

평가 범주	평가 항목		배점
구조의 논리성	글 전체(두괄식, 미괄식)와 문장 간 논리적 진술 구조(인과, 비교, 분석, 찬반, 진단과 대책 등)가 있는가?		3
			2
			1
			0
내용의 일관성	선택한 주제를 일관성 있게 다루었고, 불필요한 문장이 없는가?		3
			2
			1
			0
양식의 정확성	문장 호응 등 쓰기 지식 관련 오류가 몇 개인가?	① 어휘적 호응	4
		② 통사적 호응	3
		③ 문어적 격식성 및 논리적 호응	2
		④ 표기: 맞춤법, 띄어쓰기, 문장 부호	1

양식 범주를 4개 범주로 세분한 것은, 학문 목적 한국어 쓰기 교육에서 집중적인 교육이 필요한 호응 지식 오류 유형을 구체적으로 항목화하기 위해서이다. 어휘적 호응과 통사적 호응 관련 범주는 한국어 학습자의 쓰기 오류 연구에서 지속적으로 탐구되어 온 항목이다.[5] 여기에다가 본 연구에서 특별히 추가한 것은 문어적 격식성 및 논리적 호응 관련 오류 유형이다. 본 연구의 목적은 일반 목적 한국어 교육과정을 이수한 중국인 유학생의 문어적 쓰기 능력 수준을 진단하고 학술 담론의 쓰기 규약까지 문법 지식 항목으로 포함하여 가르칠 구체적 방안을 모색하는 것이다. 그리고 내국인에게서 입증된 문법 능력과 쓰기 수행 능력 간 상관이 외국인에게도 유효한지 확인해 볼 것이다.[6] 이러한 상관이 입증된다면 현행 일반 목적 한국어

---

5) 그런데 어휘적 호응과 통사적 호응을 구분하기란 쉬운 일이 아니다. 이 장에서는 '눈을 뜨다(열다x)'와 같이 문법이나 의미 상 오류는 없으나 관습적인 표현에 맞지 않아 다른 유의어로 대체해야 할 오류는 '어휘적 연어' 항목으로 보고, 학습자 모국어로 번역했을 때에도 의미 상 오류가 발생하는 경우만 주-술, 목-술, 부-술 오류로 분류하였다.

6) 유혜령·김성숙(2011: 631)은 고등학교 1학년 64명의 논술문 쓰기 능력을 평가하여 통사적 지식이 작문 능력과 .61**의 유의미한 상관이 있음을 확인하였다.

교육과정에서 어휘·문형 표현 위주로 쓰기 지식을 지도하는 것도 의의가 있다고 볼 수 있기 때문이다.[7]

대부분의 호응 오류를 분석한 선행 연구에서는 문장 단위의 정확성을 추구하여 문장 성분 간 문법적 호응이나 의미적 호응에 주목하였다.[8] 따라서 문장 내 주-술, 목-술, 부-술 등 연어[9] 관계에 대한 연구가 활발하였다. 하지만 단락 간 구조적 호응 지식이나 학술 담론 격식에 맞게 쓰는 지식의 숙달 정도에 대해서는 그다지 연구되지 않았다. 하지만 Straw 등(1982)은 문법 구조 지도가 조직, 문체, 어조, 관점, 응집성, 주제화 등 제반 쓰기 수행 능력을 신장시키는 데 효과가 있다고 보고하였다.

이 연구에서도 중국인 학습자의 쓰기 수행 양상을 분석하여 학술적 쓰기 능력을 전반적으로 개선할 방안을 모색하고자 하므로, 〈표 4〉와 같이 어휘와 통사 범주 호응, 표기 오류 이외에 문어적 격식성 호응 범주를 추가하였다. 그래서 총 4개 범주, 20개 평가 문항으로 중국인 학습자의 쓰기 결과물에 나타난 호응 오류들을 살펴보았다.[10]

---

7) 평가 점수의 중앙 편중을 막기 위해 각 범주는 4개 점수 척도로 구획하였고, 기말 쓰기 시험에서 작문 과제 점수 비중을 반영하여, 총점 10점으로 평가하였다.

8) 중국인 학습자의 문법적 오류 유형에는, 조사, 연결어미·종결어미 오류, 문장의 확대, 철자 오류가 가장 많이 나타나는데(이주미, 2009), 그중에서도 조사 오류 비율이 가장 높다(김미옥, 2002; 곽수진·김영주, 2010). 중국인 학습자의 작문 오류 분석 연구로는 오류 유형을 어휘, 조사, 어미, 어순 등의 범주로 구분하고 그 빈도 수를 비교(자이웨이치, 2004)하거나, 어휘 오류 유형과 특징, 원인 분석(차숙정, 2005; 이근용, 2006), 중국어 간섭에 의한 대치 오류 분석(홍은진, 2006), 경어법 사용 실태 분석(허봉자, 2007) 등이 있었다.

9) 연어란 (통계적으로 일정한 수준 이상) 함께 나타날 가능성이 많은 어휘들 간의 공기(共起) 관계를 말한다(강현화, 2008: 200).

10) 본 20개 평가 문항은 중국인 유학생의 실제적 작문 수행 자료를 토대로 양식적 오류 범주를 설정하고자 한 첫 시도이므로, 이후 지속적으로 검증, 보완되어야 한다. 이 장에서는 곽수진·김영주(2010) 등에서 주격, 목적격 조사 오류를 따로 보고한 것과 달리 제반 격조사 오류를 7번 항목으로 통합하였다. 이는 본 평가 결과를 교육 현장에 적용할 때, 7번 항목에서 오류로 파악된 특정 격조사와 동사는 격틀로 제시하고 1~5번 항목에서 오류로 파악된 특정 연어 및 공기 관계는 통구조로 이해시키기 위함이다.

<표 4> 학술 담화의 문장 성분 호응 오류 범주 및 오류 유형

범주	요인		번호	오류 유형	예시
어휘	연어		1	어휘적 연어	따뜻한(x화목한) 사회/문제가 생기다(x되다)/ 마음(x성격)이 약하다/사회에 나가다(x돌아가다)
			2	문법적 연어	-기 때문에/-기 위해서
통사	공기	주-술	3	대우법, 피·사동 불일치	(저는) -는다/이는(/이유는) - 때문이다/ 것은 N이다/-이 -어지다/-이 N되다
		목-술	4		지식을 (전수)받다/ 인맥관계를 형성하다(x얻다)
		부-술	5	• 부사와 특정 서법 • 시간 부사와 시제	왜냐하면 -기 때문이다/ 어떻게 -을 수 있겠는가/ 날마다 -다 보니/ 지금까지 본(x보는)/항상(현재)
	연결·종결어미		6	형용사/동사 구분, 인칭, 시제, 불규칙동사	(예시 문장은 생략함.)
	조사		7	① 대체 ② 첨가 ③ 삭제	시간 명사 조사 삭제 // 처소격조사 구분 // '에게/에/에서/의/은/으로/을' 혼용 // 조사 간 결합
문어적 격식성 및 논리성	종결어미		8	상대높임법 어미 '하십시오체' 인정	'-어요.'
	조사		9	구어 → 문어	랑/하고→와/과 // 한테→에게 // 존칭
	축약		10	구어 → 문어	-(이)니까/근데/걸/위해(서는)/없다(고) 본다
	학술 담론 규약		11	구체 주어 및 시간 부사, 존대어, 피동형 지양	얼마나 -ㄴ지 모른다 → 대단히 -는다 (제 생각에/-고 생각한다)
	문장 길이		12	단문화 / 복문화	(생략)
	어휘		13	① 대체 ② 첨가 ③ 삭제	구어→문어(다 → 모두/자기 → 자신/ 마음 같아선 → 개인적으로는/ 멀쩡한 → 건강해 보이는/꼭 → 반드시) 개념 명사 전성어미는 '-기' 대신 '-는 것'
	지시어		14	① 대체 ② 첨가 ③ 삭제	
	접속사		15	① 대체 ② 첨가 ③ 삭제	구어 → 문어 (그러니까/그래서→그러므로)
	동어(내용) 반복		16	동일 문장 내 동일 조사	변화하게 됐습니다. → 변화했습니다. 고령화가 되는 사회 → 고령화 사회
	어순·구조 변화		17	부사의 위치, 내용 변경 및 첨가	→ 인정을 <u>아직</u> 받지 못하지만/ 생각하지 마십시오. → 생각하지 말아야 합니다.
표기	맞춤법		18	받침 유무에 따른 구별	(생략)
	띄어쓰기		19	조사 앞 띄어쓰기	(생략)
	문장 부호		20	원격 수식 쉼표 부재	(생략)

• 지시어, 접속사 관련 오류 적음

〈표 4〉에 음영 표기된( ) 조사, 어휘, 지시어, 접속사 오류는 ① 첨가 ② 대체 ③ 삭제의 수정 수행 빈도를 측정하였다. 그 결과 대체해야 할 오류(276회)가 가장 많았는데, 어휘 대체 필요가 가장 높았고(138회), 조사(120회), 접속사(18회)가 그 뒤를 이었으나, 대체해야 할 지시어 오류는 없었다. 첨가해야 할 오류(156회)는 어휘(67회), 조사(62회), 접속사(18회), 지시어(9회) 순의 빈도를 보였다. 삭제해야 할 오류(30회)도 어휘(16회), 조사(11회), 접속사(3회) 순으로 나타났으나, 삭제해야 할 지시어 오류는 없었다.

전체적으로 지시어나 접속사 관련 오류가 적은 이유는 다른 어휘 군과 달리 그 종류가 적고 난이도도 한국어 초급에 해당하기 때문이다. 또한 본 작문 과제가 600자 내외의 짧은 분량이어서 지시어나 접속사가 쓰일 기회가 적은 것도 그 이유가 된다.

3.2. 양식 범주의 점수 산정

본 연구에서는 양식 범주의 오류 빈도를 점수로 산정할 때, 24개 쓰기 샘플의 평균 글자 수가 593.96자임을 참조하여 600자를 기준으로 오류 개수에 점수를 부여하였다. 양식 범주의 쓰기 지식은, 앞의 〈표 4〉에서 제시한 호응 오류 20개 항목의 빈도를 합산한 뒤 〈표 5〉에 제시된 기준으로

〈표 5〉 양식 범주 오류 빈도의 점수 산정 기준(김성숙, 2011가: 88)

배점	오류 비율(%)			글자 수 대비 오류(E)	배점	문법오류 (개/600자)
	어법	어휘	어법, 어휘			
	~0.8					
3	~2.2	~0.7	~3(≒2.9)	E ≤ 3%	4	E ≤ 18
2	~4.4	~1.6	~6	3% 〈 E ≤ 6%	3	18 〈 E ≤ 36
1	~6.6	~2.3	~9(≒8.9)	6% 〈 E ≤ 9%	2	36 〈 E ≤ 54
0	7.1~	2.9~		9% 〈 E	1	54 〈 E

점수화하였다.

총 글자 수 대비 오류 빈도를 3등간 척도 점수로 환산하였는데, 여기서 4점은 만족할 수준의 해당 오류 개선 능력을 갖춘 정도, 1점은 해당 오류 개선 능력을 거의 갖추지 못한 수준을 가리킨다.[11]

3.3. 평가 결과

이제까지 평가 준거 및 척도를 개발하는 많은 연구에서 요인 분석 방법을 통해 구인 타당도를 검증해 왔으나, 1980년대 이후 요인 분석만으로는 일반화 가능도[12]를 정확하게 검증할 수 없다는, 전통적인 통계 방법의 한계가 지적되었다. 요인 분석에 의해 검증된 척도가 다른 문화권에 번안되어 사용되기도 하고, 척도 개발 때 응답했던 대상 집단과는 성격이 다른 집단에게 그 척도를 활용하게도 되는데, 이렇게 수험자가 달라질 경우 중범주 이하의 차원에서 적절한 문항 수나 난이도를 검증하기 어렵기 때문이다. 요인 분석 방법으로 조직된 문항이라도 문항의 적합도와 난이도를 정확하게 확인하여 일반화하기 위해서는 또 다른 통계 방법의 검증이 필요하다. 여기에 적합한 연구 방법이 바로 문항반응이론에[13] 기초한 다국면 라쉬 모형이다.

---

11) 동일한 단어에 표기법 오류나 띄어쓰기 오류가 반복되는 경우에는 복수로 세지 않았다. 명확하게 부주의함으로 인해 발생된 것으로 보이는 오류도 실수로 보아 세지 않았다.

12) 일반화 가능도란 샘플 집단의 연구 성과를 모집단에도 일반화시킬 수 있는 타당성의 정도를 가리킨다. Cronbach 등(1972)은 측정의 신뢰도 계수를 추정할 때 문항 간 오차 분산의 상대적 크기를 제시함으로써, 고전검사이론이 진점수를 고정시켜 오차 요인을 구체적으로 설명하지 못하는 문제를 해결하고자 하였다. 이후 Brennan(1983)과 Shavelson (1991, 1993)은 Cronbach 등이 연구한 복잡한 수식을 간편한 GENOVA 프로그램으로 상용화시켰다. GENOVA는 국면 간 오차 분산과 일반화 가능도 계수를 추정하여 현재 수행한 연구 조건의 타당도를 검증한다. 일반화 가능도 이론은 연구 목적에 따라 일반화 연구(G-연구: Generalizability study)와 결정 연구(D-연구: Decision study)로 나뉜다. G-연구는 특정 평가 결과에 나타나 있는 오차의 근원을 밝혀 각 오차의 상대적인 크기를 추정하고, D-연구는 G-연구에서 얻은 정보를 이용하여 오차를 최소화함으로써 가장 최적화된 평가 조건을 찾아낸다.

13) 1980년대 이후 문항반응이론은 문항 특성의 분석, 수험자 능력 추정, 평가 척도와 언어

다국면 라쉬 모형은 수험자 반응이나 채점자 편차, 문항 난이도 등 평가의 다국면이 미치는 영향력의 크기를 표준화시키는 통계적 방법이다.

3.3.1. 수험자 수준

다국면 라쉬 모형을 적용하면 수험자 능력, 평가자 엄격성, 평가 문항 난이도 등을 상대적으로 고려하여, 한 평가자가 특정 평가 문항에 대하여 특정 수험자의 응답에 부여할 점수를 비교적 타당하게 예측할 수 있다. 〈그림 1〉은 중국인 학습자 24명의 쓰기 수행 능력과 평가자 엄격성, 평가 준거와 3등간 척도의 난이도를 함께 비교한 것이다. 왼쪽 제1열의 척도는 수험자 성공 확률과 평가자 엄격성, 준거 난이도 등을 상대적으로 고려한 등간

```
+-------+-----------------------------+---------+----------+-------+
| Measr | +examinee                   | -rater  | -item    | Scale |
+-------+-----------------------------+---------+----------+-------+
|  3  + |                             +       + |        + | (4)   |
|       |   2                         |         |          | 3     |
|  2  + |   7    13                   +       + |          |       |
|       |   6    11                   |         | structure| ----- |
|  1  + |   4    15                   |         | content  |       |
|       |   5                         |         |          |       |
|       |   9    10   12   17   18    |         |          |       |
|  0  * |   1    16                 * |       * |        * | 2     |
|       |   3                         | C       |          |       |
|       |  14                         |         |          |       |
| -1  + |  19                       + | A     + |          | ----- |
|       |  24                         | B       |          |       |
|       |   8                         |         |          |       |
| -2  + |  20    21                 + |       + | Style  + |       |
|       |  22                         |         |          | 1     |
|       |  23                         |         |          |       |
| -3  + |                           + |       + |        + | (0)   |
+-------+-----------------------------+---------+----------+-------+
| Measr | +examinee                   | -rater  | -item    | Scale |
+-------+-----------------------------+---------+----------+-------+
```

〈그림 1〉 쓰기 능력 측정 단면의 분포

능력 측정 기준표 개발 및 검증, 문제 은행에 근거한 검사지 제작, 검사지 난이도의 균질화, 편파성 문항 추출, 그리고 컴퓨터 기반 검사를 개발하는 데 유용한 연구 방법으로 광범위하게 사용되고 있다. 영어 능력 평가 분야의 경우 미국과 영국에서 출판되는 국제 학회지에 문항반응이론을 적용한 연구 논문이 점차 늘어나고 있다(Linacre, 1989; Lunz, Wright, Linacre, 1990; Lumley, McNamara, 1995).

의 로짓(logits) 단위이다. 로짓은 다국면 라쉬 모형에서 평가의 다국면이 미치는 영향력의 크기를 표준화한 난이도 수치로, 0이 평균이고, + 방향으로 갈수록 엄격한 정도나 난이도가 높은 것을 나타낸다. 이 연구에서는 -3로짓에서 +3로짓까지의 범위가 설정되었다.

제2열의 수험자 국면은 0을 기준으로 수치가 높을수록 평균 이상의 높은 능력을 나타내며, 숫자는 개별 학생에게 부여된 코드 번호이다. 예를 들어 0로짓 바로 위에 수평적으로 위치한 '9, 10, 12, 17, 18'번 수험자는 쓰기 수행 능력 수준이 유사한 학습자들로, 24명 학습자의 평균 수준을 보이는 1번과 16번 학습자보다 약간 높은 수준의 쓰기 수행 능력을 가지고 있다. 전체적으로 정규분포를 이루는 가운데 2번 학습자(2.43로짓)의 쓰기 수행 능력이 가장 높고 23번 학습자(-2.60로짓)의 쓰기 수행 능력이 가장 낮아서 그 편차는 총 5.03로짓이다.

3.3.2. 평가자 엄격성

〈그림 1〉 제3열에는 본 연구에서 중국인 학습자 24명의 쓰기 수행 능력을 채점한 평가자 3인의 엄격한 정도가 엄격한 수준(위)에서 관대한 수준(아래)으로 제시되었다.[14] 국어학 전공 교수 C(-.29로짓)가 한국어 강사 A(-1.06로짓)나 글쓰기 전공 강사 B(-1.14로짓)에 비해 엄격한데, 이 엄격성의 총 편차는 .85로짓이다. 이 편차는 총 5.03로짓의 차이로 분포하고 있는 수험자 간 편차의 16.9%에 불과하므로, 이 연구에서 측정한 중국인 학습자의 쓰기 수행 능력 편차는 평가자 변인보다 수험자 고유의 쓰기 능력 편차에 더 크게 기인한다고 볼 수 있다.

---

14) 평가자 A는 한국어 강사, B는 한국어 및 글쓰기 강사, C는 글쓰기 교수이다. A는 한국어 교육 석사학위, B는 글쓰기 전공 박사학위, C는 국어학 전공 박사학위 소지자로 모두 3년 이상 15년 이하의 한국어 및 대학 글쓰기 교육 경력을 가지고 있다.

3.3.3. 평가 준거별 난이도

〈그림 1〉제4열의 준거 문항 난이도 그래프에서 로짓 척도 0은 문항 난이도 평균을 가리킨다. 즉, 로짓 단위는 확률적 표현으로 0보다 높은 능력 추정치를 가진 수험자는 해당 문항의 성공 확률이 50% 이상이고, 0보다 낮은 능력치를 가진 수험자는 해당 문항의 성공 확률이 50% 미만임을 나타낸다. 로짓 수치가 양수인 문항이 음수인 문항보다 더 어렵다. 이 글에서 간소화한 3개 평가 준거는 구조(1.54로짓) 영역의 난이도가 높았고, 내용(-.52로짓)에 이어 양식(-2.06로짓) 영역의 난이도가 상대적으로 낮았다.

이러한 결과로부터 어휘와 표현의 호응 지식을 위주로 교육하는 일반 목적 한국어 교육과정의 성취와 한계를 동시에 확인할 수 있다. 즉, 한국어 능력 고급 수준의 중국인 학습자는 일정 수준의 문장 성분 호응 오류 개선 능력은 충분히 숙달하였으나 내용의 논리적 작성이나 문어적 담론의 구조화 능력은 잘 익히지 못하여 어렵게 느끼는 것이다.

3.3.4. 점수 척도의 난이도

〈그림 1〉제5열에는 본 평가에 적용된 3등간 척도의 상대적 난이도가 위계적으로 제시되어 있다. 수직으로 제시된 각 척도의 넓이는 수험자가 해당 척도의 아래에 있는 점수를 받을 가능성에 비해 해당 척도의 위에 있는 점수를 받을 가능성이 얼마나 되는가를 나타낸 것인데, 본 평가에서는 다음 〈그림 2〉에서 확인할 수 있는 바와 같이 난이도 분포가 비교적 등간격을 이루고 있다.

3등간 척도로 구획한 3개 평가 영역별 등급 기준이 중국인 학습자의 쓰기 수행 능력을 측정하기에 적절한지를 검증하기 위하여 〈그림 2〉와 같은 범주 확률 곡선(category probability curve)을 도출하였다. 이 그림에서 X축은 수험자 능력의 로짓 점수이며, Y축은 특정 척도가 선택될 확률을 나타낸다. 좌표면의 각 곡선은 왼쪽에서 오른쪽으로 0점에서 4점까지의 단위 척도이

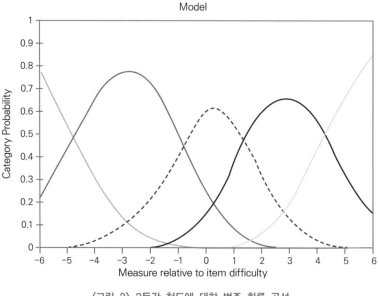

〈그림 2〉 3등간 척도에 대한 범주 확률 곡선

다. 이상적인 모형은 0점에서 4점까지의 각 범주가 X축에서 적어도 한 번은 가장 높은 값을 가지는 언덕 모양이어야 하는데, 〈그림 2〉에서 범주 확률 곡선이 등간으로 넓게 그려진 것을 보면 이 글에서 상정한 3등간 척도 범주는 수험자의 능력을 이상적으로 변별하는, 본래의 의도대로 기능하였음을 알 수 있다.

이로써 일반 목적 한국어 쓰기 평가 국면에서 구조, 내용, 양식 능력을 엄밀히 측정하기 어려울 때, 구조와 내용 범주에는 3등간의 총체적 평가를 실시하고 양식 범주만 호응 오류 빈도를 분석적으로 평가하여도 수험자의 쓰기 능력을 일정 수준 타당하게 산정할 수 있음을 확인하였다. 또한 오류 빈도를 〈표 5〉와 같이 글자 수 대비 3% 이내, 6% 이내, 9% 이내, 9% 초과 비율에 따라 점수화한 결과의 타당성을 신뢰할 수 있게 되었다.

4. 연구 결과

4.1. 평가 항목별 호응 오류 빈도

중국인 24명의 작문 시험에 나타난 호응 오류 빈도를 확인한 결과, 〈표 4〉에서 20개로 구분했던 오류 유형들은 〈표 6〉과 같이 크게 3개 난이도

〈표 6〉 중국인 학습자의 호응 지식 및 표기 관련 오류 빈도

난이도 구분	빈도	평가 항목	문항번호	호응 오류 범주
상	221	어휘	13	문어적 격식성 및 논리적 호응
	193	연결·종결어미	6	통사적 호응
	193	조사	7	통사적 호응
	107	맞춤법	18	표기
중	46	종결어미	8	문어적 격식성 및 논리적 호응
	39	접속사	15	문어적 격식성 및 논리적 호응
	24	학술 담론 규약	11	문어적 격식성 및 논리적 호응
	22	동어(내용) 반복	16	문어적 격식성 및 논리적 호응
	21	어순·구조 재배열	17	문어적 격식성 및 논리적 호응
하	14	목-술 공기	4	통사적 호응
	12	문장부호	20	표기
	11	띄어쓰기	19	표기
	10	주-술 공기	3	통사적 호응
	10	문장 길이	12	문어적 격식성 및 논리적 호응
	9	축약	10	문어적 격식성 및 논리적 호응
	9	지시어	14	문어적 격식성 및 논리적 호응
	8	부-술 공기	5	통사적 호응
	8	조사	9	문어적 격식성 및 논리적 호응
	6	어휘 연어	1	어휘적 호응
	0	문법 연어	2	어휘적 호응

범주로 구분되었다.

• 난이도 상 수준 오류 집단

먼저 전체 오류 빈도가 100회 이상 200회를 상회하는 난이도 상 수준 오류 집단에는 어휘 오류(221회)와 연결·종결어미 오류(193회), 조사 오류(193회), 맞춤법 오류(107회)가 포함되었다. 현재 한국어 교육과정에서는 상대적으로 많은 시수를 읽기 교과에 따로 할애하고 있고, 한자 문화권인 중국인 학습자는 고급 수준의 읽기 텍스트를 독해하는 데 상대적으로 유리하다. 그런데도 문어적 어휘 오류 빈도가 가장 많은 것은, 학습한 어휘를 표현해 볼 쓰기 과제가 많지 않은 데에서 그 원인을 찾을 수 있다. 이해된 어휘가 표현되기 위해서는 상당한 분량의 직접 쓰기 연습이 필요한데, 현 일반 목적 한국어 교육과정에서는 문어적 표현 능력을 숙달할 기회가 많지 않다.

두 번째, 연결·종결어미 및 조사 관련 오류가 난이도 상 수준 오류 집단에 속한 이유는 두 언어 간 통사 구조의 차이에서 찾을 수 있다. 중국어는 종결 어미가 다양하지 않기 때문에 중국인 학습자가 형용사와 동사, 인칭, 시제에 따라 어미를 정확하게 사용하는 데에는 높은 인지적 부담이 따른다. 이러한 통사 구조의 차이는 상당수 조사 호응 오류의 원인이 되기도 한다.

세 번째, 중국인 학습자의 조사 오류는 모국어의 간섭 현상으로 보인다. 중국어에서는 명사가 동사 앞에 오면 주어로, 뒤에 오면 목적어로 해석된다. 즉, 주어가 항상 동사 바로 앞에 오는 모국어 체계의 간섭으로 인해 중국인 학습자는 한국어의 자동사와 타동사를 구별하지 않고 동사 앞의 성분에 대해서는 모두 주격 조사를 사용하는 오류를 보이는 것이다.[15] 따라서 타동사 문형을 가르칠 때는 목적어와 함께 연결 어구로 기억하도록 숙지시키면 어법 실수를 줄일 수 있을 것이다.

---

15) 이주미(2009: 24)는 중국어 모어 학습자 20명의 자기소개서와 독후감 쓰기 결과를 분석하여 자동사를 사용할 때 격조사 오류가 거의 발생하지 않음에 비해 타동사를 서술어로 사용할 때에는 목적격조사의 오류가 빈번하게 나타나는 것에서 모어에 의한 간섭 양상을 확인하였다.

• 난이도 중 수준 오류 집단

난이도 중 수준 오류 집단은 문어적 격식성 및 논리적 호응과 관련된 것으로, 종결어미, 접속사, 학술 담화 규약, 동어 반복, 어순 재배열 관련 오류가 포함되었다. 구어 발화 위주의 일반 목적 한국어 교육과정을 이수한 학습자는 작문에서 '-어요'나 '-습니다'와 같은 구어적 존대 어미를 사용하거나, 한 편의 글에서 '-어요', '습니다', '-(ㄴ)다'체를 함께 사용하는 등 문어적 격식성이나 일관성 관련 지식이 부족하다. 현재 중국 국적의 고급 학습자 대부분이 대학 진학을 목표로 공부하고 있음을 감안하면, 비교·대조, 예시·인용, 부연·상술 등 다양한 단락 쓰기 과제를 수행하면서 문어적 격식성 및 논리적 호응 관련 지식을 강화할 필요가 있다.

• 난이도 하 수준 오류 집단

난이도 하 수준 오류 집단에는 통사적 호응 오류에 해당하는 목-술 공기 (14회), 주-술 공기(10회), 부-술 공기(8회) 오류를 비롯하여, 적절한 문장 길이(10회),[16] 축약어(9회), 지시어(9회), 조사(8회), 그리고 표기 관련 오류에 해당하는 문장 부호(12회) 오류가 포함되었다.

공기(共起) 관련 지식이 난이도 하 수준으로 분류된 것은 현재 A대학교 언어연구교육원의 주교과서가 어휘·문형 표현 중심으로 구성되어 있기 때문인 것으로 보인다. 또한 이 교과서에서 어휘장 중심 교수를 시도한 것도 어휘 연어 호응 오류를 줄이는 데 기여한 것으로 보인다. 하지만 공기 관련 지식 중에서 목-술 공기 관련 오류(14회)가 가장 빈번한 것은, 명사의 위치를 중심으로 동사의 속성을 구분하는, 중국어 통사 구조의 간섭이 컸기 때문으로 추정된다. 따라서 중국인 학습자에게는 동사를 중심으로 한 명사구의 공기 관련 지식을 강화할 필요가 있다.

---

16) 문장의 길이와 관련된 오류 항목에서는 전 후 문장과 비교하여 어울리지 않게 너무 짧거나 길어서 어색한 문장의 수를 확인하였다. 고급 학습자임에도 초급 수준의 단문으로 일관하거나, 적당한 접속사를 사용하지 않고 동일한 연결어미를 반복 사용하는 등의 오류가 이에 해당한다.

4.2. 평가 범주 3개와 쓰기 능력 간 상관 분석

구조, 내용, 양식 등 3개 평가 범주는 중국인 학습자의 쓰기 능력과 각각 .70, .63, .58의 유의미한 상관을 보였다. 〈표 7〉에서 보듯이 구조와 내용 평가 범주가 쓰기 수행 능력과 가지는 상관이, 양식 범주와의 상관보다 더 높다. 그러나 제시된 주제에 대해 10여 개 문장, 600자 내외로 개인의 의견을 진술하도록 한, 본 기말 작문 시험 문항의 본질적 한계로 말미암아, 이들 수험자에게 특정 문어적 장르의 구조를 적절히 조직하거나 내용을 창의적으로 생성하는 능력이 있는지 여부는 자세히 분석하기가 어려웠다.17)

〈표 7〉 3개 평가 범주와 쓰기 수행 능력 간 상관 (**p<.01)

평가 범주	평균	표준편차	쓰기 수행 능력 상관	유의확률
구조	1.67(/3)	.73	.70**	.000
내용	2.04(/3)	.78	.63**	.000
양식	3.00(/4)	.86	.58**	.000

그래서 제한적 쓰기 수행 평가 결과에서 객관적으로 측정이 가능한, 양식 범주의 쓰기 능력을 4개 평가 문항으로 세분하여 분석하였다. 그 결과, 어휘적 호응, 통사적 호응, 문어적 격식성 및 논리적 호응, 표기 관련 지식 항목으로 구성된 양식 영역의 평균 성취 수준이 가장 높았고(3점/4점, 75%), 이어서 내용(2.04점/3점, 68%)과 구조(1.67점/3점, 56%) 영역 점수가 뒤를 이었다.

하지만 쓰기 수행 능력과의 상관은 그 성취 수준 서열과 상반된 결과를 보였다. 즉, 평균 성취 수준이 가장 낮은 구조 영역 점수가 쓰기 수행 능력

---

17) 구조와 내용 영역을 자세히 평가할 수 없었던 것은 본 작문 시험 문항이 가지고 있는 본질적 한계이므로 구조와 내용 영역의 평가도 다수의 분석적 평가 문항으로 할 수 있는, 긴 글의 오류 양상을 분석할 후속 연구가 필요하다.

총점과 가장 높은 상관(.70)을 보였고, 성취 수준이 가장 높은 양식 영역 점수가 쓰기 총점과 가장 낮은 상관(.58)을 보인 것이다. 이로써 숙련된 평가자는 한국어 학습자가 쓴 글의 구조나 내용에 대한 총체적 평가만으로도 비교적 정확하게 수험자의 쓰기 능력을 진단할 수 있을 것으로 추정된다. 또한 어법에 대한 분석적 평가만으로는 수험자의 전반적인 쓰기 능력을 평가하기 어려움을 알 수 있다.

따라서 중국인 학습자의 쓰기 능력을 효율적으로 개선하려면 쓰기 수행 능력 평가와 가장 상관이 높은 구조 영역 지식을 강화해야 한다. 즉, 인과, 비교, 분석 등 단락 간 구조 형성 기능과, 두괄식, 미괄식 등 글의 전체 구조를 조절하는 초인지 능력, 그리고 논지가 바뀜에 따라 단락을 구분하는 등의 학술 담론 규약 관련 지식을 명시적으로 강화할 필요가 있다. 하지만 현행 의사소통 중심의 일반 목적 한국어 교육과정에서는 학술 담론의 구조 관련 쓰기 지식이 체계적으로 교수되지 않는다. 그래서 일반 목적 한국어 교육과정을 이수하고 대학에 입학한 유학생은 학술적 과제를 수행할 때 학술 담론의 구조 관련 쓰기 지식을 제대로 발휘하기 어려운 것이다.

물론 양식 범주의 쓰기 지식도 쓰기 수행 능력 평가와 .58**의 유의미한 상관이 있었다. 그러므로 양식 범주의 세부 지식이 쓰기 수행 능력에 미치는 영향 관계를 보다 면밀히 분석한다면, 현행 일반 목적 한국어 교육과정에서 수학 중인 학문 목적 중국인 학습자에게 실제적 조언을 해 줄 수 있을 것이다. 그래서 이제부터 일반 목적 한국어 교육과정에서 중점적으로 가르치고 있는 양식 범주의 세부 지식과 쓰기 수행 능력 간 상관을 자세히 분석해 볼 것이다.

4.3. 양식 범주와 쓰기 능력 간 상관

이 연구에서 작문 시험 결과물의 양식 범주 오류를 평가한 준거들은 일반 목적 한국어 쓰기 교육과정에서 집중 교수하는 문형 지식들에 해당한다. 이러한 문형 지식이 학습자의 쓰기 수행 능력과 가지는 상관을 알아보기 위하여 양식 범주를 앞의 〈표 4〉와 같이 세분하여 호응 오류 빈도를 측정하였다. 이렇게 측정한 호응 오류 빈도와 쓰기 능력 간 상관을 비교하면 다음 〈표 8〉과 같다.

〈표 8〉 양식 영역 세부 지식과 쓰기 수행 능력 간 상관 (**p⟨.01, N=24)

	평가 범주	평균 오류 빈도	표준편차	쓰기 능력 상관	유의확률
양식	어휘적 호응	.25	.53	.036	.87
	통사적 호응	17.4	10.75	.716**	.000
	문어적 격식성 및 논리적 호응	17.0	12.41	.674**	.000
	표기	5.0	4.05	.530**	.008

• 통사적 호응 오류

통사적 호응 오류 빈도(평균 17.4회)가 가장 높고, 쓰기 능력 총점과의 상관도 가장 높다(.716**). 이 통사적 호응 범주에는 연결·종결어미 및 조사 변별 지식(난이도 상 오류)을 비롯해 주-술, 목-술, 부-술 공기 지식(난이도 하 오류) 항목이 포함되었다. 특히 형용사와 동사에 따라 변별적으로 적용되는 어미 활용과 시제, 불규칙 동사 활용의 오류가 두드러지게 나타났다.

• 문어적 격식성 오류 및 논리적 호응 오류

문어적 격식성 및 논리적 호응 범주에 대한 오류 빈도(평균 17.0회)가 통사적 호응 오류의 뒤를 이었는데 이 범주도 쓰기 능력과의 상관이 적지 않게 나타났다(.674**). 문어적 격식성 범주에는 구어 어휘 오류(난이도 상)가, 논리적 호응 범주로는 접속사, 동어 반복, 어순 구조 오류(난이도 중)가 포함되었다.

• 표기법 관련 오류 및 어휘적 호응 오류

맞춤법과 문장 부호 등 표기법 관련 오류는 여타 양식 영역 세부 범주에 비해 그 빈도가 그리 많지 않았지만(평균 5.0회), 쓰기 능력과 유의미한 상관을 보였다(.530**). 그러나 어휘적 연어와 문법적 연어 오류는 그 발생 빈도가 낮을 뿐만 아니라(평균 .25회) 쓰기 능력과의 상관(r=.036, p=.87)도 입증하기 어려웠다. 이로써 추후 연구에서 연어 관련 오류 빈도를 의미 있게 분석하려면, 연어 지식을 어휘 범주로 따로 분리하기보다 통사적 호응 범주 안에 통합시키는 방법을 모색할 필요가 있다. 한국어에서 어휘들 간의 호응은 주-술, 목-술, 부-술 공기와 같이 통사적인 제약 하에 일어나는 경우가 더 빈번하기 때문이다.

• 어휘적 호응 유형

문금현(1999: 42)은 '미역국을 먹다'와 같이 A와 B가 결합하여 C라는 제3의 관용 의미를 갖게 된 것을 관용구절로 분류하고, '손이 크다, 더위를 먹다'와 같이 두 요소 중 한 요소만 의미의 전이를 겪은 Aa+B=Aab, A+Bb=ABb 형태를 상용구절로 분류한다. 이 분류에 따르면, 연어와 일반 구절은 모두 A+B=AB로 표면상의 축자 의미가 그대로 쓰인다는 점에서 유사하다. 하지만 '기대를 걸다, 기지개를 켜다' 등과 같이 연어는 특정 어휘 A가 다른 어휘 B를, 혹은 특정 어휘 B가 다른 어휘 A를 요구하는, 제한적 공기 관계를 가진다는 점에서, '옷을 입다'처럼 자유로운 대치가 가능한 일반 구절과 구별된다. 문금현(2002: 219)은 AB 형태로 공기하는 연어와 일반 구절을 넓은 의미에서 광의의 연어에 포함될 수 있다고 보았다.

이 글에서도 연어 관계인 어휘적 호응과 일반 구절에 해당하는 통사적 호응을 구분하여 중국인 학습자의 작문 수행 결과를 분석하였지만, 단어의 의미 간 결속력에 따른 연어 관계의 어휘적 호응은 쓰기 수행 능력과 유의미한 상관이 없었다. 관용구나 연어 관계가 구어적 맥락이나 추상적 감정 표현에 더 많이 쓰인다는 점을 감안한다면, 중국인 학습자의 학술적 글쓰기 능력을 개선하려면 구체적인 연어 관계 목록보다는 공기 관계의 일반적 규범을 가르치는 것이 더 효율적일 것으로 보인다.

5. 국적별 쓰기 수행 능력 분석의 의의

이 글에서는 A대학교 언어연구교육원의 고급 기말 작문 시험 자료를 토대로 중국인 학습자 24명의 쓰기 수행 능력을 분석하였다. 이 작문 시험에서는 10문장, 즉 평균 600자 내외의 분량으로 공적 주제에 대해 개인의 의견을 진술하도록 하였다. 2014년 개정된 고급 한국어 쓰기 능력 시험에서도 600~700자 정도로 자기 의견을 피력하는 글을 마지막 문항에 쓰게 하고 있다. 이 두 시험 사례를 종합해 보면 대학 입학 직전의 학습자가 작성해야 할 긴 글의 분량 정도를 가늠해 볼 수 있다.[18]

중국인 유학생 24명의 쓰기 수행 능력은, 구조, 내용, 양식의 3개 평가 영역과 각각 유의미한 상관(구조(.70**), 내용(.63**), 양식(.58**))이 있었다. 현행 일반 목적 한국어 쓰기 교육과정에서 중시하는 양식 범주의 세부 항목에서는 통사적 호응 지식과 쓰기 수행 총점 간 상관이 가장 컸고(.716**), 문어적 격식성 및 논리적 호응 지식과 쓰기 수행 능력 간 상관도 유의미한 편이었다(.674**). 맞춤법과 문장 부호 등 표기법 관련 오류는 양식 범주의 여타 세부 항목에 비해 그 빈도가 그리 많지 않았지만(평균 5.0회), 마찬가지로 쓰기 능력과 유의미한 상관을 보였다(.530**).

본 연구에서는 중국인 학습자에게 빈번히 발생하는 문어 표현의 호응 오류를, 학생의 작문 시험지에 나타난 빈도수에 따라 난이도 상, 중, 하 집단으로 구분하였다. 그 결과 난이도 상 수준 오류 집단에는 문어적 어휘 표현, 연결·종결어미 및 조사 변별, 맞춤법 관련 쓰기 지식이 포함되었고, 난이도 중 수준 오류 집단에는 주-술, 목-술, 부-술 공기(共起) 어휘, 종결어미, 접속사, 학술 담화 규약, 동어 반복, 어순 재배열 관련 쓰기 지식이 포함되었으며, 나머지는 난이도 하 수준 오류 집단에 포함되었다.

---

18) 2014년 7월 20일에 시행된 제35회 TOPIK 시험부터 고급에만 주관식 쓰기 문항이 추가되었다. 쓰기 영역은 단답형의 문장완성형 2개 문항, 작문형 2개 문항으로 구성되었다. 작문형은 200~300자 정도의 중급 수준 설명문 1개 문항과 600~700자 정도의 고급 수준 논술문 1개 문항으로 출제되었다.

이렇게 실제 자료에서 측정된 빈도순으로 호응 오류 항목을 선정함으로써 현행 일반 목적 한국어 쓰기 교육과정의 부분적 성과와 한계를 확인할 수 있었다. 현행 쓰기 수업은 문형 표현과 어휘장을 중심으로 어휘·문법을 교수함으로써 중국인 학습자가 문장 성분 간 호응 오류를 개선하고 이해 어휘를 확장하도록 하는 성과를 거두었다. 하지만 이해한 지식이 모두 표현 지식으로 습득되는 것은 아니다. 이해한 지식을 표현 가능한 습관 기억으로 전환시키려면 일정 기간을 두고 유의미한 쓰기 과제를 반복적으로 수행해야 한다. 따라서 이러한 교수·학습이 가능하도록 학문 목적 쓰기 교수요목을 체계적으로 설계하고, 특히 학습자의 국적별로 모국어 간섭을 통제할, 호응 오류 개선 방안을 구체적으로 마련할 필요가 있다.

이 장에서는 대학 입학 전의 중국인 학습자가 작성한 기말 작문 시험지를 분석하여 출현한 오류 유형을 빈도 수준별로 나누어 보았습니다. 다음 문제를 풀면서 본문의 중심 내용을 정리하고 학습자 오류를 국적이나 직업, 연령 등의 범주로 구분하는 연구의 장단점에 대해서 생각해 봅시다.

1. 본문 이해

1) 선행 연구에서는 쓰기 능력을 평가할 때 문법 능력을 어느 정도로 고려하고 있습니까? 여러분은 어떤 의견에 동의하십니까? 그 이유는 무엇입니까?

2) 〈표 6〉 하단에 분류된 어휘 연어와 문법 연어(▨)는 오류 유형 난이도의 상, 중, 하, 어느 집단에도 포함되지 않았습니다. 어느 평가 항목에 포함되어야 할까요? 또 어떤 항목이 더 추가되거나 수정되어야 할지 생각해 봅시다.

〈표 6〉 중국인 학습자의 호응 지식 및 표기 관련 오류 빈도

난이도 구분	빈도	평가 항목	문항번호	호응 오류 범주
상	221	어휘	13	문어적 격식성 및 논리적 호응
	193	연결·종결어미	6	통사적 호응
	193	조사	7	통사적 호응
	107	맞춤법	18	표기
중	46	종결어미	8	문어적 격식성 및 논리적 호응
	39	접속사	15	문어적 격식성 및 논리적 호응
	24	학술 담론 규약	11	문어적 격식성 및 논리적 호응
	22	동어(내용) 반복	16	문어적 격식성 및 논리적 호응
	21	어순·구조 재배열	17	문어적 격식성 및 논리적 호응
하	14	목-술 공기	4	통사적 호응
	12	문장부호	20	표기
	11	띄어쓰기	19	표기
	10	주-술 공기	3	통사적 호응
	10	문장 길이	12	문어적 격식성 및 논리적 호응
	9	축약	10	문어적 격식성 및 논리적 호응
	9	지시어	14	문어적 격식성 및 논리적 호응
	8	부-술 공기	5	통사적 호응
	8	조사	9	문어적 격식성 및 논리적 호응
	6	어휘 연어	1	어휘적 호응
	0	문법 연어	2	어휘적 호응

3) 구조, 내용, 양식 관련 쓰기 지식 가운데 쓰기 결과 평가와 상관이 가장 큰 지식 범주는 어느 것이었습니까? 이러한 연구 결과에 대해 어떻게 생각하는지, 왜 그렇게 생각하는지를 근거를 들어 설명하십시오.

2. 수행 과제

1) 연구해 보고 싶은 학습자 오류 변인과 유형에 대해 생각해 봅시다.

〈학습자 오류 변인〉

국적	연령	성별	직업	학력			

〈학습자 오류 유형〉

표기	어휘	통사	내용			

2) 〈보기〉와 같은 쓰기 샘플 1부를 구해서 〈표 6〉의 오류 평가 항목에 따라 빈도를 파악하고 오류 유형 분포 수치를 정리해 봅시다.

〈보기〉

스마트폰의 장단점

경영학부 2012****** 정**

현대사회에 스마트폰이 일상생활용품이 되었다. 거의 모든 사람이 사용하고 있다. 처음에는 사람들이 스마트폰을 익숙하지 않다. 하지만 스마트폰 요즘 신세대는 거의 누구나 스마트폰 잘 쓰고 있다. 사람들 왜 이렇게 열심히 배웠을까? 스마트폰에는 신세대 끄는 무슨 힘이 있을까?

처음에는 다른 사람을 보고 호기심을 많이 생기고 스마트폰을 만져봤다. 관습적은 휴대폰은 하고 기존의 휴대폰 보다 아주 다르다. 전화로서의 기능을 뛰어넘는다. 예를 들어서 그를 스마트폰을 컴퓨터에 연결하면 아무음악이나 다운로드를 할 수 있다. 컴퓨터가 없어도 스마트폰으로 여러 문제를 해결 할 수 있다. 대학 공부에도 도움이 된다. 외국인이기 때문에 수업할 때 교수의 말을 갑자기 이해 못 할 경우도 있다. 그럴 때 스마트폰이 있으면 인터넷에서 전공에 대해서 바로 검색하면 도움을 받을 수 있다. 아니면 스마트폰으로 친구한테 물어봐도 된다. 또 스마트폰의 장점은 언제든지 인터넷에 들어가 사진 등을 올릴 수가 있고 문자를 카카오톡이나 네이버 라인 등으로 무료 통화, 무료 문자 등을 할 수 있어서 좋다. 그리고 큰화면인 ipad 같은 경우는 전문 적은 일을 할 수 있고 좀더 눈이 많이 나빠지지 않는다.

이렇게 요즘은 스마트폰이 시대이다. 대부분의 사람은 스마트폰이 편리하고 재미있다고 한다. 그러나 스마트폰은 장점도 있지만 단점도 많다.

첫 번째: 먼저 스마트폰을 사용하면 대화가 없어진다. 집에서 밥 먹을 때 서로 스마트폰으로 자기가 하고 싶은 것을 하느라 대화가 없다. 지하철이나 버스에서 스마트폰을 보고 있다.

두 번째: 공부를 새로 해야 한다. 일반 폰을 쓰던 사람이 스마트폰을 사면 전화 받는 방법부터 배워야 한다. 전화 받는 법, 전화 거는법, 문자 보는법 등 새로 스마트폰 사용법을 배워야하고 요즘은 스마트폰 배우기라는 책까지 나오고 있는 상황이다.

세 번째: 스마트폰의 가격이 비싸다. 기존휴대폰에 비해서 악세사리가 많이 필요하다. 지문방지 필름, 보호 케이스만 해도 최소 몇 만원의 추가 지출이 발생한다. 그리고 요금 많이 나간다. 핸드폰은 조금 쓰면 2만원 정도 나오는데 스마트폰은 적어도 3,4만원은 나온다.

네 번째: 스마트폰은 게임 등 자기가 하고 싶은 게임을 다운받아 할 수 있어서 특히 어린이들 게임중독에서 벗어나기가 싫지 않다. 스마트폰을 쓰는데 중독이 되지 않게 쓸 필요가 없으면 많이 안 써야겠다.

여러분들은 혹시 핸드폰 배터리가 떨어지면 불안한가? 핸드폰 충전기를 들고 다니는가? 혹시 지하철이나 백화점 화장실 등 공공장소에서 사람들이 스마트폰 충전하는 모습 본적이 있는 가? 그 모습은 강아지 어디 도망 못 가게 줄로 묶어된 모습과 유사하다.

현대인 스마트폰 노예 되었다. 친구들과 모임을 할 때도 같이 대화하지 않고 각자 스마트폰만 만진다. 스마트폰이 우리 생활을 편리하게 하기 위해 만들었는데 근데 사람들이 너무 많이 중독 되어버렸다. 강아지 자유를 하고 싶으면 줄 끊는 것처럼 사람 스마트폰 노예가 되고 싶지 않으면 빨리 스마트폰중독에서 탈출해야 한다.

스마트폰 시간을 많이 보내는 이유가 다른 취미 생활이 없어서 그렇다. 다른 취미생활을 만들어 주는 건 음악이나 운동 같은걸 권유해 보시는 게 좋을 것 같다.(1615자)

3) 위 수행 과제 2)번에서 파악한 오류 유형 분포를 일반화하기 위하여 어느 집단의 쓰기 샘플을 얼마나 더 구해야 할지 계획을 세워 봅시다.

3. 더 생각해 볼 거리

1) 학습자 오류를 유형화한 연구 성과를 실제 교육 현장에 반영하려면 구체적으로 어떤 정책적인 지원이 있어야 할지 생각해 봅시다.

2) 동일 국적 한국어 학습자의 공적 발화를 2개 이상 수집하여 전사한 뒤 오류 유형을 어법, 구조, 내용, 전달 등의 항목으로 분류해 봅시다. 추출된 오류 유형을 국적 변인과 개인 변인으로 구분하고 피드백 방안을 모색해 봅시다.

Tip

직접 평가의 유형

쓰기 교실에서 일반적으로 쓰이는 평가 방법으로는 시험, 과제물, 관찰 등이 있는데, 대규모 쓰기 능력 평가인 결과물 중심 평가에서는 주로 직접 평가와 간접 평가 방식이 활용된다. 이 중 쓰기 평가의 실제성 측면에서 선호되고 있는 직접 평가 방법에는 평가 준거를 어떻게 세분하느냐에 따라 총체적 평가, 원소적 평가, 분석적 평가 방법 등이 있다.

1) 총체적 평가(Holistic scoring)

총체적 평가 방법은 측정 방법이 직관적일 뿐만 아니라 쓰기의 본질과 작문 연구 자체의 중요성을 새로이 인식하도록 만들었다는 점에서 중요하다. 총체적 평가란 일정한 점수의 연속선 위에 특정 수험자의 쓰기 능력을 위계화하는 측정 절차이다. 총체적 평가자는 한 편의 글에 대해 "제반 구성 요소를 함께 파악한 전반적인 인상에 기초하여 단일한 점수를 부여해야 한다"(Wolcott, et al., 1998: 71). 모국어 화자의 쓰기 능력을 평가할 때는 숙련된 평가자가 내용의 일관성이나 창의성을 총체적으로 평가하는 것이 문장의 표면적 오류 정도를 계량적으로 따지는 것보다 더 정확할 때가 있다. White(1984)는 실제 독자가 글을 읽을 때는 글이 가진 개별 국면의 장단점보다 전반적인 내용이나 인상을 더 중시할 것이므로 이러한 평가 방법이 더 실제적이라고 본다. "우리는 학생이 좀 더 명료하게 사고하고 더 빨리 배우고 더 많이 발전할 수 있도록 글을 쓰게 한다. 읽기처럼 쓰기도 창조적이고 상상력이 풍부한 지적 능력인 총체적 사고를 하기 위한 훈련이다. 평가에서 총체론이 급성장한 것은 부분적 능력의 총합이 아닌 총체적 사고 구성 행위로서의 읽기와 쓰기에 대한 이러한 관점을 반영하는 것이다."(White, 2008: 28)

그러나 목표 언어에 대한 숙달도가 낮은 언어 학습자가 작성한 글을 이들에 대한 교육 경험이 없는 교수자가 평가하는 경우, 구조나 내용이 가진 긍정적인 자질에 대한 평가에 인색해질 수 있다. 그리고 평가자가 부여한 단일 점수는 상대 평가에 의해 정해진 서열일 뿐, 개별 수험자가 가진 쓰기 능력 가운데 무엇이 우수하고 부족한지를 정확히 계량하지는 못한다.

또한 총체적 평가는 대규모 평가에서 훈련된 평가자를 중심으로 고급과 초급의 쓰기 능력은 일관되게 변별할 수 있지만, 중급 쓰기 능력의 미세한 편차를 변별해 특정 점수로 구체화하기는 어렵다. 총체적 평가가 객관적이려면 평가자들이 글의 전반적인 인상에 영향을 주는 문장 부호나 문법, 수사적 측면 등의 오류 정도를 균등하게 다루어야 하는데, 좋은 글에 대한 평가자 간 우선순위가 달라 주관적인 변인이 작용할 가능성이 적지 않기 때문이다(Wolcott & Legg, 1998: 72).

그래서 총체적 평가를 할 때에도 채점 기준표가 필요하다. Vaughan(1991)이 여러 기관의 배치고사에서 사용 중인 제2언어 쓰기 능력에 대한 총체적 평가 준거를 조사한 결과에 따르면, 대체로 수사적 구성과 문법, 관용 표현, 어휘, 철자법, 문장 부호에 대한 언급이 포함되어 있었다. Lyons(1991)는 제2언어 쓰기 능력 평가를 위한 총체적 평가 범주를 내용, 구성, 문법의 3개 대범주로 구분하였고, Wiseman(2008)은 제2언어로 학술적인 글을 쓰는 능력을 평가하기 위해 이 3개 대범주에다가 사회언어적 능숙도와 과제 완수 정도에 대한 기준을 추가하여 5개 범주를 설정하고 그 결과를 분석적 평가 결과와 비교하여 유의미한 상관을 확인하였다.

이렇게 여러 선행 연구에서는 총체적 평가를 할 때 전공이나 정치적 성향, 중앙 쏠림 경향과 같은 평가자 고유의 자질이 영향을 미치며, 또한 개별 수험자의 특질을 복합적으로 고려하는 평가자의 직관 능력 수준도 최종 점수에 영향을 준다고 본다. 결국 언어 숙달도가 높지 않은 유학생이 작성한 글을 평가하는 도구로 총체적 평가 방법은 별로 권장되지 않는다.

2) 원소적 평가(Atomistic scoring)

총체적 평가와 달리 원소적 평가는 객관적 평가 기준을 적용하여 개별 쓰기 샘플이 가진 특정 속성을 측정하는 직접 쓰기 평가 방법이다. 그래서 원소적 평가를 할 때는 문장의 평균 길이, 문장 종결 성분의 평균 길이, 수의적 성분인 수식어의 사용 비율 등 문장의 복잡성 정도나 통사적 성숙도를 계량할 수 있는 단위가 동원 된다(박영목, 1999: 19). 원소적 평가 관련 연구는 주로 t-단위와 같은 구문의 복잡 성이나 문법적 오류 측정을 중심으로 수행되었는데, 이 원소적 평가 준거 항목을 어떻게 설정해야 할 것인가에 대해서는 아직도 국내외에서 타당화 연구가 진행 중이다. 전문가 평정 결과에서 내용 타당도는 확보하였으나 실험 결과가 좋지 않은 평가 준거도 있어서 내용 타당도와 외적 타당도를 모두 갖춘 원소적 평가 준거를 설정하기는 쉽지 않다.

Tindal과 Parker(1989)는 요인 분석 방법을 써서 쓰기 성취도 평가에 적용할 수 있는 원소적 평가 척도 2개를 모색하였는데, 이들 요인은 총점의 83%를 설명한다. 먼저 저작(著作) 의존적인 제1요인(production-dependent variables)은 전체 어휘 수 나, 맞춤법이 정확한 어휘 수, 맥락에 맞게 쓰인 어휘 수 등의 발생 빈도에 근거한 것으로 작성된 글의 분량과 관계가 있다. 반면 저작 독립적인 제2요인(production-independent variables)은 맞춤법이 정확한 어휘 수나 맥락에 맞게 쓰인 어휘 수 등의 평균이나 백분율에 근거한 것으로 글의 분량과 독립적으로 수험자의 쓰기 지식 을 평가하고자 설정한 요인이다. 원소적 평가는 학생이 작성한 샘플 글에서 계량 가능한 특성을 평가 대상으로 삼기 때문에 평가자 간 신뢰도는 .90~.99로 매우 높은 편이다(Houck & Billingsley, 1989).

원소적 평가의 효용성에 관해서는 상반된 입장이 있다. 스탠포드 성취도 시험 (Stanford Achievement Test)과 같은 간접 평가와의 상관을 비교하며 그 타당성을 입증하려는 연구(Deno, Marston, & Mirkin, 1982)가 있는가 하면, 어휘력과 기계적 실수의 정도만을 측정하는 것은 실제성이 떨어지므로 쓰기 능력 평가 방법으로 적절하지 않다는 주장도 있다. 대체로 많은 연구자들은 맞춤법의 정확도나 어휘 수만을 계량하는 원소적 평가에서는 내용 생성이나 구성, 수정과 같은 과정 요인이 간과되기 때문에 미숙한 필자의 문제를 제대로 진단하고 처치하기 어렵다고 여긴 다. ESL 작문의 문장 특징을 객관적으로 측정하기 위한 연구에서도 원소적 평가의 효용에 대해 서로 상반된 성과가 보고되고 있다.

Witte(1983)는 문장의 화제와 화제 구조를 중심으로 대학생이 작성한 텍스트를 분석하였다. 정희모·김성희(2008)는 Witte의 연구 방법을 차용하여 국내 대학생을 대상으로 원소적 평가 준거가 될 수 있는 지표들의 효용 정도를 확인하였다. 이들은 원소적 평가 척도로 t-단위 수, 문장 화제 수, 어휘 수/t-단위 수, 병렬적 화제 진행 수, 순차적 화제 진행 수, 확장된 병렬적 화제 진행 수, 응집성 지표 수, 비문 수/전체 문장 수, t-단위 수/화제 수 등을 선정해서, 고득점 샘플과 저득점 샘플을 비교하였다. 그러나 많은 정보를 하나의 의미 단위로 묶어 넘으로써 t-단위당 어휘 수가 많은 지표에서만 유의미한 통계적 차이가 있었을 뿐, 응집성 지표나 화제 진행 방식 등에서는 숙련된 필자와 미숙한 학생 간에 유의미한 차이를 발견할 수 없었다. 이는 비교 지표 선정 이유에 대한 내용 타당도는 높으나 통계적 타당화 작업이 어려운 원소적 평가 방법의 한계 때문이라고 할 수 있다.

3) 분석적 평가(Analytic scoring)

분석적 평가 방법은 Diederich(1974)에 의해 처음 체계화되었다. 분석적 평가 방법에서는 문법, 구성, 내용 등 개별 평가 준거 항목의 점수를 통해 수험자가 가진 쓰기 능력의 장·단점을 구체적으로 파악할 수 있다. 그래서 분석적 평가 결과는 쓰기 능력을 구성하는 다양한 구인의 성숙 정도가 상이한 제2언어 학습자의 쓰기 능력에 대해서 총체적 평가의 단일 점수보다 더 많은 내용을 설명한다. 또한 분석적 평가자는 글에서 매순간 각기 다른 특정 자질에 주목하게 되므로 편견을 자제할 수 있고, 명료한 평가 준거는 평가자 간 변인을 줄이는 데에도 도움이 된다. 하지만 평가 시간이 제한되어 있는 제2언어 학습자의 대규모 쓰기 능력 평가에서는 평가의 효율을 고려해 분석적 평가의 준거 영역 중에서도 맞춤법이나 글자 수 등 계량 가능한 형식적인 측면을 기준으로 단일 점수를 부여하려는 경향이 강하다 (Sloan & McGinnis, 1982; Raforth & Rubin, 1984).

Mullen(1977)은 네 개 영역 점수와 작문 능력 총점의 상관을 회귀 분석하였는데, 그 결과 4개 준거 영역은 총점과 상관이 있었다. '어휘의 적절성' 준거는 전체 총점 변량의 84%를 설명하였고, 글의 분량, 구문의 정확성, 자료의 조직 척도가 순서대로 투입되었을 때 설명 변량은 각각 91%, 93%, 94%로 증가하였다.

Jacobs 등(1981)도 수사법과 어법에 각 50%씩의 비중을 두고, 내용(30%), 조직

(20%), 어휘(20%), 언어 사용(25%), 어법(5%)의 평가 항목별로 가중치를 두어 채점한 ESL 대학원 유학생의 작문 채점 과정을 보고하였다. Brown과 Bailey(1984)도 Mullen(1977)과 Jacobs 등(1981)의 연구 결과를 기초로, 조직화, 사고의 논리적 전개, 문법, 어법, 문체 등 분석적 채점 척도를 개발하였으나 하위 항목 간 중요도 차이를 밝히지는 못하였다.

Song과 Caruso(1996)는 분석적 쓰기 능력 평가를 위해 중심 생각, 뒷받침 문장, 글의 전개 과정 등을 포함하는 6개의 수사적 요소와 유창성, 문장, 문체, 문법 등 4개의 언어적 요소를 포함하는 10개의 주요 특질을 선정하였다. 이 준거로 영어 모국어 화자 30명과 비모국어 화자 32명이 작성한 글을 4명의 채점자가 평가한 결과, 내·외국인 수험자는 각자의 장단점에 대해 유용한 피드백을 받을 수 있었다. 이로써 분석적 평가가 내·외국인을 막론하고 다양한 유형의 오류 분포를 보이는 중급 수준 수험자의 쓰기 능력을 변별적으로 점수화할 수 있음이 확인되었다.

Ojeda(2004: 54)는 일반적으로 잘 쓴 보고서와 못 쓴 보고서를 구별할 때는 총체적 평가가 유용하나 대학 입학 여부를 결정짓는 중급 상과 하의 쓰기 능력을 미세하게 변별해야 할 때는 분석적 평가 방법을 쓰도록 제안하였다. 그는 ESL 쓰기 능력 평가 관련 선행 연구를 검토하여 주제, 전개, 구성, 표현 등 4개 요인을 준거로 하는 분석적 평가 틀을 개발하고 보고서 평가에 적용하여 유의미한 결과를 얻었다.

한편 Homburg(1984)는 초급 ESL 작문 총점 변량의 84%가 글의 길이, 전체 분량 당 종속절 수, t-unit당 오류 개수, 문장 연결 방식 등에 의해 설명됨을 입증하였고, 작문 능력이 중급 이상으로 높아질수록 구조 관련 지식이 변별적 요인으로 작용함을 확인하였다. 반면 Evola 등(1980)은 언어적 결합 방식을 통제하는, 문장의 통사적 응집성(cohesion)이 전체 평정 결과와 상관이 낮음을 보고하였다.

그동안 분석적 평가의 준거 영역을 설정할 때, 비모국어 화자가 작성한 글에 대한 직접 평가 국면에서 글의 질을 결정짓는 데 큰 역할을 하지 않는 문장 수준의 기계적 오류 개선 능력이 과대평가되는 경향이 있어 왔다. 수험자의 글에 자연스러운 의미 전달을 방해하는 오류가 많을 경우 글에 대한 전반적 인상이 나빠져 평가자는 논증 구도나 창의성 요소를 객관적으로 평가하기가 어렵기 때문이다. 그래서 타당도가 높은 분석적 채점 기준표를 개발하려면 평가 준거의 세부 항목을 선정하고 개별 문항에 적정한 차등 배점을 하기까지 정교한 노력이 필요하다.

차등 배점을 통해 문항에 점수를 부여하고 이를 종합하는 방식에는 전문가 판단 방법, 경험·통계적 방법 등이 있는데(임인재, 1993), 국내의 각종 국가고시에서는 전문가의 식견을 통한 주관적 판단에 근거하여 점수를 부여하는 방법이 주로 사용되어 왔다. 2009학년도 의학교육입문검사에서 내용 전문가들이 차등 배점을 부여할 때 고려하는 요인을 추출한 결과, 예상 정답률, 문항 풀이 시간, 교육과정 상의 중요도 등 3가지 차등 배점 요인이 추출되었다. 차등 배점은 동점자를 해소하는 효과가 있었다(김주훈 외, 2010: 197).

김성숙(2011가)은 10개의 평가 문항이 총점의 변별에 기여한 중요도와 채점 척도의 유효 구간 수치를 감안하여, 구조의 적절성(36점, 3문항), 내용의 창의성(26점, 2문항), 양식의 격식성(20점, 2문항), 양식의 정확성(18점, 3문항)을 범주로 하는 100점 만점의 분석적 채점 기준표를 다음과 같이 완성하였다.

〈표 9〉 분석적 채점 기준표 예시(김성숙, 2011가: 124)

준거	문항	배점	문항 해설
적절성 (36)	일관성 (10)	10	모든 문장이나 단락이 보고서의 주제를 뒷받침하도록 썼다.
		7	전체 주제 및 맥락에 어울리지 않는 문장이나 단락이 1개 정도 있다.
		4	전체 주제 및 맥락에 어울리지 않는 문장이나 단락이 2개 정도 있다.
		1	전체 주제 및 맥락에 어울리지 않는 문장이나 단락이 3개 이상 있다.
	논리성 (14)	14	단락 간, 단락 내 논리적 진술 구조가 있다.
		10	단락 간, 단락 내 구조 가운데 하나에 논리적 비약이 있다.
		6	단락 간, 단락 내 구조 가운데 하나가 없다.
		2	단락 간, 단락 내 어떤 논리적 구조도 보이지 않는다.
	단락구분 (12)	12	서·본·결론이 적정 비율로 구성되었고, 본론도 적절한 길이로 단락을 구분하였다.
		8	서·결론 중 하나가 적정 비율이 아니거나, 본론의 단락 구분이 1군데 맞지 않는다.
		4	서·결론이 모두 적정 비율이 아니거나 그 중 하나가 본론과 구분되지 않았거나, 본론의 단락 구분이 2군데 맞지 않는다.
		0	서·결론 모두 본론과 구분되지 않았거나 본론 단락 구분이 3군데 이상 안 맞는다.
창의성 (26)	배경지식 (13)	13	예시, 인용, 정의, 요약, 반론을 분석하여 주장의 타당성 입증하기 가운데 3개 이상의 전개 방식을 활용해 맥락에 맞게 심화된 내용을 썼다.
		9	예시, 인용, 정의, 요약, 반론 중 2개의 전개 방식을 활용하여 맥락에 맞게 심화된 내용을 썼고 내용이나 맥락상 발생한 오류는 1개 이하이다.
		5	예시, 인용, 정의, 요약, 반론 중 1개 이상의 전개 방식을 활용하려고 하였으나 내용이나 맥락상 발생한 오류는 2개 이상이다.
		1	배경 지식을 동원하여 추가한 내용이 전혀 없다.
	독자인식 (13)	13	결론에서 독자를 설득하거나 공감을 얻기 위한 내용을 적절하게 언급하였다.
		9	설득이나 공감을 위한 내용은 없지만 전체 글을 마무리하는 느낌을 살렸다.
		5	마무리하는 내용이 너무 짧아서 미흡하다.
		1	결론 부분에 독자를 설득하거나 독자의 공감을 얻기 위한 어떠한 표현도 없다.

격식성 (20)	도입 (10)	10	첫 단락에 주제 관련 현황을 자세히 보고하거나, 참신한 내용으로 문제를 제기했다.
		7	주제와 관련된 짧은 현황 보고여서 독자의 주의를 끌 만큼 새롭지 않다.
		4	도입 내용이 해당 주제와 관련이 없거나 내용에 오류가 있다.
		1	서론에 주제를 환기하기 위한 도입 내용이 없다.
	연구목적필요 (10)	10	서론에 연구 목적 및 연구의 필요성을 충분히 밝혔다.
		7	서론에 연구 목적은 썼으나 연구의 필요성이 잘 드러나지 않는다.
		4	연구 목적과 필요성이 잘 드러나지 않으나 문제 제기는 있다.(예, 문제가 생겼다)
		1	서론에 해당하는 첫 단락에 연구 목적과 필요성이 없다.
정확성 (18)	표지 (4)	4	제목을 보고서의 내용과 격식에 어울리게, 학번, 이름을 표지 규약에 맞추어 썼다.
		3	제목과 학번, 이름 가운데 1개가 격식에 맞지 않거나 없다.
		2	제목과 학번, 이름 가운데 2개 이상이 격식에 맞지 않거나 없다.
		1	제목과 학번, 이름이 없다.
	인용표기 (10)	10	인용한 자료의 출처를 본문에 각주로 표시하고 끝에 〈참고문헌〉으로 정리하였다.
		7	인용한 자료의 출처를 표시하였으나 격식에 맞지 않는 오류가 1군데 있다.
		4	인용한 자료의 출처를 표시하였으나 격식에 맞지 않는 오류가 2군데 있다.
		1	〈참고문헌〉과 각주, 저자를 비롯해 인용 표시가 없거나 오류가 3군데 이상이다.
	어법 (4)	4	3점 (글자 수 대비 오류 ≤ 3%)
		3	2점 (3% 〈 오류 ≤ 6%)
		2	1점 (6% 〈 오류 ≤ 9%)
		1	0점 (9% 〈 오류)

5장

보　고　서
쓰　　　　기
수　행　과제
개　　　　발

구체적으로 쓰기 과제를 개발할 때 고려해야 할 항목을 생각해 봅시다.

√ 교육과정 중 어느 시점에 어떤 목적으로 사용할 과제인가?
√ 적용 대상 등급(이수 교육 시수)은?
√ 과제 유형은? (선다형·단답형/통제·유도·개방형 작문/텍스트 종류)
√ 목표 숙달 지식이나 기능은?
√ 과제 수행 단계의 수는? (결과 중심/과정 중심)
√ 과제 소요 시간은?
√ 평가 기준과 피드백 방법은?

1. 수행 평가 과제 개발의 필요성

최근 세계적으로 제2언어 쓰기 기능 교육이 보편화되면서 특수 목적의 직접 쓰기 평가 비중이 늘고 있다. 이는 쓰기 교육에도 긍정적인 환류 효과를 일으켜 TESOL에 쓰기 전문 교육과정이 증설되었고, 다양한 제2언어 직접 쓰기 교재가 연이어 출판되고 있다(Reid, 2000: 29). 타당한 평가 체제가 쓰기 교수 환경을 실제적으로 개선한 것이다.[1]

이제 학문 목적 한국어에 대한 수요도 10만 명을 넘었다. 정부가 국가 이미지 제고와 성장 잠재력 확보를 위해, 제3세계 국가를 대상으로 장학 정책을 강화하고 한국 유학을 장려한 결과이다. 그런데 이들 유학생은 한국 어능력시험(TOPIK) 등에서 공인 받은 한국어 숙달도를 갖추고 대학에 입학 했음에도 수업에서 발표를 하거나 보고서를 써야 할 때 힘들어한다. 학문 목적 한국어 수행 능력을 일반 목적 한국어능력시험으로 측정하고 입학을 허가해서 생긴 문제이다.

---

[1] 최근 개정된 IBT TOEFL, HSK(한어수평고시) 등 주요 외국어 평가에서도, 통합 과제 문항으로 단락의 요지 파악과 설명, 참고 자료 요약 등의 쓰기 수행 과제를 제시한다.

그동안 일반 목적 한국어 교육과정에서는 경력 있는 교수자의 직관과 경험에 근거해 평가 문항을 개발하고 실제 적용과 개선 과정을 거쳐 내용 타당도를 확보해 왔다. 전통적으로 선호되어 온 지필고사 형식은 어휘·문법 지식의 성취·숙달도를 측정하는 데에 유용하다. 하지만 이런 선다형 혹은 단답형 지필고사 형식으로는 학술 과제 수행에 필요한 학술적·인지적 의사소통 능력 숙달 수준을 효과적으로 측정하기가 어렵다.[2]

신뢰도와 타당성이 검증된 학문 목적 기초 한국어 쓰기 능력 평가 척도를 개발한다면 한국어 숙달도가 높지 않은, 대학 〈기초 글쓰기〉 수업의 유학생에게 이상적인 교수 환경을 조성해 줄 수 있다. 즉, 학기 초에 실시한 진단 평가 결과에 근거해 수준별로 분반한 교실에서 초보 필자가 숙련된 필자로 성장해 가는 과정에 대해 포트폴리오 평가를 실시하고, 학기말에 다시 한 번 표준화된 평가 척도로 성취도 평가를 하는 것이다. 그러면 유학생은 단계별로 발전하는 자신의 학술적 쓰기 능력 수준을 명확히 인지하게 되고, 한국어로 글을 쓰는 과정에 대한 절차적 지식도 숙달하게 될 것이다.[3]

학문 목적 기초 한국어 쓰기 능력 평가 척도 개발 연구를 촉진하기 위하여 이 글에서는 보고서 쓰기 과제를 개발한 과정을 보고하고자 한다. 학문 목적 쓰기 수행 평가 관련 선행 연구를 참조하여, 대학에 갓 입학한 유학생의 학술적 쓰기 수행 능력을 진단할 평가 문항을 개발한 과정이다. 특정

---

2) 정부도 학문 목적 한국어능력시험의 필요에 공감하여 국립국제교육원 주관으로 한국형 TOEFL이나 GRE 시험을 개발할 계획이라 밝혔으나(코리아타임즈, 2010년 10월 8일) 이후 구체적인 추진 과정은 보고되지 않았다. 2014년 7월 20일 시행된 제35회 한국어능력시험(TOPIK)부터 토픽 1과 토픽 2로 난이도를 구분하고 토픽 2에 직접 쓰기 문항을 배치해 실제적인 작문 능력을 평가하는 것은 이러한 계획의 일환으로 보인다.

3) 실제로 오바마 정부는 핀란드의 교육 제도를 벤치마킹하여 2010년 공통핵심교과기준(Common Core Standard)을 발표하였고 2015년 7월까지 42개 주가 이를 수용했다. 미국 전역의 학생들이 해당 학년에 배워야 할 것을 일관성 있고 명료하게 제시하여, 대학과 직장 등 실생활에 적절하게 응용할 수 있는 지식을 균질하게 쌓게 함으로써 국가 경쟁력을 높이겠다는 것이다. 쓰기 과목의 난이도도 유치원부터 대학 4학년까지 체계적으로 연계되도록 교육과정을 편성하였다. 대학에서는 진단평가 결과로 수준별 수업을 편성하고 졸업할 때까지 글쓰기 연계 과목으로 총 10학점 이상을 필수로 들어야 한다.

수업의 진단평가 문항은 해당 교과의 목표 숙달도를 반영한다는 점에서, 본 연구는 학문 목적 한국어 학습자와 교수자 모두에게 대학 〈기초 글쓰기〉 수업의 목표를 제시하는 의의가 있을 것이다.

2. 선행 연구 검토

일찍이 특수 목적 영어 교육을 시행해 온 영미 작문 교육 분야에서는 학술적인 수행 과제 개발과 관련된 연구가 활발하였다. 그 가운데 Richards (1988)는 서론, 연구 방법, 결론, 제언 등 학술 장르의 네 가지 표준 담론에 집중하여, '① 강의, ② 과제 수행(개인), ③ 수정(워크숍), ④ 토의(워크숍), ⑤ 다시 쓰기(개인)'의 5단계 쓰기 교수 절차를 제안하였다. Swales와 Feak(1994) 도 서론, 연구 방법, 결론, 제언의 네 가지 표준 담론 교수법을 도입하여, 전형적인 연구 논문의 체제를 적용해 각자 축소판 논문을 구성하는 과제 활동을 소개하였다. 이외에도 Weissberg와 Buker(1990)가 기사를, Dudley-Evans(1985)가 실험 보고서를, Clanchy와 Ballard(1992)가 논설문을 중심으로, 학술적인 과제 수행 방안을 제시하였다.

학술적인 과제 내용과 지시문을 어떻게 구성할 것인가도 작문 연구자들의 주된 관심사였다.[4] 대규모 쓰기 평가의 지시문에 명시된 글의 화제 (topic)와 과제 활동 유형에 따라 Kroll과 Reid(1994: 233)는 다음 세 가지 범주로 지시문의 유형을 구분하였다.

1. '날' 지시문('bare' prompt): 수행할 과제를 단순 명료하게 언급
2. '액자' 지시문('framed' prompt): 특정 상황 맥락에서의 과제 수행 지시
3. 읽기 텍스트 동반 지시문(text-based or reading based prompt): 한 단락 혹은

---

4) Faigly, Cherry, Jolliffe, Skinner(1985); Hamp-Lyons(1991); Hoetker & Brossell(1986); Ruth & Murphy(1988).

서너 쪽의 읽기 자료에 근거해 논지 파악 및 의견 제시 능력을 입증하도록 함

미국의 대학입학자격시험은 특정 화제로 제한 시간 동안 에세이를 쓰도록 하는, '날' 지시문('bare' prompt) 방식을 고수해 왔다. 그러나 최근 이러한 쓰기 시험이 학술적 문식성을 제대로 측정하지 못한다는 비판이 제기되면서, 그 대안으로 주제 관련 내용을 읽고 에세이를 작성하도록 하는(text-based or reading based prompt) 대안적 시험 방안이 모색되고 있다.5)

한국의 대학입학논술시험 역사를 보아도 1980년 이전까지 시행되었던 본고사에는 특정 화제에 대해 300~400자 내외의 글을 쓰는 '작문' 문제가 출제되었으나, 이후 점차 수험생의 고차원적 사고 능력을 평가하는 쪽으로 조정되었다. 2008년 '통합 교과형 논술'이 도입된 후, 논술은 설득과 논증을 기반으로 한 '쓰기'의 개념으로부터 독해력과 문제해결능력을 기반으로 한 '논리' 중심, 통합된 개별 교과 지식에 기초한 '논리적·비판적·창의적 사고력' 중심의 논술 개념으로 그 개념역이 확장·변용되어 왔다(원진숙, 2007: 212~213).

보통 한국어 교육과정에서 쓰기 수업은 학습자 수준에 따라 통제 작문(controlled writing), 유도 작문(guided writing), 자유 작문(free writing)의 3단계 과제 유형을 채택한다. 숙달된 쓰기 능력을 갖추지 못한 필자들은 자유 작문보다 빈칸 채우기와 같은 통제 작문 과제를 수월히 수행한다.6) 본 연구에

---

5) Plakans(2007)는 비영어모국어화자 10명(학부생 5명, 대학원생 5명)을 대상으로 '날' 지시문을 읽고 직접 쓰는 시험과, 지정된 텍스트를 읽고 쓰는 시험을 실시하였다. 그리고 시험 전후 인터뷰, 시험 중 사고 구술 조사를 하여 두 과제 활동 간 차이를 비교하였다. 해당 화제에 흥미와 경험이 있는 수험자의 경우, 쓰기 단독 과제보다 읽고 쓰기 과제에서 더 우수한 수행 결과를 보였다. 해당 화제에 대한 경험이 풍부하다면 독해 과정에서 장기 기억 중 화제 관련 정보를 활성화시킬 자극에 더 많이 노출될 수 있기 때문이다.

6) 개인의 경험과 지식에 근거해 자유로이 쓰는 과제와 짧은 글 한 편을 읽고 소감을 적는 과제, 글 세 편의 내용을 종합하여 쓰는 과제를 수행할 때 고급 필자는 자유로이 쓰는 개방형 과제에서, 중급 이하의 필자는 세 편의 글을 읽고 쓰는 과제에서 좋은 성과를 거두었다(Smith, W. L. et al., 1985: 73~89). 이러한 차이는 필자들의 쓰기 지식 수준 차이 때문이다. 중급 이하의 필자는 글을 쓰는 데 필요한 쓰기 지식이 충분하지 않으므로 제시되는 자료가 많을수록 내용 면에서 참조할 근거가 많았던 것으로 보인다.

서 수행 평가에 참여한 학습자는 한국어 중급 이상 수준의 유학생으로 아직 숙련 필자가 아니다. 이들 유학생은 참고 자료를 읽고 자신의 견해를 밝히는 보고서 쓰기 과제 수행 능력을 숙달하고 싶어 했다. 이에 본 연구에서는 유학생의 학술적 쓰기 수행 능력을 진단할 과제를 개발하는 데 Kroll과 Reid(1994)가 제안한 과제 지시문 유형 가운데, 두 개의 유도 작문 형태를 수용하였다. 즉, 학술 과제 맥락을 반영하여 학부 1학년 교양 수업의 보고서를 쓰는, '액자' 지시문 방식을 채택하였다. 그리고 학술적 쓰기 수행의 실제성을 고려하여 '읽기 텍스트 동반 지시문' 과제 유형으로 구성하였다.

3. 쓰기 숙달도 평가를 위한 수행 과제 개발

유학생이 갖추어야 할 학술적 쓰기 능력에 대한 설문 조사 결과, 전국 273명의 〈글쓰기〉 교수자는 학부 유학생이 갖추어야 할 쓰기 지식으로 학술 담론에 적합한 양식과 구조, 내용 생성 능력들을 꼽았다. 이 설문 자료에 대한 요인분석[7] 결과, 학술 담론의 양식 관련 지식은 다시 정확성과 격식성

---

7) 탐색적 요인 분석에서 요인의 수를 결정할 때는 요인의 고유값(eigen value)을 참고한다. 고유값이란 한 요인과 관련된 문항들이 요인과 공유하는 값들의 제곱합이다. 그리고 한 문항과 관련된 요인들이 개별 문항과 공유하는 값들의 제곱합으로 문항의 공통분 (communality) 값을 구한다. 즉, 측정된 문항의 값은 전체 요인과의 공통분과 무선 오차에 의한 그 문항만의 고유분으로 구성되어 있다. 전체 요인들에 대해 해당 문항이 설명하는 기여도를 일컫는 공통분이 0.7 이상인 문항이 요인 구조에 기여하는 문항이다. 따라서 한 요인에 대한 요인부하량(factor loading)이 0.3 미만이거나 전체 요인 구조에 대한 공통분 값이 0.7 미만인 문항은 삭제해서 문항의 수를 줄이고 설명 값을 높여야 한다.

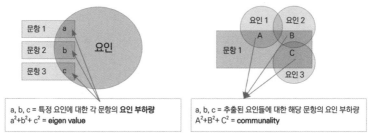

의 하위 범주로 나뉘었다.

정확성 범주에는 표지 규범, 각주 및 참고문헌 표기, 어법 및 어휘, 문체 관련 지식이 포함되고, 격식성 범주에는 서론에 연구 목적 및 필요성을 밝히는 등 단락별 기능 지식이 포함되었다. 그리고 구조의 적절성 범주에는 문장과 단락을 일관성 있게 전개하고 단락 간, 단락 내 논리적 진술 구조를 세우며 적절하게 단락을 구분할 줄 아는 문식 능력이 포함되었다. 마지막으로 내용의 창의성 범주에는 예시, 인용, 정의 단락 구성에 필요한 배경지식과 학술 공동체에 속한 독자를 고려하여 결론을 마무리하는 수사적 지식이 포함되었다(150~151쪽 〈표 9〉 참조).

대학에 갓 입학한 유학생이 학술 공동체의 기대에 부응하는 쓰기 능력을 갖추었는지 알아보려면 어떤 쓰기 수행 과제가 필요할까? 이 연구에서는 신입생의 학문 목적 한국어 쓰기 능력 숙달 정도를 알아보기 위하여, 자료 읽고 요약하기, 계획하기, 보고서 작성하기(2000자) 등으로 100분간[8]의 쓰기 수행 과제를 개발하였다.

먼저 1번 문항은 4급 수준의 읽기 텍스트를 요약하는 과제이다. 자료를 이해하고 핵심적인 요소를 찾아내어 자신의 말로 다시 써 보는 요약하기 활동은 학문적 읽기와 쓰기 능력을 통합적으로 발달시키며(이은경, 2013: vi), 학술 과제 수행 능력의 근간이 된다. 이 1번 과제 활동에는 화제에 대한 브레인스토밍 기능이 있다.

2번 문항의 '읽고 모방하기' 과제는, 자료로 제시된 학술 담론 텍스트의 구조를 모방해 대상 텍스트로부터 추론한 내용을 재조직하는 인지 활동을

---

8) Powers와 Fowles(1996)는 GRE 쓰기 평가에서 40분보다 60분을 주었을 때 쓰기 수행 능력이 향상되었음을 보고하였다. ESL 평가에서 쓰기 수행 시간과 점수는 정비례한다 (Cho, 2003). 시간제한이 있는 평가에서 숙련 필자는 여분의 시간을 더 잘 운용하기 때문에(Livingston, 1987; Simmons, 1992) 과제 수행 시간이 길수록 쓰기 수행 능력 간 변별이 용이하다. 그래서 본 연구에서는 대학 〈글쓰기〉 수업 시간 100분을 쓰기 수행 평가에 할애하였다.

기반으로 한다. 학술 과제를 성공적으로 수행하려면 먼저 과제 맥락을 파악하고 문제 해결에 적합한 전략을 세우는 절차적 지식이 필요하다. 그래서 2번의 하위 문항 (1)은 자료 텍스트의 구조 파악 (2)는 단락별 내용 요약 (3)은 개요 작성 과제로 구성하였다(〈자료 4〉 참조). 자료 텍스트의 논리적 구조를 파악하고 서론·본론·결론 내용에 대한 개요를 짜는 능력은 학술 담론 텍스트를 구성해 나가는 절차적 지식과 상관이 있다.[9]

3번 문항의 '읽고 반박하는 혹은 지지하는 글쓰기' 과제는 기존의 고급 작문 문항에서 많이 활용되어 왔다. 수험자는 상반되는 견해의 한 쪽 입장에서 쓴 글을 읽고 읽은 내용을 논박하거나, 제시된 글의 필자와는 다른 관점에서 주제에 접근하여 자기 주장을 설득적으로 전달해야 한다. 구체적인 문항 내용은 소 문항 내용의 수정 과정을 밝힌 다음 장에서 소개하겠다.

4. 소 문항 과제 개발 과정

보고서 쓰기 능력에 대한 숙달도 측정을 목적으로 구성해 본, 앞의 3개 대 문항은 세 차례 시험 사용 과정을 거치면서 다음과 같이 수정되었다.

4.1. 선행 지식 측정 문항 추가

학문 목적 한국어 학습자는 인터넷을 통해 또래 집단 사이에서 정서적 유대를 강화한다. 따라서 '신세대의 통신 언어 사용'은 수험자의 전공이나 배경지식의 영향을 최소화할 수 있는 화제라고 볼 수 있다. 하지만 2009년 당시 일반 목적 학습자를 대상으로 한 사전 시험 결과, 국적과 학력별로

---

9) 최은지(2012: 382)는 '글 쓸 내용을 마련하고 마련한 것 중에 필요한 내용을 선별하며, 선별된 내용 간 연계와 통합을 이루고, 적절하게 배치하는 방식에 대한 절차적 지식'을 '지식통합 지식'이라 명명하고, 이러한 쓰기 지식을 학문 목적 한국어 교육과정에서 집중적으로 가르칠 것을 제안하였다.

컴퓨터 매체에 익숙하지 않은 수험자가 있어 이러한 화제 관련 지식의 차이가 수행 결과에 영향을 미쳤다. 따라서 본 시험에서는 화제 관련 지식 변인을 통제하기 위하여 "한국에서 '인터넷 채팅'을 해 보았는지, 알고 있는 '채팅 용어'에는 어떤 것이 있는지"를 기술하는 문항을 다음과 같이 추가하였다.[10]

---

1. 신세대가 사용하는 통신 언어에 대한 글을 쓰려고 합니다. 다음 질문에 대답하십시오.

　(1) 인터넷에서 한국말로 채팅을 해 본 적이 있습니까? 인터넷에서 채팅을 할 때만 사용하는 표현 중에 아는 것이 있습니까? 한 두 문장으로 간단히 쓰십시오.

〈자료 1〉 선행 지식 변인 통제를 위한 추가 문항

4.2. 읽기 과제 활동 수정

본 시험을 실시하기에 앞서 한국어 능력 4급과 5급 학습자를 대상으로 세 번의 사전 시험을 실시하였는데, 수험자들은 제시된 읽기 자료의 어휘와 표현을 이해하는 데 큰 어려움을 느끼지 않고 약 20분 동안 다음 〈자료 2〉의 요약하기 과제를 완수하였다.

그러나 사전 시험에 임한 학생들과의 인터뷰 결과, 요약을 하고 나서 내용을 생성하는 과제를 이어서 수행하기가 힘들었으며, 읽으면서 쉽게 이해한 내용도 한국어로 요약해 쓰는 것은 어렵다고 토로하였다. 그래서 본 시험에서는 이 요약하기 과제를, 중심 문장 파악하기 과제로 수정하여 배경지식을 환기하는 정도로 약화하였다. 그리고 자료 텍스트의 길이도 대폭 줄여

---

10) 그러나 본 연구 대상인 53명의 학부 유학생은 사전 시험의 평가 대상과 달리, 모두 학습 도구로서 컴퓨터 매체를 익숙하게 다루었고, 본국에서는 물론 한국에서도 인터넷을 동료 간 주요 의사소통 수단으로 사용하고 있었으며, 문법 파괴와 축약 현상이 강하게 나타나는 채팅 용어를 접한 적이 있었다.

(2) 다음 글을 읽고 내용을 요약하십시오. (250자 내외)

1990년대 이후 인터넷 사용자가 폭발적으로 늘어나면서 네티즌들은 온라인 상에서 새로운 통신 언어를 만들어 쓰고 있다. 경제성과 신속성을 중요시하는 인터넷 공간의 특징 때문에 인터넷 채팅 대화방, 게시판, 이메일 등에서는 일상 언어에서 볼 수 없는 신조어들이 애용된다. 컴퓨터 통신을 할 때 음성이나 정서를 전달할 수 없다는 한계를 극복하기 위하여 N(Network) 세대는 기존의 문법 체계를 무시하고 시각적인 표현을 보충한 새로운 언어를 만든 것이다.

통신 언어는 일종의 사회 방언이다. 사회 방언이란 신분, 계급, 성별, 직업, 연령, 상황 등 사회적 여건에 따라 특정 집단 안에서만 통용되는 언어 형태이다. 예컨대 옛날 왕궁에서만 사용하던 궁중어나 현대의 의사·변호사·상인 등 특정 직업군에서 사용하는 전문 용어를 사회 방언이라 한다. 통신 언어도 사이버 세계라는 특정 공간 안에서 주로 젊은 세대들이 사용하는 언어 형태라는 점에서 사회 방언이라고 할 수 있다.

정보화 사회의 방언인 통신 언어는 다음과 같은 형태적 특징을 갖는다. 먼저 통신 언어는 음성을 담을 수 없으므로 '방가방가(반가워), 조아(좋아)'처럼 맞춤법을 파괴해 개인적인 발음 습관을 그대로 드러내기도 하고, '^^(좋음), ㅠㅠ(슬픔), :-O(놀람)'처럼 이모티콘을 써서 정서를 표현하기도 한다. 또한 채팅을 할 때 요구되는 신속성 때문에 '걍(그냥), 셤(시험), 쌤(선생님)'처럼 준말을 쓰는가 하면 'ㄱㅅ(감사), ㅈㅅ(죄송), ㅊㅋ(축하)'처럼 자음만으로 의미를 전달하기도 하고, 긴 문장을 쓸 때는 띄어쓰기를 무시하곤 한다. 이러한 통신 언어가 학생들의 일상 언어 생활에도 영향을 미치면서 세대 간 의사소통의 단절을 가속화하고 있다.

〈자료 2〉 사전 시험의 요약하기 과제 문항

독해의 인지적 부담을 낮추었다. 본 과제의 목표가 보고서 쓰기 능력 숙달도 측정이므로, 독해하기와 같은 부수적인 과제의 난이도를 하향 조정한 것이다. 화제와 관련된 선행 지식 변인 통제 문항이 추가되었으므로 다음 배경지식 환기용 과제는 1번 하위의 (2)번 문항이 되었다.

---

(2) 다음 글을 읽고 중심 문장을 찾아 밑줄을 그으십시오.

> 1990년대 이후 인터넷 사용자들은 컴퓨터 통신을 할 때 음성이나 정서를 전달할 수 없다는 한계를 극복하기 위하여 기존의 문법 체계를 무시하고 시각적인 표현을 보충한 새로운 언어를 만들었다. 이 통신 언어에서는 '방가방가(반가워), 조아(좋아)'처럼 맞춤법을 파괴해 개인적인 발음 습관을 그대로 드러내기도 하고, '^^(좋음), ㅠㅠ(슬픔), :-O(놀람)'처럼 이모티콘을 써서 정서를 표현하기도 한다. 또한 채팅을 할 때 요구되는 신속성 때문에 '걍(그냥), 셤(시험), 쌤(선생님)'처럼 준말을 쓰는가 하면, 긴 문장을 쓸 때는 띄어쓰기를 무시하곤 한다. 이러한 현상에 대해서 한국어 문법이 파괴된다고 걱정하는 사람들이 있는 반면, 대중에게 친숙한 새로운 문법이 생길 좋은 기회라고 생각하는 사람들도 있다.

〈자료 3〉 본 시험의 배경지식 환기하기 과제 문항

4.3. 계획하기 문항의 수정

사전 시험에서 2번 문항의 (1)번은 제시된 읽기 텍스트의 주제에 비판적 입장을 표명한, 또 한 편의 글을 읽고 구조를 파악하는 것이었다. 이어 (2)번에서 이 텍스트의 중심 내용을 단락별로 정리하고 (3)번에서 이에 대한 찬성이나 반대의 입장으로 개요를 작성하도록 하였다.

그러나 '비교, 대조, 나열, 인과, 예시'와 같은 단락 전개상 개념어를 잘 모르는 한국어 학습자들은 (1)번과 (2)번 문항에서 정답을 찾기 위해 고심하다가 정작 (3)번의 내용 생성을 위한 계획 수립에는 시간을 많이 할애하지 못하였다. 이에 본 시험에서는 보고서를 작성하는 3번 문항에서 화제에

2. 다음 글을 읽고 대답하십시오.

> 　21세기에 들어와 네티즌의 통신 언어는 현대인의 일상생활과 언어 사용에도 많은 영향을 미치고 있다. 일부에서는 문자 언어에 눌려 무시되던 구술 언어가 인터넷 덕분에 잃어버린 옛 지위를 회복해 가는 과정으로 보는 이들도 있다. 즉, 과학의 진보에 따라 엄청난 속도로 발전하고 있는 시대 변화에 발맞추어 언어가 진화하고 있다고 보는 것이다.
> 　그러나 통신 언어가 일상 언어로 확산되면서 생긴 사회적 문제는 한두 가지가 아니다. 첫째, 소리 나는 대로 적는 경향이 확산되면서 초등학교 고학년이나 중학생이 되어도 맞춤법을 잘 모르는 아이들이 많아졌다. 둘째, 통신 언어를 사용하는 청소년들 사이에 비속어가 빠른 속도로 유행하면서 한국어의 존대법 규칙이 무너지고 있으며 이는 어른을 공경하지 않는 사회 풍조로 통한다. 셋째, 축약어와 유행어가 잘 통하지 않는 기성세대와의 대화 자체를 기피하는 청소년이 늘어나면서 세대 간 의사소통 단절 양상이 심화되고 있다.
> 　청소년은 우리의 미래이다. 이들이 사용하는 언어는 장차 우리 사회의 공용어가 된다. 하지만 언어는 단순한 의사소통의 수단만이 아니다. 언어에는 그 사용자들을 하나로 묶는 힘이 있다. 그런데 일부 집단이 사용하는 비문법적 표현이나 유행어에 익숙하지 않다고 해서 우리 사회의 특정 세대 및 집단을 소외시킨다면 계층 간 불화가 커져 큰 사회 문제를 일으키게 될 것이다. 따라서 더 늦기 전에 정부는 청소년의 무분별한 통신 언어 사용을 적절히 규제할 제도적 장치를 마련해야 한다.

(1) 위 글의 본문은 어떤 구조를 사용하고 있습니까? 다음에서 골라 아래 도표의 빈 칸 (1)　　　　　에 쓰십시오.

비교	대조	나열	인과	예시

(2) 위 글의 내용을 다음 도표 안에 단락별로 정리하십시오.

(1)　　　　　

1	
2	
3	

(3) 위 글에 대한 자신의 의견을 쓰기 위해 필요한 구조를 사용해 주장할 내용을 정리하십시오.

〈자료 4〉 사전시험의 계획하기 과제 문항

대한 찬반 논지의 텍스트를 모두 소개함으로써, 과제 수행 계획을 전반적으로 세우고 개요 수립에 집중할 수 있도록 문항 내용을 수정하였다.

〈자료 4〉는 읽기 텍스트의 구조를 파악하고 개요를 작성할 수 있는가를 측정하기 위한, 사전시험의 계획하기 문항이다. 이 글은 통신 언어 사용에 대해 부정적인 입장에서 기술되었다.

수정한 2번 문항의 (1)번은 한국어 학습자에게 익숙한 '문장 완성하기' 과제로서, 전체 글의 계획을 수립하는 활동이다. 대학에 갓 입학한 유학생이 보고서 양식에 익숙하지 않음을 감안하여, 연구 대상과 연구 목적을 밝힌 〈보기〉 문장을 예시하고 그 양식에 따라 자신의 보고서 주제에 맞게 문장을 완성하도록 하였다. 지시문은 학부 1학년 교양 강의에서 보고서를 작성하는 과제 상황을 설정하여 '액자' 지시문의 유형을 따랐다.

---

2. 〈디지털시대 보고서 쓰기〉라는 수업에서 보고서를 써야 합니다. 그래서 '신세대 통신 언어 사용의 현재와 미래'에 대한 글을 쓰려고 합니다.

(1) [보기]와 같이 빈 칸에 알맞은 문장을 쓰고 '신세대 통신 언어 사용의 현재와 미래'에 대한 보고서를 어떻게 쓸지 계획을 세우십시오.

보기 제목: 인터넷 신조어의 문화적 기능	제목: _____
1) 나는 요즘 신세대가 날마다 사용하는 신조어 이해 능력이 또래 문화 형성에 긍정적으로 기여하는 점에 대해 이야기하고자 한다.	1) 주제 제시: 나는 _____ _____에 대해 이야기하고자 한다.
2) 인터넷에서 신조어를 사용하는 사람들끼리 어떻게 친해지는가를 알고 싶기 때문이다.	2) 질문 작성: (누가/누구를/무엇을/언제/어디서/왜/어떻게) _____ _____가를 알고 싶기 때문이다.
3) 이러한 논의를 통하여 이 글에서는 신조어가 가진 문화 형성 기능을 설명하고자 한다.	3) 논증의 목적: 이러한 논의를 통하여 이 글에서는 _____고자 한다.

〈자료 5〉 본 시험의 문제 해결 전략 수립 과제 문항

이어 〈자료 4〉의 구조 파악 문항을 수정하여, '비판-주장하기', '비교-분석하기', '문제 진단-대책 제시하기' 가운데 하나의 구조를 완성하도록 개요 표를 제시하였다. 이 과제 수행의 결과는 긴 글을 써야 하는, 이어지는 과제에서 본문의 구조가 된다. 글의 목적을 명료히 하고 개요를 작성하는 2번 문항 활동을 통해 수험자는 적절한 전략에 따라 전체 글의 구조를 조직하는 능력을 입증한다. 다음은 개요를 작성하도록 수정된 (2)번 문항이다.

---

(2) 다음 1)부터 3)까지 세 개의 표 중에서 <u>하나를 골라</u> '신세대 통신 언어 사용의 현재와 미래'에 대한 글의 개요를 세우십시오.

1) 비판-주장하기	2) 비교-분석하기	3) 문제 진단-대책 제시하기
무엇을 비판하고 주장할 것인가?	무엇을 비교·분석할 것인가?	무엇이 문제인가?
비판 1:	비교 1:	어떤 대책이 가능한가?
근거: / 주장:	같은 점: / 다른 점:	첫째,
비판 2:	비교 2:	둘째,
근거: / 주장:	같은 점: / 다른 점:	셋째,
비판 3:	비교 3:	그리고
근거: / 주장:	같은 점: / 다른 점:	마지막으로

〈자료 6〉 본 시험의 개요 작성 과제 문항

4.4. 보고서 작성하기 문항 수정

사전시험에서 '통신 언어'를 화제로 보고서를 작성하라는 지시문이 모호해서, 수험자들이 글의 내용을 창조적으로 구성하거나 종결 어미를 문맥에 맞게 선정하는 데에 오류가 있었다. 그래서 대학의 교양 강의 수업 중 부과된 보고서로 지시문의 과제 맥락을 구체화하였다.

그리고 학술 담론 장르의 주요 담화 관습 중 하나인 각주 표기 과제 활동

3. 〈디지털시대 보고서 쓰기〉라는 대학 교양 과목의 보고서로 제출할, '신세대 통신 언어 사용의 현재와 미래'에 대한 글을 쓰십시오. (A4 2장, 2000자 내외, 1번과 2번의 답안 내용을 보고 쓸 수 있습니다.)

※ 반드시 다음 두 글 가운데 하나 이상을 인용하고 나서 각주를 달고, 보고서의 끝에 〈참고문헌〉으로 정리해야 합니다.

• 언어를 비롯해 모든 규범은 시대 환경에 따라 바뀔 수 있다는 생각

"물질적 조건의 변화는 사회적, 문화적 변화를 불러오고, 사회적, 문화적 변화는 또 다시 언어에 대한 규범의식에도 상당한 변화를 불러온다. 그러므로 오늘날 인터넷 활동을 통한 언어 형식의 다양한 표출은 대단히 폭넓은 역사적 흐름의 변화 현상 가운데 하나라고 볼 수 있다."

(김하수, 「인터넷과 우리말」, 『문제로서의 언어』 1, 커뮤니케이션북스, 2008, 151쪽)

• 언어는 같은 언어를 사용하는 사람들의 세계관을 담은 것이므로 시대 환경에 따라 바뀔 수 없다는 생각

"언어는 세계 속의 사물을 가리키는 단순한 기호가 아니다. 세계를 창조하는 것, 즉 의미론적으로 나누는 것 자체가 언어의 일이다. 언어가 다르면 세계를 다른 식으로 나누고 그리하여 세계를 다른 눈으로 보고, 다르게 느끼고, 다르게 체험하게 된다."

(진중권, 「복거일 당신은 '멋진 신세계'를 꿈꾸는가」, 『말』, 1999.1, 23쪽)

※ 다음 페이지부터 보고서를 쓰십시오. (A4 2장, 2000자 내외)

〈자료 7〉 본 시험의 보고서 쓰기 과제 문항

을 추가하였다. 인용한 내용을 격식에 맞게 참고문헌으로 정리하는가 여부도 평가 대상으로 삼았다. 참고 자료로 제시한 텍스트는 언어를 가변적인 것으로 보는 입장과 불변적인 것으로 보는, 두 상반된 언어관에 대해 소개하고 있다. 화제의 친밀함 정도나 요약하기와 관련된 인지적 능력 변인을 최소화하기 위해서 인용 자료의 내용을 요약해 제시하였다.

이상의 내용을 요약하자면, 본 쓰기 수행 과제는 첫째, 제시된 자료를 읽고 중심 문장 찾기, 둘째, 글을 쓰기 위한 계획을 세우기, 셋째, 참고자료로 제시된 두 글을 맥락에 맞게 인용하며, 화제에 대한 의견을 표명하기로 구성되었다. 그리고 이전 문항에서 요약하거나 논증한 내용을 최종적인 글의 일부로 구성할 수 있도록 문항 간 연계성을 고려하였다. 그러면 수험자는 시험 시간을 경제적으로 사용할 수 있을 뿐만 아니라 답안을 작성하면서 보고서를 쓰는 과정 또한 익혀 가는 학습 효과도 거둘 수 있다. 본 시험의 문항 구성 내역을 도표로 제시하면 〈표 1〉과 같다.[11]

〈표 1〉 유학생의 쓰기 수행 능력 평가 문항 구성

문항		급	기능	과제	어휘	시수
1	(1)	A4	변인 통제	인터넷 채팅 경험 유무를 밝히고 알고 있는 채팅 언어를 간단히 기술한다.	중학교 학습을 이수한 정도의 기본 어휘 지식	800 시간
	(2)		배경 지식	한 편의 읽기 자료에서 중심 문장을 찾는다.		
2	(1)	A5	계획	글의 화제와 목적 등을 문장으로 완성한다.	고교 학습을 이수한 정도의 중등 어휘 지식	1000 시간
	(2)		개요 작성	자신의 의견을 개진하기에 적당한 계획표를 선택해 개요를 작성한다.		
3		A6	보고서 쓰기	제시된 자료를 적절히 인용하면서 서론, 본론, 결론을 갖춘 한 편의 보고서를 작성한다.	대학의 교양과목 수강에 필요한 어휘 지식	1200 시간

---

11) 본 숙달도 기준에서 A4급은 기본적인 학술 과제를 수행하는 데 필요한 최소 자격이다. 이는 유럽공통 언어참조기준(Common European Framework)에서 대학 입학 기준으로

5. 쓰기 수행 평가 사례 분석

본 과제 문항을 제공하여 2009년 1학기에 A대학교 신입생 교양 과목인 〈기초 글쓰기〉 수업으로부터 보고서 샘플 30개를, 2010년 1학기에 B대학교 신입생 교양 과목인 〈사고와 표현〉 수업에서 시험 답안 샘플 23개를 얻었다.12) 이들 학부생 53명은 2학년 2명, 3학년 2명, 4학년 1명을 제외한 48명이 모두 1학년 1학기 학생이며 국적도 다음 〈표 2〉와 같이 다양하나, 중국 유학생이 가장 많았다. 한국어 능력 분포는 다음 〈표 3〉과 같다.

<표 2〉 유학생의 국적 분포

국적	인원 수
중국	35
한국(재외국민)	7
러시아	2
몽골	2
말레이시아	1
방글라데시	1
필리핀	1
파라과이	1
폴란드	1
설문 응답자 수/총인원	51/53

<표 3〉 유학생의 한국어 능력 분포

TOPIK 한국어 능력	인원 수
2급(공학부 전공)	3
3급(인문학부와 경영학부 전공)	2
4급	16
5급	15
6급	9
외국 거주 10년 이상 재외 국민	7
설문 응답자 수 총인원	52/53

53개 쓰기 샘플은 10개 문항 3등간 척도로 평가되었다.13) 한국어 강사

제시한 B2급에 해당한다. 교양 과목을 수강할 수 있을 정도의 어휘 수준과 담화역 (register) 이해도가 있으면 A5급, 내국인의 도움을 받아 전공 강의를 들을 수 있는 수준은 A6급이며, 이는 각각 CEF의 C1, C2급 등급 기준에 해당한다.

12) 동일 수험자가 두 개 과제를 모두 수행하지 않았으므로 보고서와 시험 답안 형태로 제시하였을 때 수험자가 느끼는 난이도 차이를 비교할 수 없었다. 단, 보고서 과제에서 인터넷 활용이 가능했으므로 분량이 늘어나고 표절이 많아지는 현상을 확인하였다.

4명과 글쓰기 강사 3명, 글쓰기 전공생 1명, 한국어교육 전공생 1명 등 총 9명이 채점하였다. 이들의 교육 경력은 다양하나 모두 유학생의 쓰기 과제를 채점한 경험이 있고 6명은 5년 이상의 유학생 교육 경력이 있었다.

채점 결과 분석적 평가(30점 만점)의 평균이 16.92점, 최솟값은 9.22점, 최 댓값은 23.56점이었다. 총체적 평가(3점 만점)에서도 평균이 1.63점, 최솟값은 0.11점, 최댓값은 2.67점으로 정규분포를 보였다.[14] 구체적으로 구조의 적절성 평균 값이 가장 높고(5.54점/9점), 양식의 격식성 평균 값(3.22점/6점)이 낮았다. 이로써 유학생이 습득한, 보고서의 구조 관련 쓰기 지식은 학술 공동체의 기대 수준에 대체로 부합하고 있음을 알 수 있다.

하지만 양식의 격식성 범주 점수가 낮다는 것은 학문 목적 한국어 교육에서 학술 장르를 제대로 가르치지 못했음을 보여준다. 양식의 격식성 범주에 해당하는, 보고서의 서론을 격식에 맞게 작성하는 능력은 집중적인 학술적 쓰기 교육에서 단락 쓰기 과제를 통해 가장 빨리 숙달할 수 있기 때문이다.

양식적 정확성 점수 평균은 4.52점(9점 만점)으로 구조의 적절성 평균 5.54점(9점 만점)에 이어 두 번째로 높은 점수를 기록하였다. 어법의 정확성을 위주로 교육하는 일반 목적 한국어 쓰기 교육에서 4급 이상의 과정을 수료한 유학생에게는 일정 수준의 어법 및 어휘, 문체 관련 쓰기 지식이 있었다. 그러나 양식의 격식성 점수 평균은 3.22점(6점 만점)으로, 창의적 내용 생성 점수 평균인 3.65점(6점 만점)보다 낮다. 이러한 결과에서 유학생에게 서론·본론·결론의 주요 담화 표지와 기능 등 학술 담론 규약을 집중적으로 가르칠 필요를 확인할 수 있다.

---

13) 구조의 적절성(논리성, 응집성, 단락 구분), 양식의 정확성(표지, 인용 방식, 어법·어휘·문체), 양식의 격식성(연구목적 및 필요성, 도입 단락), 내용의 창의성(수사적 마무리, 배경 지식 활용). (160~161쪽 〈표 9〉 참조.)

14) 총체적 평가의 기준은 보고서 과제를 A~B학점 정도로 수행할 수 있다고 생각되면 3점, C 수준이면 2점, D 수준이면 1점, F 수준이면 0점을 주는 인상 평가였다. 총체적 평가와 분석적 평가는 유사한 경향을 보였는데 분석적 평가 점수가 총체적 평가 점수보다 약간 낮았다. 평가 척도 선정 절차와 채점자 간 일치도 등 본 채점 과정에 대한 상세한 보고는 김성숙(2011나)을 참조할 수 있다.

〈표 4〉 유학생의 준거 요소별 쓰기 수행 능력 양상

유학생(N=53)	최솟값	최댓값	평균	표준편차
구조의 적절성	2.11 (26)	8.11 (21, 22)	5.54	1.53
양식의 정확성	1.78 (13)	7.56 (45)	4.52	1.36
양식의 격식성	1.11 (53)	5.78 (25)	3.22	.93
내용의 창의성	.67 (26)	5.78 (8)	3.65	1.04
분석적 총점	9.22 (26)	23.56 (22)	16.92	3.38

( ) 안의 숫자는 해당 쓰기 샘플의 일련번호임

다음 절에서는 쓰기 수행 능력 총점에서 최고점과 최저점을 보인 쓰기 샘플을 예시하여, 유학생이 학술적인 글의 구조와 양식, 내용에 대해 가지고 있는 쓰기 수행 능력의 구체적 양상을 살펴보고자 한다.

5.1. 최고점 보고서 사례

22번 보고서는 통신 언어의 장점과 단점을 비교하여 구조의 적절성 영역에서 8.11점(9점 만점)을 받았다. 제시된 2개의 글을 맥락에 맞게 인용하면서 각주 형식도 지켜 격식성 범주에서도 5점(6점 만점)의 높은 점수를 받았다. 그리고 정확성 범주에서 6.44점(9점 만점), 내용의 창의성 범주에서 4점(6점 만점)을 받아 총점 23.56점(30점 만점)으로 유학생 53명 가운데 최고 점수를 기록하였다. 다음은 22번 시험 답안 전문이다.

신세대 통신 언어 사용의 현재와 미래

신세대 통신 언어는 이제 신세대의 것만이 아니다. 인터넷에 신속성에 맞춰 만들어진 신조어들이 텔레비전에도 자주 나오기까지 이르렀다. 중년층의 연예인들이 통신언어의 뜻을 알아맞추거나 자막으로 나오는 것은 이제 놀랄 일도 아니다. 이렇게 일상이 되어버린

통신언어는 장단점 모두 갖고 있다. 하지만 현재의 모습대로 가다가는 심각한 미래를 초래할 수 있다. 과연 신세대 통신언어의 장단점 무엇이고 미래는 어떨 것인가 알아보겠다.

통신언어의 장점으로는 사람들 스스로가 자신들이 누리는 공간의 효율성을 확대시켜 문화 또는 언어를 만들었다는 것이다. 이렇게 능동적으로 자신의 세계를 만드는 것은 긍정적인 현상이자 통신언어의 장점이다. 진중권이 "언어는 세계 속의 사물을 가리키는 단순한 기호가 아니다. 세계를 창조하는 것, 즉 의미론적으로 나누는 것 자체가 언어의 일이다. 언어가 다르면 세계를 다른 식으로 나누고 그리하여 세계를 다른 눈으로 보고, 다르게 느끼고 다르게 체험하게 한다"[1]고 한 것처럼 통신언어는 네티즌들로 하여금 새로운 세계를 느끼게 하고 있으니까 말이다.

반면에 통신언어의 단점으로는 통신언어가 젊은 층만의 세계를 형성하기 때문에 통신언어를 쓰지 않는 사람들은 소외 당하고 또 세대간 의사소통의 단절을 부른다는 것이다. 앞에서도 말했듯 남녀노소 보는 텔레비전에 통신언어가 나오면 그걸 쓰는 사람들밖에 공감을 못한다. 이렇게 통신언어가 속하는 사이버 세계가 아닌 현실 세계에서까지 쓰이면 사회적으로 세대간의 단절을 부르기 때문에 결코 좋은 영향이라고는 볼 수 없다.

통신언어의 단점의 문제는 무절제한 사용이다. 복거일은 "언어는 도구다. 언어가 사람에게 아무리 중요하다고 해도, 그리고 모국어가 우리에게 아무리 소중하다고 해도, 언어가 도구라는 사실은 바뀌지 않고 그것을 신처럼 모시는 점은 비합리적인 것이다"[2]라고 했는데 바로 언어가 도구이고 계속해서 바뀌기 때문에 무절제한 사용이 한글을 붕괴시킬 수 있기 때문에 위험한 것이다. 언어를 신처럼 모시는 것이 아니다. 언어에서 파생된 사회 방언의 일종이어야 하는 통신 언어가 언어를 위협하고 있고 또 통신 언어는 사이버 세계의 특수성에 근거하여 존재하는 것으로 모든 사회에 적용될 수 없기 때문이다.

사회적 여건에 따라 특정 집단 안에서만 통용되는 언어 형태인 사회 방언의 한 예는 의사들의 의학 용어들을 들 수 있다. 이런 의학 용어들이 보통 사람들의 일상 대화에 아무렇지도 않게 쓰인다고 한다면 그게 말이 되겠는가? 사회 방언의 개념과 대립된다고 볼 수 있다. 그리고 사회방언의 한 종류이지만 현실 세계를 넘나드는 통신언어의 무절제한 남용은 통신언어가 가지고 있는 네티즌의 창조적인 문화라는 장점을 잃게 된다. 세대간의 의사소통 단절이라는 심각한 사회 현상부터 시작해서 지금까지의 남용이 이어진다면 한글이 통신 언어로 대체될 날이 올지도 모른다.(1600자)

---

1) 진중권, 「복거일, 당신은 '멋진 신세계'를 꿈꾸는가」, 『말』, 1999.1, 23쪽.
2) 김하수, 「21세기를 어떻게 맞을 것인가」, 『국제어 세대의 민족어』, 문학과지성사, 1998, 72쪽.

〈자료 8〉 구조의 적절성 및 총점 최고점 시험 답안 전문

5.2. 최저점 보고서 사례

구조의 적절성 범주에서 2.11점(9점 만점)으로 가장 낮은 점수를 받은 26 번 보고서는 논리적 진술 구조가 전혀 없다. 주제에 대해 비판적으로 분석한 새로운 내용도 없어서 내용의 창의성 범주에서도 0.67점(6점 만점)의 최저 점수를 받았다. 그리고 어법 및 어휘, 문체의 정확성 범주에서 3.89점(9점 만점), 단락의 격식성 범주에서 2.56점(6점 만점)을 받아 총점도 9.22점(30점 만점)으로 가장 낮다. 다음은 26번 보고서의 전문이다.

제목 오른쪽의 작은따옴표는 제목 표기 규약에 어긋나고 학번과 이름이 없으며 줄을 띄워 제목과 본문을 구분하지 않았다. 또한 제목은 10pt 바탕체로, 본문은 12pt 맑은 고딕체로 작성하여 텍스트 요소 간 위계가 맞지

신세대 통신 언어 사용의 현재와 미래'

1990년대 이후 네티즌들은 새로운 통신 언어를 만들어 쓰고 있다.일상생활 중 새로운 통신 언어를 많이 듣고 쓴다. 젊은 세대들은 메시지랑 채킹할대 거의 새로운 통신 언어를 쓰다.이러한 통신 언어가 학생들의 일상 언어생활에도 영향을 미치면서 세대 간 의사소통의 단절을 가속화하고 있다.

하지만 젊은 세대들은 새로운 통신 언어를 쓰면 정통 문화를 잊을 수도 있다. 젊은 세대들은 정하게 단어의 의미랑 사용방법을 몰르다.펼소 쓸대 건당하게 편게 단어를쓰다. 점점 익숙하니까 정하는 것을 잊다. 선생님들은 정하게 단어랑 사용방법 가르치줘다. 그리고 선생님들은 통신 언어싸용금지.어떤 선생님들 또 새로운 언어를 쓰다. 학생들은 정한것 배울 수 없다.

새로운 일을 나오무렵 새로운 단어를 나오다. 그래서 나중에 사람들은 새로운 단어를 잊을 수 있다. 이런 단어를 오래 싸용 할수 없다.그래서 왜 이런 단어를 써요? TV, 신문중에서 새로운 언어를 자주 나오다. 청소년들이 쉽게 배울수 있다.그래서 청소년들은 못 배우기 위에서 TV, 신문에서 새로운 언어를 나오는 것 금지.

정통 문화를 정통을 되 수있는 이유는 그것을 내용있고 의미또 있다.새로운 통신 언어는 다 핑요없는 것이 아니고 어떤 새로운 언어는 의미 있으면 격수 쓰는 것 또 있어요.

그래서 우리 지금 쓰는 언어를 시대에 따라 바뀔 수 있다.

젊은 세대들은 건당한 언어를 쓰면 머리 점점 건당하게 되 고 사고 방시또 건당하게 됐다.사회인 사고 방시 건당하기 데문에 사회 발전하기 어렵다.

〈자료 9〉 구조의 적절성, 내용의 창의성 및 총점 최저점 보고서 전문

않으며 들여쓰기 등의 단락 구분 원칙도 준수하지 않았다. 전반적으로 학술 과제 수행 능력이 부진하므로 집중적인 쓰기 교육과정에서 학술 장르의 기본 규범부터 학습할 필요가 있다.

6. 쓰기 수행 과제 개발 연구의 의의

학문 목적 한국어는 기본적으로 강의 상황에서 구사되며, 주로 강의 듣기, 수업에서 프레젠테이션하기, 강의 내용과 관련된 참고 문헌 읽기, 보고서 쓰기의 네 가지 형태로 구현된다. 그러나 실제 과제 국면에서는 이 네 가지 형태가 통합적으로 수행된다. 이번 연구에서는 대학이라는 학술 공동체에 갓 입학한 유학생이 가진, 학술적·인지적 의사소통 능력 숙달도를 측정하기 위하여 학문 목적 한국어 쓰기 수행 과제를 개발하였다.

본 평가 문항은 학술 과제를 수행하는 일반적인 과정에 따라, 제시된 읽기 자료를 비판적으로 해석하고 글의 전개 흐름에 맞게 참고 자료를 인용해 주석을 달 수 있는가를 측정하는 소 문항들로 구성되었다. 그리고 2개 대학의 유학생 53명이 실제로 수행한 과제 사례를 보고하였다. 이렇게 문어적 문식성을 공유하는 학술적 맥락의 읽기와 쓰기 수행 능력을 함께 평가하는 것은 다음과 같은 세 가지 이유에서 타당하다.

첫째, 읽기와 쓰기 능력은 활자화된 문자를 매개로 한다는 점에서 유사하다. 인간은 새로운 정보를 저장하고 필요한 정보를 소환·적용하는 데 동일한 인지 구조를 작동시킨다. 그래서 폭넓은 읽기 활동을 통해 배경지식을 늘리면 작문의 내용 수준에도 질적인 변화를 일으킬 수 있다. 또한 글을 쓰기 전에 개요를 짜 보는 훈련은 읽기 텍스트의 단락별 주제를 찾고 전체 구조를 파악하는 데에도 도움이 된다. 따라서 쓰기와 읽기의 언어 기능이 갖는 상관성을 학술 과제 수행 평가 맥락에 반영할 필요가 있다.

둘째, 학술적 글쓰기는 선행 연구 성과를 정리하고 문제를 제기하는 데에서 출발하므로 글을 쓰는 과정에서 기존 자료에 대한 분석 절차를 빼놓을 수 없다. 현행 한국어 쓰기 능력 평가 상황에서는 수험자가 제한된 시간 안에 선행 지식의 유무와 상관없이 출제자가 정한 주제로 글을 써야 하므로 학술적 쓰기 과제 맥락의 실제성이 떨어진다. 하지만 대학에서는 읽기 자료나 강의 수강, 교실 내 그룹 토의 등 글을 쓰는 데 참고할 자료를 미리 제시하여, 특정 주제로 글을 쓰기 전에 주제 관련 스키마를 활성화한다. 평가 국면에서 이러한 학술 과제 맥락을 완전히 반영하기는 어렵지만, 미리 편집된 읽기 자료를 제시하면 실제적 과제 맥락을 부분적으로 반영할 수 있다.

셋째, 읽기와 쓰기 능력을 함께 측정할 경우 상보적인 언어 기술을 따로 측정하는 데서 오는 시간 낭비와 수험자 피로도를 줄일 수 있다. 2014년 7월 이전까지 시행된 과거 한국어능력시험의 쓰기 평가 문항에도 제시된 자료를 읽고 문맥에 합당한 표현을 고르거나 써야 하는 문제가 많았다. 제시된 읽기 자료를 인용해 가며 논증적인 글을 쓰도록 유도한 본 수행 과제는 이러한 선행 평가 사례와 함께 읽기와 쓰기 능력 간에 상관이 있다는 선행 연구 성과를 반영한 것이다.

본 쓰기 수행 평가 문항은 유학생을 위한 대학 〈기초 글쓰기〉 수업의 진단 평가 도구로 개발되었다. 본 수행 과제 문항은, 국내 대학 입학 자격을 취득하였어도 학술 과제 수행에 어려움을 느끼는 유학생의 문제를 체계적으로 진단하여 수준별 처방에 내리는 데 참조 기준을 제공할 것이다. 또한 동일한 난이도의 유사 문항을 개발하여 성취도 평가 도구로 활용하면 학술적 쓰기 과제 수행 능력의 성장 정도도 확인할 수 있을 것으로 기대된다.

이 장에서는 보고서 쓰기 과제를 개발한 과정에 대해 살펴보았습니다. 다음 문제를 풀면서 본문의 중심 내용을 정리하고 새로운 쓰기 과제를 개발해 봅시다.

1. 본문 이해

1) 대학의 글쓰기 과목 교수자들이 유학생의 보고서를 평가할 때 중요하다고 생각하는 평가 기준 네 가지는 무엇입니까?

2) 과정 중심 쓰기 교육을 할 때 어떤 수행 과제 활동이 필요합니까?

3) 학문 목적 한국어 능력 시험에서 읽기와 쓰기 능력을 함께 평가할 수 있는 이유는 무엇입니까?

2. 수행 과제

1) 한국어능력시험(TOPIK)의 최신 쓰기 문제를 검색해 보고 다음 문항 구성표를 채워 봅시다.

〈한국어능력시험의 쓰기 문항 구성표〉

문항 번호	급	기능	과제	어휘	교육 시수

2) 한국어 학습자가 작성해야 할 쓰기 텍스트의 종류를 급별로 정리해 봅시다.

한국어 능력	쓰기 텍스트 유형
초급	
중급	
고급	

3) 다음 쓰기 과제의 성격과 독자 유형에 따른 의사소통 기능 범주 도표에 더 추가할 기능이 있는지 생각해 봅시다.

〈표 5〉 과제의 성격과 독자 유형에 따른 의사소통 기능 범주(김성숙, 2011가: 20)

정보 전달 ↑	① 사적 정보 전달 답장하기 메모하기 추측하기	소개하기 요약하기	② 공적 정보 전달 공지하기 기사 작성하기 답변하기 조사 보고하기 설명하기 탐구 보고하기 안내하기 실험 보고하기 메모하기 홍보하기 기술하기 분류하기 명령하기 광고하기
	변명하기, 충고하기, 조언하기	추천하기	논증하기, 추론하기
↓ 의사 표현	③ 사적 의사 표현 축하하기 불평하기 위로하기 사과하기 안부 묻기 칭찬하기 격려하기 용서하기 부탁하기 거절하기 감상하기 약속(취소, 연기)하기	요청하기 의뢰하기 제안하기 주장하기 설득하기 금지하기 계획하기 경고하기	④ 공적 의사 표현 청구하기 연설하기 건의하기 사퇴하기 논평하기 항의하기 계약(해지)하기
기능 ╱ 독자	개인 ←		→ 사회

4) 다음 사항을 고려하여 쓰기 과제를 구상하면서 아래 문항 구성표를 채워 봅시다.

√ 교육과정 중 어느 시점에 치를 평가인가?

√ 응시 대상 등급은?   √ 문항 수는?

√ 문항 유형은?   √ 응시 소요 시간은?

√ 목표 숙달 기능은?   √ 평가와 피드백 방법은?

〈쓰기 문항 구성표〉

문항 번호	급	기능	과제	어휘	교육 시수

3. 더 생각해 볼 거리

1) 대학의 〈기초 글쓰기〉 수업에서 본문 〈자료 7〉의 과제로 학기 초에 진단평가를 실시한 후 한 학기 동안 보고서 작성하는 방법과 절차에 대한 강의를 하였다면, 학기 말에 수강생의 학술적 쓰기 능력 향상을 측정하기 위해 어떤 형성평가 문항이 필요할지 생각해 봅시다.

2) 한국어 쓰기 과제 수행 결과를 효과적으로 피드백하는 방법에 대해 생각해 봅시다.

3) TOPIK 등 다양한 한국어능력시험의 말하기 문제를 검색해서 수행 과제의 1)~4) 틀에 맞게 정리하고서 새로운 말하기 과제를 구상해 봅시다.

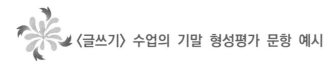

〈글쓰기〉 수업의 기말 형성평가 문항 예시

다음 자료를 참고하여 '한류 확산을 위한 K-팝 가사의 개선 방안'에 대한 여러분의 의견을 근거를 들어 주장하십시오.(A4 2매 이상)

> 요즘 한국 가요에는 "난 드디어 Wake up 수면 위로 … 이젠 Upgrade 다음 단계로 나가 … 드디어 우리 Time for romance … 이제는 Have a good time.(슈퍼주니어 'sexy, free&single')"처럼 한국어와 외국어가 마구 섞여 있는 가사가 많다. 젊은이들은 가사 내용보다 리듬을 위주로 듣기 때문에 이런 어법 파괴에 별로 신경을 쓰지 않는 편이다. 그러나 청소년들이 나쁜 영향을 받을 수 있다고 걱정하는 사람도 적지 않다. 한국 가요에 한국어나 외국어가 어법에 맞지 않게 쓰이는 것에 대해 여러분은 어떻게 생각하는가?

대중가요 가사, 도 넘은 한국어 테러

문장 앞뒤 안 맞기는 예사, 의성·의태어와 외국어도 넘쳐…
빠른 리듬 맞추려니 가사 뭉개져
"K팝 번역해 듣는 해외 팬에게 부끄럽지 않은 노랫말 선보여야"

'이게 도대체 무슨 말이야?'
요즘 대중가요를 듣다보면 이런 생각을 갖게 되는 경우가 허다하다. 심지어 '한국 사람이 작사한 게 맞느냐'는 반응까지 나온다. 정체불명의 괴상한 노랫말 때문이다.
최근 컴백한 여성 댄스그룹 '천상지희—다나&선데이'의 신곡 '나 좀 봐줘'의 가사를 보자. '아담의 갈비뼈를 뺐다구? 진짜 빼야 될 사람 나인데, 내 허리 통뼈 이대론 안 돼'로 시작한 노래는 '소주는 싫어, 잔이 작아 얼굴 더 커 보이잖아' '이 밤을 불태워버릴 우리만의 100분 토론!'으로 끝난다. 도통 앞뒤가 맞지 않아 "최악의 가사"라는 혹평(酷評)이 쏟아졌다.

▲ 일러스트=이철원 기자 burcuck@chosun.com

'티아라'의 히트곡 '야야야'에서는 아예 완성된 문장을 찾아볼 수가 없다. '오 오 오' 'Yo ma Yo ma Lova Lova Yo ma Yo ma Supa Nova U Hee U U Hee' 등 국적 불명의 주문을 연상케 하는 감탄사로 넘실댄다. 이처럼 이해할 수 없는 문장과 비유, 말도 안 되는 내용과 해괴한 조어(造語), 엉터리 외국말로 뒤범벅된 대중가요가 넘쳐나고 있다. '한국어 테러'가 따로 없다는 지적이 지나치지 않을 정도다.

◆ 엉터리 가사 3종 세트

엉터리 가사는 크게 나눠 ▲뜻을 이해하기 어려운 난해(難解)한 가사 ▲알아듣기 힘든 의성어·의태어가 가득 찬 가사 ▲엉터리 조어와 외국말로 넘치는 가사의 세 부류로 나눌 수 있다.

인기 걸그룹 f(x)가 올여름 내놓은 '피노키오'의 가사는 '난 지금 Danger 한 겹 두 겹 페스추리처럼 얇게요 Danger 스며들어 틈 사이 꿀처럼 너는 피노키오' 등 한국어와 외국어로 뒤범벅돼 있다. 이 그룹의 다른 곡 '핫 서머'는 '도저히 이렇게는 더 안 되겠어, 내가 어떻게든 좀 손보겠어. … 땀 흘리는 외국인은 길을 알려주자. 너무 더우면 까만 긴 옷 입자' 등 앞뒤가 맞지 않는 말들로 채워져 있다.

'제국의 아이들'의 노래 '마젤토브'는 생소한 유대어(Mazeltov·행운을 빕니다)까지 동원했다. '마젤토브 힘내봐. 마젤토브 웃어봐. 먼데이 튜스데이 웬즈데이 설스데이 프라이데이 … Mad Time Right, Everybody 손잡고 방방 뛰어….'

걸그룹 달샤벳의 '수파두파디바'는 '수파파 두파파 수파두파 라라 디바바 디바바 수파붐 수파파 수파파 수파두파 라라 디바바 디바바 수파붐 붐붐붐 누가 날 좀 물로 적셔줘요', 혼성 아이돌그룹 '남녀공학'의 '삐리뽐 빼리뽐'은 '삐리뽐 빼리뽐 아아아아아아아 삐리뽐 에에에에에에에 빼리뽐 아아아아아아아 삐리뽐 에에에에에에에'처럼 암호 같은 가사를 담고 있다.

◆ "튀려다 망쳐버렸다"

왜 이런 일이 벌어졌을까. '카라' 등이 소속된 DSP 윤홍관 이사는 "신곡 발표 후 4주만 돼도 '식상하다'는 소리를 듣는 상황에서 제작자들이 어떻게든 남보다 튀는 코드와 리듬, 색다른 가사를 써야 한다는 강박에 빠지게 됐다"고 했다. "불규칙하고 빠른 가락에 가사를 억지로 끼워 맞추다보니 노랫말이 뭉개지고 이상한 신조어가 끼어드는 것"이라는 설명이다.

더 심각한 문제는 이런 엉터리 노랫말에 대한 법적·제도적 감시·정화(淨化) 장치가 전무하다는 점이다. 여성가족부 산하 청소년보호위원회가 '청소년 유해 매체물 심의 기준'을 적용해 음반·영상 매체를 심의하고 있지만 폭력성·선정성 등만 규정하고 있을 뿐 난삽한 국어 파괴 노랫말 관련 조항은 아예 없다.

윤호진 한국콘텐츠진흥원 수석연구원은 "특히 공중파 방송에서 국어 파괴 가사가 담긴 노래들을 무차별적으로 내보내는 것은 사회적 악영향과 파장이 인터넷의 그것과는 비교할 수 없을 만큼 크다"고 했다. "정부 차원은 물론이고 방송사들도 과도하게 해괴한 노랫말은 엄격하게 거르고 제재해야 한다"는 주장이다. 대중음악 평론가 임진모씨는 "노랫말과 댄스 등 모든 것이 부담스럽게 변해가고 있다"며 "해외 팬들이 K팝을 자국 언어로 번역해 듣는 상황에서 대중가요 제작자들은 밖에 내놔도 부끄럽지 않은 수준의 노랫말을 만들어야 한다"고 했다.

— 박세미 기자(runa@chosun.com), 조선일보 2011년 8월 10일 화요일 25면

K-팝 노랫말은 한국을 알리는 텍스트

'외톨이야 외톨이야 다라디리다라두~'

"다라디리다라두? 이게 무슨 말이야? 정말? 아무 의미도 없어?"

외국인 교환학생 친구들이 내 대답에 실망감을 감추지 못한다. 지난 학기에 나는 학교에 온 외국인 교환학생들에게 자원봉사로 한국어를 가르쳤었다. 그 때 한국 대중가요(K-팝) 가사를 수업 자료로 활용했었는데, 노랫말을 번역할 때마다 그 수준에 실망할 수밖에 없었다. 의미 없는 의성어나 의태어가 난무하고 문법 오류는 물론, 의미도 불분명한 한국어에다 심지어 비속어까지 등장한다. 한국인인 나조차 전체 노래의 의미를 파악할 수 없어서 인기가 많아도 수업 자료로 채택하지 못한 노래가 한두 개가 아니었다.

이런 경험에 비추어, 지난 10일자 'A25면의 대중가요 가사, 도 넘은 한국어 테러'는 분명히 시사점이 있다. K-팝은 한류 상품으로 세계적 위상이 높아지고 있다. K-팝에 관심을 갖게 된 외국인들은 자연스럽게 가사의 의미에도 다가가게 된다. 이는 한국어를 배우고 싶다는 의지로 연결되곤 한다. 따라서 K-팝 가사는 수많은 외국인들에게 한국어를 알리는 중요한 텍스트이고, 그만큼 양질의 한국어가 포함돼야 하는 것이다.

K-팝에는 한국어뿐만 아니라 종종 영어도 등장한다. 이에 대해서는 외국인들 사이에서도 의견이 분분하다. 중간 중간 등장하는 영어 가사는 쉽게 따라 부를 수 있어서 좋다고 하기도 하고, 한국에서 만들고 한국 가수가 부르는 노래인데 왜 영어가 들어가는지 이해할 수 없다고 생각하기도 한다. 하지만 한 가지는 확실하다. 엉터리 영어 가사는 외국인들에게 조롱과 빈축을 산다는 것이다. 따라서 노래 가사에 포함되는 영어는 영어를 모국어로 사용하는 사람이 보기에도 자연스럽고 올바른 것이어야 할 것이다.

물론 인기를 끌기 위해 제작자들이 색다른 가사를 쓰려고 노력하는 것은 자연스러운 현상이다. 하지만 그 과정에서 한류의 위상이 높아진 만큼 한국을 대표한다는 책임감을 가졌으면 한다. 제작자들이 색다른 가사에 대한 생각의 전환을 한다면, 노랫말을 내용적으로 발전시키거나 순 우리말의 리듬감을 살리는 등의 다양한 다른 방법을 찾을 수 있을 것이다. 그리하여 앞으로 새로 외국인 친구를 만날 때 당당하게 K-팝을 한국 문화라 소개하고 그 매력에 대해 한껏 뽐낼 수 있게 되면 좋겠다.

—오승연(연세대 언론홍보영상학부 2학년), 조선일보 2011년 8월 23일 화요일 33면

국어 순화의 문제점과 극복의 길

(171쪽) 언어 순화는 우선 그 목적과 의미를 분명히 해야 한다. 현재와 같이 외래적 요소를 무조건 박멸하자는 태도부터 꼭 문제가 있는 부분만 순화하자는 태도가 뒤섞여 있고, 토착어 살리기만이 아니라 정신을 순화하고 비속어까지 청산하자는 주장이 뒤엉킨 상태로는 구체적인 실천이 불가능하다. 진정 필요한 것은 '서로 합의된 이상(ideal)'과 '방향성(orientation)'을 세우는 일이고, 거기서 운동의 합목적성을 찾아내야 한다. 합목적성은 시대와 지역에 따라 당연히 다르거니와 우리의 경우는 미진한 근대화의 완성, 불완전한 공통성의 성취, 그리고 미래를 향한 새로운 가치의 구현이라고 제안해 본다.

이를 위해서는 지금까지 '순화'라는 이름 아래 수행되어 온 모든 긍정적, 부정적 현상의 핵심에는 어떤 문제가 도사리고 있었는가를 파악해야 한다. 무엇보다 이른바 '토착어'에 대한 지나친 감성적 쏠림 현상은 반성할 여지가 많다. 토착어는 형태적으로나 의미적으로 매우 유용하면서도 통속어 혹은 사투리로 다루어져 변두리에 밀려 있던 어휘를 재발견하고 어휘 유통의 순환 고리에 올려놓는 경우에 큰 가치를 지닌다. (172쪽) 그러나 형태나 의미의 유용성도, 무슨 용도인지도 확실치 않은 어휘를 가지고 어거지 조어를 남발한 것은 역으로 우리말의 발전에 해를 끼쳤다고 생각한다. 물론 어거지 조어는 언어 대중에 의해 자연히 소멸될 수밖에 없겠지만 순화 운동의 흐름을 교란하고 일반 대중의 관심을 식어 버리게 한 과오는 지적해 두어야 한다.

......

(164쪽) 지난날의 언어문화는 주로 지식인, 엘리트들에 의해 주도되었다. 그러나 앞으로의 사회는 일찍이 경험해 보지 않았던 폭넓은 대중의 참여가 불가피해질 것이다. 그동안 광범위한 지식의 축적과 교육을 통한 대중화 작업이 선행되었다. 게다가 이제 다수가 참여하는 통신 매체가 마련되었다. 아직 변하지 않은 것은 낡은 제도뿐이다. 다수의 일반 대중이 요구하는 것을 사회적으로 관철시킬 수 있는 '제도의 보장'이 아직 미비한 것이다. 아직도 국어 순화는 일부 지식인의

전유물처럼 여겨진다. 일반 대중의 작품은 그 통속성, 즉흥성, 전복성 때문에 한글 파괴니, 외계어니 비속어니 하는 모욕을 당하고 있을 뿐이다.

　(165쪽) 남은 일은 전문가 집단과 일반 대중이 만나는 통로를 개척하는 것이다. 대중의 착상을 예술적으로(?) 다듬어 그들에게 돌려주는 역할을 언어 전문가들이 해야 한다는 것이다. 물론 여기서 말하는 언어 전문가란 전형적인 국어학자를 가리키지 않는다. 넓은 의미에서 작가, 언론인, 법률가, 출판 관계자, 다매체 전문가 등 언어 덕에 괜찮은 직업을 가진 사람들을 말한다. 정치인이 끼어 있으면 금상첨화일 것이다.

―김하수(2008), 『문제로서의 언어』 1, 커뮤니케이션북스

 **Tip**

쓰기 피드백은 글의 말미에 문장으로 써 주자!

Peter Elbow(2005), "Ranking, Evaluating, and Liking: Sorting Out Three Forms of Judgement", *Teaching Composition*, T. R. Johnson, Tulane University, Boston, New York, p. 395 참조.

글에 점수를 부과하는 피드백을 통해서 학생의 쓰기 능력을 실질적으로 향상시킬 수 있을까? Peter Elbow는 학생의 글에 점수를 매기지 말라고 조언한다. "(1) 평가가 부정확하거나 신뢰할 수 없다. (2) 숫자만으로 구체적인 피드백을 할 수 없다. (3) 학습자는 코멘트의 내용보다 성적에 더 집착하고 교사는 평가의 전횡을 일삼기도 하므로 교실 분위기가 더 나빠질 수 있다"는 것이다. 고교 교사들이 동일한 작문 과제에 얼마나 다른 점수를 주는가를 조사한 연구자들은 다음해에 지리와 역사 교사들을 대상으로 전공 과제 평가를 어떻게 하는가를 조사하였다. 지리와 역사 과제 평가에서의 개인차는 작문 평가보다 훨씬 더 컸다. Elbow는 이러한 사례를 예로 들면서 작문뿐만 아니라 문예비평이나 이론에 있어서도 평가란 읽는 사람의 취향의 문제이지 엄격한 객관적 평가는 불가능하다는 점을 지적하였다.

물론 강의를 개설하기 전에 교사들이 객관적인 평가 기준을 통일할 수도 있다. 하지만 이러한 평가는 교육과정 중 일부 과제 수행 능력에 대한 인위적 평가이고, 교사 한 명이 전체 독자를 대변할 수도 없다. 즉, 교실에서 이루어지는 평가는 실제 독자에 의한 자연스러운 평가가 아니다. 교육 중의 평가는 학습자의 실제적 쓰기 능력을 진단(診斷)하고 향상시킬 수단이어야 하므로 상대적인 점수 서열이 아니라, 부족한 점을 조언하는 문장 형태로 피드백을 제시하는 것이 바람직하다.

학생들은 다음에 쓸 글을 개선하는 데 이전에 읽은 코멘트 내용을 별로 고려하지 않는다(Gee, 1972; Hausner, 1976; T. Schroeder, 1973; Sommers, 1982). Sommers(1980, 152)는 "대다수 교사들의 코멘트가 특정 텍스트에 국한된 것이 아니어서 이 글 저 글에 서로 바꿔 적어도 별 차이가 없는 고무도장" 격이므로 학생에게 그리 도움이 되지 않음을 지적하였다. "교사는 학생이 쓰고 있는 주제에 몰두하거나 특정 텍스트를 완성하는 최종 목적과 단계별 목표에 대해 생각해 보게 하는 사려 깊은 코멘트를 해야 하는데 실제로는 그렇지 못하다."(Sommers, 1980: 154)

Connors와 Lunsford(1993)는 "학생 글 3,000편의 마지막이나 첫 부분에 제시된 포괄적 평가 코멘트"의 속성을 분석하였다. 대부분의 코멘트는 글의 말미에 제시되었고, 42%가 긍정적 평가에서 시작해 부정적 평가로 옮겨 갔으며, 9%만이 순전히 긍정적 평가로 일관하였다. 형식에서는 문장 구조에 관한 것이, 전체적으로는 세부 사항을 지적하고 근거를 제시하는 유형이 가장 많았다. Straub(1997)이 인터뷰한 학생들은 글을 향상시킬 방법을 제시하거나 글에서 무엇이 좋고 나쁜지를 명료하게 설명하는 코멘트가 가장 유용했다고 회고하였다.

그렇다면 쓸모 있는 코멘트는 어떤 것일까? 글 옆의 여백에 본문 내용을 직접 언급하면서 문제를 지적하고 해결 방법을 써 주는 것이다. 하지만 교사들은 글의 마지막 부분에다가 학생 글의 점수가 낮을수록 자신의 평가를 정당화하는 코멘트를 더 자세하게 쓴다. 피드백에 내재한, 교사의 방어 기제를 반복적으로 경험한 학생들은 이제 점수만 보고 코멘트 내용은 무시한다. Williams(2003)는 글을 완성해 가는 동안 말로 해 주는 코멘트가 더 즉각적이고 효율적이라고 조언한다. 평가를 해야 한다면 전체적으로 다음과 같은 사항을 고려하라고 한다.

- 훑어 읽기 식으로 빠르게 읽으면서 등급을 짐작해 보고 장단점을 파악한다.
- 첫 글과 우수 작문의 심미적 기준을 비교해 가면서 첫 글의 위치를 자리매김해 둔다.
- 나머지 글도 우수 작문 기준에 비추어 서로 비교해 가며 자리매김을 한다.
- 모든 글은 '우수함, 적당함, 만족스럽지 않음'의 세 부류로 나눈다.
- 두 번째로 읽을 때는 여백에다가 내용과 형식에 대한 첨삭 내용을 적는다. 그 내용은 학생과 협력 학습을 해 오면서 나눈 대화의 연속이어야 한다.
- 의문문을 효과적으로 써서 교사가 아닌 실제 독자로서 반응을 보여야 한다.
- 편집상의 실수를 수정하려는 유혹을 떨치고 코멘트는 짧게 한다.
- 문제점이 있다면 최종고보다는 다음 과제의 초고에다가 지적을 해서 연습할 기회를 주도록 한다.

- 최종고에 심각한 문제가 있다면 쓰기 과정 중 모니터 집단에 좀 더 신경을 쓴다.
- 글의 말미에 최종 코멘트를 쓴다면 점수는 바로 옆에 쓰지 말아야 한다.
- 한 편당 코멘트 작성 시간은 5분을 넘지 않도록 한다.
- 잉크나 특히 빨간 펜보다는 연필로 쓴 코멘트가 더 친근함을 준다.

Elbow는 대학 글쓰기와 같이 수강생이 많을 때 적용할 수 있는 5가지 평가 방안을 제시하였다.

첫째, 포트폴리오를 대상으로 수행평가를 하고 학기 중간까지는 성적을 암시하지 않는다. 학습자는 심적 부담이 적어야 코멘트 내용을 적극적으로 수용하는 등 자발적인 노력을 하게 된다.

둘째, 꼭 과제물의 순위를 매겨야 한다면 소수에게만 '아주 우수함'과 '부족함'을 지적하는 상한선과 하한선만을 제시한다. A부터 F까지의 6단계 평가보다는 극소수의 상단과 하단을 구분하는 3단계 평가의 잣대가 좀 더 객관적이다. 출석이나 과제 제출 시한, 동료 평가, 일지 쓰기와 같은 교과 운영의 다른 부분에도 이러한 3단 평가 범주를 적용하면 학기말에 A부터 F까지를 세밀하게 분류할 수 있다.

Strong	OK	Weak	
			내용, 통찰력, 사고, 주제 장악력
			성실하고 정확한 수정, 실질적 변화, 교열의 정도
			조직, 구성, 독자에 대한 고려
			어법: 통사, 문장, 어휘, 어조
			기술(MECHANICS): 맞춤법, 문법, 구두점, 꼼꼼히 읽기
			총평 [주의: 다른 점수들을 총합해서 쓰지 않도록 한다.]

셋째, 과제 성격이나 제출 시기에 따라 위의 격자 도표를 사용한다. 코멘트에 이러한 도표를 덧붙이면 학생은 자신에게 부족한 점이 무엇인지 한 눈에 알아보고 교사의 코멘트에 좀 더 신경을 쓰거나 학기말 성적도 수긍하게 된다. 이 도표에다가 교사의 필요에 따라 '독자와의 관계'나 '동료 글에 피드백을 하는 기술', '과제 기한에 맞추는 능력', '노력', '향상' 등의 항목도 추가할 수 있다.

넷째, 서열화하지 않은 데서 오는 문제를 줄이려면 더 많은 독자에게 글을 보이도록 동기를 부여한다. 학습자 서로가 말이나 글로 충분히 피드백을 주고받도록 하고 가능하면 교실 밖의 독자에게도 글을 보이게 하는 것이 좋다. 피드백을 통해 동료와 쓰기 과정을 공유하고 출판을 하는 것이야말로 가장 적절한 보상이자 동기 유발책이다. 메사추세츠 대학에서는 신입생들이 글쓰기 수업의 실험실습비로 10달러를 내는데, 교사는 이 돈으로 한 학기에 4~5권의 최종고 문집을 발간한다.

다섯째, 학기 초에 교사는 학습자가 한 학기 동안 수행하기를 바라는 행위 목록을 구체적으로 제시하고 그 내용을 성실히 수행하는 학생에게는 최소한 B의 성적을 보장해 준다. 성적에 구애받지 않고 자신의 창의적인 사고를 글로 옮기는 과정에 집중함으로써 학생은 교사의 코멘트를 받아들일 것인지 여부도 스스로 결정하면서 쓰기 학습 여정을 즐기게 된다. 바람직한 행위 목록에는 다음과 같은 내용이 포함될 수 있다.

1주에 해당하는 수업 차시 이상은 수업에 빠지지 않는다, 과제물 제시 기한을 한 번 이상은 넘기지 않는다, 모든 초고를 수정할 때는 실질적으로 눈에 띄는 변화가 있어야 한다, 최종고를 낼 때는 언제나 전체 내용을 잘 편집하고 교열한다, 동료 피드백 활동에 성실히 참가한다, 날마다 작업일지를 쓴다, 각각의 원고에 충분한 노력을 들여야 한다.

교사를 비롯해서 일반적으로 독자들은 필자가 표현하고자 하는 내용을 제대로 파악할 수 없으면, 자신의 고유한 감식안에 근거해 글이 '좋다'거나 '나쁘다'고 평가한다. 하지만 글의 가치는 도덕적 준거인 '좋다', '나쁘다'가 아니라 이해의 수월성 정도를 나타내는 '명료하다', '모호하다'의 기준으로 구분해야 한다. 쓰기 과정 중에 동료나 교사 피드백 기회를 자주 가질수록 학습자는 장차 소속되기를 원하는 특정 담화 공동체의 '독자'나 '필자'로서의 객관적인 감식안을 기를 수 있을 것이다.

6장

실제적 텍스트의 중심 교재 개발

한국어로 글을 써서 감정이나 사고를 잘 표현하도록 지도하려면 어떤 점을 고려해야 할지 생각해 봅시다.

√ 외국어를 배울 때 교실에서 어떤 종류의 쓰기 텍스트를 작성해 보았습니까? 그러한 쓰기 경험이 나중에 실제로 필요한 텍스트를 작성해서 의사소통하는 데 어떤 도움이 되었습니까?

√ 교실에서 배운 쓰기 지식이나 전략 가운데 어떤 것이 실제로 도움이 되었고 또 그렇지 않았는지 생각해 봅시다.

1. 실제적 쓰기 교재 개발의 필요성

최근 진학이나 취업, 결혼 이민 등 특수 목적으로 한국어를 배우는 외국인이 크게 늘었고 컴퓨터를 매개로 의사소통할 기회도 많아졌다. 이에 따라 한국어 학습자가 실생활에서 쓰기 텍스트를 매개로 한국인과 소통해야 할 상황도 점차 늘어나고 있다. 그러다 보니 실용적 텍스트 작성에 필요한 쓰기 지식이나 전략 기술에 대한 요구도 전보다 커졌다. 하지만 대다수 대학 부설 언어 교육 기관에서는 수준별 어휘와 문법을 위주로 일반 목적의 한국어 교육을 하고 있다. 다양한 종류의 실제적 텍스트 완성 기술은 특정 업종이나 학력 집단 학습자의 요구가 있을 때에만 선택적으로 교수된다.

외국인을 위한 한국어 쓰기 교육이 체계적으로 이루어지지 않는 이유는 전문 교과과정 부족, 전문 연구자 부족, 전문 교재 부족 등 다양한 원인이 서로 맞물려 있다. 한국어를 모어로 하는 한국인 학생의 쓰기 지식 습득과 제2언어로서의 한국어 쓰기 지식 습득은 그 숙달 과정이 다르다. 하지만 최근 출간된 외국인을 위한 쓰기 교재들은 중고교 문법·작문 문제집과 유사하게 단답식 또는 기능별 단락 쓰기 기술 전수를 목표로 하고 있다. 모국어 학습자는 학령이 높아짐에 따라 한 편의 글을 완성하는 데 필요한 문법 지식이 상당 부분 자동화되지만, 외국인 학습자는 고급 한국어 능력을 갖추었어도 적절한 어휘와 문법을 선정하는 데 어려움을 겪곤 한다. 그래서 다양한 목적으로 한국어를 배우는 학습자의 요구를 구체적으로 반영한 전문 쓰기 교재가 필요한 것이다.

교사라면 누구나 자기 학생들의 요구가 구체적으로 반영된 교재를 사용하고 싶어 한다. 특정 수업을 맡은 교사가 관련 정보를 총동원하여도 자기 수업에 딱 맞는 교재를 찾지 못했을 때 교사는 둘 중 한 가지 방법을 선택한다. 차선의 교재를 선택하거나 자신이 직접 교재를 만드는 것이다. 일반적으로는 차선의 교재를 선택하여 필요한 부분을 발췌해서 사용하지만 강의 경력이 쌓이면 자신의 교수 경험을 살려 실용적인 교재를 편찬할 수 있다. 이 글에서는 한국어 쓰기 교재를 개발할 때 참조할 원리와 실제 개발 과정을 소개하여 추후 교재 개발을 기획하는 이들에게 절차적 지식을 제공하고자 한다. 이 글은 한국어 3급 학습자들에 대한 요구 조사를 바탕으로 2007년 3월부터 1년 동안 만든 〈한달완성 한국어 중급I 쓰기〉 교재 개발 과정에 대한 보고이다. 이 교재는 연세대학교 한국어학당의 3급 정규과정에서 주2회 실시하는 쓰기 선택반 수업의 교재로 2019년까지 사용되었다.

외국인을 위한 한국어 쓰기 교재를 개발하기 위해 먼저 미국의 ESL(English as a Second Language) 쓰기 교재 개발 관련 선행 연구를 검토하였고 국내외 쓰기 교수법 변모를 통시적으로 고찰하였다. 그러고 나서 국내에 출판된 기존 쓰기 교재를 검토하고 일반 목적 학습자를 위한 1, 2급 정규반 교재를 분석하여 교재 개발에 필요한 어휘와 문법의 난이도를 설정하였다. 또한 교재의 실수요자인 쓰기 선택반 학습자를 대상으로 쓰기 교재에 대한 요구와 한국어 쓰기 과정에 대한 인식 정도를 조사하여 외국인을 위한 중급 I 쓰기 교재 개발에 착수하는 출발점으로 삼았다.

1.1. 선행 연구 검토

1.1.1. 제2언어로서의 영어 쓰기 교육

청각구두식 교수법(Audio-Lingual Method)이 성행하던 1940년대에서 1970년대 초까지 세계적으로 언어 교육의 중심은 구어였고, 읽기나 쓰기는 거의 교육되지 않거나 보조적인 언어 기술로 인식되었다. 청각구두식 교수법으로 진행된 수업에서 쓰기 교육은 단지 필사 기술과 문법 빈칸 채우기, 읽은 내용 이해를 확인하기 위한 보조 수단 등으로 다루어졌다. 이 시기에 언어 교사들은 쓰기를 문법 연습의 한 방법으로 인식하고, 많이 쓸수록 학습자의 언어 능력이 신장된다고 믿었다. 그래서 문법적으로 올바른 문장을 생성하는, 문장 차원에서의 쓰기 연습을 위주로 하였다. 의사소통 수행을 위한 쓰기 교육의 본질적인 면, 즉 발견 학습이나 수사적, 인지적, 발전적 측면에 대해서는 고려하지 않았다. 그리고 말을 잘하는 사람이라면 당연히 글도 잘 쓸 수 있다고 믿었으므로 쓰기 교육에는 특별한 관심을 기울이지 않았다.

그러나 디지털 기술의 발전으로 인터넷을 통한 쓰기 활동이 일상화되고 직업이나 학술 등 전문적 소통 국면에서도 쓰기 기술이 중요해지면서 모국어로서의 쓰기 분야 연구가 활발해졌다. 이러한 연구 풍토는 주변 학문에도 영향을 미쳐 외국어로서의 쓰기 교육도 학술적 연구의 대상이 되기 시작하였다. 1970년대 후반에 들어오자 외국어 교육에도 문법 숙달 위주의 통제된 쓰기가 아닌, 자유롭게 쓰기나 문제 해결을 위한 쓰기와 같은, 모국어로서의 영어 쓰기 교수법 변화가 수용되었다. 하지만 '자유롭게 쓰기' 방식은 문장 구성이나 질문에 대한 대답 형태로 이루어져서 대개 문단 단위의 부분적인 담화 완성 과제로 구현되었다. 이때까지도 쓰기는 주로 언어의 형태적인 면에 초점을 맞춰 어휘력 구축, 독해, 문법, 쓰기 활동으로 마무리하는, 말하기 위주의 수업에서 부분적으로 다루어졌다.

그러다가 1980년대 후반 이후 외국어 쓰기 교육에 과정을 중시하는 움직임이 생겨난다. 모국어 쓰기 교육의 과정 중심 교수법에서 영향을 받은 것이다. 이제 외국어 쓰기 교실의 학생들도 주제를 탐구하고, 교사나 동료 학습자들과 함께 초고를 검토하고, 초고에 이어 내용 및 구성, 단락과 문장, 어휘와 표현 항목에 순차적으로 집중하며 수정고를 작성한 후 다음 단계 수정을 위한 자료로 활용하는, 쓰기 과정 교육을 받게 되었다.

이후 외국어 쓰기 교육에 대한 연구는, 초고로부터 수정에 이르는 쓰기 과정, 쓰기 과정 중 발현되는 인지 전략, 필자와 담론 공동체 독자 사이의 의미 협상, 수사적 문제를 해결하는 학습 전략 개발 등으로 확장되었다. 또한 지식이 사회적으로 구성되는 것이라는 Vygotsky의 교육적 관점이 일반화되면서 쓰기 교실에서의 협력 학습도 중시되었다. 그리하여 아이디어의 생성, 자료 수집과 구성, 동료의 검토와 충고 등 실제적 독자를 염두에 두고 쓰기 전 과정에서 협력 학습이 시도되었다.

Zamel(1987)은 문장 완성하기 위주의 교수법이 쓰기의 복합적인 측면, 즉 쓰기 전 활동, 내용 조직, 구성적 전개, 확인하며 읽기, 수정하기 등의 과정을 고려하지 않는 점을 지적하면서 과정 중심의 쓰기 교수법을 추천하였다. 1980년대 이후 외국어 교사들은 '저널 쓰기'[1]와 '빨리 쓰기(quick writing)' 같은 발견 학습 장치를 사용하여 학습자의 불안감을 낮추고 아이디어 창안을 지도하면서 과정 중심 쓰기 교수법을 체계화하였다.

Leki(1991)는 "모국어로 익힌 쓰기 지식을 오류나 간섭의 원인으로 여겨 차단하려고만 들지 말고, 학습자들의 스키마를 영어 쓰기 전략으로 전이시키는 것이 중요하다"면서 학습자의 모국어와 관련된 수사적 전통에 교육적 의의를 부여하였다. 모국어 배경지식이 외국어로 작문을 해야 하는 상황에서 수사적 장치를 효과적으로 사용하는 데 전이될 수 있다는 것이다.

---

1) 저널은 그날 배운 내용이나 생각을 자유롭게 글로 나타내도록 하는 것으로, 학습자들이 부담 없이 자신의 생각이나 감정을 표현할 수 있다. 특히 숙달도가 낮은 학습자는 저널을 쓰면서 제한된 언어 능력으로나마 자신의 생각을 표현할 수 있고, 교사나 동료로부터 긍정적 강화를 받을 수 있으므로 의사소통의 질을 높이고 유창성을 기를 수 있다. 저널 양식 가운데 가장 대표적인 대화식 저널(dialogue journal)은 교사와 학습자 간의 상호 활동 저널로, 학습자가 수업 관련 질문, 쓰기 과정 중 문제, 토론거리, 개인적 관심사 등에 대해 써서 제출하면 교사가 이에 대해 답을 써 주는 방식을 가리킨다.

Omaggio(1993)도 담화 차원에서 쓰기 교육의 중요성을 강조하였다. 학습자가 개별 쓰기 과제를 그 목적이나 문화적 배경에 따라 달라지는, 특별한 수사적 전략과 특성을 가진 담화로 이해할 수 있게 교육해야 한다는 것이다. 초급과 중급의 학습자에게는 언어의 형식적인 요소를 위주로 '보고' 기능으로서의 쓰기 교육을, 고급 단계의 학습자에게는 의사 '표현'적 소통을 위한 쓰기 교육을 하도록 강조하였다.

Elbow(2005)는 학생이 문법, 구조, 조직에 얽매이지 않고 오직 아이디어에 집중하여 쓸 수 있게 수업 여건을 만들 것을 권고하였고, Raimes(2008)도 학습자가 경험이나 지식으로부터 아이디어를 모으기 시작하여 자신이 쓰고자 하는 주제를 찾고 난 다음에 다른 참고 자료로 눈길을 돌리도록 쓰기 절차를 지도해야 한다고 보았다.

제2언어로서의 영어 쓰기 교육에서 진행되어 온 이러한 연구 성과를 종합하여 본 교재 개발 연구에서는 쓰기 전−쓰기−쓰기 후로 이어지는 과정 중심의 단원 구성 체제를 마련하였다. 그리고 학습자의 고유한 문화적 소양을 글감의 내용으로 전환할 수 있는 과제를 선정하였다. 또한 쓰기 전, 후 과정에서 말하기와 듣기, 읽기 등의 언어 기능을 총체적으로 연습하면서 동료 간 협력 학습이 이루어지도록 하였다.

1.1.2. 제2언어로서의 한국어 쓰기 교육

1990년대 이후 대학 부설 한국어 교육기관들이 주 교재를 편찬·개편하는 작업에 착수하면서 한국어 교재 개발과 관련한 연구 성과도 많이 축적되었다. 하지만 기능별 교재 개발과 관련된 논의는 그리 많지 않았고 특히 쓰기 교재와 관련된 연구는 더욱 희소하였다.

백봉자(1987)[2]는 교포 자녀들에게 어느 정도의 한국어 구두 발화 능력이

---

2) 쓰기 교육이 포괄해야 하는 내용으로 한글 자모 쓰기, 문법 훈련, 문장 구조 훈련 등을 들었다. 쓰기 훈련 방법으로는 철자 쓰기 훈련, 빈칸 채우기, 단어나 유형으로 문장 짓기,

있더라도 쓰기 능력은 떨어지므로, 이들의 한국어 학습을 촉진하기 위하여 쓰기 집중 교육이 필요하다고 밝혔다. 주로 문법과 구조 학습 도구로서의 쓰기에 역점을 두었다는 한계가 있긴 하지만 한국어 쓰기 교육에 관한 논의의 출발로서, 읽기나 듣기 기술과 통합적으로 교육하는 쓰기 교육 방안의 단서를 제공하였다.

우인혜(1996)는 교재 분석을 통해 한국어 쓰기 교육이 자모음 쓰기, 어휘상의 쓰기, 통사·문법상의 쓰기, 화용상의 쓰기, 독본을 통한 쓰기 교육에 머물러 있음을 지적하고, 개인의 의사나 감정을 표현할 수 있게 하는 작문 단계로 심화되어야 한다고 주장하였다. 초급 단계에서부터 작문 교육이 실시될 수 있다고 보고, 이들을 대상으로 한 쓰기 교육 방법으로 대치법, 문답식 연결법, 생각 그물법, 연상법을 제안하였다. 쓰기 교육의 영역을 단순한 전사나 모방에서 벗어나 창조적 글쓰기로 확대시켰다는 점에서 의의가 있으나, 아직 본격적인 담화 차원의 쓰기 교육에 관한 논의는 아니었다.

한국어 쓰기 교육에 대한 본격적인 논의는 정현경(1999)에서 찾아볼 수 있다. 정현경은 쓰기 교육의 목적을 의사소통 능력과 쓰기 능력의 향상에 두고, 실험 조사 자료를 바탕으로 과정 중심적 쓰기 교육을 제안하였다. 그리고 쓰기 활동으로 받아쓰기, 살 붙여 바꿔 쓰기, 모방해 쓰기, 정교화하기, 자유 작문 등을 제시하였다. 이 연구는 쓰기 결과물보다 글을 산출해 나가는 과정에 초점을 맞춰 각 단계에 효과적으로 글 쓸 방안을 제시하였다. 하지만 모국어로서의 쓰기 방법과 외국어로서의 쓰기 방법을 동일시하였으며, 주로 초급 단계에서의 쓰기 교육만을 대상으로 논의를 전개하였다.

김정숙(1999)은 담화 능력 배양을 위한 쓰기 교육 방안으로 바꿔 쓰기, 담화 완성하기, 시제를 활용하여 설명·묘사하기, 살 붙여 바꿔 쓰기, 읽기 연계 활동으로 읽고 요약하기, 모방해 쓰기 등과 자유롭게 쓰기 활동 등 과정 중심의 쓰기 교육 방법을 구체적으로 제시하였다.

질문에 지정한 유형으로 대답하기, 일기 쓰기, 그림 보고 이야기 짓기, 이야기의 앞부분을 듣고 뒷부분 잇기, 이야기를 듣거나 읽고 요약하여 쓰기, 감상문 쓰기 방법 등을 제안하였다.

이상의 연구 내용을 종합해 볼 때, 학습자의 문어적 의사소통 능력을 신장하려면 첫째, 실생활에서 활용할 수 있는 장르 중심 쓰기 교육을 통해 학생의 실제적인 문제 해결에 유익한 쓰기 전략을 가르쳐야 한다. 사회적 맥락을 중심으로 하는 장르 중심 쓰기 이론은 쓰기 과제를 해결해 나가는 절차와 방법을 중시한다. 그리고 쓰기 과제의 목적과 도구, 맥락, 주체, 독자 등을 하나의 활동 체계(activity system) 안에서 파악할 것을 제안한다.3)

둘째, 결과보다 과정 중심이어야 하고 학습자의 흥미를 유발할 과제를 고안해야 한다. 한국어 학습자에게 궁극적으로 필요한 쓰기 지식은 어휘나 표현의 정확한 이해라기보다 다양한 매체를 통해 한국인과 원활히 의사소통할 수 있는 텍스트 생성 지식이다. 따라서 문형을 적용한 문장 완성 연습이나 주제에 맞는 이야기를 10문장으로 작성하는 결과물 중심의 쓰기 연습은 흥미를 끌기 어렵다. 학생들은 최근 급증하는 전자매체를 비롯해 실생활에서 활용 빈도가 높은 실제적 텍스트 작성 과정 지식을 배우고 싶어 한다.

셋째, 한국어 담화 공동체가 기대하는 글쓰기 방식에 맞춰 쓰도록 지도해야 한다. 다양한 장르 유형에 적합한 수사적, 형식적 쓰기 지식을 익히고, 특정 구문의 정형화된 표현이나 담화 표지를 배우도록 지도해야 한다. 정형

---

3) 장르 이론가들은 장르를 반복되는 상황에 대한 수사학적 반응으로 파악하여, 텍스트의 형식과 내용상의 규칙성이 사회적 행위의 유사성과 반복성으로부터 발생된다고 믿고 있다(Freedman & Medwey, 1994: 79~88). 그렇다면 책의 서문이나 시집의 발문, 인터넷 댓글, 방명록, 문자메시지, 초보운전 알림글 장르도 새로운 장르로 고정될 수 있다.

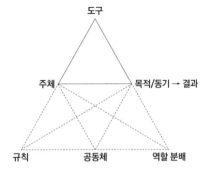

〈그림 1〉 활동체계(Activity Syatem, Engeström, 31)

화된 담화 표지들을 모범 예시문에 넣어 제시하고 명시적인 반복 연습을 통해 이해시키면 습득 효과가 높다.

1.2. 기존 쓰기 교재 분석

연세대학교 언어연구교육원의 한국어 3급 과정에서는 4개 언어 능력의 고른 신장을 위하여 3교시에 주 3회는 읽기 수업을 하고, 2회는 말하기, 듣기, 쓰기 선택반을 개설하여 집중 수업을 운영한다. 쓰기 선택반은 중간이나 기말의 쓰기 시험 점수를 높이려는 학생들이 주로 수강한다.

 • 〈3급 쓰기 선택반〉 자료집
2007년까지는 학생들의 요구를 수렴한 자료집이 사용되었다. 이 〈3급 쓰기 선택반〉 자료집에는 불규칙동사 활용, 피동·사동 표현 연습, 높임법, 간접화법 등 교과서의 문법 연습 내용이 실려 있다. 그리고 반의어, 의성어·의태어, 사자성어, 부사어, 접속사, 주제 관련(교통, 시장, 전화, 감기) 어휘 등을 연습하면서 사진 보고 이야기 만들기, 만화 그림에 어울리는 대화문 쓰기, 문장 바꿔 쓰기, 노래 가사 바꿔 쓰기, 빈 칸 채우기, 단어 순서 맞춰서 문장 만들기, 십자말 풀이, 편지 쓰기, 광고문 쓰기, 퀴즈 문제 만들기, 언뜻 유사해 보이는 그림 보고 서로 다른 점 찾아 쓰기, 이어 쓰기, 추리해서 쓰기, 중심 문장으로 이야기 쓰기, 여행지 추천하기, 직업 이야기, 병원 이야기, 추석 이야기 쓰기 등의 과제를 수행하였다.

정규 교과에서 배우는 어휘와 문형 표현을 복습할 수 있으므로 쓰기 성적이 낮은 학생들로부터 호응이 좋았으나 실제적인 텍스트 작성 연습을 해볼 기회는 그리 많지 않았다. 이렇게 쓰기 선택반 수업이 어휘와 문형 표현의 숙달 위주로 전개되면, 한국어로 글을 쓴다는 게 실제 맥락 안에서 독자와 소통하기 위함이라는 사실을 학생은 물론 교사들조차 간과하게 된다.

• 〈초급 한국어 쓰기〉(김정숙, 2006)

비교적 일찍 쓰기 전문 교재로 출간된 〈초급 한국어 쓰기〉는 한 편의 글을 완성하는 과정을 쓰기 전, 쓰기, 쓰기 후 활동으로 나누어 초급 학생을 위한 과정 중심 쓰기 방법을 안내하고 있다. 쓰기 전/후 활동이 말하기, 듣기, 읽기 등 다른 언어 기술과 연결되고 영어 및 베트남어(2008)와 스페인어(2012)로 지시문을 번역해 주어 학습자 중심 학습을 유도한다. 하지만 특정 상황을 가정하고 정답을 유도한 쓰기 연습이 많은 대신 학습자 개인의 상황이 고려된 실제적 쓰기 연습이 적다.

〈표 1〉 〈초급 한국어 쓰기〉 제20과의 쓰기 과제 활동 유형 분석 예시

단원	주제	쓰기 과제 활동 유형
20	안내, 광고	과제 1: 전-공연을 한다고 가정하고 공연에 대한 내용과 알려야 할 것들에 대해 토론해보기 본-그 공연에 대한 광고글을 써 보기 후-교실에 글을 붙이고 확인해 보기
		과제 2: 전-공연장에서 지켜야할 예절에 대해 이야기해 보기 본-'-어/아,여 주다/-으면 안되다' 등을 사용해 공연장의 예절에 대해 쓰기 후-서로 비교해 보기
		과제 3: 전-공연 안내문을 보고 친구와 이야기해보기 본-친구에게 과제1의 공연에 초대하는 글 쓰기 후-초대 카드를 보여주고 공연에 초대하기

• 〈연세 한국어 2〉, 〈연세 한국어 3〉

〈연세 한국어 2〉와 〈연세 한국어 3〉의 교과서에는 본문에 이어 어휘와 문법 연습이 있고 말하기, 듣기, 읽기, 쓰기 과제 활동이 뒤따른다. 중급I 쓰기 선택반 교재는 〈연세 한국어 2〉 과정을 수료하고 〈연세 한국어 3〉을 1, 2교시에 주 교재로 공부하는 학생들이 주 2회, 3교시에 사용할 교재이므로 이들 주 교재의 어휘와 문법 유형을 고려하였다. 그래서 다음과 같이 두 교과서 각 과의 어휘와 문법 연습을 분석하여 쓰기 교재의 문법을 배치

할 때 난이도 순서를 고려하였고 쓰기 과제를 분석하여 주제나 활동이 겹치지 않도록 하였다.

<표 2> 연세 <한국어 2> 제10과 1항의 과제 기능 및 활동 분석 예시

과/항	내용	쓰기 활동 유형
10/1	집 구하기	• 어휘: 집을 구하는 데 필요한 어휘로 빈 칸 채우기 • 문법 연습: 그림을 보고 접속사를 넣어서 문장 만들기 • 보기를 보고 '-면 -을수록' 문장 완성하기 • 과제 1(쓰고 말하기): 보기를 보고 '-면 -을수록' 문장으로 조언하는 대화 써서 말하기 • 과제 2(쓰고 말하기): 광고에서 살고 싶은 곳을 찾아 선택한 이유 쓰고 말하기

<표 3> 연세 <한국어 3> 제10과 1항의 과제 기능 및 활동 분석 예시

과/항	내용	쓰기 활동 유형
10/1	회상	• 개인의 과거 관련 어휘를 보기에서 찾아 범주화하기 • '추억하다' 관련 어휘를 문맥에 맞게 넣기 • 제시어 '-다가도'로 문장 쓰기 • 제시어 '-곤 하다'로 문장 쓰기 • 과거 경험 쓰기(좋아하던 것과 싫어하던 것) • 고등학교 시절 회상하기(표 제시)

• <유학생을 위한 한국어 글쓰기의 기초>(이정희 외, 2007), <유학생을 위한 한국어 글쓰기의 실제>(이정희, 2007)

<유학생을 위한 한국어 글쓰기의 기초>와 <유학생을 위한 한국어 글쓰기의 실제>는 대학이나 대학원 과정에 있는 유학생이나 중고급 수준의 어학 과정에 개설된 쓰기 수업 교재로 편찬되었다. 학술 담론의 표현과 구성 능력을 위주로 대학에서 교양으로 다루는 수준의 다양한 주제와 내용을 담고 있다. <기초>에는 한국어로 글을 쓸 때의 어려움과 성공 전략, 한국어의 기본 특징과 한글 맞춤법 원칙,4) 외래어 표기법, 긴 문장 만들기, 문장의 호응 관계, 단락 구성, 전개, 개요 작성 방법 등이 소개되어 있다. 그리고

〈실제〉는 설명문, 논설문, 감상문, 보고서, 요약문, 이력서, 자기소개서, 학업계획서 등 실제적 텍스트 장르를 다루고 있다.[5]

〈기초〉 1과와 2과에는 자신의 쓰기 능력을 점검하고 성취도를 확인할 수 있는 10개의 자가 진단 항목이 있어서 자신의 글을 점검하고 친구의 글을 평가해 의견과 개선 방향을 쓰도록 하였다. 학습자에게 스스로 글을 평가할 수 있는 감식안을 길러 주면 쓰기 능력 개선에 도움이 될 것이라 판단되어 본 연구에서 개발한 교재의 매 과에도 자가 점검표를 배치하였다.

이와 같이 국내 교재를 분석하여 400시간의 한국어 초급 과정을 이수하고 다양한 쓰기 맥락에서 한국인과 의사소통하고자 하는 학습자들을 위하여 실제적 텍스트 위주의 중급I 쓰기 교재를 개발하였다. 단원의 체제는 기존 교재와 같이, '어휘·문형 표현+과제'의 내용 구성 단계를 따랐고 부분적으로 기존 교재의 부족한 사항을 보강하였다. 즉, 개별 텍스트 완성에 필요한 어휘 및 문형 표현을 제시하되, 문장 쓰기와 짧은 단락 쓰기 연습을 집중적으로 실시하여 쓰기 표현 능력을 숙달시키고자 하였다. 그리고 화제별 관용어와 속담, 다양한 장르 형식을 익히도록 하였다. 그리하여 최종적으로 다음 〈표 4〉와 같은 텍스트 유형과 표현이 선정되었다.

---

4) 중급I 쓰기 교재 개발 초기에 맞춤법을 익히기 위한 과를 마련하였으나 시험 사용 결과 교포 등 맞춤법에 자신이 없어 하는 학습자는 흥미 있어 하였지만 지루해 하는 학습자가 많았고, 맞춤법에 맞지 않게 제시된 〈보기〉 글을 읽기 어려워하는 학습자도 있었으므로 맞춤법과 외래어 표기 등의 쓰기 지식과 관련된 과는 최종 단원 구성에서 제외하였다.

5) 〈기초〉와 〈실제〉에는 대학 교양 강의와 학문 목적 공통 용어, 그리고 유학생이 많은, 한국어학, 한국어 교육학, 무역학, 호텔 관광학, 경영학 전공 용어를 수록하였다. 하지만 본 교재는 일반 목적 중급 학습자를 대상으로 하므로 어휘는 교재에 수록된 것만 색인으로 제시하였다. 〈유학생을 위한 대학 한국어 1 (읽기, 쓰기)〉(이화여자대학교 언어연구교육원, 『EPRESS』, 2008)는 중급 이상의 학습자를 대상으로 국내 대학(원)에서 수업을 듣는 데 필요한 언어 능력과 교양 지식을 소개하고 있다. 10개 단원은 대주제(미래의 유망직업, 경제 관념, 인터넷의 순기능과 역기능, 산업의 발달, 수면의 효과, 미래의 로봇, 사물의 역사, 오페라와 판소리, 대학생활, 영화 감상) 아래 읽기와 쓰기가 각기 다른 소주제를 다루고 있다. 두 소주제 간에 연관성이 있어서 고급 어휘 확장에 유리하다.

〈표 4〉 〈한달 완성 한국어 중급 쓰기 1〉의 텍스트 유형과 표현

단원	목표 텍스트 및 기술	표현	단원	목표 텍스트 및 기술	표현
1	카드	기원, 초대	11	풍습 소개	목적, 기원
2	묘사	비유, 강조	12	설명문	이유, 원인
3	사과 편지	사과	13	건의문	건의
4	글 시작하기	회상, 속담	14	요약	연결, 이유
5	자기 소개서	소개 어휘	15	이야기	결과
6	간단한 시	조건, 양보	16	삼행시, 모방시	비유, 나열
7	간단한 기사	보고	17	영화 감상문	강조
8	수치자료 제시	비교, 수치	18	주제	경고, 회상
9	경험담	후회	19	주장문	의견 제시
10	여행지 소개	나열, 강조	20	관용표현	신체 관련

1.3. 쓰기 선택반 학습자의 독자 인식

중급I 쓰기 교재를 개발하기에 앞서 2007년 여름학기와 가을학기에 3급 쓰기 선택반 수업을 신청한 학생 50명을 대상으로 한국어 쓰기와 독자 인식에 대한 설문 조사를 실시한 결과, 대다수 학생들은 한국어로 글을 쓸 때 자신의 글을 읽을 한국인 독자를 염두에 두고 있었다.

학생들이 한국어로 글을 쓸 때 가정되는 독자는 또래 친구이거나 가족, 회사 직원, 교사였다. 이 설문 조사 결과는 본 교재의 등장인물과 쓰기 맥락 구성에 참조되었다. 제1과 친구의 블로그에 자기 소개하는 글 쓰기, 제3과 가정이나 회사에서 간단한 메모 쓰기, 제9과 말로 부탁하기 어려운 내용을 편지로 쓰기 과는 이러한 조사 결과를 반영한 결과이다.

한국어로 글을 쓸 때 독자를 고려하지 않는다고 대답한 학생들은, 수업 시간 중 쓰기 연습을 할 때에는 해당 주제에 대한 자신의 견해를 쓸 뿐 읽을 사람에 대해 생각하지 않는다, 학교에서 과제로 글을 쓸 때는 자신의 글을 읽을 선생님 생각을 안 하지만 편지를 쓸 때는 친구 생각을 한다는

등의 다양한 이유를 밝혀 주었다. 설문 조사 결과, 학생들의 쓰기 능력이 높을수록 독자를 고려한 글을 쓰고 싶어 함을 알 수 있었다.[6] 그래서 본 교재에서는 각 과를 구성할 때 구체적 맥락 안에서 글을 작성하도록 하였으며, 쓰고 나서 동료와 바꿔 보거나 해당 독자에게 직접 보내는 등의 쓰기 후 활동을 통해 독자를 고려한 글을 쓰도록 과제 여건을 마련하였다.

학생들이 한국말을 사용하여 글을 쓰는 경우는, 수업 시간에 선생님을 의식하고 쓴다고 대답한 학생이 17명, 애인 등 친구에게 편지를 쓸 때라고 대답한 학생이 16명, 할아버지, 할머니, 아버지, 어머니, 남편 가족 등 가족이나 친척에게 생일 카드나 안부 편지를 쓴다고 대답한 학생이 7명, 교회 사람이나 고객을 대상으로 메모나 문자, 광고문을 쓴다고 대답한 학생들도 있었다. 예외적으로 내가 쓰는 글이므로 내가 독자라는 응답도 있었다.

설문에 응답한 학생들은 한국어 텍스트를 쓰는 경우로 생일카드, 편지, 인터넷 채팅, 메일, 문자, 일기, 메모, 광고 등 실용적인 상황을 꼽았다. 이러한 학습자 요구가 본 교재의 과별 텍스트를 구성할 때 반영되었다.

2. 중급I 쓰기 교재 구성의 원리

2.1. 전체 단원의 전개 원리

구체적 맥락에서 쓰이는 실용적 장르를 중심으로 단원을 구성하고자 하였으므로 설명문, 논설문, 문학 작품, 실용문, 기행문 등의 거시 장르 유형[7]

---

6) Kroll(1978: 279)은 학습자의 학령이 높아지면서 자아중심주의를 벗어날수록 문어적 맥락에서 독자를 잘 고려해 의사소통에 성공한다는 실험 결과를 발표한 바 있다.

7) Kroll(1990)은 글의 구조 모델에 따라 글을 쓰는 rhetorical pattern approach를 소개한다. 비교·대조 방법에 따라 비교 대상 둘을 지정하여 글을 쓰는 방식이다. 교사는 거시적인 장르 유형을 소개하고 그 형식에 맞게 쓰도록 유도한다. 이와 달리 discovery approach는 자신의 경험이나 논지 내용을 먼저 정하고 나서 적절한 쓰기 방식을 선정한다. 과거 경험을 기술하기로 수업 목표를 정하고 나서 시간의 순서를 따르는 서사 장르를 쓰도록

이 아닌, 정보 전달, 설득, 정서 표현, 친교 표현을 위한 미시 장르 유형들을 검토하였다. 그리하여 싸이월드(프로필, 다이어리, 사진 소개, 방명록), 신문기사 읽고 전자 게시판에 쓰는 댓글,8) 추천서, 일기,9) 편지, 카드(생일, 결혼축하, 결혼기념일, 장례식, 연하장), 신상정보를 묻는 서류 양식, 전화 메시지 메모, 이력서·자기 소개서, 안내문, 설문지, 신문이나 잡지 투고문, 사용자 설명서, 노트, 강의 자료, 사과문, 취임사, 설교, 좌담회 연설문, 중고품 매매 광고, 행사 초대장, 도서관 앞 대자보, 돌아가신 분에 대한 조사(弔辭), 결혼식 주례문, 체스나 장기 등 놀이 방법 설명문, 음악이나 그림을 소개하는 글, 건의문, 독후감, 방송 후기, 기사, 블로그, 학술 보고서, 논문 등의 다양한 실제적 쓰기 과제를 목록화하였다.

이 목록 가운데 교재 개발 전 실시한 요구 조사 내용을 참조하여 중급 학생들이 실생활에서 가장 빈번히 접하는 한국어 쓰기 텍스트를 20개 단원의 목표 텍스트로 선정하였다. 본 교재는 연세대학교 정규반 3급 학생들의 쓰기 선택반 교재로서뿐만 아니라 범용으로도 쓰일 것을 고려하여 한국어 능력 2급의 문형 표현 수준을 기본으로 하되, 3급 수준의 어휘와 문법은 주 교재 목차를 기준으로 난이도가 낮은 것에서 높은 것 순으로 배열하였다.

지도하는 것이 그러한 발견적 접근법에 해당한다.

8) 인터넷 신문의 경우, 독자는 자신의 의견을 개진할 수 있을 뿐 아니라 기사 작성에 큰 영향을 미칠 수 있다. 종이 신문 시대에는 신문에 게재된 기사만을 보던 독자들이 인터넷 신문에서는 독자 의견을 올릴 기회가 많아져서 기사 자체에 대한 의견이나 집필 방향 등에 대해 목소리를 낼 수 있게 되었다(김영만, 2003: 73).

9) Toby Fulwiler와 Lil Brannon, C. H. Knoblauch는 영국의 초·중등학교 학생들을 위해 고안된 연구 성과를 미국 대학에 도입하였다. 대학의 학제 안에서 일기를 쓰게 하는 글쓰기 과정이 효율적인가에 대한 논쟁이 있었는데 범교과적 글쓰기 지지자들은 학생들이 일기를 쓰면서 발전시키는 주제에 개인적으로 흥미를 느낄 때 더 나은 보고서를 쓰게 된다는 입장을 견지하였다. 하지만 이들도 영국의 쓰기 교육 방법론이 보다 완성된 글의 생산을 지향해야 한다고 보았다. 학생들이 글을 쓰는 과정은 개별적이어서 누구에게나 보편적으로 성공적인 쓰기 과정은 없다는 것이다(Bizzell, 1992: 105).

• 단원 내용 선정 기준

본 교재 단원 내용 선정의 기준은 첫째, 장르 중심, 둘째, 상황 중심의 쓰기 연습이 되게 하는 것이었다. 21세기 정보화 사회에 살고 있는 학생들이 실생활에서 접할 수 있는 다양한 한국어 쓰기 텍스트 장르를 완성하게 함으로써 실제적 의사소통 능력을 함양하고자 하였다. 그래서 특정 상황에 적합한 '활동' 위주로 선정하였으므로 전자매체 관련 텍스트가 많은 것이 이 교재의 특징이다. 필요한 정보를 검색하거나 제품 사용 후기 쓰기, 라디오에 음악 신청 엽서 쓰기 활동을 하는 과 등에서 알 수 있듯이 이 교재는 현대인의 지식과 감성적 측면의 요구를 스스로 해결할 수 있도록 하는 실제적 의사소통 능력 향상을 목적으로 개발되었다.10)

• 단원 내, 단원 간 구성 원리

본 교재에서 전체 단원의 구성과 각 단원의 전개가 따르고 있는 원리는 다음과 같다.11)

① 부분에서 전체로의 원리: 부분을 강화하는 전략을 써서 전체 글을 구성하도록 나아가는 원리로서 어휘와 표현을 연습하고 개요를 작성한 후 한 편의 글을 완성하는 과정 중심 쓰기 연습이어야 한다.

② 부분과 전체의 연결 원리: 부분과 전체는 늘 연결되는 것으로 어휘 연습 과정이 곧 글을 쓰기 위한 브레인스토밍 과정이 되며 문형 표현 연습 문장도 해당

---

10) 시험 사용 결과 정규반 교과서의 주제 상황에서 쓸 수 있는, 실제적 어휘와 표현으로 구성된 단원 내용이 학생들의 흥미를 끌었다. 교재 1과의 '댓글을 남겨주세요'는 정규반 교재와 활동 면에서 연관이 있다. 주 교재에서 취미 소개하기 기능을 배운 지 1주 후에 선택반 수업에서 친구의 블로그에 자신의 취미를 소개하는 댓글을 쓰도록 과제가 배치되었기 때문이다. 이로써 정규 수업과 선택반 수업 간에 통합 지도가 가능했고 학습한 기능이나 전략이 상황 속에서 유기적으로 활용될 수 있었다.

11) 이재승(2000: 105)은 초등학생의 방과 후 글쓰기 활동을 위한 프로그램 개발 원리로 탐구의 원리와 점검 및 자기 통제의 원리도 추가하였으나, 한국어 학습자를 위한 중급 쓰기 교재 개발 원리와는 관련이 적어 7개 원리만을 본 교재 구성 원리로 채택하였다.

텍스트에서 사용할 수 있는 내용을 위주로 구성한다.

③ 통합의 원리: 쓰기 능력 향상을 위한 교재이기는 하지만 다른 언어 기능과 연결하여 글을 쓰는 과정에서 읽고 쓰는 활동을 하도록 하고, 쓰기 후 과정은 쓰고 나서 읽고 듣고 말하기 등의 언어 기능 간 통합 연습을 하도록 한다.

④ 겹침의 원리: 어휘와 문형 표현 연습이 새 글의 내용 생성 활동이 되도록 하고, 개요를 구성할 때에도 연습한 어휘와 문형 표현을 쓰도록 하여 내용 생성과 내용 조직에 사용되는 인지 기억 장이 겹치도록 한다. 또한 성취 정도에 대한 확인을 자가 점검표의 두 항목12)으로 설정해 준비하기와 쓰기, 평가 활동에서 초점화되는 내용을 최대한 연계시킨다.

⑤ 연쇄의 원리: 반복, 순환의 위계로 학습할 내용을 반복하면서 새로운 것을 추가하기 위해, 2급의 문어 담화 표지를 최대한 수용하고 3급의 어휘와 문형 표현을 주 교재에서 배우는 순서에 따라 여러 번 재배치한다.

⑥ 상호 작용의 원리: 쓰기 수업에서는 한국어 담론 지식을 체득하고 있는 교사와 한국어 쓰기 지식이 부족한 학생 사이의, 그리고 국적과 세계관이 다른 학생들 서로 간의 상호 협력이 중요하다. 초보 학생 필자는 교사와의 협력을 통해 자기 의사를 한국어 담화 공동체 기준에 맞춰 표현할 수 있고, 학생들 간의 의견 조율을 통해 객관적으로 타당한 내용을 생성할 수 있다. 이 교재에서는 텍스트 형식에 대한 쓰기 지식을 전수하기 위해 개요 표의 왼쪽에는 모범

---

12) '확인해봅시다'는 다음과 같이 5개 질문으로 구성하였고 1번 질문에서는 해당 과의 목표 텍스트를 작성할 수 있는지, 즉 학습자의 자기효능감을 확인한다. 자기효능감(self-efficiency)이란 학습자가 실제로 습득한 능력이 아니라 스스로 습득했다고 믿고 있는 정도의 능력 수치를 가리킨다. 이는 필자로서의 자존감과도 관계가 있어서 자신의 능력에 대한 신뢰가 높아질수록 텍스트의 성과도 개선되는 경향이 있다.

확인해 봅시다	그렇다	아니다
1. 이메일 답장을 쓸 수 있습니까?	☐	☐
2. 이 과에서 배운 문형을 잘 썼습니까?	☐	☐
3. 전체적으로 앞 뒤 내용이 자연스럽게 연결됩니까?	☐	☐
4. 맞춤법과 조사를 확인하기 위해 다시 읽어봤습니까?	☐	☐
5. 자기가 쓴 글에 몇 점을 주고 싶습니까?	/100	

예시문의 내용과 구조를 제시하고, 개요 표의 오른쪽은 빈 칸으로 개방해 두었다. 내용을 탐색하는 단계에서 교사의 의견을 일방적으로 강요하지 않고 학생이 자유로이 내용을 생성하도록 하기 위함이다. '6과 싸게 사려면 어디로 가야 하나요?'와 같이 필요한 지식을 검색하는 글과 대답하는 글을 모두 써 보도록 배치한 단원은 동료 간 상호 작용의 원리를 최대한 반영한 과이다. 또한 협력학습으로 학습자의 참여와 흥미를 유발하기 위해서 동료의 글을 평가할 구체적인 지침을 제공하였다.[13]

⑦ 개별화의 원리: 교사는 개별 학습자가 가진 학습 능력, 속도, 흥미, 개성 등 개인차를 최대한 반영하여 교재 본문에서 상이한 부분을 강조할 수 있다. 즉, 학생들의 요구를 수렴하여 단원 전반부의 어휘, 표현 연습에 중점을 두거나, 후반부의 개요 작성과 글쓰기 과정에 중점을 둘 수도 있다. 학생이 쓴 글에 대한 교사의 지도는 수정 방향을 구체적으로 제시하는 것이어야 한다.[14] 교사는 작성된 초고에 대한 피드백이 가능한 횟수에 따라 전체 구성의 일관성, 논지 전개의 타당성, 논리적 근거문 작성 여부, 문법 수정 사항 등을 순차적으로 점검해 준다.[15]

---

13) 동료 간 피드백은 주로 L1 쓰기 수업에서 사용하는데 한국어 교육 환경에서 효과적으로 사용하기 위해서는 비계(飛階) 방법을 생각해야 한다. 즉, 단순히 그룹 활동으로 서로의 초안을 돌아가며 읽고 장단점을 말하는 것은 고급반 학습자에게도 효과적이지 못하다. 다음과 같이 글을 평가할 수 있는 기준을 명시적으로 제시해 텍스트를 읽고 분석하는 틀을 제공하는 것이 바람직하다. 학습자들은 이러한 평가 기준을 가지고 동료의 글을 읽으면서 자신과, 동료의 글에 대해 좀 더 독자적인 비평가가 된다. 그리하여 올바른 글쓰기의 기준이 내재화되며, 글에 대한 통찰력과 분석력이 생긴다(이미혜, 2000: 143).

> ① 이 글은 몇 개의 단락으로 구성되었습니까? 단락의 구성은 알맞게 이루어져 있습니까?
> ② 이 글의 제목은 내용에 적합합니까?
> ③ 한 문장으로 줄일 수 있는 중심 내용이 있습니까? 어디에 있습니까?
> ④ 중심 내용을 뒷받침해 주는 논리적인 근거나 예들이 글의 어디에 제시되어 있습니까?
> ⑤ 전체 내용에 맞지 않는 부분(불필요한 부분)은 없습니까? 있다면 그것은 무엇입니까?

14) 부호(＿ 철자오류, ○ 문법오류, ∨ 첨가, □ 대체, ～어색한 표현, (?) 모호한 의미)를 써서 학습자 글의 오류를 수정해 주면 학습자 스스로 자신의 오류 내용을 범주화하는 데 도움이 된다. 이러한 과정을 통해 학습자는 교사가 지적한 내용을 스스로 수정하면서 이후 글을 쓸 때 주의하는 등 오류 수정 동기를 강화하게 된다(김성숙, 2007나: 39).

2.2. 개별 단원의 구성

각 단원은 한 편의 글을 완성하는 단계를 따랐으므로 학습자는 매 과에서 먼저 해당 과의 화제에 대해 환기하고 브레인스토밍을 거쳐 개요를 짠 다음 글을 쓰고 수정하는 쓰기 과정을 숙달할 수 있다. 해당 단원의 주요 문형 표현이 있는 문장을 제목으로 제시하였고, 학습을 마친 후에 초대하기나 부탁하기와 같은 기능을 수행하여 실질적으로 어떤 한국어 텍스트를 쓸 수 있는가를 학습 목표로 제시하였다. 50분 수업을 예상하여 한 단원은 크게 도입부와 쓰기 전, 쓰기, 쓰기 후, 자가 점검의 다섯 부분으로 구성하였다. 본 교재 단원의 세부 진행 절차는 다음과 같다.

- **제목**: 해당 단원의 주요 문형 표현이 있는 문장
- **학습 목표**: 목표 기능과 텍스트 제시
- **들어가기**: 브레인스토밍을 도울 그림, <보기> 글, 질문
- **준비하기**: 어휘와 표현(이해 지식 → 활용 지식)
- **쓰기**: 개요를 보면서 마인드맵 구성
- **정리하기**: 1. 개별 학생의 결과물 공유
              2. 교실 밖에서 실제 텍스트 생산 독려
- **확인해 봅시다**: 자가 점검 평가지

〈그림 2〉 본 교재의 단원 구성

도입 단계 들어가기에는 특정 화제 및 텍스트 양식에 대한 브레인스토밍을 도울 관련 그림과 〈보기〉 글, 그리고 두 개의 질문이 있다. 첫 번째 질문은 예시문의 내용과 관련된 것이고 두 번째 질문은 각 단원에서 학습자가 자기 텍스트를 쓰도록 예비하는 질문이다. 이 도입 질문은 글의 형식과 주제에 대해 관심이 생긴 상태에서 글을 쓰기 시작하도록 마련한 단계이다.

---

15) 학생이 쓴 글에 대한 교사의 점검 편이를 위해 글은 본 교재 매 단원의 마지막 한 장에 쓰도록 하였으며 이 장은 뜯어서 제출할 수 있도록 점선과 가위 그림을 넣었다.

쓰기 전 단계 준비하기에서는 목표한 글을 쓸 때 자주 쓰이는 어휘와 표현을 익히며 내용 관련 브레인스토밍을 한다. 교재에 제시된 3개 어휘 이외에 어떤 어휘를 더 쓸 수 있겠는지 이야기를 나누는 가운데 자신의 글을 쓰기 위한 내용을 모색해 보고, 해당 텍스트에 주로 쓰이는 2개의 문형 표현을 연습하는 과정에서 선별한 어휘로 문장을 구성하는 연습을 할 수 있다. 학습자들이 이해하고 있는 문법 지식을 활용 가능한 지식으로 전환해 익숙하게 사용하게 하는 것이 이 연습의 목적이므로 가능하면 배운 문법을 활용하여 실제로 글을 쓰는 연습이 되도록 하였다. 따라서 이 교재를 활용한 쓰기 수업에서 문법 설명은 학생들의 이해 여부를 확인하는 정도로 최소화하는 것이 좋다. 해당 문법에 대한 예문은 각 과에서 작성해야 하는 글에 어울리게 제시되었으므로 예문을 읽으면서 화제 관련 브레인스토밍을 할 수 있다.

쓰기 단계는 교재에 제시된 개요에 따라 작성된 〈보기〉 글을 보면서 학습자 스스로 자기 글의 개요를 작성하고 〈보기〉와 유사한 구조로 내용을 바꿔 쓰도록 과정 중심 쓰기 과제를 제시하였다.

쓰기 후 단계인 정리하기에서는 개별 학습자가 완성한 내용을 교실에서 공유하고, 교실 밖에서도 실제로 텍스트를 작성해 보도록, 공감과 실천의 두 가지 활동을 구성하였다. 첫 번째 활동은 소리 내어 읽거나 동료의 발표를 들으며 감상과 평가를 공유하는 것이다. 두 번째 활동은 학습한 텍스트 유형을 실제 생활에서 직접 작성해 보는 것이다.

마지막 확인해 봅시다는 학습자가 자신의 쓰기 활동을 되돌아보고 쓰기 능력이 얼마나 향상되었는가를 확인하는 단계로, 자가 점검 평가지를 활용한다. 자가점검표의 다섯 개 평가 항목 가운데 자기효능감 측정을 위한 첫 번째 문항을 제외한 나머지 네 개 문항은 자신의 글을 점검하는 잣대가 될 뿐만 아니라 동료의 글을 비판적으로 평가하는 준거로도 쓰일 수 있다.

3. 중급I 쓰기 교재의 운용 사례

〈표 5〉 선택반 수업의 실러부스

주	요일	과	교재 내 단원	과제 활동
1	화		쓰기 선택반 수업 운영에 대한 안내 및 학생들의 자기소개	
	목	1	댓글을 남겨 주세요	친구 블로그나 홈페이지에 댓글을 쓴다.
2	화	2	아침은 조금이라도 꼭 먹는다	결심한 내용을 십계명처럼 적어 본다.
	목	3	반드시 손을 씻고 먹을 것	다양한 상황에서 간단한 메모 글을 쓴다.
3	화	4	이 기회를 놓치지 마세요	사용하던 물건을 파는 광고문을 쓴다.
	목		문화체험학습	
4	화	5	참석해 주시기 바랍니다	친구를 모임에 초대하는 초대장을 쓴다.
	목	6	싸게 사려면 어디로 가야 하나요?	필요한 지식을 검색하고 알려 주는 글을 쓴다.
5	화	7	사랑하는 고모님께	말로 하기 어려운 것을 부탁하는 편지를 쓴다.
	목		중간시험	
6	화	10	요즘 사람들은 건강에 관심이 많다	일기를 시간의 순서에 따라 쓴다.
	목	11	보내 주신 메일을 잘 받았습니다	이메일을 보내거나 답장을 쓴다.
7	화	12	한번 가 볼 만한 곳입니다	자국의 관광지를 소개하는 글을 쓴다.
	목	15	그럴 땐 나처럼 노랠 불러 봐	의성어·의태어를 써서 노래 가사를 바꿔 쓴다.
8	화	16	단오를 아십니까?	재미있는 기념일을 만들고 설명하는 글을 쓴다.
	목	19	어쩌나 감동적이었는지 눈물이 다 났다	영화의 내용을 요약하고 느낌을 적는다.

2008년 여름학기에 8주 동안 3급 3개 반 약 45명[16]을 대상으로 주 2회 (화, 목 3교시) 쓰기 선택반 수업이 실시되었다. 담당 교사와 학생들로부터 피드백을 받아 본 결과, 메모와 상품평, 자기 소개서, 음악 신청 엽서, 편지 등은 실제적인 측면에서, 신문 기사 요약과 영화평 쓰기는 학습자의 전문적인 관심을 반영하고 있다는 점에서 유익하다는 평가를 받았다. 그리고 16과 기념일 쓰기는 시험 사용 과정에서도 학생들이 가장 흥미를 보인 과 가운데 하나로, 교재에 보기로 제시된 7월 9일 친구 데이, 9월 9일 닭고기의 날은

---

16) 맞춤법을 잘 모르는 교포들이나 쓰기에 자신 없어 하는 중국 학생이 많았다.

학생이 창안한 내용을 반영한 것이다. 16과의 개발과 시험 사용 과정에서 교재를 개발할 때는 학습자의 흥미 유발 요소가 중요함을 다시 한 번 확인할 수 있다. 여기서는 전체 20과 가운데 '제2과 아침은 조금이라도 꼭 먹는다'를 통해 단원 구성과 50분 수업의 실제 진행 과정을 선보이고자 한다. 이 수업의 교수요목은 앞의 〈표 5〉와 같았다.

① 도입(5분): 엘리베이터 앞에서 마이클이 계단을 이용할지, 그냥 타고 올라갈지 고민하는 그림을 보면서 교사는 건강을 위해서 어떻게 하는 게 좋을지, 평소에 어떤 결심을 해 본 적이 있는지, 들어가기에 쓰인 글의 형식을 본 적이 있는지 등을 질문한다.

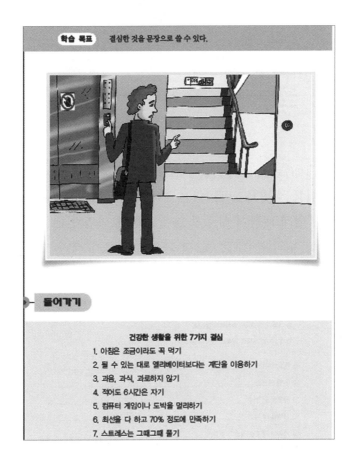

그리고 들어가기에 실린 '건강한 생활을 위한 7가지 결심'을 같이 읽어 본다. 이 때 학생들이 모르는 단어와 표현은 교사가 간단히 설명한다. 도입 질문(1. 앞의 7가지 중에서 어떤 것을 지키고 있습니까?, 2. 결심한 것을 글로 써 본 적이 있습니까?)을 하면서 결심한 내용을 선언적으로 밝히는 십계명 형식의 글을 소개한다.

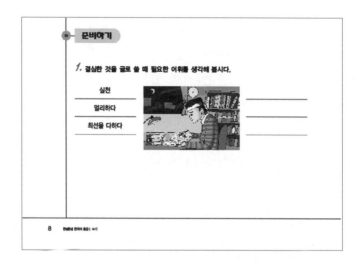

②쓰기 전 단계(15분): '실천, 멀리하다, 최선을 다하다' 등 결심하는 글에 자주 쓰는 어휘를 살펴보고 또 다른 어휘로는 어떤 어휘를 많이 쓰는지 발표하게 한다. 쉽게 대답이 나오지 않을 경우 모범 답안에 제시된 '지키다, 가까이 하다, 될 수 있는 대로' 등 몇 가지 어휘를 교사가 제시할 수 있다.

그러고 나서 결심하는 글을 쓰기 위해 필요한 격식체 반말 표현과 'N보다는 N을/를' 문형 표현을 익힌다. 학생들이 이미 알고 있는 문법이므로 교사는 긴 설명을 하지 않는다. 특히 격식체 반말은 일기나 신문 기고문, 에세이 등에서 널리 사용되는 표현임을 강조하고, 형용사와 동사에 따라 달라지는 형태소를 집중적으로 연습시킨다. 학생에게 각 문항을 할당해 칠판에 직접 쓰게 하고 반 전체가 같이 수정해 보는 것도 역동적인 수업 분위기를 만드는 한 방법이다. 어휘와 문형 표현 연습이 너무 길어질 경우 본 쓰기 활동을 제대로 못할 수 있으므로 학생 수준에 따라 쓰기 전 단계 연습은 꼭 필요한 부분만 점검하고 본 쓰기 활동으로 넘어 가도록 한다.

1. 학교생활을 잘 하기 위해 결심하는 글을 쓰려고 합니다. 다음 표를 완성하십시오.

해야 하는 것	• 수업에 집중하기 • 숙제를 그날그날 하기 • 한국 사람과 이야기를 많이 하기	• • •
하면 안 되는 것	• 말할 때 실수를 겁내지 말 것 • 밤 늦게까지 술을 마시지 말 것 • 수업시간에 떠들지 말 것	• • •

O   X

③ 쓰기 단계(25분): 먼저 앞의 개요표를 작성하면서 결심하는 글의 개략적인 내용을 구성한다. 학생들의 이해를 돕기 위해 표에 제시된 보기를 함께 읽으면서 학교생활을 잘 하기 위해 해야 하는 것과 하면 안 되는 것을 2~3개씩 생각해 보게 한다. 학교생활에 대해 다양한 의견이 나오지 않는다면 개별 학습자가 관심 있어 하는 주제로 바꾸어 결심하는 글을 작성하도록 할 수 있다. 이 단원의 목적은 자신의 목표를 이루기 위한 개별 실천 과제를 한 문장으로 써 보게 하는 것이다. 이 문장 쓰기 연습은 이후 긴 글을 쓸 때 단락의 주제 문장을 작성하는 능력으로 전이될 수 있다. 학생들은 이 단원에서 긴 글을 쓰기에 앞서 단락별 중심 문장 쓰기 연습을 집중적으로 하게 된다. 개요표의 예시대로 쓰인 〈보기〉 글을 읽고 나서 학생들은 자신이 작성한 개요에 따라 '학교생활을 잘 하기 위한 결심'이라는 제목 아래 각자의 십계명을 완성한다.

정리하기

1. 반 친구들이 쓴 글을 들어 봅시다. 여러분과 같은 생각이 있습니까?

_____

_____

2. 여러분의 결심을 눈에 잘 띄는 곳에 붙이고 꼭 실천합시다.

_____

_____

④ 쓰기 후 단계(5분): 학생들은 자신이 쓴 글을 발표한 후 서로 의견을 나눈다. 교사가 읽어주면서 누구의 결심인지 학생들로 하여금 추측해 보게 할 수도 있다. 결심한 내용은 실제 생활에서 실천하도록 권장한다. 마지막으로 다음 '확인해 봅시다'를 통해 이 과의 과제를 수행하면서 습득한 쓰기 기술에 대해 자가 점검 시간을 갖도록 한다. 수업 운영상 시간이 부족하면

집에서 완성해 오게 하고 다음 차시 시작 전에 복습 겸 발표를 시킬 수도 있다.

4. 실제적 쓰기 교재 개발의 의의

정보통신 기술이 발전하면서 전자 매체를 매개로 전 지구인이 소통을 하고 있다. 그만큼 실제 상황의 쓰기 문제를 해결할 방법에 대한 학생들의 요구도 늘고 있다. 글을 써서 특정한 문제를 해결한다는 것은 개인이 속한 활동 체계(activity system) 안에서 해당 담론 공동체의 문제를 해결할 주체와 도구, 담화 규범, 역할 배분 등을 상황의 요구에 맞게 조정하는 초인지 작업 이다. 따라서 한국어 학습자의 쓰기 능력을 신장하는 데에는 실제적 텍스트 작성을 목표로 하는 장르 중심 쓰기 교수법이 적합하다.

사회적 맥락을 중시하는 장르 중심 교수법에서는 명시적인 교수 절차와 문제 해결 방법을 중시한다. 교사는 학생들이 장차 소속되기를 원하는, 한 국의 특정 담화 공동체가 기대하는 방식으로 쓰기 문제를 해결할 수 있도록 지도해야 한다. 그러려면 쓰기 결과는 물론 쓰기 과정도 중시해야 하며 학 습자가 흥미를 느낄 과제를 고안해야 하고, 개별 담론 장르에 적합한 문형 표현과 담화 표지 연습 과제를 개발해야 한다.

한국어 학습자가 성취해야 할 쓰기 능력으로는, 한국어의 기본 문법과 어휘에 대한 언어적 지식과, 완성해야 할 텍스트 구조에 대한 담론 지식, 맥락과 독자를 고려하여 적절한 경어법이나 어미를 적용할 수 있는 화용적 지식 등이 있다. 외국인이 한국어로 쓰는 글은 한국어 담화 공동체에 적합한 담화·화용 표현을 써서 내부인이 간과하고 있는 문제를 지적하는 실천적 행위의 결과라는 점에서 가치가 있다. 이들이 한국어로 독창적인 사유 내용을 펼치는 만큼 한국어 담화 공동체의 문화적 소양은 고양될 것이다. 따라서 교사는 한국어 학습자에게 한국인의 쓰기 스타일을 모방하는 글이 아니라 자신의 정체성을 분명히 드러내는 글을 쓰도록 안내할 필요가 있다.

 학습자에게 유용한 교재를 개발하려면 제일 먼저 이들의 요구가 무엇인지 구체적으로 파악해야 한다. 그리고 관련 선행 연구를 참조하여 이론적으로, 또 경험적으로 검증된 연구 성과들을 실제 수업에 적용할 방안을 마련해야 한다. 교재 개발에 걸리는 시간을 잘 따져서 교재의 일부분이라도 시험 사용을 하도록 개발 일정을 조정하고 교재를 사용해 본 교사와 학생들로부터 받은 피드백을 반영하면 교재의 완성도를 높일 수 있다. 본 연구에서는 이러한 타당한 절차에 따라 교재를 개발한 과정을 보고하고 실제 사용 사례를 설명하였으므로 이후 유사한 기능성 교재를 개발하고자 하는 이들이나 본 교재로 수업을 하려는 교사들에게 도움이 되기를 바란다.

 이 연구에서 한국어 쓰기 교재를 개발하는 데 참조한, ① 부분에서 전체로의 원리, ② 부분과 전체의 연결 원리, ③ 통합의 원리, ④ 겹침의 원리, ⑤ 연쇄의 원리, ⑥ 상호작용의 원리, ⑦ 개별화의 원리 등은 이후 기능별 한국어 교재를 개발하고자 하는 연구자가 유념해야 할 사항이다. 또한 교재를 개발할 때는 사용자의 요구를 반영하여 실생활에서 활용 가능한 실제적 텍스트 작성을 목표로 해야 한다. 앞으로는 정보화 시대의 흐름을 반영하여 이메일이나 정보 제공 글 등 전자매체 관련 텍스트 장르 교육 방안에 대한 연구가 보다 활성화되어야 할 것이다.

이 장에서는 실제적 텍스트 중심의 쓰기 교재를 개발한 과정에 대해서 살펴보았습니다. 다음 문제를 풀면서 본문의 중심 내용을 정리하고 특수 목적의 쓰기 교재 개발 방안을 모색해 봅시다.

1. 본문 이해

1) 과정 중심 쓰기 교수법과 장르 중심 쓰기 교수법의 차이에 대해서 정리해 봅시다.

2) 거시 장르와 미시 장르 유형을 구분해 봅시다.

3) 본문에서 교재를 개발할 때 참조한 7개 원리를 정리해 보고, 이 7개 원리를 기준으로 〈한국어 표현 교육의 이론과 실제〉 책의 구성과 내용을 분석해 봅시다.

2. 수행 과제

1) 특수 목적 한국어 교재를 개발하기 위해 학습자 요구를 조사하는 설문 문항을 만든다면 어떤 질문이 필요할지 생각해 봅시다.

2) 403쪽 〈그림 1〉은 창의적 글쓰기 능력을 신장하기 위한, 대학 신입생 글쓰기 교재의 목차를 NodXL 프로그램으로 정리한 것입니다. 이 그림의 세부 항목을 참조하여 자신이 개발하고 싶은 쓰기 교재의 목차를 장과 절 단위까지 구성해 보십시오. 교재의 목차는 수업의 교수요목으로 활용될 수도 있으므로 학습자 수준과 요구, 수업 목표, 수업 기간, 시수 등을 구체적으로 생각하고 목차의 장, 절 구조와 내용을 설계하십시오.

1장 _____

  1.

  2.

3) 다음 단원 구성 예시를 참조하여 자신이 구상한 교재의 한 단원 구조를 설계해 보십시오.

> • **제목**: 해당 단원의 주요 문형 표현이 있는 문장
> • **학습 목표**: 목표 기능과 텍스트 제시
> • **들어가기**: 브레인스토밍을 도울 그림, <보기> 글, 질문
> • **준비하기**: 어휘와 표현(이해 지식 → 활용 지식)
> • **쓰기**: 개요를 보면서 마인드맵 구성
> • **정리하기**: 1. 개별 학생의 결과물 공유
>   2. 교실 밖에서 실제 텍스트 생산 독려
> • **확인해 봅시다**: 자가 점검 평가지

〈그림 2〉 본 교재의 단원 구성

3. 더 생각해 볼 거리

1) 학생이 한 편의 글을 쓰는 과제를 완수하고 난 뒤 과제의 요구를 충실히 이행했는지를 알아보려면 스스로 무엇을 점검해야 할지, 자가 점검 항목에 꼭 필요한 사항들을 생각해 봅시다.

2) 실제적 담화 맥락 중심의 말하기 선택반 교재를 만들기 위하여 한국어 수준별로 어떤 상황과 활동, 세부 기능 등을 고려해야 할지 생각해 봅시다.

7장

대학 신입생 대상 쓰기 교수요목 개발 사례

학습자가 외국어로 개인의 사고와 감정을 잘 표현하게 하려면 언어 수준별로 어떤 지도가 필요할지 생각해 봅시다.

√ 자신의 외국어 학습 경험을 떠올려 봅시다. 수준별로 어떤 지도가 글을 잘 쓰는 데 도움이 되었고 또 어떤 지도가 비효율적이었습니까?

√ 수준별 표현 기능의 교육과정을 설계할 때 무엇을 중시해야 할지, 요인을 나열하고 우선순위를 매겨 봅시다.

1. 쓰기 교수요목 설계 방법 연구의 필요성

한국어 쓰기 수업은 한국어 교육과정 안에 세부 기능별 수업으로 특화될 수도 있고, 대학의 교양 교과목으로 편성될 수도 있다. 만약 자신이 맡은 쓰기 수업이 기존 교육과정 안에 설계되었고 적합한 교재가 있다면 한 학기 수업의 교수요목만 타당하게 설계하면 된다. 하지만 특수한 수업을 담당한 경우에는 전체 교육과정의 밑그림을 그려야 세부 기능별 수업의 교수요목 구성이 가능해진다. 어느 경우에도 교수자는 자기가 맡은 수업의 교수요목을 구체적으로 설계해야 한다. 교수요목 설계 능력은 한 학기 수업의 성패를 좌우할 교수자의 주요 능력이다. 전체 교육과정을 고려한 전문 교재가 없는 경우 초보 교수자에게 효율적인 교수요목 설계는 매우 어려운 작업이다. 특히 학문 목적 한국어 쓰기 교과는 대학 입학 전후의 교수 내용 연계를 고려해야 한다는 점에서 교수요목 설계 방법 연구가 더욱 필요하다.[1]

---

1) 현대언어협회(The Modern Language Association)에 따르면 2009~13년 미국 내 외국어 수강률이 6.6% 감소한 가운데 한국어 강좌 수강률은 한류 열풍에 힘입어 45.3% 증가했다 (「해외 한국어 학습자 급증…교육과정 개발 시급」, 연합뉴스 2015년 8월 9일. http://www.yonhapnews.co.kr/bulletin/2015/08/06/0200000000AKR20150806150600371.HTML).

• 교육과정과 교수요목의 구분

교육과정과 교수요목은 어떻게 다를까? 교육과정을 의미하는 커리큘럼은 경주로를 의미하는 라틴어 'currere'에서 비롯되었다. 경마장에서 말이 종착점을 향해 달려가는 경주로처럼 학습자가 학습 목표 성취를 향해 거쳐야 하는 일련의 과정을 의미한다. 한편 교수요목을 의미하는 실러부스는 그리스어 'σιττύβα(sittúba, 양피지에 붙인 라벨, 내용 목차)'에서 비롯되었다. 그러니까 교수요목(syllabus)은 교육과정의 목표를 구현하기 위해 교수 내용과 방법 요소를 강의 소개부터 학기말시험에 이르기까지 시간의 순서대로 상세하게 제시한 구체적인 학습 과정의 내용 목차인 셈이다. 따라서 교육과정(curriculum)을 설계할 때는 수준별 교육 목표에 맞게 내용, 교수법, 평가 절차 등을 유기적으로 연계시켜야 한다.

교육과정이란 '왜 무엇을 어떻게 가르칠 것인가' 하는 질문에 대답하기 위하여, '교육을 주도하는 기관에서 기관의 목표에 따라 체계적으로 개발한 교과목을 합목적적으로 조직한 교육내용 및 활동'이다. 교육 목표를 반영한 교재로 학습한 결과가 점수로 평가되어 학점으로 취득되므로 보통 전문가 집단에 의해 교과목 계획이나 프로그램이 설계된다. 한 마디로 교육과정은 교육 목표를 설정하고 학습 경험을 선정하고 학습 경험을 조직하고 학습을 마친 후에는 학습 목표의 도달 여부를 평가하는 활동으로, 동일 교과는 이러한 일련의 실천 활동을 공유한다(Tyler, 1949).

현재 한국은 중등 교육과정까지 12학년의 수준별 연계를 전제로 공통 교과목을 운영하고, 대학의 고등 교육과정에서는 교양과 전공과목들을 필수와 선택 이수 학점으로 구분해 두고 있다. 한편 대학부설기관에서 시행되는, 외국인 대상의 한국어 교육과정은 6등급 1,200시간을 기준으로 각 수준별 어휘와 문형 표현 구사 능력을 평가하여 선발이나 취업의 자격 요건으로 인정한다. 어떠한 교육과정을 수행하든, 교수자는 학기 초에 교수요목을 제시하여 학생이 수강 신청이나 철회를 결정할 때 참고하도록 해야 한다.

• 한국어 교육과정

한국어교육기관에서 쓰기 교수자는 비교적 통일된 강의안으로 표준화된 교육과정을 따르는 반면 각 대학의 글쓰기 교수자는 교재 운용의 재량권이 상대적으로 큰 편이다. 쓰기 수업의 운용 방식이 이렇게 다른 이유는 한국어 쓰기 교육과 대학 글쓰기 교육이 행정 기관, 교수자, 학습자 등 수업 주체의 성격과 위상 면에서 차이가 있기 때문이다.

먼저 한국어교육은 1950년대부터 대학 부설 기관을 중심으로 시행되어 왔고, 이들 기관의 교수자들이 한국어능력시험(TOPIK, 1997)이라는 통일된 평가 체제 기획과 운영에 참여하면서 어느 정도 공통적으로 사용할 표준 교수요목이 마련되었다. 몇몇 대학 운영진은 초창기 한국어 교수자들의 경험을 적극적으로 수용하여 학내 행정 부서가 한국어교육의 표준화와 국제화를 전폭적으로 지원하게 하였고 그 결과 전문 교수 인력을 길러낼 전공 및 학생 수요까지 창출하였다. 즉, 한국어교육 현장에서는 전문 교수자들의 경험과 연구 성과가 귀납적으로 수렴되어 다시 학생 일반에게 연역적으로 확산되는 선순환 교육 체계가 마련된 것이다. 또한 한국어 학습자도 한국어 능력 등급별로만 구분되므로 동일 등급 학습자 안에서는 편차가 비교적 적은 편이다.

• 대학의 의사소통 교육과정

한국어교육이 이렇게 양적으로 성장하면서 내적 필요에 따라 표준 교육 과정 수립의 정도(正道)를 걸었다면, 1990년대 후반부터 학부대학 체제가 도입되면서 외적 필요에 따라 개설된 대학 글쓰기 수업은 표준화와 거리가 멀다. 학사 행정 개편에 의해 교양필수교과목이던 〈대학 국어〉가 〈대학 글쓰기〉, 〈사고와 표현〉 등 의사소통 교과목으로 분화되었고, 강의는 국문학이나 철학, 사회학 등 인문학 전공자가 담당한다. 교수자 전공만큼이나 수강생의 전공이나 인지 수준도 변이 폭이 넓기 때문에 대학 의사소통 교과목의 표준화는 더욱 요원해 보인다. 문제는 이러한 편차에서 발생하는 교육 불균등의 피해를 학생이 당하고 있다는 점이다. 교수자의 전공이 글쓰기 교육과 무관하고 교수법[2])조차 따로 배운 경험이 없을 경우, 교수자는 자신이 도제식(apprentice)으로 경험한 학술 담론 생성 절차를 암시적으로 교수하게 된다. 이 경우 관련 배경지식이 적은 학생들은 학술적인 의사소통의 목적과 방법에 대해 정확한 표상을 갖기 어렵다. 따라서 한국어로 글을 쓰는 방법을 가르치려고 생각하는 교수자라면 자신의 수업이 전체 교육과정 안에서 어떤 위계에 해당하는지, 자신이 맡은 수업의 목표를 어떤 절차로 성취할 것인지를 신중하게 따져서 교수요목을 설계할 수 있어야 한다.

• 쓰기 교육과정의 문제

한국어 교육과정 안에서 쓰기와 말하기 같은 표현 영역은 어휘, 문법을 비롯하여 읽기, 듣기 같은 이해 교육과정에 비해서 내용 체계, 조직 범주, 과제 유형 등에서 급 사이에 연계성이 적고 구체성과 위계성이 부족하다. 한국어 교육과정이 어휘, 문형 표현의 난이도 위주로 설계되어 있기 때문이다. 이러한 문제를 해결하려면 말하기와 쓰기 등 표현 기능 교육에 있어서도 과제 장르별 난이도나 수사적 전략 지식의 난이도 지정에 대한 연구와 합의가 있어야 한다.

대학 〈글쓰기〉 과목도 교수 영역을 확장하려면 학술적 글쓰기 능력에 대한 지표화 연구가 선행되어야 한다. 만약 전문가 집단 간 합의를 거쳐 대학생의 학술적 글쓰기 능력을 표준 지표화할 수 있다면, 신입생의 쓰기 수준을 진단하고 맞춤형 교육과정을 단계적으로 제공할 수 있다. 최근 교육부가 기초교양교육의 질을 일정 수준 이상으로 유지하기 위해 교과 내용의 통일성과 효율적인 관리 시스템을 중시하고 있음을 감안한다면 학술적 글쓰기 능력의 표준 지표화 연구는 시급한 현안이다.

하지만 현재 국내 대학에서 〈의사소통〉 수업은 최소 2학점으로 한 학기에 마치든가, 구어와 문어, 혹은 기초 글쓰기와 심화 글쓰기로 단순 구분되

---

2) 쓰기 수업에 사용할 수 있는 교수법으로는 프로젝트 학습, 과제중심학습, 주제중심학습, 내용중심학습, 협동학습, 자기주도학습 등이 있다.

어 두 학기 최대 6학점으로 운영된다. 미국 등 교육 선진국의 〈글쓰기〉 수업이 거의 대부분 12학점까지 교양이나 전공과 연계되어 운영되고 있음을 볼 때 국내 대학의 의사소통 교과목도 질적, 양적 개선 방안이 필요하다.

그래서 이 글에서는 한국어 교육과정의 현황과 대학 글쓰기 교수요목의 사례를 검토하여 이후 글쓰기 교수자들이 자기 수업의 교육과정이나 교수요목을 설계하는 데 참조할 자료를 제공하고자 한다. 근래에 한국에서도 학술적 글쓰기 연구가 활발해지고 미국 대학의 학부 쓰기 교육과정을 벤치마킹해 발표하는가 하면, 해외 작문학 이론을 소개하는 연구도 잇따르고 있으므로, 이러한 연구 성과를 토대로 한국어 고유의 등급별 쓰기 능력 지표화나 교육과정 표준화 논의가 시작되기를 기대해 본다.

2. 교육과정과 교수요목 설계의 원리

강현석(1996: 9~12)은 교육과정 설계에 대해 "교육적 의도나 방향을 달성하기 위해서 일정한 구조적 틀 내에서 하나의 안이 산출될 수 있도록 원칙과 지침을 사전에 수립하는 활동"이라고 기술하고 있다. 교육과정은 교과의 목표, 내용, 방법, 평가 등에 대한 구체적인 지침을 담은 문서이며, 따라서 교육과정 설계는 교과의 교수 학습에 대한 체계적인 계획을 담고 있는 문서를 구체적으로 만드는 것을 의미한다.

• 교과 지식의 재생산 기반
개별 교과의 지식은 홍후조(2008; 이혁규, 2010: 31에서 재인용)가 제시한 〈그림 1〉과 같은 구도에 의해 순환적으로 재생산된다. 즉, 학자들이 전문적으로 연구한 결과를 발표하면 교과 전문가는 이 연구 성과를 학생이 이해하기 쉽게 가공하고, 이 가공된 지식 내용은 전문 교사에 의해 학생에게 전달된다. 학자가 탐구 과정을 거쳐 생산한 전문 지식이 교과 전문가와 교사의 지도하에 학생에게 전이되면서 특정 분야 지식 재생산의 기반이 마련되는 것이다. 특정 학문으로부터 '수련적 가치'와 '실천 가능성'을 추출하여 교과 내용으로 조직할 줄 아는 교과 전문가는 다른 한편으로 전문 교사를 양성하는 데에도 참여하여 지식 재생산의 순환적 틀을 유지시키는 데 기여한다.

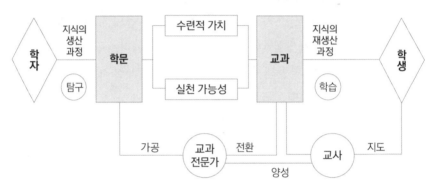

〈그림 1〉 지식 생산으로서의 학문 탐구와 지식 재생산으로서의 교과 학습(홍후조, 2008: 4~6)

교육과정은 학령이 높아질수록 위계적으로 반복과 심화를 거듭하는 나선형 구조를 띤다(이필영 외, 2005).[3] 그런데 현재 한국어 초·중·고급의 표현 교육과정에는 해당 급에서 익혀야 할 텍스트 조직 방식 등 수사적 지식이나 실제적 장르 생성 과제가 적어서 나선형 교육과정을 적용하기 어렵다. 한국어 쓰기 교육과정의 문제는 3장에서 자세히 살펴보겠지만 가장 큰 문제는 쓰기 연습을 할 수 있는 수업 시수가 절대적으로 부족하다는 데 있다.

이러한 문제는 초창기 한국어 교수자 집단의 한계에서 비롯되는 것이기도 하다. 지금도 그렇지만 초창기 한국어 교육을 담당한 교·강사의 전공 이력은 국문학 등 어문계열이 많았다. 그러다 보니 어휘와 문법의 난이도 연구는 활발히 진행되어 교육과정 설계에 적극적으로 반영된 반면, 실제적 텍스트 생성 전략 등 수사적 장르 지식에 대해서는 연구가 적었고, 그 결과 쓰기는 한국어 교육과정에서 25%의 비중을 확보하지 못했다. 앞으로 표현

---

3) 예) 표현 목적에 따라 내용을 조직하는 방식: 원인과 결과가 드러나게 글을 쓴다(3학년)/ 시간이나 공간 순서에 따라 내용을 전개하여 글을 쓴다(4학년).

영역의 수사적 장르 지식 일반에 대해서 난이도 등급이 타당하게 연구된다면 4개 언어 기능의 교육 시수가 고르게 분포된, 이상적인 한국어 교육과정을 마련할 수 있을 것이다.

• 교육요목 설계 절차

김정숙(2003)은 다음의 일반적인 교육과정 설계 절차를 소개하였다.

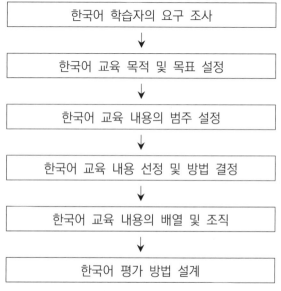

한국어 학습자의 요구 조사

↓

한국어 교육 목적 및 목표 설정

↓

한국어 교육 내용의 범주 설정

↓

한국어 교육 내용 선정 및 방법 결정

↓

한국어 교육 내용의 배열 및 조직

↓

한국어 평가 방법 설계

〈그림 2〉 교수요목 설계 절차(김정숙, 2003: 121)

하지만 Wiggins와 Jay(2005)는 Backward Design을 제안하면서 ① '수업의 결과로서 바라는 목표'를 먼저 수립하고, 그 목표에 도달했음을 확인할 수 있는 ② '평가 문항 개발'이 교수요목의 세부 절차를 개발하는 것보다 선행되어야 한다고 주장한다. 그래야 교수요목 전반에 ③ '목표 숙달도를 성취할 수 있는 과정 중심 과제'를 배치할 수 있고, ④ '특정 텍스트 작성에 필요한 절차적 지식'을 교수할 수 있다는 것이다. 수업의 최종 평가 준거를 학생들에게 미리 고지하면 학생들도 한 학기 동안 자연스럽게 수업 목표를 내면화하는 효과를 거둘 수 있다. 이 때 교사는 U자[4] 형 패턴을 보이는, 학습자의 중간 언어 지식이 화석화되지 않도록 과제의 난이도와 보편성을 고려해야 한다.

- **교수요목의 내용 범주**

1980년대부터 제2언어로서의 영어 교육 분야에서 언어 지식 범주 이외에 의사소통 능력 개발이 주요 교육 목표로 추가되면서 화행 기능, 과제, 문화, 주제 내용 등이 어휘와 문형 표현에 더해져 교수요목의 주요 범주로 덧붙기 시작하였다. Graves(1996: 19~25)는 이렇게 교육 목표가 변화함에 따라 추가되는 새로운 교육 내용 범주를 포함하여 다음과 같이 교수요목의 내용 범주를 설정하였다. 교육 내용, 교육 방법, 언어 기술, 전략 등 다양한 층위의 범주가 평면적으로 제시된 한계가 있으나, 교수요목을 개발할 때 다면적인 상황을 고려해야 함을 보여 준다(〈표 1〉 참조).

한국어 표현 교육과정의 현실적 한계를 밝히자면 쓰기와 말하기 교육 여건에 대해 모두 살펴야 하겠지만, 수행 결과물을 물리적으로 고정시키기 어려운 말하기 교육과정에 대한 연구는 국내외적으로 아직 그리 많지 않다.[5] 한국어능력시험에서도 말하기 평가 방안에 대해서는 2015년 9월 12일과 13일에 모의시험을 시행한 이래 2022년 11월부터 iBT 말하기 평가를 실시하는 등 관련 논의가 진행 중에 있으므로, 일단은 쓰기 위주로 표현 교육과정 관련 연구사를 검토해 보려고 한다.

---

4) 학습자는 기존에 자신이 가지고 있던 지식 체계를 기반으로 교사가 새로 제시하는 특정 지식을 받아들인다. 새로 학습한 지식이 기존의 지식 체계에 동화되기 어려워 새로운 지식 체계로 조절해야 하는 경우, 학습자는 상당 기간 오류 표현을 지속하고 주위에서 정정의 요구가 있을 때마다 조금씩 개선해 나간다. 이렇게 처음 이해된 지식은 일정 기간의 반복과 숙달 과정을 거친 후에야 정확한 지식으로 습득된다. 이러한 과정으로 진행되는 학습자의 오류 정정 패턴을 알파벳 U자에 비유한 것이다.

5) 그런 점에서 홍윤혜(2014)의 논문은 주목을 요한다. 연구 논문과 연구 발표의 수사적 행위 요소들을 분석하여 학술적 문어 담화와 구어 담화의 장르 차이를 본격적으로 비교하고 있기 때문이다.

참여 과정 Participatory processes 예) 문제 제기, 경험적 학습 기술		학습 전략 Learning strategies 예) 자가 모니터링, 문제 파악하기, 노트 필기		내용 Content 예) 학과목, 기술과목	
문화 Culture 예) 문화 인식, 문화 행위, 문화 지식		과제 및 활동 Tasks and activities 예) 정보 결합 활동, 프로젝트, 스피치·프 리젠테이션 등의 기술 혹은 화제 지 향의 과제		일상적·업무적 기술 Competencies 예) 직장에 지원하기, 아파트 빌리기	
듣기 기술 Listening skills 예) 요점 찾기, 특정 정보 찾기, 화제 추론하기, 적절한 반응 선택하기	말하기 기술 Speaking skills 예) 발화 교체하기, 이해 부족 부분 보완하기, 응집 장치 사용하기		읽기 기술 Reading skills 예) 특정 정보 빠르게 찾기, 요점 찾기 위해 빠르게 읽기, 수사적 장치 이해하기		쓰기 기술 Writing skills 예) 적절한 수사적 문제 사용하기, 응집장치 사용하기, 문단 구성하기
기능 Functions 예) 사과하기, 거절하기, 설득하기		개념과 화제 Notions and topics 예) 시간, 양, 건강, 개인 신원		의사소통 상황 Communicative situations 예) 음식점에서 주문하기, 우체국에서 우표 사기	
문법 Grammar 예) 구조(시제, 상), 패턴(질문)		발음 Pronunciation 예) 분절음(음운, 음절), 초분절음(강세, 리듬, 억양)		어휘 Vocabulary 예) 단어 형성 규칙(접미사, 접두사), 연어, 어휘 목록	

　　이필영 등(2005)은 초·중등 쓰기 교육과정 전반을 검토하면서 '쓰기 능력 지표화'의 필요성을 주장하였다. 하지만 어떻게 지표화할 것인지 구체적인 대안을 제시하지는 못하였다. 평가 내용에 쓰기와 관련된 내용 지식을 위계 적으로 포함해야 한다고 당위적으로 밝히고 있으나, 1차시 글쓰기 수업의 결과물이나 한 학기 교수요목의 성과를 평가하는 데 쓰기 지식들이 어떻게 평가의 변별적인 근거로 활용될 수 있는지는 설명하지 않았다.

• 현행 한국어능력시험의 문제

　　2014년 7월부터 실시된 한국어능력시험(TOPIK) 고급의 쓰기 문항을 보면 현행 한국어 쓰기 교육과정의 문제가 평가 국면에서도 동일하게 발생함을 알 수 있다. 어휘, 문형 표현의 난이도를 위주로, 문맥에 맞게 쓰기나 시각 자료 해석하기, 읽고 쓰기 과제 활동이 제시되었지만 이러한 문항에는 수사적 장르 행위의 위계성이 반영되지 않았다. 한국어 교육과정 안에서, 혹은 중고등 교육과정 안에서 수준별로 글쓰기 능력을 어떻게 지표화하고, 등급별 쓰기 능력 성취 수준을 어떻게 표준화할 것인가에 대해 글쓰기 연구자 및 교과 전문가들의 연구 및 합의가 필요한 이유이다.

• 쓰기 수행 평가의 상호작용 국면

표현 기능에 대한 평가는 개별 맥락에 따라 다른 절차와 방식을 따르기 때문에 이론적 논의가 구체적으로 적용되기 어렵다. 쓰기 수행 평가 국면의 학습자는 과제 지시문을 읽으면서 과제의 의도나 목적을 파악한 뒤, 과제가 지정한 장르 형식에 맞게 표현해야 한다. 평가자나 동료 등 해당 상황 맥락의 독자는 학습자의 작문 결과에 대해 자신의 관점과 수준에서 비평적 조언을 해 주고 이를 수용한 학습자는 이후 보다 나은 지점에서 다음 쓰기 과제에 착수하게 된다. 특히 교수자에 의한 평가는 학습자의 부족한 부분을 보완하고 한 수준 높은 단계로의 도약을 돕는 비계(飛階, scaffold)가 되므로 신중하게 평가해야 한다. 〈그림 3〉은 이러한 '이해·표현·평가의 상호작용' 과정 모형이다. 학습자가 교수자나 동료로부터 평가 받는 경험이 1단계에서 N단계로 누적될수록 쓰기 수행의 질이 향상된다.

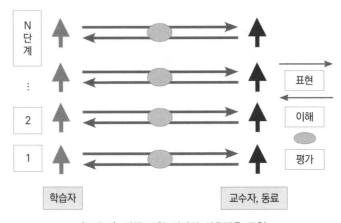

〈그림 3〉 이해·표현·평가의 상호작용 모형

3. 학문 목적 한국어 쓰기 교육과정 설계의 필요성

연세대학교 한국어학당은 송도 캠퍼스에 학문 목적 한국어 교육과정을 개설하기 위한 기초 연구로 2009년 6월 정규과정에 재학 중인 학부생 82명을 대상으로 설문을 실시하였다. 설문 응답 학부생의 국적은 중국이 전체의 66.7%로 가장 높았으며, 거의 대부분이 대학교 1년생이었다. 한국어 능력은 3급에서 5급 수준이 전체의 95.8%로 대부분 중급 수준 이상이었다. 이 학생들이 한국에 체류한 기간은 1년 이상이 56%로, 1년 미만인 31%에 비해 많았는데, 대학 입학 전에 한국에 1년 이상 체류하면서 한국어를 배운 것으로 파악되었다. 설문을 실시한 2009년 당시 한국어 능력 5급 수준 미만인 경우 신청 가능한 학점 수에 제한이 있었으므로 설문 조사자 가운데 연세대학교에서 9학점 이하를 수강하고 있는 학생이 70.8%에 이르렀다.

〈표 2〉 설문지의 구성

분류	문항 수	내용
학습자 기본 정보	10문항	성별, 나이, 국적, 체류기간, 한국어 등급, 전공, 학년, 입학 시점, 한국어 교육 선행 여부, 학점 수강 현황
학문 목적 한국어 학습자의 요구 사항	5문항	대학 생활 요구, 강의 수강 요구, 대학 수업 요구, 선호 학습 유형 등

• 요구 조사 결과: 강의 수강 관련 어려움

이 글에서는 학문 목적 한국어 학습자의 요구 사항 가운데 학문 목적 한국어 쓰기 교육과정 설계의 필요성이 나타난 부분을 위주로 살펴보고자 한다.6) 다음 〈표 3〉에서 확인할 수 있듯이 학부 유학생은 강의 수강에 가장 큰 어려움을 겪는다. 강의 수강과 과제물 작성 등 대학 강의 수강과 관련한

---

6) 학문 목적 학습자의 한국어 학습 요구를 구체적으로 조사하기 위해 5간 척도와 서열 척도 문항을 구성하였다. 서열 척도는 응답의 순위로 순서를 매기게 하는 순위법을 사용하였으며, 순위에 따라 선택 항을 지수화하고 이를 합산하여 결과를 분석하였다.

어려움의 지수 합이 448로, 대학 생활 관련(교내 시설 이용, 학사 정보 이해) 249, 인간관계(친구와의 관계, 교수님과의 관계) 276보다 월등히 높다. 이 설문의 응답자가 거의 3급, 4급의 중급 수준 학습자임을 감안할 때 학문 목적 한국어 교육과정에서는 초급부터 강의 수강과 관련된 학습 활동과 전략이 교수되어야 함을 알 수 있다.

〈표 3〉 유학 생활의 난이도 지수

대학생활 어려움	교내 시설 이용	친구 관계	교수님과의 관계	강의 수강	과제물 작성	학사 정보 이해	기타
지수	88	144	132	231	217	161	24

유학생이 대학에서 가장 어려워하는 과제는 보고서 작성과 발표 및 토론이다. 즉, 이해 영역인 '강의 듣기'와 '학술 서적 읽기'에 비해 표현 영역에 해당하는 '발표와 토론, 보고서 작성, 시험지

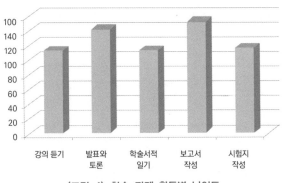

〈그림 4〉 학술 과제 활동별 난이도

작성'을 더 어려워하는 것이다. 따라서 학문 목적 한국어 교육과정에서는 말하기와 쓰기 기능 교육을 강화해야 한다.

4. 대학 신입생 글쓰기 교육과정의 특징

유학생을 비롯하여 대학 신입생을 대상으로 한 쓰기 교육에서는 학생들이 새로 이입된 학술 담화 공동체와 원활히 소통하는 데 필요한 쓰기 지식을 가르쳐야 한다. 작문 과정의 사회적 맥락을 중시하는 Bizzell(1992: 105)은

학술 담화를, 특정 공동체를 통합하는 언어 형태라 본다. 그리고 신입생이 떠나온 공동체와, 그들이 새로 이입될 학술 담화 공동체와의 사회문화적 관계에 주목한다. 신입생의 고유한 문화가 새로운 사회로 진입하는 데 장벽이 되지 않도록 신입생이 자신의 고유 문화를 긍정하면서 새로운 "경험에 대해 비판적 거리"와 "비판적 의식"을 가지도록 가르쳐야 한다는 것이다. 하지만 고등 쓰기 교육과정에서 이 주제는 그리 중요하게 다루어지지 않는다(Bizzell, 1992: 105).

• 해석 공동체

Fish(1980)는 이렇게 특정 유형의 독자 집단을 고려하는 담화 공동체의 속성을 고려해 '해석 공동체(interpretive community)' 개념을 제안한다. 개별 담화 공동체는 외부 물질세계와 규칙적인 상호작용을 하면서 형성한 언어 사용 습관과 해석적 스키마를 기반으로 미지의 해석을 새로 확충할 가능성을 늘 열어두고 있다. 독자의 요구를 염두에 두되 그 기대치의 가장 외곽에서 새로운 해석의 지평을 확장하는 것, 이것이 해석 공동체의 영토 확장 방법이다. 이렇듯 사회구성주의 작문 연구자는 대학을 비롯해 개별 집단이 특정 장르를 유통시키는 사회적 실천에 대해, 장-독립적 추상 행위라기보다는 장-의존적 구체 행위로서, 일반적이라기보다는 지역적이고, 불변한다기보다는 역동적인 것으로 의미를 두고 있다(Bizzell, 1992: 75).

대표적인 '해석 공동체'인 학술 담화 공동체에서는 창의적 내용 생성 능력을 가장 중요한 학술적 자질로 여긴다. 특정 전공의 해석 공동체는 기존의 학술 담론을 독창적으로 해석하는 실천 행위들을 기반으로 자기 전공의 내용 영역을 넓혀 나가기 때문이다. 하지만 이 독창적 견해는 반드시 선행 연구 성과와 맞닿아 있어야 하고 학술 담론 규약에 적합한 논리 구조로 표현되어야 한다. 그래서 국내외 대학의 신입생 대상 글쓰기 교과에서는 범교과적으로 유용할 것으로 여겨지는, 학술 담론 생성 능력을 교수요목에 포함시키고자 하는 것이다.

• 보고서 쓰기 과제의 필요성

현재 국내 대학 신입생 글쓰기 교과는 중등교육을 이수하고 고등교육의 장에 진입한 신입생이 학술 담론 양식에 익숙해지도록 하는 것을 목표로 한다. 하지만 이들 신입생의 다양한 출신 배경이나 전공별 담화 관습의 차이 등을 고려해 주기는 어렵다. 전체 교양 교과 학점 대비 〈글쓰기〉 시수가 학생들의 실질적인 쓰기 능력을 개선하기에 크게 부족하기 때문이다. 또한 교수자의 전공 영역에 따라 어법이나 문학 교육이 초점화되기도 해서 대학 〈글쓰기〉 과목의 정체성이 불명료한 탓도 있다. 〈글쓰기〉 수업에서는 학술 담론의 양식적 규약과 구체적 맥락, 맥락별 독자의 요구를 명시적으로 가르쳐야 한다. 그러자면 보고서 쓰기 과제가 유용하다. 교수자는 보고서를 작성하는 절차적 지식이나 학술 담론의 규범을 교수요목에 포함시켜야 하고 교수자의 의도를 파악하는 수사적 전략도 전수해야 한다.

〈글쓰기〉 교과뿐 아니라 범교과적으로도 교수자의 의도를 파악하는 능력은 중요하다. 학술 담화 공동체의 대표 격인 교수자의 요구에 부응할수록 대학과 사회생활에서 성공할 가능성이 높아진다. 독자 고려 능력의 성숙 정도는 미숙련 필자와 숙련 필자를 가르는 기준이 되기도 한다. 모든 과제에는 교수자의 특정한 의도가 있기 마련임에도 중등 쓰기 교육과정이나 한국어 교육과정에서 독자를 고려한 쓰기 훈련은 그리 정밀하지 않다. 따라서 대학 신입생을 대상으로 한 교수요목에는 학술 담화 공동체가 공유하는 언어 사용 패턴과 추론 및 논증의 양식적 규약은 물론 예상 독자의 요구를 고려하는 전략까지 포함되어야 한다.

5. 컬럼비아 대학교 글쓰기 교수요목의 적용 사례

자신의 주장을 다섯 단락으로 정형화시키는 데 익숙한 미국 대학의 신입생도 창의적 담론을 생성하라는 학술 담화 공동체의 요구가 낯설기는 마찬가지다. 컬럼비아 대학교의 신입생 글쓰기 교과목에서는 학술 담론이 생성되는 전형적인 과정을 반영하여, 렌즈에세이(Lens Essay, 25%), 대화적 에세이(Conversational Essay, 25%), 협력적 탐구 에세이(Collaborative Research Essay, 35%), 자기 성찰 에세이(Retrospective Essay, 15%) 등 네 편의 글을 쓰게 하였다.[7] 이 목적 지향적 구조는 신입생에게 이론화 방법과 비판적 문식성, 학술 담론 생성 절차를 단계적으로 가르치는 데 그 목적를 둔다. 이 글에서는 컬럼비아 대학교의 교수 방법을 적용한, 신입생 〈글쓰기〉 교수요목을 소개할 것이다.

• 렌즈에세이

컬럼비아 대학교 신입생 글쓰기 교수요목에서 첫 번째 과제로 렌즈에세이를 쓰게 하는 목적은 이론화 전략을 개발하기 위함이다. 여기서 이론이란 인간 경험이나 사물의 단면을 언어로 구성한 개념이나 원칙 등을 말한다. 인지 구조에 대한 이론적 탐색이 본격화된 20세기 이후, 학계는 현상에 내재한 '구조'를 파악하는 이론화 능력에 주목하게 되었다.

이론화 능력은 비판적 문식성을 지닌 교양 있는 지식인으로서 전공 영역의 문제를 해결하는 데 필요한 이론을 정초해내는 능력을 말한다. 그런데 학술 담론에서 모색하는 이론은 대상을 설명하기 위한 것이지 대상 그 자체는 아니다. 그래서 종종 이론은 어떤 지형을 모사한 지도나 특정 대상을 관찰하는 렌즈에 비유되곤 한다. 신입생이 자신의 전공 영역에서 사용된 렌즈, 즉 탐구 방법의 유형을 익히고 새로운 적용 방법을 모색하는 전략을 학습하는 것은 학술 담론을 생성하기 위한 출발점이 된다.[8]

---

7) 컬럼비아 대학교의 신입생 글쓰기 교수 방법은 2007년 3월에 방문 조사한 내용을 보고한 '김성숙(2008가)'에 근거하고 있다. 렌즈에세이 과제는 2010년까지 수행되었고 그 이후에는 op-ed(opposite editorial page: 사설란 맞은 면 특집기사) 에세이 과제가 대신 수행되고 있다. 컬럼비아 대학교는 1754년 개교 이래 줄곧 에세이 쓰기 능력을 중시하는 전통을 고수하면서 다양한 장르의 에세이 쓰기 과제를 개발, 시행해 오고 있다.

8) 다양한 종류의 지도와 렌즈가 있을 수 있듯이 이론은 옳거나 그르다기보다 유용하거나 유용하지 않은 것으로 구분된다(Littlejohn & Foss, 2005: 16).

• 대화적 에세이

대화적 글쓰기 과제의 목적은 비판적 문식성을 기르는 것이다. 본질적으로 모든 학술 담론은 구성된 대화라고 볼 수 있다. 학술 담화 공동체에 속한 필자는 주장의 정당성을 입증하기 위하여, 그리고 예상되는 반론을 반박하기 위하여 선행 연구를 검토한다. 대화적 글쓰기 과제를 수행하는 신입생은 대비되는 시각의 선행 연구들을 검토하면서 학술 담론의 기본 속성인 비판적 문식성을 기르게 된다.

• 협력적 탐구 보고서

협력적 탐구 보고서 과제의 목적은 학술 담론을 생성할 때 이론화 전략과 비판적 문식성이 순차적으로 어떻게 활용되는지 그 절차적 지식을 가르치는 것이다. 컬럼비아 대학교 글쓰기 교수요목에서 가장 평가 비중이 높다.

각 조는 조별 탐구 문제를 선정하고 문제 해결에 적당한 렌즈, 즉 방법론을 찾은 후에, 관련 선행 연구를 비판적으로 검토하여 논리적 대화를 구성한다. 동일한 씨앗 텍스트(seed text)로부터 상이한 문제의식을 찾아 필요한 참고문헌을 확장해 나가는 과제를 수행하면서 학부생은, 비판적 읽기의 필요성을 배우게 된다. 학생들은 조별 탐구 보고서를 작성하면서 개인 탐구 보고서 작성도 병행하는데, 학습된 절차적 지식을 반복하는 과정에서 학술 담론 생성 지식을 내면화하기 위함이다.

• 자기 성찰 에세이

자기 성찰적 글쓰기는 해당 학기 글쓰기 수업을 통해 자신이 전문 필자로서 얼마나 성장했는가를 돌아보게 하는 과정이다. 네 개 쓰기 과제는 학기 말에 포트폴리오 양식으로 제출되므로, 신입생은 이 마지막 과제를 수행하면서 그동안 수업한 내용을 정리하는 한편, 학술 담화 공동체에 첫발을 디딘 전문 필자로서의 각오를 다지게 된다.9)

---

9) 하지만 이 과제는 학술 담론 장르에 익숙해지기 위한 실천적 과제가 아니므로 이 글에서

컬럼비아 대학교의 신입생 글쓰기 수업에서 평가는 교사에 따라 네 번을 따로 하기도 하고 학기말에 한 번 포트폴리오에 대한 총체적 평가를 하기도 한다. 여러 전공 학생이 모여 토론 위주로 진행되는 이 수업에서는 선천적 재능보다 쓰기 능력의 향상 정도가 더 높이 평가된다. 쓰기 전 브레인스토밍이나 동료 간 피드백을 위한 토론이 활성화되어야 작문의 질에 긍정적 영향을 미칠 수 있으므로 교사에 따라서는 토론에 기여하는 정도를 성적에 반영하기도 한다.

5.1. 이론화 전략 개발을 위한 렌즈에세이

근대 이후 비약적으로 발전한 자연과학 및 인문·사회과학 분야에서는 새로 발견한 사실을 설명하기 위해 많은 개념어를 만들어냈다. 특히 정보통신 분야의 발전은 연관 학문 분야의 패러다임 변화에도 큰 영향을 미쳤다. 쿤 (Kuhn, 1962)은 『과학 혁명의 구조』에서 '패러다임'이라는 용어를, 우리의 지각과 사고를 질서 지우고 한계를 설정해 주는 렌즈라고 설명한 바 있다. 쿤은 과학 발전의 성과를 수용하기 위하여 자신의 세계관을 기꺼이 변화시

그 구체적 교수 방법과 적용 결과를 따로 다루지는 않겠다. 컬럼비아 대학교에도 이 자기 성찰적 글에 대한 규범은 없었다. 본 수업에서 작성하도록 한 자기 성찰적 글의 형식은 자유였지만 내용에는 다음 5개 사항 이상이 들어가도록 했으며 구조적으로 한 편의 완결된 글이 되도록 제목은 물론 '도입―본문―결말'의 구조를 갖추게 하였다. 이 자기성찰적 에세이 과제는 학생과 교수자 모두에게 한 학기 수업을 돌아보면서 그 성장과 한계를 점검하는 계기가 된다. 구체적인 내용 항목은 다음과 같다.
1. 글을 쓴다는 것의 의미는?
2. 대학생이 되어서 글을 쓴다는 것의 의미는?
3. 현재 자신의 쓰기 스타일은? 앞으로 지향하는 쓰기 스타일은? 왜 그렇게 생각하는가? 다음 보기 중에 없다면 새로 창안할 수 있으며, 둘 이상의 성향을 복합적으로 채택하여 설명할 수 있다. ① 효율성 제고형: 마감 직전에 글을 쓰는 등의 전략 사용.
   ② 규범 준수형: 강의 내용을 숙지하여 글의 장르적 특징 및 과제 조건 준수.
   ③ 창의적 사고형: 남다른 아이디어를 포착하여 자신만의 독특한 내용 생성.
   ④ 오류 개선형: 내용 및 문장의 표면적 오류를 개선하기 위해서 여러 번 다시 읽음.
4. 조별 글쓰기와 개별 글쓰기의 장단점 비교
5. 제일 기억에 남는 과제와 그 이유

키는 개인의 의식적인 지향성 변화를 '패러다임 이동'이라는 용어로써 설명하였다. 기존에 가지고 있던 규칙과 이론만으로 현재 지각되는 정보를 더이상 설명할 수 없을 때 개인은 세계를 해석하는 렌즈를 변화시킨다는 것이다. 즉, 자신이 속한 세계에 대한 이해를 구성하는 인지 활동은 늘 능동적이고 정신 관여적인 과정이다(Sigel & Cocking, 1977).

컬럼비아 대학교의 렌즈에세이 과제는 기존의 '관점'을 새롭게 적용하는 학술 과제 수행 전략을 개발하기 위한 것이다. 학생은 2주 동안 3~4편의 렌즈에세이를 읽으면서 각 에세이의 주제와 렌즈를 분석하고, 그중 한 방법론으로 새로운 텍스트를 분석해서 A4 한 장 분량의 글을 쓴다. 이 초고에 대해 교사는 논제의 명확성에 주목하여 1차 수정 규범을 제시한다. 서너 장 분량의 2차 초고를 쓰기 전에 학생들은 초고를 서로 바꿔 보면서 동료의 글을 요약·발표한다. 이러한 과정을 통해 학생은 타인의 글을 이해하고, 조언을 수용해 아이디어를 정교하게 발전시키는 학습 전략을 기를 수 있다.

특정 분야의 아이디어나 개념, 이론을 취하여 다른 분야의 텍스트를 분석함으로써, 대상 텍스트의 새로운 측면을 창의적으로 설명하는 것이 이 렌즈에세이 교수법의 목적이다.10) 그러나 렌즈와 분석 대상의 관계가 너무 명확하거나 부적절하다면 좋은 글을 쓸 수 없다.

5.1.1. 수업 절차

컬럼비아 대학교는 오랜 기간 이 교수법을 적용해 왔으므로 렌즈에세이 사례를 많이 축적하고 있다. 학생들이 모교의 고유한 학풍과 동시대 학문 경향에 익숙해지도록 컬럼비아 대학교 교수가 쓴 글 중에서 최근 10년 이내의 글에 한해서 렌즈에세이 자료로 활용하였다.11) 그러나 국내에는 이

---

10) 도구로서의 렌즈와 분석 대상으로서의 현상을 뚜렷이 구분시키려면 읽기 자료로부터 추출한 렌즈를 TV 프로그램이나 사진, 음악, 미술 작품에, 즉 렌즈를 추출한 자료와는 상이한 장르의 텍스트를 분석하는 데 적용하도록 하는 것이 좋다.

11) 미리 교사에게 내용 검토와 허락을 받으면 컬럼비아 대학교 교수가 아닌 다른 저자의

렌즈에세이 교수 실천 사례가 많지 않다. 따라서 이 교수 방법을 사용하기 위해서는 교사가 렌즈에세이의 원리를 설명하고 학생이 렌즈로 사용될 개념이나 이론을 찾아오는 탐색적 과제부터 시작해야 했다. 본 연구에서 실시한 렌즈에세이 교수요목은 〈표 4〉와 같다.

〈표 4〉 렌즈에세이 교수 절차

주	강의 내용	과제
2	[강의] ① 렌즈의 개념 3장 구상하기: 화제 설정과 독자 분석	
	[강의] 4장 주제 찾기와 내용 생성 [조별 활동] 6하 원칙에 의한 개요 작성	제반 분야의 법칙이나 공식 등 주제 전개에 기여할 렌즈 찾기
3	[조별활동] ② 생각지도(화제 설정, 독자 분석, 수사적 목적) 그리고 조별 렌즈에세이 개요 작성	
	[조별활동] ③ 조별 렌즈에세이 작성 후 제출 [개별활동] 자신의 렌즈에세이 구상	첨삭 공간 확보를 위해 줄 간격 300%로 편집하기
4	[강의] ④ 수정(첨가 대체 삭제 재배열) 방법 교육 [개별활동] 샘플 수정 후 교사 수행과 비교	
	[개별활동] 다른 조가 작성한 렌즈에세이 첨삭	동료 평가 참조하여 렌즈에세이 수정
5	[개별활동] 개인 렌즈 에세이 작성(전자 교실) [강평] 진단 평가와 자기소개서 결과 피드백	

2011년 2학기 A대학교 사회과학계열 학부생 24명을 대상으로 한 대학 〈글쓰기〉 수업에서는 2주차에 렌즈의 개념에 대해 소개하였다. 이어서 구상하기, 주제 찾기와 내용 생성하기 등 글을 쓰기 시작할 때 필요한 일반적 쓰기 지식을 강의한 다음, 렌즈로 기능할 만한 학문 분야의 법칙이나 이론, 개념, 공식 등을 찾아오게 하였다. 3주차에는 지난 차시에 학습한 쓰기 지식을 바탕으로 조원들이 찾아온 렌즈를 검토하고 조별 렌즈에세이 작성을

글도 렌즈에세이로 사용할 수 있었다. 2008년만 해도 컬럼비아 대학교에 국한된 교수법이었으나 2012년에는 하버드대학교에서도 신입생 글쓰기 교수법으로 이 렌즈에세이 쓰기 방법을 활용하였고 2020년에는 프린스턴대학교에서도 이 교수법을 활용하였다.

위한 생각지도를 그려보았다. 그리고 전자 교실에서 조원이 협력하여 렌즈에세이를 작성하였다. 이어서 4주차에 평가와 수정 교육을 진행하였다. 이렇게 조별 과제로 수행한 렌즈에세이 쓰기 과제를 다시 한 번 개인 과제로 반복함으로써 학습한 지식이 개별적으로 내면화되도록 하였다.

가. 렌즈의 개념

렌즈에세이 교수법에서 렌즈란 특정 개념이나 사물, 이론, 방법론이다. 즉, 콤플렉스, $E=mc^2$, $R(소문)=\frac{U(불확실성)}{T(사실)}$, 다성성(多聲性), 진화론 등과 같이 기존의 학술 담론이 입증한 특정 원리나 개념이 새로운 영역의 학술 담론을 이론화하는 데 렌즈로 쓰일 수 있다. 렌즈를 적용한 이론화 사례로는 스키마를 틀(frame, Minsky, 1975)이나 대본(Script, Bower, Black & Turner, 1979) 개념으로 설명하면서, 조직화된 배경지식에 대한 개념화를 시도한 연구를 들 수 있다. 협동 학습의 비계(scaffolding, Vygotsky, 1978) 개념이나 작문 과정에 대한 도관 은유(導管, conduit, Reddy, 1979),[12] 부화(incubation, Rohman & Wlecke, 1964) 개념 역시 사물을 렌즈로 적용한 이론화 사례이다.

리얼리즘이나 실존주의, 해체주의와 같은 인문학적 이론 틀은 물론 인상주의나 극사실주의, 초현실주의와 같은 미술 사조 역시 대상 텍스트를 달리하면 타 전공 영역의 전문적인 내용을 분석하는 렌즈가 될 수 있다. Flower와 Hayes(1981)의 작문 과정 모델은 인지심리학의 구조주의 이론을 렌즈로 사용하여 작문 과정을 도해한 대표적 성공 사례라고 할 수 있다.

나. 생각지도

교사는 렌즈의 개념을 강의하고 나서 구상하기, 주제 찾기, 내용 생성하기 등 과정 중심 과제를 제시한다. 특히 중등 교육과정까지 중시되지 않았던, 특정 독자를 고려하여 목적 지향적으로 글을 쓰는 훈련을 강화한다.

---

12) 한 사람이 자신의 생각을 텍스트에 표현하면, 텍스트는 도관처럼 그것을 전달하고 독자는 텍스트로부터 그 의미를 끌어낸다는 비유적 개념이다.

학생들은 6하 원칙에 따라 글의 주제를 구체화하는 과정에서 핵심어를 뽑은 뒤 이 핵심어들로 단락별 주제 문장을 작성한다. 그리고 각 문장 간에 논리적 위계를 정하여 개요를 작성한다. 이러한 과제 활동을 통해 신입생은 학술 담론을 작성할 때 개요와 주제 문장을 생성하는 절차를 배우게 된다. 이어서 구체적 독자의 지식 수준과 수사적 목적을 고려하여 가장 효율적일 렌즈를 선정한다. 이상의 과정을 거쳐 생각지도를 완성한 후(〈부록 1〉 참조) 전자교실에서 조별로 렌즈에세이 작성 과제를 수행한다.

다. 평가

학기 초에 학생들이 동의한 평가 준거(〈부록 2〉 참조)[13]가 실제 평가에 어떻게 적용되는지 체험해 보게 하기 위하여 각 조가 작성한 렌즈에세이를 조별로 평가해 보게 하였다. 이 결과를 교사의 평가 결과와 비교해 보면서 교사와 학생들의 평가 순위가 달라진 이유를 찾아 가는 과정을 통해서 학술 담론의 평가 준거가 학생들에게 내면화되었다.

라. 수정

글을 수정하는 4개 유형—재배열, 첨가, 삭제, 대체—을 강의한 후 1개 조의[14] 렌즈에세이를 첨삭해 보도록 하고 나서 교사의 수정 양상과 비교시켰

---

13) 〈부록 2〉에는 구조의 적절성(7개), 양식의 정확성(4개), 양식의 격식성(4개), 내용의 창의성(5개)을 평가하는 총 20개 쓰기 평가 문항이 예시되어 있다. 학기 초에 교수자는 여기에서 구조, 양식, 내용 범주별로 각각 몇 개 항목을 선정해야 하겠는지, 선정된 항목에 대해서 각각 몇 점을 부여하고 싶은지를 학생들에게 물어 본다. 평가 항목의 개수와 배점에 대한 전체 협의가 끝나면 2, 4, 8인조로 항목 선정 토의를 하게 하여 궁극적으로 전체가 합의한 평가 준거표를 수립한다. 학생들은 평가 준거 선정에 참여한 경험을 가치 있게 여겼고, 자발적으로 동의한 평가 준거표를 한 학기 동안 수시로 참조하면서 잘 쓴 글의 판단 기준을 내면화하였다.

14) 전체가 함께 수정 작업을 하는 글은 첨삭할 내용이 가장 적은 조의 것으로 선정한다. 조언을 듣는 학생들의 정서적 반응을 고려하기 위해서이다. 먼저 칭찬할 사항을 언급하고 나서 수정 사항을 지적하는 조언 예절을 따르더라도 20여 분간 반 전체로부터 글의 문제를 지적 받은 조원들의 기분은 좋을 수가 없다. 그래서 수정 사항이 가장 적은 글이 선정되었다고 공표를 해야, 지적 받는 조원들의 당혹스러움을 위로할 수 있고 지적하는

다. 문맥상 부적절한 내용을 삭제(파랑)하고 새로운 내용을 첨가(빨강)하는, 대체의 원리를 익히도록 대체한 내용은 보라색으로 표시하게 하였다(〈부록 3〉 참조). 이어서 나머지 조별 렌즈에세이에 대해서도 수정하게 하고, 교사가 수정한 결과 빈도 수와 일치한 정도로써 수정 과제 수행의 가산점을 주었다. 이는 학습한 수정 원칙을 내면화하는 데 동기 부여가 되었다.

5.1.2. 렌즈에세이 샘플[15]

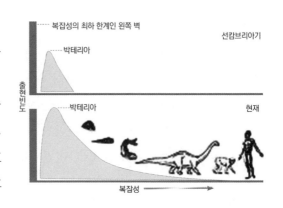

"생물학자 리처드 도킨스의 표현을 빌리자면 잘생긴 사람이 유전적으로 우월할 가능성은 그 얼굴의 오른쪽과 왼쪽이 대응율이 높다는 점뿐이다. <u>외모의 아름다움을 현대 한국 사회에 팽배해 있는 미의 기준으로 위의 그래프에 접목시킨</u> <u>다면 왼쪽은 못생긴 쪽, 오른쪽은 잘생긴 쪽이다. 평균(혹은 최빈값)에 해당하는 것이 일반 대중들, 즉 우리의 모습일 것이다.</u> … 그들은 평균에서 떨어진 편차를 가진 소수 집단에 불과하며 평균 안에 있는 사람들이 이들을 자신보다 '나은' 사람이라고 보거나 지향점으로 삼을 이유가 없다." (「세상의 평균은 나」)

"위에서는 <u>사회의 형성과 유지, 소멸을 별의 탄생과 일생, 소멸에 비추어 보았다.</u> 기체와 먼지가 모여 별을 형성하듯 인간이 모여 사회를 구성하고, 별이 만들어 낸 에너지를 우주로 방출하듯 사회의 지배계층은 사회를 존속시키기 위해 피지배계층에게 일정한 몫을 나눠준다. 그리고 별의 마지막이 또 다른 소멸의 밑거

학생들도 겸허한 자세로 수정을 권고하게 할 수 있다.
15) 이 렌즈에세이 샘플에서 밑줄 부분은 각 글에 적용된 주요 렌즈이다.

름이 되듯 한 사회 구조도 소멸하며 다른 사회 구조를 낳게 된다. 결국 지구라는 조그만 행성의 작은 사회에서도 거대한 우주의 법칙이 적용된다." (「별을 보다」)

"보통 기업가는 비용, 효과, 투입, 산출의 즉각적 비교에서 추구되는 기계적 능률을 중시하여야 이윤을 남길 수 있다고 생각한다. Elton Mayo 역시 이러한 과학적 관리법에 대한 믿음을 가지고 Hawthorne 공장에서 작업환경이나 경제적 보상 등 비사회적이고 비감정적인 측면을 개선하여 근로자의 생산성을 향상시키려는 연구를 진행했다. 그러나 물질적이고 측정 가능한 요소보다는 작업장 내의 인간관계, 작업에 대한 만족과 같은 사회심리학적인 요소가 생산성에 결정적인 영향을 미쳤다. <u>성경의 포도밭 주인은 일찍 온 사람에게나 늦게 온 사람에게나 똑같이 1 데나리우스라는 돈을 지급하면서 늦게 온 사람 역시 자신에게 소중한 일꾼이라는 신뢰를 보여주었다.</u> 이러한 인간적인 측면이 처음에는 일꾼들의 반발을 불러왔을지 모르나 나중에는 포도밭 주인과 일꾼 사이에 깊은 교류를 촉진시키고 작업 능률을 향상시켰을 수 있다. 매슬로우의 욕구단계설에서도 알 수 있듯이 개인의 기본적 욕구를 충족시켜야 보다 높은 차원의 가치인 자유경쟁과 기회균등이 활성화될 수 있다." (「나중에 온 사람에게도」)

"SWOT 분석은 S: strength, W: weekness, O: opportunity, T:threat 의 약자로 기업들이 앞으로 어떻게 나아가야할지를 찾고자 주변 환경과 기업의 입지를 파악하는 분석법이다. 이것은 개인에게도 적용시킬 수 있다. 20대 청년은 사회에 나가기 전에 자신을 잘 파악하고 있어야 자신과 가장 잘 맞는 분야의 일을 찾아갈 수 있고 자신의 미래를 설계해 나갈 수 있다. 이 글에서는 먼저 <u>나의 SWOT</u>을 찾아볼 것이고, 이 분석을 통하여 내가 고쳐 나아가야 할 부분이 무엇인지, 내가 더 키워나가야 할 부분이 무엇인지 파악하여 내 삶의 진로를 탐색해 볼 것이다."
(「더 나은 내일을 위하여 네 자신을 알라!」)

물은 셀프 "주변 식당에 들어가면 한번쯤은 이러한 문구를 보았을 것이다. 손님은 끊임없이 들어오는데 서비스를 제공하는 종업원의 수가 한정되어 있기 때문에 다른 서비스를 좀 더 효율적으로 제공하기 위해서 물은 손님이 스스로 가져다 먹으라는 것이다. … 우리가 학점을 받는 것은 이와 유사하다. 물을 학점에 빗댈 수 있고 갈증이 나서 물을 마시고 싶어 하는 사람을 좋은 학점을 받고 싶어 하는 사람에 빗댈 수 있다." (「물은 셀프다」)

5.2. 비판적 문식성 함양을 위한 대화적 글쓰기

대화적 글쓰기란 두 개 혹은 그 이상의 관련 텍스트를 모아 학생이 조직한 내적 논리에 따라 중심 내용을 전개시키는 쓰기 과정이다. 필자는 텍스트 사이의 대화를 기획하고 논리적으로 전개해 나가는 구조화 기능을 연습할 수 있다. 렌즈에세이 과제를 통해서 학술 담론을 창안하는 데 필요한 이론화 방법을 체득하게 된 학부생은 대화적 에세이를 구성하면서 선행연구의 찬반 견해를 이해하고 제3의 새로운 주장을 피력하는 논리 전개 방식을 숙달하게 된다.

대화적 글쓰기 과제를 수행하기 위해서는 한 사회 현상에 대해 다양하게 해석한 논문을 찾아야 하는데 이때에도 컬럼비아 대학교는 모교 교수의 글을 자료로 제시함으로써, 학부생이 자신이 속한 대학 공동체 특유의 학술 담론에 익숙해지도록 유도한다. 한 가지 현상에 대해 다양한 관점으로 접근한 논문을 함께 읽은 학부생들은 자신만의 주제를 특화시켜 개요를 작성하고 사이버 강의실에 게재한다. 다음 차시에 교사는 점검한 개요를 돌려주고, 학생들도 다른 조원에 대한 코멘트를 준비해 와서 수업 중 서로 의견을 교환한다. 교사는 학생별로 찾아온 참고문헌들의 적합성 여부를 검토해 주고, 이들 자료로 어떻게 글을 구성해 나갈 것인지 글의 전개나 구조에 대해 조언한다.

5.2.1. 수업 절차

축적된 예시 텍스트나 대립된 가설 자료가 분류되어 있지 않은 국내 대학 글쓰기 교수 현장에서는 대화적 글쓰기 과제 역시 개별 교수자가 수행하기에는 어려움이 크다. 그래서 본 〈글쓰기〉 수업에서는 조별로 대립된 주장을 조직하되 가상의 대담 글을 작성하도록 하여 과제의 난이도를 낮추고 학생의 흥미를 유도하였다.

대화적 글쓰기 과제의 원래 목적은 학술 담론의 격식에 맞게, 대립되는 논의를 조직하여 정반합의 해결 방안을 모색하는 것이지만, 학술적 배경지식이 적은 신입생이 혼자 수행하기에는 좀 어려운 과제이다. 따라서 조별로 상반된 입장의 두 학자를 가상 대화의 장에 초청하여 논의를 전개시키도록 수정한 본 대화적 글쓰기 과제는, 적절한 흥미를 유도하면서 비판적 문식성을 기르는 데 효율적인 훈련이 되었다.

과제의 성격을 이해시키기 위해서, 이광수의 교훈적 예술주의와 김동인의 예술지상주의 및 진중권과 복거일의 영어 공용화 찬반 논쟁, 플라톤과 아리스토텔레스의 '시인 추방론'에 대한 견해 차이, 마르크스, 아담 스미스, 케인즈가 각자 주창한 공산주의, 자본주의, 수정 자본주의 경제관 등을 대비시키는 담론을 구상해 볼 수 있다고 소개하였다. 학생들은 조별 논의를 통해 분석할 사회 현상을 정하고 나서 그 현상에 대해 어떤 찬반 의견이나 제3, 제4의 의견이 있(었)는가를 조사하였다. 그리고 그 사회 현상 분야의 전문가가 누구인가(누구였는가), 소속 대학교에 전공 교수가 있(었)는가, 그의 맞수는 누구인가 등을 조사하여 가상 대담의 주체를 선정하도록 하였다. 이러한 과정을 통해 학생은 특정 학술 담론의 통시적 연구 풍토와 공시적 연구 경향을 익히게 된다. 대화적 글쓰기 교수법의 교수요목은 다음과 같다.

〈표 5〉 대화적 글쓰기 교수 절차

주	강의 내용	과제
6	[강의] 대화적 글쓰기 작성 방법 [조별 활동] 대화 주체 선정, 자료 조사 역할 분담	가상 인물과의 인터뷰 질문 문항 만들어오기
	[조별 활동] 대화적 글쓰기 (전자교실) [강평] 개인 렌즈에세이 피드백	

5.2.2. 조별 대화적 에세이 담화 주체 샘플16)

"감독이 영화를 만드는 목적은 무엇일까? … <u>상업 영화</u>는 상영되어 수익을 거둬들이는 것을 목적으로 만들어진다. 이 목적을 달성하기 위해서는 '상품성'이 있어야 한다. 멋진 영상과 탄탄한 스토리로 관객의 시선을 끌고, 거액의 제작비와 홍보비용을 투자함으로써 상품 가치를 높일 수 있다. 상업영화의 대표적 예는 할리우드 영화이다.

반면 <u>예술영화</u>의 목적은 돈이 아니다. … 제작자는 보다 창의적이고 사실적으로 자신의 예술적 감성을 2차원적 화면에 표현해냈다. 이러한 영화를 보면서 관객은 영화 예술이 추구하는 의미와 존재가치를 몸소 깨닫게 된다."

(「팔리는 영화냐 느끼는 영화냐, 그것이 문제로다.」)

"<u>손석희</u>: 안녕하십니까? 10분 토론의 손석희입니다. 오늘은 모시기 힘든 분들이 오셨습니다. 아마 놀라실 겁니다. 타임머신을 타고 먼 길을 오신 플라톤 씨와 로크 씨입니다. 인사 나누시죠. …

<u>플라톤</u>: 민주정치는 중우정치라고 생각되네요. … 다수결의 원칙은 진리와는 전혀 무관한 다수의 호감에 따라 진리를 규정짓는 무식한 행위입니다.

<u>로크</u>: 만약 철인이 독재자라면 어떻게 할까요? 역사가 진행되면서 히틀러, 군사정권 등 여러 문제가 나타났습니다. 철인의 기준을 어떻게 정해야 할지도 또한 문제라고 생각합니다." (「21세기의 민주주의, 과거 석학의 눈으로 살펴보면?」)

"지난 6월에 개봉한 '트랜스포머 3'는 국내외 영화 팬들의 관심을 한몸에 받고, 엄청난 수익을 올렸다. 반면에 1934년 이상의 연작시 '오감도'는 조선중앙일보 독자의 거센 항의에 연재가 중단되었다. 무엇이 더 바람직한 예술상에 부합한다고 생각하는가? … 특정 분야에 국한되지 않고 예술 전체에서 대중성과 예술성에 대한 이야기를 나누고자, 영화와 문학 각 분야의 예술가 두 분을 선정했

---

16) 이 대화적 에세이 샘플에서 밑줄 부분은 각 글에 선정된 담화 주체들이다.

다. '트랜스포머'를 비롯해 할리우드에서 여러 대작을 흥행시키며 작품에서의 대중성을 중시하는 영화 감독 <u>마이클 베이</u>. 자신만의 독특한 문학세계를 가지고 작품을 창작하는 문학가 <u>이상</u>. 기자는 여의도 근처 삼겹살집에서 두 사람을 만났다. 편안한 분위기에서 각자의 작품을 중심으로 하여 인터뷰를 진행하였다."

(「대중성과 예술성」)

"사회자(학생): 오늘은 근현대사 수업에서 배웠던 역사에 등장하신 이하응 선생님과 김옥균 선생님을 초청해서 인터뷰를 하겠습니다. 자, 그럼 두 분을 강단 위로 모시겠습니다. 두 분 선생님께서 여기까지 오시면서 예전과는 다른 개화된 대한민국의 모습을 보셨는데 기분이 어떠셨나요?

흥선대원군: 지나다니는 사람들을 보니 품행이 단정하지 못하더군요. 어른이 있는데도 떠들질 않나, 여자들이 다리를 내놓고 다니질 않나. 도대체 지금 왕이 누구기에 나라가 이 꼴인가요? 공기도 안 좋아서 길거리에서 숨을 쉬지 못할 지경이었소. 내가 이래서 그토록 개화를 반대했거늘…

김옥균: 그래도 예전보다 활기차고 건강한 모습이 보기 좋던데요. 제가 다녀왔던 일본의 모습보다 훨씬 발전되어 있는 것 같더군요. 제가 개혁하여 이루고자 했던 우리나라의 모습이 바로 이런 것이었어요."

(「조선 끝자락에 서 있던 두 사람, 흥선대원군과 김옥균을 만나다」)

"10월 17일 한성부판윤[17] 선출이 일주일 앞으로 다가온 가운데 두 여야 후보자의 청문회장을 방문하였습니다. 오늘 중추원에서 <u>정몽주</u> 대감과 <u>이방원</u> 대감의 자질 논의를 두고 어전회의에서 열띤 공방이 오갔습니다.… 오늘 특집기사에는 두 분의 청문회 내용과 고려의 미래와 한성부판윤 선출에 대한 내용을 담아보겠

---

17) 이 글은 2011.10.26. 서울시장 보궐선거를 반영하여 역사적 사실을 재구성한 내용이다. 이방원은 진보의 박원순 의원을, 정몽주는 보수의 나경원 의원을 대비한다. 또한 이 글의 주요 쟁점이 되는 복지와 한강정비사업 역시 현대의 선거 쟁점을 반영한 것이다. 아래 '나옹주 특례입학 의혹'에 대한 글 역시 현대 나경원 의원이 받고 있는 의혹에 대한 재구성이다(학생 각주를 그대로 인용함).

습니다." (「'갈라서는 두 기둥 새 집 건설인가 헌 집 보수인가?' - 한성부 판윤 선출 청문회」)

"2011년 3월 11일, 일본 후쿠시마 원전이 폭파되었다. 강진이 발생한 후 해일로 인한 피해 복구에 온 힘을 쏟고 있던 일본 정부로서는 청천벽력과 같은 일이었다. 전 세계는 강대국 일본에서 과거 체르노빌 원전 폭파 때보다 더 처참한 방사능 유출이 일어났다는 사실에 경악했다. 이 사건을 계기로 원자력 발전에 대한 논의는 그 어느 때보다 활발하게 진행되었지만 약 7개월이 지난 지금, 사고 이전과 달라진 것은 원자력의 위험성 인식 확산에 그치고 있다. 그래서 이번 대담은 원자력에 대한 학계의 찬반 의견을 들어보고 원자력 발전이 대체 에너지로 적합한지에 대한 의견을 도출하기 위해 마련되었다. '원자력 발전, 이대로 괜찮은가'라는 제목으로 열린 이번 대담은 연세대학교 조한혜정 교수(문화인류학과)와 환경 운동의 창시자이자 TED연사 스튜어트 브랜드, 그리고 100여명의 청중들이 참여한 가운데 10월 18일 오후 서울 연세대학교 위당관에서 열렸다."

(「갈림길에 선 성장, 원자력 발전 이대로 괜찮은가」)

5.3. 학술 담론 생성 절차 숙련을 위한 협력적 탐구 보고서

Copple 등(1984)은 지식을 구성하는 과정에서 학습자가 스스로 불일치를 지각하고 해결 방안을 모색하는 자기 주도적 역할을 강조한다. 글쓰기 교수 요목을 구성할 때에도 문제를 해결하기 위해 필자가 과제 맥락을 파악하고 효율적인 전략을 모색하는, 자기 주도적 내용 생성 연습은 중요하다. 그런데 대부분의 글쓰기 수업에서 쓰기 지식을 전달하는 데에는 많은 시수를 할애하지만 학생 스스로 지식을 구성해 문제를 해결하는 과제는 과외 활동이나 숙제로 돌리곤 한다. 명제적 쓰기 지식이 충분히 축적된다면 자동적으로 절차적 지식으로의 전이가 일어날 것이라고 가정하는 것이다.

하지만 고등학교 졸업생에 대한 조사 연구 결과를 보면 이들의 쓰기 정보 기반은 단기적이며, 전이도 산발적으로만 일어난다(Ravitch & Finn, 1987). 따라서 자기 주도적 문제 해결 전략 함양을 위한 쓰기 수행 과제가 교수요목에 포함될 필요가 있다. 협력적 탐구 보고서 과제는 자기 주도적 문제 해결과 내용 생성 전략을 기르는 데 효율적이다.

협력적 탐구 보고서 쓰기 프로젝트는 연구 주제별로 조를 재조직하고 조별로 수립한 계획에 따라 탐구한 내용을 요약해 발표하는 조별 과제와, 그 과정에서 얻은 문제의식을 해명하기 위해 자기 설계 하에 개인의 탐구 보고서를 작성하는 두 과정으로 구성되었다.

컬럼비아 대학교 학생들은 교재에 실린 20편 중 한 편의 공통된 씨앗 텍스트(seed text)를 읽고 조별로 각기 다른 문제에 주목한다. 각 조는 자기 조의 연구 문제 해결을 위하여 관련 참고문헌을 좀 더 심층적으로 조사하고 적절한 연구 방법을 적용해 연구 가설을 검증한 결과를 발표한다. 이 과정에서 학생들은 학술 담론이 생성되는 일반적인 절차를 학습하게 된다. 그리고 개인은 이 조별 학습 과정을 반복하면서 자신만의 연구 주제를 심화시켜 개별 탐구 보고서를 작성한다.[18]

공동의 씨앗 텍스트를 읽고 나서 조별로 상이한 탐구 주제를 연구하고 개인적으로 더 세밀한 논의를 전개해 나가는 프로젝트 수업을 통해 신입생은 학술 담론이 생성되는 메커니즘을 이해할 수 있다. 고등학교까지 주제 중심 쓰기를 해 왔다면, 대학교에서는 조사와 탐구를 병행하는 관계망식 쓰기에 익숙해져야 한다. 이 탐구 보고서 과제를 수행하면서 학부생은 이제까지 학습한 렌즈에세이 쓰기나 대화적 글쓰기 지식을 총체적으로 활용하여 본격적인 학술 담론을 생성하게 된다.

컬럼비아 대학교 신입생 글쓰기 수업에서 제안하는 조별 탐구 주제로는, 씨앗 텍스트 저자에 대한 자세한 소개나 주요 저술에 대한 세밀한 검토, 동시대 인물과의 대화적(대비적) 담론 검토, 저자가 펼친 논의의 영향력 탐

---

18) 3~4명으로 조직된 한 조는 논문 가운데 흥미 있는 부분에 인용된 각주에 대해 더 면밀히 조사해 프레젠테이션을 하고 그날의 수업을 이끌어 나간다. 예를 들어 컬럼비아 대학교의 한 〈글쓰기〉 수업에서는 샌프란시스코의 역사, 건축, 동성애, 피임약의 변화 등을 다룬 seed text로부터, 조별로 몇 편의 참고문헌을 더 참조해 발표를 하게 하고 나서 개별적으로도 두 개 정도 다른 참고문헌을 더 추가해 자기만의 글을 쓰도록 하였다.

구 등이 있었다. 조별로 세부 개요가 작성되면 구성원은 씨앗 텍스트의 배경, 다루고 있는 참고문헌, 저자의 다른 글, 씨앗 텍스트가 영향을 미친 분야나 글 등을 조사해 발표하였다. 조별 발표 준비와 함께 개인 탐구 보고서에 대한 동료 피드백도 병행하면서 개인 탐구 보고서를 2,500~3,000단어 분량으로 써야 했다.19)

5.3.1. 수업 절차

협력적 탐구 보고서 쓰기 과제 역시 국내에서는 씨앗 텍스트를 찾는 과제부터 시작해야 했으므로 본 글쓰기 수업에서는 학생들에게 먼저 '한류 현상'이라는 화제를 다룬 글 가운데 다양한 관점의 참고문헌을 포함하고 있는 논문을 찾아오게 하였다. '한류 현상'을 화제로 선정한 이유는 계열을 가리지 않고 공동의 관심 사안으로 글을 쓰게 하기 위해서였다. 신입생 수준에서 씨앗 텍스트의 빈틈을 찾아 연구 가설을 세워야 하므로, 전공 지식이 특화된 논문은 적당하지 않다. 단일한 씨앗 텍스트로부터 각기 다른 문제의식을 확장해 나가는 학술 담론 생성 절차를 연습하는 것이 이 협력적 탐구 보고서 쓰기 수업의 목표였다. 협력적 탐구 보고서를 쓰는 과정에서 신입생은 선행 연구를 검토해 연구 가설을 세우고 필요한 연구 방법을 적용해 가설의 진위를 검증하는, 학술 담론 생성 절차를 익힐 수 있다.

가. 씨앗 텍스트 선정과 조 편성

각자 찾아온 논문 가운데 각 조의 대표 논문을 고르는 조별 토론에 이어

---

19) 이 탐구 보고서에는 다음 내용이 포함되어야 한다.
프로젝트 주제 설명: 이 보고서에서 말하고자 하는 것은 무엇인가?
동기: 이 주제를 선택한 이유는 무엇인가?
BEAM-B(Background): 어느 자료에서 정보를 얻은 것인가?
E(Exhibits): 무엇을 보여주고 검토할 것인가?
A(Argument): 어떤 논쟁을 준비하는가?
M(Method): 어떤 연구 방법을 이용할 것인가?

왜 각 조별로 선정한 특정 텍스트가 반 전체의 씨앗 텍스트가 되어야 하는지를 설득하는 조별 발표가 있었다. 교사와 학생은 발표 내용을 평가[20]하여 반 전체가 함께 탐구할 최종 텍스트를 선정하였고, 학생들은 그 씨앗 텍스트에서 관심 있는 주제를 찾아 포스트잇에 써 냈다. 교사는 학생들의 탐구 의사를 존중하여 공통의 관심사를 탐구하도록 4~5명씩으로 조를 구성하였고, 각 조별로 탐구 보고서의 개요를 작성하게 하였다.[21]

나. 학술 담론 규약 관련 쓰기 지식 강의

본격적으로 협력적 탐구 보고서를 작성하기 전에 교사는 학술 담론 규약 관련 쓰기 지식을 교수한다. 즉, 서론과 본론, 결론 단락에 꼭 제시되어야 할 내용을 설명하여 선행 연구 자료를 검토하거나 본문 내용을 구성할 때 참조하게 한다. 이렇게 작성된 보고서는 조별로 발표되었고, 교사 및 동료 평가 과정에서 수정사항이 지시되었다.

보고서를 수정하는 조별 활동에 앞서서는 참고문헌과 인용표기에 대한 학술 담론 쓰기 지식을 강의하였다. 한 학기 수업을 마무리하는 자기 성찰적 글쓰기 과제를 제외하고는 신입생 글쓰기 수업의 마지막 과제였으므로, 학술 담론의 구조와 내용은 물론 적합한 어휘 수준이나 종결 어미 등 문어적 표현 양식의 변별적 특징까지 모두 숙지하도록 강조하였다. 조별 탐구 보고서 과제를 진행하는 동시에 한 차시 정도의 차이로 개별 탐구 보고서

---

20) 씨앗 텍스트 평가 준거는 다음과 같이 구성하였고 조별로 각 항목에 6점 만점으로 평가하도록 하였다(중앙 쏠림 현상을 방지하기 위하여 짝수 척도를 적용함). 평가 준거는 미리 공지하여야 조별 seed text 요약 발표를 준비하면서 참조할 수 있다.
   1. 주제와 관련하여 주장하는 내용이 명확한가?
   2. 관련 분야의 저술 활동을 많이 한 연구자의 논문인가?
   3. 선행 연구 내용을 많이 참조하고 잘 요약하였는가?
   4. 후속 연구에 긍정적인 영향을 줄 것으로 보이는가?
   5. 대상 현상과 관련하여 다양한 관점을 소개하였는가?
   6. 이 논문을 통해 새로 알게 된 정보나 연구 방법론이 있는가?
21) 먼저 그룹을 나누고 주제를 탐색하면 그룹이 분해될 가능성이 있기 때문에, 학생이 관심 있어 하는 주제를 먼저 조사하고 이를 중심으로 소그룹을 구성한다.

과제를 작성해 나가도록 하여, 학습한 지식이 내면화되도록 실러부스를 구성하는 것이 바람직하다.[22]

5.3.2. 협력적 탐구 보고서 목차 샘플

중국에는 어떤 바람이 불고 있나?	TPB이론에 근거한 반한류의 원인과 해결방안
I. 서론 　1. 연구 배경과 문제제기 　2. 연구 목적 　3. 연구 대상 　4. 연구 방법 II. 본론 　1. 일본 　2. 유럽 　3. 미국 　4. 그 외의 국가 III. 결론 　1. 내용 정리 　2. 중국 내 한류의 사회, 문화적 의의 　3. 한류의 한계 및 전망	I. 반한류 연구의 필요성과 연구방법 　1. 반한류 연구의 필요성 　2. 연구 방법 II. TPB[23]이론을 통한 국가별 반한류 분석 　1. 일본 　2. 중국 　3. 유럽 III. 한류의 미래 　1. 결론 　2. 본 연구의 의의와 한계 　3. 한류가 나아가야 할 방향

　다음은 2013년도 1학기 수업에서 진행한 탐구 보고서의 제목 예시이다. 「왜 게임은 우리를 미치게 만드는가」와 「대학생의 음주문화 분석과 마케팅 전략」 논문의 주제는 각각 다음과 같이 다양하게 분화, 연구되었다.

---

22) 학습된 학술 담론 생성 절차 지식을 내면화하는 과정에서 과제 부담을 줄이려면 조별 과제는 연구 가설 수립과 검증 결과를 발표하는 것으로 한정할 수 있다. 즉, 긴 글쓰기를 개인 과제로만 한정하는 것이다. 조별 과제 수행에 참고한 문헌은 반 전체가 공유하고, 조 이름 및 발표 날짜를 밝혀 이웃 조의 연구 결과에서도 필요한 것이 있으면 인용하게 하면서 개인의 독창적 견해를 피력하는 탐구보고서를 작성하도록 지도한다.

23) Theory of Planned Behavior(계획된 행동 이론): 특정 행동을 하는 개인의 의도를 살펴보는 이론으로서, 행동에 대한 태도, 주관적 규범, 의식적인 행동 통제력 등 3개 변수를 토대로 소비자 행동의 의도를 예측할 수 있다는 심리학 이론이다.

『왜 게임은 우리를 미치게 만드는가
–게임세계의 본성에 대한 철학적 분석』

게임 공간의 현실성이 게임 중독에 영향을 주는가?

게임이 스트레스 해소에 미치는 효과

게임이 문제해결력에 미치는 영향

게임과 수업 참여도의 상관관계

게임의 종류가 기억력에 미치는 영향

사이버 공간의 문화들이 인간의 생활양식이 될 수 있는가?

게임어용시간이 문제해결력과 사고력에 미치는 영향

현금거래에 대한 편견

게임의 현실성과 몰입도 사이의 관계

현금거래 과연 게임중독에 영향을 미치는가?

비디오게임이 암기력에 미치는 영향

게임 시간과 학업 성취도와의 상관관계

가상공간을 생활양식으로 볼 수 있는가?

게임중독과 게임 내 현금사용의 상관

생활양식 그 범주는 어디까지인가

게임의 종류와 기억력 감퇴의 상관관계

『대학생의 음주문화 분석과 마케팅전략』

대학생의 음주 양상을 통한 음주 문제 요인의 고찰

음주가 대학생의 성적에 미치는 영향

대학 내 음주금지, 그 실효성에 대하여

대학 음주문화에 대한 사회적 인식

대학생의 음주량과 성적에 대한 연구

음주문화의 개선방안으로써의 대학 내 음주 금지법

술의 종류와 안주의 상관관계

주종에 따른 이미지와 선호도

대학 음주문화의 문제점 인식

대학생의 음주 문화 조사 및 분석

선호하는 술과 안주의 종류에 따른 사람들의 성향 파악

가장 알맞은 술과 안주의 조합

술을 처음 접한 나이, 성별, 음주빈도, 유전 영향에 따른 주량과의 관계

대학 단체 음주문화의 문제점 인식

음주문화를 처음으로 접한 나이에 따른 음주습관

음주자리에서 음주가 흡연에 미치는 영향

주종별 선호 안주 분석

맥주를 통해 알아본 대학생의 음주

무의식 속의 광고, 맥주 맛을 결정하다

주량에 대한 요인 분석

술의 맛과 소비자의 기호와의 연관성

맥주의 맛이 소비자의 맥주 선호도에 미치는 영향

6. 대학 신입생 〈글쓰기〉 교과목의 강사 양성 과정

컬럼비아 대학교는 봄 학기 석사과정 안에 대학 글쓰기 강사 양성을 위한 〈Teaching Writing: Theory and Practice I〉 과목(2학점)을 개설해 예비 강사들에게 〈글쓰기〉 과목의 교육과정을 숙지시킨다.[24] 가을학기에는 이들 수료생이 글쓰기 수업을 하면서 1학점의 실용강좌를[25] 듣는다. 1년간의 수습

---

24) 수요가 많아 수강 신청 전에 지원서와 면접을 통해 지원자를 선별하고 요일을 달리 해 2개 반으로 운영하였다. 100명의 지원자 가운데 ① 이력서 ② 10쪽의 writing sample ③ 학생 글에 대한 코멘트를 서류로 받고, 인터뷰를 통해 ① 가르친 경험이 있는지 ② 학생 글에 대해 왜 그렇게 코멘트를 했는지 ③ 그 피드백을 받았을 때 학생의 기분이 어떨지에 대해 생각하는 바를 듣는다. 2007년 봄 학기에는 70명을 선발해 훈련시키고 있었다.

25) Teaching Writing: Theory and Practice II 수업은 수습강사 재교육으로 pass, non pass로

강사 기간을 거친 후 정식 글쓰기 강사가 된다. 가을 학기 수업을 듣는 수습 강사들은 격주로 만나 글쓰기 센터에서 진행된 면담 내용을 포함해 다양한 정보를 교환한다. 이때 글쓰기 센터의 튜터는 면담 학생의 수업 지도 강사와 만나 학생을 도울 방법을 상의한다.[26] 그리고 한 학기에 2회, 동료가 수습강사의 강의를 평가하는데 평가 역할을 맡은 동료는 수업 중 5분마다 동료 강사가 하는 언행을 기록하여 수업이 끝난 후 조언해 준다.

학기별로 강의를 시작하면서 갖는 교·강사 워크숍에서는 새 강사들에게 평가를 비롯해서 수업 운영에 필요한 기본 원칙을 다시 한 번 알려 준다. 2007년도 워크숍의 강사 지침에서는 성적이 높은 학생이 너무 많다는 점을 지적하고,[27] 학생들에게 섣부른 자기만족을 조장할 수 있고, 잘 쓴 글과 잘 못 쓴 글 사이에 별 차이가 없다는 인식을 줄 수 있으므로 각 등급별 차이를 납득시키는 것이 중요하다고 명시하였다(이아라, 2007: 32).

예비 강사를 위한 수업의 교수요목은 글쓰기 과목 진행 순서에 맞춰져 있어서 교안 짜기로부터 과제 활동 부여에 이르기까지 구체적인 지원을 받을 수 있으며, 예비 강사들은 학생 글의 사례를 가지고 협동학습을 한다. 이 수업에서는 글쓰기 수업에 바로 적용할 수 있는 실제적 교수법을 광범위하게 살피고 강사 스스로 독자적 교수요목과 교육철학을 정립하도록 돕는다. 예비 강사들은 자신이 고안한 협동학습 관련 보고서를 작성하면서 자신

진행되며, 처음 4주간은 매주 한 시간씩 만나다가 이후 8주간은 2주에 한 번씩만 만난다.

26) 글쓰기 센터의 튜터는 "이 학생을 가르치는 강사라면 나는 무엇을 알고 싶은가?"를 고려하여 상담 보고서를 작성하고 글쓰기 강사와 팀티칭을 한다. 상담 보고서가 강사에게 제출된다는 사실을 학생에게 알리고 만약 학생이 공개를 원하지 않는다면 학생의 의견을 존중한다. 학생이 글쓰기 센터를 지속적인 자문기관으로 이용하도록 해야 한다.

27) "대학 글쓰기 수업의 성적은 절대 평가 체제를 따르므로 늘 학점이 높은 편이다. 반 이상 학생이 A를 받고, 대다수가 A나 B를 받는다. 2005~2006년에 53%가 A와 A-를 받았으며 78%가 B+이상을 받았고, 95%가 B- 이상을 받았다. 문제는 성취도가 높은 학생들의 인플레이션 현상이다. 학생들이 성실하고 활동적으로 수업에 참여한다면 최소한 B는 받을 수 있다. 하지만 A레벨은 우수한 성취도를 나타내는 것이기 때문에, A등급 학생 수는 50% 이하여야 한다. 수정을 많이 해서 글이 점점 더 좋아지는 경향이 있다 하더라도 한 과제에서 반 이상의 학생에게 A를 주었다면 다시 생각해 볼 필요가 있다."

의 쓰기 과정을 초인지적으로 점검해 보게 된다. 계획, 검토, 수정을 반복하는 쓰기 과정을 반성적으로 검토하고 객관적으로 분석해 보는 것이다.

이러한 교육과정을 통해 다음 학기에 글쓰기 교수자가 될 수강생들은 글쓰기 교육이 다양한 사회적 맥락의 영향권 안에서 이루어짐을 깨닫고 강사의 역할을 반성해 보게 된다. 쓰기 교육에서는 교수 기법이나 전문 지식보다 학습자와의 우호적 관계망 형성이 더 중요하고 학습자 편차에 따라 융통성을 발휘할 수 있어야 한다. 컬럼비아 대학교에서는 강사들로 하여금 매 학기 교수 내용을 Wikipedia.com에 올리고 지속적으로 업데이트하게 하므로 다양한 교수 환경에서 동료가 한 경험을 누구나 참조할 수 있다.

컬럼비아 대학교가 학부 글쓰기 교육과정을 지도할 강사 교육을 영문학과 대학원 교과목 안에 수용해 전문 인력을 양성해내고 있다는 점은 주목을 요한다. 국내 대학 글쓰기 교육의 현실을 보면 박사과정을 수료한 국문학 등 인문학 전공자가 글쓰기 교육을 담당하면서 강사의 전공과 관련된 내용을 위주로 각기 다르게 교수요목을 편성하는 경우가 적지 않다. 따라서 글쓰기 강사의 체계적 양성 과정은 한국 대학의 글쓰기 교육 수준을 상향평준화하는 데 꼭 필요한 제도적 절차라고 할 수 있다.

7. 대학 신입생 글쓰기 교육과정의 목표

근대 이후 학문 상호 간 영향력이 커지면서 특정 전공의 이론이나 개념어의 파급력은 범학문적 영역으로 확장되고 있다. 우생학적 진화론이나 컴퓨터 인공지능 개념이 인간의 특정 행위에 대한 동기를 해명하는 인지심리학의 이론적 기반으로 원용된 것처럼 말이다. 현대에는 한 사회의 질적·양적 현상을 설명할 때, 새로운 이론 체계를 모색하는 것보다 기존 개념이나 이론을 변형·확장하는 것이 더 풍요로운 해석의 울림을 낳는다. 원 개념이 가지는 함의가 새로운 해석에 적용되는 과정에서 '낯설게 하기' 효과에 의해 원 개념과 새 개념이 교묘한 길항 관계를 생성하기 때문이다. 그 길항이

빚어내는 울림이 클 때 새로 적용된 이론 틀은 살아남지만, 그러지 못할 때 새로운 시도는 일회적 깜짝 시위에 그치고 만다. 최근 인문·사회과학 분야에서는 특정 영역의 고유한 분석 틀을 상이한 상황에 적용함으로써 해당 분석 틀이 가진 해석력을 확장해가는 연구들이 시도되고 있다.

학술 담화 공동체에 갓 진입한 신입생 대상의 대학 글쓰기 교육에서는 중등 쓰기 교육과정과 달리 학술 담론으로서 적합한 내용을 생성하는 데 필요한 전략적 지식과 함께 학술 담론 생성 과정에 대한 절차적 지식을 가르쳐야 한다. 하지만 최근 출판된 대학 글쓰기 교재를 보면 초·중등 교육 과정의 과정 중심 쓰기 교수법을 그대로 적용한 구성이 많다.[28] 그래서 '대학 글쓰기 교육'이 전공이나 관심 분야가 아닌 교수자가, 신입생 글쓰기 수업을 처음 맡았을 경우, 대부분 이러한 작문 교재로 과정 중심 쓰기 교육을 할 수밖에 없다.

하지만 이들 글쓰기 교재가 목차로 하고 있는 '개요 작성 – 집필 – 수정' 단계는 중등 교육과정에서 이미 교수된 쓰기 지식이다(노명완, 2010; 정희모, 2011). 그래서 이를 반복할 경우 신입생은 대학 글쓰기 수업에 자발적인 학습 동기를 가지기 어렵다. 물론 교수자의 전공이나 관심 분야, 교육 경력에 따라 개별 수업에서는 창의적 내용 생성 전략이 강조되기도 하고 어법 관련 지식이 보충되기도 한다. 하지만 대학 글쓰기 교과목의 특성 상 이러한 개별적 성공 사례가 축적되거나 공유될 창구가 없다. 그래서 새로 대학 글쓰기 수업을 담당하게 된 교수자는 적절한 교수요목을 정립하기까지 선배 교수자와 동일한 시행착오를 계속 반복하게 되는 것이다.

이 글에서는 컬럼비아 대학교의 신입생 글쓰기 교수요목과 그 적용 사례를 소개함으로써 대학 글쓰기 교과의 변별적 교수요목을 모색해 보고자 하였다. 컬럼비아 대학교의 신입생 글쓰기 교수요목은 학술 담론 생성 절차

---

28) 한국의 쓰기 교육에서 과정 중심이 도입된 시점은 1990년대 중반부터이다. 이재승 등 다수의 국어교육 전공자가 미국의 쓰기 교육 이론을 소개했고, 그 중심에 인지주의 이론이 있었다. 그러나 미국에서 과정 중심 교육의 효과를 검증한 연구는 제한적인 실험 연구가 많았고, 또 대부분 초등 교육 중심의 연구들이다(정희모, 2011: 13~14 참조).

를 가르치는 데 유용한 방법이다. 학술 담론이 생성되는 단계적 과정을 반영한, 렌즈에세이, 대화적 에세이, 협력적 탐구 보고서 쓰기 과제는 각각 이론화 전략과 비판적 문식성을 함양하고 학술 담론 생성 절차를 익히도록 구성되었기 때문이다.

특히 렌즈에세이 교수법은 다르게 보기 훈련을 통하여 간학문적 이론 생성 능력을 기른다는 점에서 학술적 역량의 기본 자질인 창의성을 함양하는 데 효과적이다. 컬럼비아 대학교의 이 목적 지향적 교수법은 대학 신입생이 학술 담화 공동체의 일원으로서 학술 담론을 생성할 수 있도록 그 전략과 절차를 가르쳤다는 점에서, 국내 대학 글쓰기 교과의 교수 학습 목표를 정초하는 데 참조할 바가 많은 교수요목이다.

〈부록 1〉렌즈에세이 작성을 위한 생각 지도 및 샘플 글 예시

▶화제: 대학의 상대평가 제도

▶독자 분석: 유학생 대상 수업의 교수자
- 독자의 요즘 최대 관심사: 유학생, 한국 학생, 평가
- 독자에게 익숙한 어휘, 용어: 상대 평가, 절대 평가, 출석, 수업
- 독자에게 익숙한 글의 장르: 에세이, 보고서
- 독자의 기대: 교양과 전공 수업에서 유학생의 과제 수행 능력을 타당하게 평가할 방법을 알고 싶다.

▶글을 쓰는 목적: 현재의 상대 평가 제도 때문에 불이익을 받는 유학생이 많다. 특히 한국 학생과 함께 수업을 듣는 유학생은 한국어 능력이 부족해서 아무리 열심히 노력을 해도 좋은 성적을 받기 어렵다. 따라서 유학생의 학습 수준을 정당하게 평가하기 위해서는 한국 학생과는 다른 기준으로 유학생을 평가해야 한다고 주장하고 싶다.

▶핵심어(key word): 상대평가, 절대평가, 유학생, 과제, 렌즈

▶핵심어 간 논리적 위계 정하기: 성적 평가-렌즈-유학생 vs 한국 학생-과제

▶내 글에 적용할 렌즈: 망원경과 현미경

▶핵심어를 문장으로 쓰기
1. 관찰 대상과 관찰 상황에 따라 망원경과 현미경처럼 다른 렌즈를 적용해야 한다.
2. 대학 수업에서도 성적 평가 기준은 학생의 국적에 따라 다르게 적용되어야 한다.
3. 한국어 숙달 정도에 따라 한국 학생과 유학생의 과제 수행 결과를 차별해서는 안 된다.
4. 과제가 너무 많으면 역효과가 날 수 있으므로 유학생의 학업에 도움이 될 만한 과제를 할 수 있을 만큼 제시해야 한다.

유학생을 보는 렌즈

201***** 임**

별을 제대로 보려면 망원경이 필요하고, 세포를 제대로 보려면 현미경이 필요하다. 또한 망원경을 쓰려면 실외에서 써야 하고, 현미경을 쓰려면 실내에서 써야한다. 이렇듯 모든 현상을 대할 때는 관찰 대상과 관찰자의 상황에 맞는 제각각의 렌즈를 끼고 봐야한다. 하지만 교수는 관찰 대상의 상황은 보지 않고 관찰자의 상황만 고려한 렌즈로 학생을 판단한다. [렌즈와 렌즈의 적용 대상 소개]

한국 학생은 한국이라는 똑같은 환경에서 성장한 교수들한테 수업을 듣는다. 이 경우에는 교수에게 특별한 렌즈가 필요하지 않다. 하지만 입학을 할 때도 외국인 전형으로 들어온 유학생은 사정이 다르다. 전혀 다른 환경으로 공부를 하러 와서 적응을 해야 하는 것이다. 그렇기 때문에 교수는 한국 학생을 대할 때와는 다른 렌즈를 끼고 유학생을 대해야 한다. 하지만 교수는 그렇게 하지 않고 다 똑같은 렌즈로 학생을 평가한다. [문제 제기]

(…중략…)

결론적으로 세 가지 해결책이 있다. 첫 번째로 교수는 한국 학생과 유학생을 같은 렌즈로 평가하면 안 된다. 교수는 학생의 개인적 여건을 고려해주어야 한다. 두 번째로 유학생은 자신이 노력한 만큼의 점수를 받고 싶어 하기 때문에 상대평가가 아닌 절대평가 제도나 pass or fail 제도를 실시해야 한다. 이 제도는 한국 학생에게도 좋은 시스템이다. 마지막으로 과제가 학습에 효과적이지만 너무 많으면 자신이 과제에 무엇을 했는지 기억을 못하는 경우가 많다. 오히려 과제가 많아서 역효과를 가지고 올 수 있다. 그래서 교수는 과제를 줄여줘야 한다. 만약에 위에 세 가지 해결책이 실행된다면 유학생은 좋은 대학생활을 할 수 있다. [주장]

〈부록 2〉 학술 담론 평가 준거

[1] 다음 보고서 평가 준거에 부족한 것이 있으면 보충해 봅시다.

[2] 다음 평가 영역별로 몇 개 요소씩이 필요할지, 각 요소에는 몇 점씩을 부여해야 할지 협의해 봅시다.

[3] 옆 친구와 토의하면서 반 전체가 동의한 개수에 맞게 평가 준거 문항들을 골라 ○ 표시하세요. 2인조 토의가 끝나면 4인조, 8인조로 토의 대상을 확장합니다.

평가 준거 영역	요소	준거 문항	2인조 선정	2인조 배점	4인조 선정	4인조 배점	8인조 선정	8인조 배점	최종 선정	최종 배점
구조	적절성	논리성	정보를 단순히 나열하지 않고, 단락 내(두괄식, 미괄식), 단락 간 논리적 진술 구조(인과, 비교, 분석, 찬반, 진단과 대책 등)를 세웠는가?								
		설명 방법	주개념이나 대상에 대해 명확하게 정의를 내렸는가?								
		단락 내 결속력	단락의 세부 내용이 단락별 주제문을 뒷받침하도록 써서 불필요한 문장이 없는가?								
		단락 구분	서론, 본론, 결론이 적정 비율로 구성되었고, 본론에서 중심 생각이 달라짐에 따라 적절한 길이로 단락을 구분하였는가?								
		정보 제시 순서	이미 아는 정보와 새로운 정보를 논리적 순서로 배치하여 이해하기 쉽게 썼는가?								
		논증 방법	주장에 대한 예시를 하였는가?								
		단락 간 응집성	선정한 주제에 대해 근거를 제시하는 등 서론에서 제기한 주제를 본론과 결론에서 일관성 있게 다루어 불필요한 단락이 없는가?								
양식	정확성	어휘	객관적 어휘(개념어, 한자어, 담화 표지, 지시어)를 사용하고 구어체, 축약어, 지나친 존대 표현을 사용하지 않았는가?								
		표지	제목(가운데, 진하게)과 학번, 이름(오른쪽 정렬)을 표지 규약에 맞추어 썼는가?								

		인용 표기	인용한 참고 자료의 출처를 보고서의 끝에 〈참고문헌〉으로 정리하고, 본문에 각주 표시를 하였는가?							
		어법 및 문체	어법(맞춤법, 띄어쓰기, 들여쓰기, 문장 부호, 조사, 문장 성분 간 호응, 동어 반복의 오류 자제)과 문어적 어미(-므로, -고자, -은 바와 같이, 는다.) 사용에 오류가 없는가?							
		장르	과제가 요구하는 장르 양식에 맞게 글을 작성하였는가?							
	격식성	단락 기능	서론에 연구 목적 및 연구의 필요성을 밝혔는가? 서론이나 결론에서 본론 내용을 간결, 명료하게 요약하였는가?							
		단락 기능	서론에 주제를 환기하거나 독자의 주의를 끌, 도입 내용(통계적 수치, 일화, 유명한 문구 epigraph)을 썼는가?							
		제목 내용	제목을 보고서의 내용에 어울리게 작성하였는가?							
		연구 방법	주제를 드러내기에 적당한 연구 방법을 채택하였는가?							
		내용의 참신성	예상 반론 검토 및 주장 옹호 내용 등을 참신하게 썼는가?							
내용	창의성	독자 인식	결론에서 독자를 설득하고 독자의 공감을 얻기 위한 내용을 언급하였는가?							
		주제	논의할 가치가 있고 참신한 주제 및 key word를 선정했는가?							
		배경지식	제시한 자료 이외에도 주제와 관련된 전문적 배경지식을 활용해 내용을 풍부히 하였는가?							
총합			20문항							

〈부록 3〉 렌즈에세이에 대한 동료 첨삭

☞ 자신의 조가 작성한 글은 물론 다른 조가 작성한 글에서 문법 및 어휘 오류를 최대한 수정해 주되 전후 문맥으로 추측할 수 없으면 (?) 표시한다.
각 조는 이날 받은 동료 첨삭과 교사 첨삭 내용을 반영해 수정을 한 뒤, 일주일 이내에 사이버 강의실 게시판에 올린다.

▶글을 수정하는 4개 유형: 문장 성분 간 호응 및 연어 관계 확인
　(반다이크, 1978/2000: 197)

▶첨가 (빨)
• 의미의 상세화(문맥상 꼭 필요한 논거, 비교, 대조, 예시 내용 등)
• 각 문장 간 적절한 연결어미

▶대체 (=삭제+첨가) (보)
• 전후 문맥과 글의 무게에 어울리는 어휘로!
• 지시대명사 대신 전후 문맥에 알맞은 내용을 요약해 써 넣는다.
• 한 문장 내에서 동일한 음절의 단어나 문법 표현을 지양한다.
• 타동사의 문장을 자동사화한다.(-을/를 vt. → -이/가 vi.)
　그러나 수동태 표현(-게 되다/-어지다)은 지양한다.
• '우리', '-의', 맞춤법, 문장 부호

▶삭제 (파)
• '우리', '-들', '-은/는 것이다.'
• 간결성: 표현의 경제성을 고려하여 불필요한 잉여 정보 및 표현은 모두 삭제한다.

▶재배열 (초)
• 전체 글에서 신구 정보의 자연스러운 전개를 위하여

- 한 단락 내에서 의미를 강조하기 위한 도치(예. 주제문+뒷받침 문장)
- 한 문장 내에서 긴밀한 문장 성분 간 인접 배치

▶기계적 오류
- 띄어쓰기(붙여 쓰기) 등

▶조언의 예절: 칭찬+단락 간 및 단락 내의 응집성(coherence)을 높일 제안
  근거의 사실성 여부를 검토해 주고 내용 수정 방향을 권고

이 장에서는 대학 신입생 글쓰기 교수요목의 사례에 대해 살펴보았습니다. 다음 문제를 풀면서 본문의 중심 내용을 정리하고 새로운 쓰기 교수요목을 만들어 봅시다.

1. 본문 이해

1) 유학생이 국내 대학 생활에 적응하기 어려운 이유는 무엇입니까? 유학생의 학술적 쓰기 능력을 함양시키려면 어떤 한국어 교육과정이 필요합니까?

2) 교육과정과 교수요목을 설계하는 데 필요한 원리들을 정리해 봅시다.
   • 교육과정:
   • 교수요목:

3) 한 편의 에세이 과제를 지도하는 교수요목을 작성할 때 꼭 필요한 내용 항목과 절차를 선정해 봅시다.

2. 수행 과제

다음 교과목 개요와 교수요목 예시 자료를 참고하여 특수 목적 한국어 쓰기 교과목의 개요와 개괄적인 교수요목을 설계해 봅시다.

〈보기〉

〈표 6〉〈학술적 쓰기〉 교과목 개요

목표 숙달도	• 글쓰기 과정을 익혀서 체계적인 글쓰기 연습을 한다. • 설명적, 논리적인 글쓰기의 방법을 익히고 글의 서론과 본론, 결론 부분을 완성할 수 있다.
주제 및 소재	사회(노인문제, 여성문제, 정보화 사회, 성격과 직업), 문화(현대 한국의 문화), 과학(환경오염, 컴퓨터의 역사)
기능 및 과제	* 과정 중심의 글쓰기 • 계획하기－독자, 목적, 화제, 주제 정하기(브레인스토밍 등 전략 사용) • 조직하기－내용 생성하기(생각 그물 만들기, 개요 짜기 등) • 초고쓰기－말로 쓰기, 내리 쓰기 등 • 수정하기－훑어 읽기, 돌려 읽기, 평가하기, 편집하기 등 * 글의 종류에 따른 글쓰기 • 설명적 글쓰기 (도입－본문－결말; 정의, 지정, 예시 등) • 논리적 글쓰기 (서론－본론－결론; 예증, 논증, 반증, 추론 등) • 문학적 글쓰기 (발단－전개－위기－절정－결말; 묘사, 비유, 은유 등) * 강의와 시험을 위한 쓰기 • 노트 필기 방법 • 시험 답안 작성(단답형, 서술형, 논술형)
텍스트 유형	설명문, 논설문, 소설, 노트 필기, 시험 답안

〈표 7〉〈학술적 쓰기〉교수요목 개괄

주제	기능	과제	텍스트	어휘
현대 한국의 문화	계획하기	현대 한국의 문화에 대해서 자신이 쓸 화제를 브레인스토밍을 통해서 찾고 주제를 정하기	설명문	현대 한국의 문화 관련 어휘
지식과 사회	논리적 글쓰기	현대 사회에서의 지식과 정보의 중요성과 정보의 남용, 지적 재산권 등에 대한 토론 후 자신의 견해를 논리적으로 완성하기	논설문	정보화 사회, 정보의 홍수, 지적 재산권 등
수업과 시험	시험 답안 작성하기	수업에서 자주 나오는 시험의 유형을 제시한 후 시험 답안을 유형별로 작성하기	시험 답안	

목표 숙달도	•
	•
주제 및 소재	
기능 및 과제	* 과정 중심의 글쓰기
	•
	•
	•
	•
	*
	•
	•
	•
	*
	•
	•
텍스트 유형	

주제	기능	과제	텍스트	어휘

3. 더 생각해 볼 거리

1) 인터넷과 디지털 기기가 교육 기자재로 지원되는 21세기 교실에서 쓰기 교육과
   정과 교수요목은 20세기 교실과 비교할 때 무엇이 같고 다를지를 생각해 봅시다.

2) 다음 교수요목을 포함하여 주변에서 여러 수업의 교수요목을 구해서 살펴보고
   자기 수업의 교수요목을 〈연습 1〉이나 〈연습 2〉 등의 양식으로 작성해 봅시다.

〈보기〉

〈말과 글〉 강의 계획서

담당: 김성숙(E-mail: eurekamay@naver.com), H.P: 010-3387-****

시간: 화 10:30~12:00, 금 11:00~12:30 정보통신관 203호

수업 목표

1. 문화를 바라보는 독창적인 시각과 창의적인 사고력을 함양한다.
2. 자신의 견해를 체계적으로 구성하고 설득력 있게 전달하는 표현 능력을
   향상한다.

강좌 운영 방식: 강의와 토의, 글쓰기 실습, 발표를 병행한다.

평가: 출석 10점(결석 1번-2점, 지각 2번-1점), 질의 응답 등 수업 참여도 20점
      자기소개서 10점, 자기소개 발표 10점, 조별 발표 20점,
      기말 보고서 30점: 총 100점
      ※ 10회 이상 결석 시 F학점 처리함 ※ 질병 시 사유서 제출

강좌 교재: 『A+대학한국어』(한양대학교 출판부 사곰, 2015)

주차	내용	과제
1	01. 강의 소개, 자기소개서 작성 절차 02. 전공 선택의 계기	p. 133
2	03. 성장 과정 04. 장단점 및 특기	p. 135, 137
3	05. 경험과 경력 06. 지원 동기 및 포부	p. 139, 141
4	07. 도입과 마무리 단락 08. 자기소개서 완성 [과제] 자기소개서 제출	완성한 자기소개서를 사이 버강의실에 제출함.
5	- 추석 연휴 09. 자기소개 발표 및 면접관의 질의 응답	조별로 진행한 면접 과정을 촬영하여 제출함.
6	10. [강의] 토의의 개념과 절차 - 한글날	
7	11. 주제 선정 및 역할 분담 12. 자료 조사	조사한 자료를 양식(p. 147) 에 맞게 정리함.
8	중간고사 기간(자료 조사 활동지 조별로 제출)	
9	13. [강의] 발표의 개념과 절차 14. 발표용 원고 작성 1	p. 149
10	15. 발표용 원고 작성 2 16. 프레젠테이션 슬라이드 자료 작성법	p. 151, 153
11	17. 발표 예절 18. [과제] 발표 및 평가	평가 준거표를 보고 동료의 발표를 평가함.
12	19. [강의] 보고서의 개념 및 작성 절차 20. 평가 기준 선정	p. 157
13	21. 개요 작성 22. 자료 인용	p. 159, 161
14	23. 서론 쓰기 24. 본론 쓰기	p. 163, 165
15	25. 결론 쓰기 26. 참고 문헌 정리 방법	p. 167
16	기말고사 기간 ※ 기말 보고서 제출	

※ 위 강의 계획서는 사정에 따라 변경될 수 있습니다.

6급 학습계획표

1. 학습목표

• 발음: 모국어 화자와 거의 같은 수준의 자연스러운 억양과 속도로 말할 수 있다.

• 어휘: 정치, 경제와 관련된 고급 어휘를 이해하고 사용할 수 있다.

• 문법: 한국어 문법을 자유롭게 활용할 수 있고 유사한 문형의 미묘한 차이를 인식할 수 있다.

2. 과제·기능

• 정치, 사회 문제에 대하여 공식적인 토론, 발표, 인터뷰를 할 수 있다.

• 한국 역사, 문화 등 전문 분야의 강연을 듣고 이해할 수 있다.

• 전공 책 논문, 학술지를 읽고 요약하거나 번역할 수 있다.

• 논문의 기본 틀을 익히고 전공 분야의 간략한 연구 논문을 쓸 수 있다.

3. 학습 계획표

주	날짜	요일	1·2교시	3교시	4교시
1	3/2	월	1과〈1〉	소음공해(1)	자기소개 (전공 관련)
	3	화	〈1〉	소음공해(2)	단어 숙어 연습(1)
	4	수	〈2〉	소음공해(3)	연구논문 주제 선정하기
	5	목	〈2〉	소음공해(4)	〈문화의 다양성〉 글쓰기(1)
	6	금	〈3〉	소음공해(5)	인문 분야 교양 어휘 익히기
2	9	월	2과〈1〉	시나리오 읽기(1)	접두사 접미사
	10	화	영화(효자동이발사)	효자동 이발사(2)	단어 숙어 연습(2)
	11	수	2과〈1〉	효자동 이발사(3)	연구보고서 형식과 표현 익히기
	12	목	〈2〉	효자동 이발사(4)	〈문화의 다양성〉 글쓰기(2)
	13	금	〈2〉	한자 및 선택수업	단어 숙어 연습(3)
3	16	월	〈3〉	효자동 이발사(5)	기사 논평하기(1)
	17	화	3과〈1〉	효자동 이발사(6)	연구 보고서 개요 작성하기
	18	수	〈1〉	문 화	특 강
	19	목	〈2〉	보고서 읽기(1)	〈문화의 다양성〉 글쓰기(3)
	20	금	〈2〉	한자 및 선택수업	속담 연습

4	23	월	〈3〉	보고서 읽기(2)	기사 논평하기(2)
	24	화	4과〈1〉	보고서 읽기(3)	관용표현
	25	수	〈1〉	보고서 읽기(4)	고사성어
	26	목	〈2〉	보고서 읽기(5)	〈문화의 다양성〉 글쓰기(3)
	27	금	〈2〉	한자 및 선택수업	복습(속담/관용표현/고사성어)
5	30	월	4과〈3〉	폭포와 분수(1)	연구 보고서 개요 발표하기(1)
	31	화	복습	폭포와 분수(2)	연구 보고서 개요 발표하기(2)
	4/1	수	**중간시험(쓰기)**	읽기 복습	**중간시험(듣기)**
	2	목	**중간시험(읽기)**	폭포와 분수(3)	**작문 시험**
	3	금	5과〈1〉	한자 및 선택수업	시험지 풀이
6	6	월	〈1〉	소나기(1)	토론하기
	7	화	〈2〉	소나기(2)	연구 보고서 작성법(인용하기)
	8	수	〈2〉	소나기(3)	보고서 쓰기(분류와 근거P)
	9	목	〈3〉	소나기(4)	〈문화의 다양성〉 글쓰기(5)
	10	금	6과〈1〉	한자 및 선택수업	경제 분야 교양 어휘 익히기
7	13	월	〈1〉	소나기(5)	기사논평하기(3)
	14	화	〈2〉	소나기(6)	보고서 작성법(주석/참고문헌)
	15	수	〈2〉	우리들의 일그...(1)	보고서 쓰기 연습
	16	목	**대 학 입 시 설 명 회**		
	17	금	**대 학 입 시 설 명 회**		
8	20	월	6과〈3〉	우리들의 일그...(2)	기사논평하기(4)
	21	화	7과〈1〉	우리들의 일그...(3)	영화 논평 쓰기
	22	수	**영 화 관 람(우리들..)**		보고서 쓰기 연습(통신 언어)2)
	23	목	7과〈1〉	우리들의 일그...(4)	〈문화의 다양성〉 글쓰기(6)
	24	금	7과〈2〉	한자 및 선택수업	보고서 쓰기 연습
9	27	월	7과〈2〉	우리들의 일그...(5)	문장 속의 오류 고쳐 쓰기
	28	화	7과〈3〉	우리들의 일그...(6)	보고서 쓰기 연습
	29	수	9과〈1〉	우리들의 일그...(7)	연구보고서 발표하기(1)
	30	목	9과〈1〉	우리들의 일그...(8)	연구보고서 발표하기(2)
	5/1	금	9과〈2〉	한자 및 선택수업	연구보고서 발표하기(3)
10	4	월	복습	우리들의 일그...(9)	듣기 연습
	5	화	**어 린 이 날**		
	6	수	**기말시험(쓰기)**	읽기 복습	**기말시험(듣기)**
	7	목	**기말시험(읽기)**	시 읽기	**작문 시험**
	8	금	9과〈2〉	한자 및 선택수업	시험지 풀이
11	11	월	**졸 업 식**		

※ 위의 계획은 학습자의 요구 및 학교 상황에 따라 조정될 수 있음.

※ 선택반 – 한국 문학 읽고 쓰기

〈연습 1〉

〈_____〉 강의 계획서

담당: _____(E-mail: _____@_____), H.P: 010-____-____

시간: _ __:__~__:__, _ __:__~__:__

장소: _____관 ___호

수업 목표

1. _____

2. _____

강좌 운영 방식: _____

평가: 출석 ___점(결석 1번-__점, 지각 2번-__점),

　　　수업 참여도 _____ __점

　　　과제 _____ __점, _____ __점,

　　　_____ __점, _____ __점: 총 100점

　　　※ ___회 이상 결석 시 F학점 처리함 ※ 질병 시 사유서 제출

교재: _____(_____, 20__)

주차	내용	과제
1		
2		
3		
4		

5	
6	
7	
8	중간고사 기간
9	
10	
11	
12	
13	
14	
15	
16	기말고사 기간

※ 위 강의 계획서는 사정에 따라 변경될 수 있습니다.

〈연습 2〉

___급 학습계획표

1. 학습목표
   • 발음:
   • 어휘:
   • 문법:

2. 과제·기능
   • _____를 말할 수 있다.
   • _____을 듣고 이해할 수 있다.
   • _____를 읽을 수 있다.
   • _____을 쓸 수 있다.

3. 학습 계획표

주	날짜	요일	1·2교시	3교시	4교시
1					
2					
3					

4				
5				
6				
7				
8				
9				
10				

 **Tip**

T+1 과제 소개

Collin Gifford Brooke(2013), "New Media", *A Guide to Composition Pedagogies*, Oxford University Press, pp. 177~193.

왜 뉴미디어인가?

(…중략…) 글쓰기 교사로서 우리는 어디에서 시작해야 할까? 뉴미디어를 얼마만큼 알아야 뉴미디어를 이해하고 뉴미디어 교수법에 참여한다고 말할 수 있을까? 그런데 안타깝게도 기술을 지칭해 온 뉴미디어라는 용어는 기술 자체가 변함에 따라, 그리고 상이한 집단에서 다른 때에 다른 빈도로 사용함에 따라 그 함의 자체가 급속히 달라지고 있다. 그래서 글쓰기 수업에 기술(technology)을 도입한다고 할 때 무엇을 참고해야 할지, 어느 다른 분야의 교사와 힘을 모아야 할지 출발 지점을 정하기가 어렵다. "뉴미디어"는 다양하게 정의될 수 있어서, 어떤 정의는 작문학 분야와 기묘하게 맞아 떨어지기도 하지만 또 어떤 정의에는 오해의 소지도 있다. 이미 사용하고 있는 매체가 어느 시점에 "새로워"지는지가 궁금할 사람도 있을 것이다. 예를 들어 일반적인 미디어 가운데 특출 난 공간으로 가정된 블로그 같은 것에 대해 규제 법령이 생기는 그 시점인가? 아니면 Lisa Gitelman이 『*Always Already New*』에서 고찰한 바대로, "미디어 역사의 종말에 도달했다는 이 과도한 신념 때문에 오늘날 뉴미디어는 이상하게도 영속적으로 새로움을 구가"하는가? 대학에 신입생 글쓰기 수업이 보편화된 것보다 Bolter의 『*Writing Space*』(1991), Handa의 『*Computers and Community: Teaching Composition in the Twenty-First Century*』(1990), Lanham의 『*The Electronic Word*』(1993) 같은 책에서 작문학 분야가 뉴미디어에 관심을 두기 시작했음을 알린 것이 앞선다. 뉴미디어라는 이 특별한 용어가 우리에게 시사하는 바는 무엇일까?

물론 이 전문 학술용어와 호환되는 용어가 있다. 최근 수사학과 작문학 분야에서는 "다중 양식 교수법(multimodal pedagogy)"에 대한 관심이 많아지고 있다. 이는 멀티미디어뿐만 아니라 멀티미디어 문식성까지 중시하는 것으로 New London Group에 의해 주창되었다. 관습적으로 수행되어 온 텍스트나 언어적 연습 이외에, 시청각적, 공간적, 태도적 문식성 등 보다 광의의 의미화 "방식(modalities)"을 가르쳐야 한다는 것이다. Pamela Takayosi와 Cynthia Selfe(2007)의 선집 『*Multimodal Composition*』 첫 장에서 이들은 "디지털 작문 환경"이 도전해오고 있다고 일깨우고, 그러한 도전에 맞설 방안을 다중 양식 작문에서 찾으라고 권고한다. 하지만 이 선집에 글을 실은 다른 저자들이 가지고 있는, 다중 양식이나 동시대 기술에 대한 관심이 꼭 유사한 수준은 아니며, 그 차이는 최근 들어 더욱 커졌다. Jason Palmeri는 『*Remixing Composition*』에서, 작문학의 역사에는 뉴미디어에 앞서 다중 양식으로 작성된 자산이 있었고 그간 잠시 잊혔을 뿐이라고 말한다. "새 것"에 대해 강조하면서 "과거 작문 분야를 번창시켰던 생생한 다중 양식 국면의 많은 부분을 경솔하게 삭제"하게 되었다고 개탄한다. Jody Shipka는 『*Toward a Composition Made Whole*』에서 이러한 개탄에 동조하며, "뉴미디어 텍스트를 중시하거나 최신 컴퓨터 기술이 무엇을 할 수 있고 또 무엇이 문제적인지에 대해서만 우리의 관심을 제한시켜서는 안 된다. 오히려 매우 광범위하고 복잡한 숙고를 거치는, 모든 의사소통적 실천의 다중 양식적 차원에 주의를 기울여야 한다"고 주장한다.

...

기술(technology) 교육을 병행하는 수업에서는 학생들(과 교사) 간에 숙달도나 경험의 수준이 상이한 것이 자주 문제가 된다. 교사는 모든 분야를 다 잘 하는 학생이 교실을 앞줄로부터 채워 나갈 거라는 생각을 버려야 하는데, 특히 기술 수준면은 더욱 그렇다. 이 책의 기초 글쓰기 교수법에서 논의한 바와 같이, 전문가나 "파워 유저"라도 협동 학습을 하는 데 필요한 모든 프로그램이나 애플리케이션, 뉴미디어와 연동된 다양한 플랫폼에 다 숙달할 수는 없다.

여러 방면의 숙련가들이 모인 수업에서 내가 특히 자주 내는 과제는 "T+1"이라는 것인데, "문식성 자서전(literacy autobiography)"에 변주를 준 것이다. 학생들은 글을 쓸 때 사용하는 다양한 매체에 대해 숙고한 뒤 설명하고(여기서 T는 학생들이 현재 사용하고 있는 정보 기술 정도를 나타낸다), 그 학기의 남은 시간 동안 한 가지 매체를 더 추가할 계획을 세우는 것이다. 그래서 학생들은 블로그나 Tumblr, 트위터 계정을 시작하곤 한다. Delicious나 Diigo 같은 social bookmarking 플랫폼이나 Evernote, Zotero 같은 서지사항 관련 애플리케이션을 추가하는 학생도 있다. 학기말 수업 시간에 자기가 선정한 기술을 스크린에 띄워 다른 학생들에게 가르쳐주는 것으로 T+1 과제는 "성공"적으로 완료되는데, 이 과제의 성과는 변주 폭이 넓다. 과제가 끝나자마자 사용하던 애플리케이션을 폐기하는 학생도 있지만 한 학기 동안 마음이 바뀌어서 자신이 선택한 플랫폼을 영구히 사용할 기술에 통합시키는 학생도 있다. 중요한 것은 새로 숙달한 정보를 서로 간에 그리고 교사와 함께 공유하고 습득해 가면서 이들 모두가 상당 수준으로 뉴미디어에 대해 배우게 된다는 점이다. 이러한 유형의 과제는 초급자보다는 "파워 유저"에게 더 유용하고, 단일한 숙련 등급을 적용하지 않으므로 어떤 경험 수준의 학생이라도 자신이 탐구한 정도에 따라 학점을 받는다는 장점이 있다.

평가에 대해서는 이후 좀 더 자세히 다루겠지만, 평가의 형성적인 가치에 대해서는 지금 언급하고 넘어가는 것이 좋겠다. "T+1" 과제에서 가장 중요한 것은 학생의 출발 지점인 성찰적 에세이이다. 처음에 학생들은 학교 안팎에서 사용하는 매체 사용 습관에 대한 성찰과 함께 한 학기 동안 수행할 프로젝트 계획에 대해 써내야 한다. 대부분의 뉴미디어 교수법에서는 이와 같은 초인지 활동을 기획한다. 교사들도 수업에 뉴미디어를 수용했을 때 어떤 가치가 있을지, 적절한 것인지, 원래 사용해 오던 교수법과, 뉴미디어가 새로 제공할 기능이 상승 작용을 일으킬지를 신중하게 검토하기 마련이다. 이러한 성찰에 적합한 방법이 하나는 아니지만, Stuart Selber가 『*Multiliteracies for a Digital Age*』에서 알려준 탐구 학습법은 뉴미디어 수업을 시작하기에 유용한 출발 지점이다. Selber는 기능적, 비판적, 수사적 차원이 다층적으로 구성된 컴퓨터 문식성 개념을 상정한다. 이들 각 차원에 대한 Selber의 상세한 설명은, 글쓰기 교사가 과제를 설계하고 실제적 상황을 점검하고 가능한 성과를 정교화하는 데 도움이 된다. 애플리케이션의 종류, 학생의 접근성, 수업 기자재의 특성에 따라 플랫폼들이 강조하는 세부 비중은 달라지겠지만, Selber의 틀은 뉴미디어 교수법을 기획하는 데 대단히 유용하다.

글쓰기 교실에서 뉴미디어를 채택하는 것은 앞에서 언급한 태도와 접근 방법을 수용하는 것처럼 의외로 간단한 수 있다. 학생 중심으로 협동 학습을 하는 많은 작문 수업에서도 이러한 접근 방법을 채택하고 있다. 결과 중심 쓰기를 아예 단념한 것은 아니지만 과정 중심, 과제 중심 쓰기에 역점을 두고 결과 중심 쓰기를 조금만 경원시하고자 한다면, 뉴미디어로 조사하고 실험하게 하는 게 유용하다. 하지만 일상적인 쓰기 교실에서 이루어지는 통제를 할 수 없을 때도 있고, 뉴미디어를 사용하는 데 들인 노력에 비해 효율이 적을 수도 있으니까 뉴미디어 사용의 완급은 상황에 따라 신중하게 조절해야 한다. 실험에 따른 책임은 학생들과 공유하도록 한다. 뉴미디어가 가진 이러한 대화적 잠재력은 공동 연구를 촉진할 것이다. Selber가 예시한 대로, 탐구 학습법은 쓰기 수업을 듣는 학생이 뉴미디어를 기능적으로뿐만 아니라 비판적으로, 수사적으로 사용하면서 조사 연구를 하도록 장려한다.

실제적 텍스트 중심의 쓰기 능력 평가 도구 개발

쓰기 평가 문항을 개발할 때 진단 평가, 성취도 평가, 숙달도 평가 등 평가 맥락에 따라 다음 항목의 우선순위가 어떻게 달라질지 생각해 봅시다.

√ 실제성
√ 실용성
√ 신뢰도
√ 환류 효과
√ 타당성

1. 한국어 쓰기 능력 평가의 실제성에 대한 요구

2020년 국내 거주 외국인은 222만여 명으로 이는 전체 인구의 4.3%대이다. 경제협력개발기구(OECD)는 총인구 중 이주배경인구가 5%를 넘으면 다문화·다인종 국가로 분류한다. 국내 외국인 증가 추세의 두드러진 특징 중하나는 유학 및 취업을 희망하는 외국인 수가 급격히 늘고 있다는 점이다. 그래서 국내외 한국어 교육 기관에서는 학습자의 다양한 학습 목적에 맞는교과 과정을 개설하고 있으며 교재 및 자료 개발에도 힘쓰고 있다. 그러나특수 목적의 실제적인 말하기, 듣기, 읽기, 쓰기 기능 수행 능력을 평가할평가 도구는 아직 충분하지 않다.

• 한국어능력시험(TOPIK)의 쓰기 시험 체제 변화

1997년부터 실시되어 온 한국어능력시험(TOPIK, Test Of Proficiency In Korean)[1] 쓰기 영역에서는 평가자의 편이를 고려해 어휘·문법 표현의 정확한 사용 능력을 평가하는 선다형 문항이 선호되었다. 쓰기 평가의 실제성을

---

1) 이 장에서는 이후 일괄적으로 TOPIK이라 언급함.

살린 주관식 문항에서도 주어진 어휘로 문장을 알맞게 구성하는 등의 정답이 있는 단답식 문제가 주로 출제되었다. 하지만 한국어 어법을 잘 안다고 해서 글도 잘 쓸 수 있는 것은 아니다. 실제적 텍스트를 작성하는 데 필요한 전략이나 초인지 수준도 쓰기 결과물의 질에 영향을 미치기 때문이다. 이러한 문제 제기를 받아들여 국립국제교육원은 2014년 7월 35회 TOPIK부터 문장 쓰기, 단락 쓰기, 논리적인 글쓰기로 쓰기 평가 체제를 개편하였다.[2]

TOPIK이 기존의 어휘와 문법 평가 영역을 없애고 쓰기 영역을 직접 쓰기 문항으로 전환한 것은 평가의 실제성 면에서 바람직한 현상이다. 어휘와 문법 지식은 읽기, 듣기, 말하기, 쓰기 등 전 기능 영역에서 한국어 수준을 가늠하는 주요 평가 준거이며 이전 시험에서처럼 특정 영역으로 국한해서 평가할 수 있는 지식이 아니기 때문이다. 실제성을 고려한 쓰기 평가 영역의 변모가 곧 교육 현장에도 긍정적인 환류 효과를 불러 올 것이다.

• 실제적 쓰기 능력 평가 도구의 교육적 환류 효과

평가는 교육의 마지막 단계가 아니다. 교육과정을 설계할 때 고려하는 교과 목표는 평가 도구로 구체화되고, 교육과정은 평가 도구에 실현된 목표를 이행해 가는 순환적 과정이기 때문이다. 2014년 시행된 TOPIK의 쓰기 시험 체제 전환도 교실에 실제적 쓰기 능력 중심의 교육과정을 정착시키는 데 기여하였다.

쓰기 시험의 긍정적 환류 효과는 언어교육기관의 성취도 평가와 같은 소규모 평가보다는 TOPIK과 같은 대규모 숙달도 평가의 일부로 쓰기 시험을 추가할 때 더 쉽게 나타난다.[3] 대규모 평가 체제가 개선되면 첫째, 학생

---

2) 하지만 이 쓰기 평가에서도 원고지 사용법, 어휘와 문법의 사용 수준, 문제의 의도에 맞는 적절한 글인지를 기준으로 평가하므로 실제적인 쓰기 능력을 측정하기 위해서는 추가적인 보완이 필요할 것으로 보인다. 먼저 매체 면에서 현 시대에는 원고지에 작성하는 과제가 실제로 거의 없다. 원고지는 글의 내용에 대해 전혀 모르는 식자공(植字工)이 출판 규격에 맞게 활자를 심을 때 필요한 도구였기 때문이다. 그리고 현 TOPIK 2 쓰기 시험에서 중시하는, 출제 의도에 적합한지에 대한 판단 역시 구체적인 맥락에서 의사소통의 수사적 목적을 실현했는지 여부로 판단할 수 있는 과제여야 할 것이다.

의 기대 수준이 달라지고 둘째, 공식 사이트 등을 통해 적절한 교수 자료에 쉽게 접근할 수 있으며(Alderson & Hamp-Lyons, 1996), 셋째, 교수자 개인의 신념이나 교수 여건, 사회적·정치적·경제적 이슈들에 끼치는 영향이 크므로, 교육 현장에 있는 교수자들의 태도에 변화가 생기게 된다(Wall, 1996).

• 한국어 쓰기 능력 평가 도구의 실제성

현재 일반 목적의 한국어 교육과정에서 쓰기 교육의 목표는 한국어 학습자가 한국인과 글로써 의사소통하는 데 필요한 능력을 갖추게 하는 것이다. 하지만 아직까지 일선 교육 기관에서는 쓰기 영역의 숙달도나 성취도를 평가할 때 어휘나 문법 수준의 난이도가 우선적으로 고려된다. 쓰기 평가의 실제적 국면이 제대로 문항화되지 못하면서 문법적으로 오류가 없는 글이 잘 쓴 글이라는 고정 관념이 생기게 되었다. 그러다 보니 특정 텍스트의 사회적 맥락이나 구조적 격식, 내용의 창의성 교육은 상대적으로 소홀하였다. 한국어 학습자가 한국어로 글을 쓰는 과제에 대해 바르게 표상하고 실생활에 활용 가능한 쓰기 지식을 익히게 하려면, 어휘·문법 숙달 수준과 별개로 쓰기 장르 자체의 난이도를 고려한 전문 교육과정이 개설되어야 하고 실제적 쓰기 능력을 측정할 평가 도구가 개발되어야 한다.

Wiggins(1993: 206~207)는 실제적 과제 중심으로 평가를 하려면 실생활의 문제를 해결하는 데 활용할 수 있는 과정을 적용해서 질적인 결과물을 도출해 내게 하되, 수험자가 필요한 자료를 쉽게 얻을 수 있어야 하고 평가 기준이 분명해야 하며 수험자와 평가자 간에 유의미한 상호 작용이 있어야 한다고 조언한다.

---

3) 유익한 환류 효과(washback)의 정도는 평가의 중요도나 평가 대상이 되는 언어의 지위, 평가의 목적과 형식으로부터 영향을 받는다(Shohamy et al., 1996).

2. 실제적 텍스트 중심의 평가와 관련된 선행 연구

1990년대 말 이후 한국어 교육에서 쓰기에 대한 교육학적 접근은 어휘와 문법의 정확성을 중요시하는 형식주의적 관점과 일회적 평가를 중심으로 하는 결과 중심주의를 벗어나 점차 과정 중심, 문제 해결 중심, 전략 중심 교수법으로 변모해 왔다. 그리고 김하수 외(1996)의 〈'한국어 능력 검정 제도의 실시를 위한 기본 연구'에 관한 최종 연구 보고서〉로부터 한국어 능력을 공인할 대규모 평가 방법에 대한 모색이 시작되었다. 이러한 연구 성과가 축적되어 1997년 제1회 한국어능력시험(TOPIK)이 실시되었다.

이후 한국어 능력 평가 방법 개선을 위한 연구가 활발히 진행되었으며 특히 쓰기 평가는 실제적 쓰기 능력을 평가하기 위한 방향으로 꾸준히 개선되어 왔다. 또한 최근 한국어 교육계가 의사소통 중심 교육과정에서 학문 목적 등 특수 목적 교육과정으로 세분되어 가면서 기존 쓰기 평가의 한계를 지적하는 논의가 활발하였다. 이은하(2007)는 한국어 학습자가 쓴 글을 분석해 작문 채점을 위한 분석적 척도를 개발하였고, 최정순(2006)은 TOPIK의 등급 기술이 학문 목적 한국어의 등급 기준에 맞지 않음을 지적하였다. 이연하(2005)도 기존 한국어능력 쓰기 평가의 등급제 피드백 방식을 보완해 수험자가 자신의 취약한 부분에 대해 설명을 들을 수 있게 하는 피드백 방안 마련을 촉구하였다. 이현(2009), 최은정(2009) 등은 학문 목적 한국어 쓰기 평가를 위해 국내외 평가 도구를 전반적으로 조사해 한국어능력평가에 활용할 방안을 모색하였다. 2014년 TOPIK 1과 TOPIK 2로 개편하면서 직접 쓰기 시험을 추가한 한국어능력시험의 체제 변화는 이러한 선행 연구의 결실이라 할 수 있다.

• 간접 평가와 직접 평가

일반적으로 널리 쓰이는 쓰기 평가 유형에는 시험, 과제물, 관찰 등이 있고, 평가 형식은 크게 간접 쓰기(Indirect Writing)와 직접 쓰기(Direct Writing) 방식으로 나뉜다. 간접 쓰기 평가에는 선다형, 오류 인지형, 배열형, 낱말 형태 변형하기, 빈칸 메우기, 베껴 쓰기, 문장 변형하기, 낱말 형태 변형하여 글 완성하기, 글이나 서식 완성하기, 편집하기 등의 과제 활동이 있다. 그러나 선다형 위주의 간접 쓰기 평가 방식으로는 맥락에 따른 쓰기 지식 활용 능력을 파악하기 어렵다. 또한 평가 과정에서 수험자는 쓰기 관련 전략을 활용하는 데 제약이 있고 교사에 의해 전달받은 내용을 기억해 낼 수 있는지 여부를 검증받는 데 그치기 쉽다.

직접 쓰기 평가는 주어진 주제로 제한된 시간에 정해진 형식의 글을 쓰게 하는 방식으로, 다양한 종류의 시험에서 폭넓게 활용되고 있다. 직접 쓰기 평가로 수험자의 쓰기 능력을 전부 평가할 수는 없지만 동일하게 통제된 환경에서 글을 쓰기 때문에 수험자 개인 간이나 집단 간 쓰기 능력 비교가 쉽고 평가의 신뢰도도 확보된다(Wolcott & Legg, 1998: 10~23).

박영목(1999: 19)에 따르면 직접 쓰기 평가에는 총체적 평가, 분석적 평가, 주요 특성 평가 등의 방법이 있다. 총체적 평가 방법은 학생이 작성한 글에 대한 총체적 인상에 따르는 것으로서 이 경우 한 편의 글은 통일성과 일관성을 갖춘 유기적 조직체로 인식된다. 분석적 평가 방법은 글의 내용, 조직, 표현, 표기 및 어법 등 작문 능력을 구성하는 뚜렷한 특성 범주별로 점수를 부여하여 총점을 합산하는 방법이다. 마지막으로, 글의 주요 특성별 평가는 과제 글의 특성에 따라 서로 다른 평가 기준을 적용하여 평가하는 방법이다. 예를 들어 초급 학습자가 작성한 글이라면 어법의 정확한 사용을, 고급 학습자가 작성한 글이라면 내용의 창의성을 중시한다거나, 글의 장르가 설명문이라면 정보 전달을, 논증 글이라면 논리적 설득을 위주로 평가할 수 있다.

Hyland(2003: 23)는 일반적으로 글의 장점에 초점을 맞추는 총체적 평가 방법과 달리, 내용, 구성, 문법, 어휘 등 여러 가지 준거를 구분하여 채점하는 분석적 평가 방법이 글의 약점을 세밀히 살필 수 있으므로 외국어 학습자가 작성한 글의 수준을 변별하는 데 효과적이라고 주장한다.

• 평가 vs 표현

학생의 작문에 순위를 매기고 점수를 부과하는 것이 학생의 쓰기 표현 능력을 실질적으로 향상시키는 데 과연 도움이 되는가에 대해서는 회의적인 의견이 많다. 표현주의 교육론을 주창한 Peter Elbow는 글쓰기 분야의 여러 논의들이 지나치게 비판적 측면에 기울어져 있음을 우려하면서, 생성적 측면에 주의를 기울이라고 당부한다. '교사 없이 쓰기'를 주장한 Elbow는 쓰기를 '신뢰의 사고'로부터 '의심의 사고'로 이행하는 과정이라 본다.4) 글을 쓰는 초기 단계에는 '신뢰 게임'처럼 풍부한 아이디어를 생성하고, 수정 단계에는 '의심 게임'을 통해 지금까지 작성된 글의 내용을 비판적으로 검토하라는 것이다. 학생의 글에 공개적으로 조언하는 방식은 지정된 학생의 심리적 저항을 살 수 있으므로 주의해야 한다.5)

미국의 글쓰기 관련 교재들에서는 평가 항목을 찾아보기 어렵다. 평가 항목은 글쓰기 교수법 전문 서적에서만 보이고 일반 글쓰기 교재에서는 에세이 시험에 대비한 쓰기 전략만을 항목화하여 기술한다.6) 표준화된 영어 능력 시험이 있는 미국에서는 쓰기 내용 생성 능력 가운데 에세이 쓰기 기술을 중시하므로 거의 모든 교재에 에세이 시험을 효율적으로 치르는 방법을 소개하고 있다. 내용 지식 항목으로는 문장 작성 시 범하기 쉬운 문법과 기계적 오류들을 따로 분류하여 연습하는 장을 마련하고 있다.7)

---

4) '신뢰 게임'에서는 주장에 대한 의심을 걷어내고 그것이 진실일 수밖에 없는 이유만 생각한다. 여러 주장을 비교할 때도 각 주장의 강점을 서로 견주어 보면서 이들 강점의 총합으로 새로운 아이디어를 생성한다. 반면 '의심 게임'에서는 표면화된 생각이나 주장의 숨은 전제까지도 비판적으로 검토한다. 여러 주장 가운데 가장 대립되는 두 관점을 가지고 공박의 형태를 재현해보기도 한다. '의심 게임'은 새로운 생각이나 주장의 생성보다는 이미 제시된 내용의 진위와 효용을 판별하는 데 유용하다(김보연, 2011: 250 참조).

5) 자기 표현 과제를 수행하는 학생들은 '지면 피드백(펜첨삭)'과 '대면피드백(대면첨삭)'을 선호하는 반면, '교사가 자기 글에 공개적으로 조언'하는 방식에는 저항감을 드러내는 경우가 많다(최종환, 2012).

6) 에세이 시험에 사용되는 용어와 에세이 시험을 치르는 데 필요한 지침들을 설명하고 있다. 예) McWhorter, Kathleen T.(2011), 「22. 에세이 시험, 시간제한 글쓰기, 포트폴리오」, *Sucessful College Writing: Skills, Strategies, Learning Styles*, Niagara County Community College; Harris·Mosseley(2003), 「34장. 에세이 시험 치르기」, *Strategies For College Writing: Sentences, Paragraphs, Essays*, 2nd edition, Longman.

7) John Langan(2005), 「4부 문장 작성법 편람」, *College Writing Skills with Readings*, 5th

• 수행 능력 평가 구인(構因)

제2언어 수행 평가란 수험자의 과제 수행 양상을 보고 목표 언어 사용 능력을 측정하는 평가이다. 따라서 시험 결과를 바탕으로 수험자의 목표 언어 사용 능력을 추론하려면 채점용 질적 척도에 평가를 통해 측정하고자 하는 구인,[8] 즉 수험자가 과제를 수행할 때 필요한 언어 능력들이 준거 내용으로 포함되어 있어야 한다. 제2언어 수행 평가 준거의 구인 타당도를 높이려면, 특정 맥락에서 목표 언어를 사용해 과제를 완수하는 문항을 만들고, 그 과정에서 단계적으로 수행해야 하는 절차의 완성 정도를 채점의 양적 척도로 환산하는 것이 바람직하다.

Brown(2006: 40~49)에 따르면, 언어 평가를 설계하고 개발할 때 중시해야 하는 원리에는 평가의 실용성, 실제성, 신뢰성, 환류 효과, 구인 타당도 (construct validity)[9]가 있다. 이 가운데에서도 빠른 시간 안에 다수의 응시자에게 공정한 결과를 제시해야 하는, 대규모 평가에서는 특히 실용성이 중시된다. 쓰기 수행 평가 문항을 구성할 때 실제성이 가장 중요한 원리인 줄 알면서도 충분히 고려할 수 없는 것은 실용성과 실제성이 서로 대립하는 가치이기 때문이다. 실용성과 실제성이 조화를 이룬 평가 문항이 필요하다.

대규모 직접 평가에서 평가자 간 신뢰도를 높이기 위해서는 평가 문항을 개발하는 과정에서 전문가 집단으로부터 내용 타당도를 검증 받고 채점 기준표를 상세히 작성해야 한다. 평가 문항 개발 시 고려해야 하는 타당도로는 내용 타당도를 비롯해서 구인 타당도, 준거(공인) 타당도, 결과(예측)

---

edition, McGraw-Hill.

8) 구인(構因, construct)이란 '심리적 특성이나 행동 양상을 설명하기 위하여 존재를 가정하는 심리적 요인'이다. 구인 타당도를 검증하기 위해서는 먼저 구인에 대한 조작적 정의를 내리고 가설을 설정한 후 그 가설을 경험적으로 실증하고, 실증된 결과를 해석하는 절차를 따른다(성태제·시기자, 2006: 169).

9) 쓰기 평가에서 가장 중요한 요인은 구인 타당도인데 이는 다음 세 가지 방법으로 잴 수 있다. (1) 과제는 평가하고자 하는 쓰기 형태를 명료히 드러내야 한다. (2) 채점 범주 안에는 구인으로 정의된 것을 반드시 포함시켜야 한다. (3) 평가자는 쓰기 샘플에 점수를 매길 때 그러한 범주를 준수해야 한다(Weigle, 2005: 51).

타당도, 안면(반응) 타당도 등이 있다. 평가의 결과가 수험자의 이후 학습에 긍정적으로 환류 효과를 일으키게 하는 것이 늘 평가의 최종 목적이어야 한다.

3. 국내외 평가 도구 분석

3.1. 국외 학문 목적 쓰기 평가 도구 조사

한국어 쓰기 능력 평가 도구의 타당한 개발을 위하여 먼저 외국어 능력 시험의 쓰기 영역 문항 유형을 살펴보자. 국내외의 외국어 능력 시험은 다년간의 시행을 거쳐 학습자의 외국어 능력을 평가하는 데 필요한 내용 영역과 평가 기준을 비교적 체계적으로 정립하였다고 판단되기 때문이다. 이러한 평가 도구를 살펴봄으로써 실제적 쓰기 능력을 평가할 한국어 쓰기 능력 평가 도구 개발에 직·간접적 도움을 받을 수 있다.

그동안 평가의 편의성이나 정확성을 위해 선다형 간접 평가 방식을 선호해 오던 TOEFL, IELTS 등 대규모 외국어 평가 도구들은 지난 10여 년간 제2언어 교육에서 쓰기 기능의 중요성을 인지하면서 직접 쓰기 평가 문항을 보완하고 있다. 이러한 평가관의 변화가 쓰기 교육에 환류 효과를 일으키면서 TESOL(Teaching English to Speakers of Other Languages) 과정에 쓰기 교육 관련 전문 과정이 증설되었고, Cambridge Skills for Fluency Series *Writing*, *1*, *2*, *3*, *4*(Littlejoin, 1998), Oxford Basics Series *Simple Writing*(Hadfield and Hadfield, 2000) 등 초급부터 중급까지 제2언어 학습자를 대상으로 한 쓰기 교재가 연이어 출판되고 있다(Reid, 2001: 29).

특히 유럽 각국은 전 유럽의 언어 교육을 위한 수업 계획, 교육과정 요강, 시험, 교재 등의 개발에 필요한 공통 기반을 마련하기 위해 '언어 학습, 교수, 평가를 위한 유럽공통 언어참조기준(2001)'을 마련하였다. 이 '참조기준'에는 의사소통을 목적으로 언어를 사용하는 학습자가 배워야 하는 내용과,

효과적인 의사소통 행위를 하기 위해 개발해야 하는 지식과 기능이 포괄적으로 기술되어 있다. 이 유럽공통 언어참조기준(Common European Framework of Reference for Languages)은 최근 세계 각국에서 국가 수준의 표준화된 언어 능력 평가 도구를 개발할 때 참조되고 있다.

〈표 1〉 유럽공통 언어참조기준

등급		Common European Framework of Reference for Languages
C2	유창	외국 대학 문학 공부 가능
C1	고급	외국 대학 공부 가능
B2	중상	외국 대학 이공계 가능 (제한적 학점 이수 가능)
B1	중하	일반적 의사소통 가능
A2	초급	빈번한 일상 언어의 이해와 표현
A1	입문	일상생활의 간단한 의사소통

3.1.1. IBT TOEFL(영어 능력 시험)

1963년부터 미국 교육 평가원(ETS: Education Testing Service)이 시행하여 세계적으로 보편화된 영어 숙달도 시험인 TOEFL(Test of English as a Foreign Language)은, 영어를 모국어로 사용하지 않는 학습자를 대상으로 북미권 대학에서 수학할 수 있는 영어 능력이 있는지를 측정하는 것을 목적으로 한다. 2006년 9월부터 CBT(Computer Based Test)에서 IBT(Internet Based Test)로 방법을 바꾸면서 평가 영역도 읽기, 듣기, 쓰기, 문법에서 읽기, 듣기, 쓰기, 말하기로 바뀌었다.

읽기 영역에서는 700단어 내외의 학술 텍스트 3~5개를 읽고 60~100분 동안 12~14개의 문제를 푼다. 응시자가 독해를 하면서 어려운 단어를 클릭하면 단어의 뜻을 알 수 있는데, 이는 학문 목적으로 텍스트를 읽는 실제적 맥락에 합당하게 평가 환경을 조성한 것이다. IBT TOEFL 읽기 영역의 평가 기준은 첫째, 주요 사실과 중요 정보를 찾기 위해 텍스트를 효과적으로 훑어 읽는 관련 정보 획득 능력이 있는가, 둘째, 일반적인 주제, 요지, 주요 논점, 주요 사실과 세부사항, 문맥 안에서 어휘와 대명사 등을 유추하는 기본적 이해 능력이 있는가, 셋째, 지문의 구성과 목적을 인식하고 지문에 제시된 내용을 요약·추론하는 능력이 있는가 하는 것이다.

TWE(Test of Written English, 영어 작문 시험)와 TSE(Test of Spoken English, 영어 구술시험)는 객관식 선다형 위주의 평가 영역을 보완하는 시험으로 모두 개방형이다. 이 중 TWE는 주어진 주제에 대해 30분 동안 200~300단어 정도의 에세이를 쓰는 시험으로 주로 아이디어를 생산하고 조직하는 능력, 사례와 증거를 동원하여 아이디어를 뒷받침하는 논증 능력, 주어진 주제에 대해 표준 영어로 문장을 구성하는 능력을 평가한다.[10)]

IBT TOEFL에서 쓰기 능력은 통합형(Integrated Task)과 독립형(Independent Task)의 2개 문항으로 평가된다. 통합형 문항에서는 230~300단어 길이의 학술적 텍스트를 3분 동안 읽고 15초 동안 주로 읽기 텍스트에 대해 반대 입장을 가진 200~300단어의 강의를 들은 후, 읽은 텍스트와 강의의 중심 내용을 20분 동안 150~225단어로 요약해 써야 한다. 이 문항의 목적은 대학에서 수업을 듣고 내용을 제대로 요약해 정리할 수 있는가를 평가하는 것이다. 독립형 문제에서는 30분 동안 특정 화제에 대해 자신의 관점이 드러나게 써야 한다.

쓰기 시험에서 주제에 대한 특별한 지식은 요구되지 않으며 1점에서 6점까지의 척도 점수로 표기된다. TOEFL 성적은 미국 및 캐나다의 2,400개 이상의 대학에서 유학생의 입학 사정을 위해 쓰일 뿐 아니라, 영어를 교수어로 사용하고 있는 다른 나라의 기관, 정부 기관과 장학 재단, 자격증 부여 기관 등에서 영어 능력 평가 기준으로 널리 사용되고 있다.

---

10) ETS(Educational Testing Service)가 공개한 토픽 185제는 크게 네 가지 유형으로 나뉜다. 첫째, 진술에 대한 찬반을 묻는 유형, 둘째, 관점을 선택하여 주장을 펼치는 유형, 셋째, 이유·원인·결과 등을 설명하는 유형, 넷째, 두 가지 의견을 비교 또는 대조하는 유형이 있다(민선식, 2002: 758 참조).

3.1.2. DELF, DALF(불어 능력 시험)

DELF(Diplôme d'etudes de Langue Française)는 일반프랑스어능력학위시험이고, DALF(Diplôme Approfondi de Langue Française)는 고급프랑스어능력학위시험이다. 합격자에게는 외국어로서의 프랑스어에 대한 실질적인 활용 능력과 지식의 수준을 프랑스 교육부가 공식적으로 인정하는 학위가 발급된다. DELF 1, 2단계와 DALF는 각각 독립적 취득이 가능한 여러 영역으로 구성되어 있으며 한 번 합격한 영역이나 학위는 평생 유효하다.

기본적인 프랑스어 능력을 요구하는 DELF 1단계에는 A1에서 A4까지 네개 등급이 있고, DELF 2단계에는 A5, A6의 2개 등급이 있으므로, DELF는 총 6개 등급으로 구분된다. 각 단계는 프랑스어 학습 100시간 이상 조건에 해당한다. A1부터 A4까지 모두 합격해야 DELF 1단계 학위 증명서를 받을 수 있고, DELF 1단계를 통과한 사람만 DELF 2단계 시험을 볼 수 있으며, DELF 2단계를 통과한 사람만이 DALF에 응시할 수 있다.[11]

• DELF 1단계

DELF 1단계에 해당하는 A1에서 A4까지의 각 영역 안에는 응시자가 일상생활에서 프랑스어로 대화하거나 필요한 글을 쓰는 능력을 측정할 구술시험과 필기시험이 있다. 필기시험의 유형만 살펴보자.

A1(일상적인 표현)에서는 초대, 제안, 요청 등의 내용으로 구성된 편지에 100단어 내외로 45분간 답장을 쓴다. A2(의견 및 감정 표현)에서는 75분간 제시된 자료의 관점과 의도를 파악하는 객관식 및 주관식 문제를 푼 후, 120~150단어로 개인의 태도 및 견해를 작성한다. A3(이해와 표현)에서는 90분간 객관식 및 주관식 문제를 풀면서 제시된 자료를 분석한 후, 160단어 내외로 공식적 정보 요청, 요청에 대한 답신, 항의 서한 등을 작성한다. 기

---

11) 순차적으로 등급을 취득하지 않고 DELF 2나 DALF 시험을 바로 보려고 한다면 다른 숙달도 평가 시험에서 지정된 기준을 통과해야 하는데 이 시험 성적의 유효 기간은 2년이다.

본적인 프랑스어 능력의 가장 상위 단계인 A4(언어 기능 활용)에서는 90분간 다음 네 가지 유형의 문제를 해결해야 한다.

첫째, 다섯 개 정도의 간단한 상황에 대해 정보를 파악하는 객관식 문제를 풀고 50~60단어로 내용 전달 글을 쓴다.

둘째, 제시된 메모를 읽고 이를 알맞게 정리한다.

셋째, 제시된 세 개 각기 다른 상황을 50단어 내외로 간결하게 정리한다.

넷째, 제시된 상황에 어울리는 짧은 글을 재구성하거나 완성하고, 하나의 텍스트나 여러 진술을 재구성하며, 그림이나 메모에 적합한 서술문을 100~120단어로 작성하는 등의 과제를 수행한다.

• DELF 2단계

DELF 2단계는 프랑스어권 문화에 대해 알고 있는 정도와 전문적인 프랑스어의 기본 능력을 평가하는 데 목적이 있으며, A5, A6의 두 등급으로 나뉜다. 필기시험은 A5에서 실시하고 A6에서는 전문 불어로써 듣고 말하는 능력이 평가된다. A5(이해와 표현)에서는 프랑스의 일상생활과 문화생활까지 할 수 있는 수준을 요구한다. 필기시험은 총 90분간 진행되는데 우선 500~700단어 정도로 작성된, 일, 공부, 이사, 문화 및 예술 생활과 관련된 글을 읽고 질문에 답함으로써 글을 분석하고 정보를 재구성한다. 그리고 나서 읽기 자료에서 제기된 문제점을 다른 현상과 비교하거나 해석하는 관점에서 개인적 견해를 서술한다(서희정, 2005: 22).

• DALF

프랑스 대학에서 강의를 이수할 수 있을 정도의 높은 프랑스어 능력을 요구하는 DALF에는 B1에서 B4까지 4개 영역이 있는데, B1과 B2는 일반 불어이며, B3과 B4는 전공 불어이다. 필기시험은 B1(일반 프랑스어의 이해와 표현)과 B3(전문 프랑스어의 이해와 표현)에서 행해지고 B2와 B4에서는 각각 일반 프랑스어와 전문 프랑스어의 구두청취시험이 행해진다.

B1 시험은 150분간 진행되는데 먼저 700여 단어로 작성된 글을 읽은 후

200단어 정도로 핵심 내용과 정보를 요약하고 이와 관련된 다섯 개 질문(이해력 네 개, 표현력 한 개)에 대해 답안을 작성한다.

B3 시험에서는 150분 안에 사회학, 예술과 문학, 경제학, 법학, 재질학, 생활 등의 전문 분야 중, 수험자가 선택한 분야와 관련된 여러 개의 글(총 1000단어)을 읽고 220단어 내외로 종합해야 한다. 그리고 나서 이 제시문과 관련된 다섯 개 질문(이해력 네 개, 표현력 한 개)에 대해 답안을 작성한다.[12]

• DELF와 DALF 신체제

DELF 1(A1~A4), DELF 2(A5~A6), DALF(B1~B4)의 총 3개 학위 10개 등급으로 운영되던 구체제는 2005년 9월 1일부터 6개 학위 등급의 신체제로 전환되었다. 신체제는 유럽공통 언어참조기준의 6개 수준에 맞추어 다음과 같이 운영된다.

〈표 2〉 불어능력시험의 학위 등급과 응시 시간

프랑스어 학위	응시 시간	등급		유럽공통 언어참조기준
DALF C2	3시간 30분	C2	유창	외국 대학 문학 공부 가능
DALF C1	4시간 00분	C1	고급	외국 대학 공부 가능
DELF B2	2시간 30분	B2	중상	외국 대학 이공계 가능
DELF B1	1시간 45분	B1	중하	일반적 의사소통 가능
DELF A2	1시간 40분	A2	초급	빈번한 일상 언어의 이해와 표현
DELF A1	1시간 20분	A1	입문	일상생활의 간단한 의사소통

DELF A1부터 DALF C1까지 5개 등급 학위는 각각 듣고 이해, 구술 표현, 독해, 작문 등 4개 언어 기능을 25점씩 따로 평가한다. 하지만 DALF C2는 언어의 이해와 표현 기능을 합해 응시자가 선택한 자료(인문 사회, 이공 과학 중 택일)에 대해 분석하고 표현하는 능력을 각각 50점씩 평가한다. 모든 시

---

12) www.delfdalf.ch 참조.

험은 100점 만점이고 50점 이상이면 합격이다. 2004년 이전까지는 DELF 1단계 시험을 보기 위해 적어도 100~200시간 동안 프랑스어를 배웠어야 했지만 2005년 개편된 신체제에서는 DELF A1 응시에 60시간, DELF A2 응시에 150시간의 학습 경험만 있으면 된다.

3.1.3. TestDaF(독일어 능력 시험)

TestDaF는 학업과 관련된 언어 행위를 주요 내용으로 하는 고급 수준의 독일어 시험이다. 시험에 응시하기 위해서는 최소 400~500시간, 고급 판정을 받으려면 1,000~1,200시간의 독일어 수업을 받아야 한다. 독일에서 유학하고자 하는 외국 학생 지원자나 자신의 독일어 능력에 대해 공식적 증명을 원하는 사람이 응시한다. TestDaF의 평가 문항은 4개 영역, '읽고 이해하기, 듣고 이해하기, 글로 표현하기, 말로 표현하기'로 구성되어 있다.

'글로 표현하기' 영역의 평가 목표는 응시자가 특정 주제에 대해 얼마나 짜임새 있게 단락을 나누어 표현할 수 있는가를 평가한다. 기술(description)과 논증(argumentation)의 방법을 써서 한 편의 텍스트를 작성하는 개방형 과제가 제시된다. 기술 과제에는 그래픽, 도표, 다이어그램 등의 자료가 제시되고, 자료의 주요 정보가 텍스트에 나타나야 하며 경우에 따라서는 몇 가지 사항을 서로 비교해야 한다. 논증 부분에서 응시자는 특정한 주제에 관해 여러 입장을 비교 분석하고 자신의 입장을 표명한 뒤 주장을 뒷받침할 근거를 제시해야 한다. 과제 수행을 돕기 위해 짤막한 텍스트들이나 상반된 이론, 인용문들이 제시된다.

시험 결과는 각 영역별로 TDN-5, TDN-4, TDN-3의 3개 등급으로 표시된다. TDN-5가 가장 높은 등급이고, TDN-3 이하로는 등급이 세분되지 않으며, 아직 TestDaF 응시를 위한 최소 수준에 이르지 못했음만을 알려준다. 2004년 5월 독일 교수협의회 협의 사항에 의하면, 시험의 모든 영역에서 TDN-4 이상을 받은 응시자는 독일에서 바로 학업을 시작할 수 있고, 두 영역에서 TDN-4를, 두 영역에서는 TDN-3을 획득한 응시자의 경우도

학과에 따라 학업을 시작할 수 있다.

3.1.4. DELE(스페인어 능력 시험: Diploma de Espanol como Lengua Extranjera)

대표적인 스페인어 평가 도구인 DELE는 초·중·고급의 3등급으로 나뉘며 모든 등급에 쓰기 평가가 있다. 초급에서는 50분간 두 개 문제를 풀어야 하는데 먼저 설문지나 간단한 서류 양식을 완성하고, 이어서 제시된 상황에 맞게 80~100단어로 편지를 쓴다. 중급에서는 제시된 두 개 상황 중, 하나를 선택하여 4~6개의 중심 내용이 들어간 글을 60분간 150~200단어로 작성한다. 고급에서는 일상적 주제, 사회적 주제(교통, 환경, 기술 등), 문학 작품 논평 등 세 개 주제 가운데 한 개를 선택하여 60분간 150~200단어로 개인적인 견해를 피력한다. 각 등급은 독해와 작문, 듣기, 문법과 어휘, 구두 표현 영역으로 구성되어 있는데, 모든 영역에서 최소 70% 이상을 득점해야 합격할 수 있다. DELE는 스페인 문화교육부에 의해 공인되는 스페인어 능력 시험으로 스페인의 대학 입학을 비롯해 여러 기관에 취직하고자 할 때 가산점을 받는다.[13]

3.1.5. HSK(중국어 능력 시험)

중국한어수평고시(HSK, Hànyù Shuîpíng Kâoshì, The Chinese Proficiency Test)는 외국어로서의 중국어 능력을 평가하는 국가 수준의 표준화된 평가 도구이다. 국가교육위원회가 베이징 언어학원에 위탁하여 중국어를 모국어로 하지 않는 사람(외국인, 화교, 중국 내의 소수민족)을 대상으로 중국어 능력 수준을 측정하기 위해 개발하였다. 2010년 3월 이후로는 교육부 산하 중국 한반이 출제, 채점, 성적 발급을 주관한다. 기존의 HSK(중국어 능력 시험)는 등급별로, 기초(1~3급), 초·중등(3~8급), 고등(9~11급) 한어수평고시로 나뉘

---

13) diplomas.cervantes.es 참조.

어 실시되었다. 2010년 3월 이전의 작문 시험에는 급의 난이도별로 빈칸을 채우는 통제 작문과 제목을 보고 글을 쓰는 자유 작문, 제시된 제목과 관련 자료를 참고해 쓰는 유도 작문 등의 유형이 있었다.14)

2010년부터 개정된 新HSK는 유럽공통 언어참조기준의 6등급 체계를 참조하여 'HSK 1~6급'의 필기시험과 HSK 초급·중급·고급 회화시험으로 구성되어 있다. 쓰기 시험은 중국 대학 입학 또는 중국어를 의사소통 수단으로 일반 업무에 종사할 수 있는 수준인 HSK 4급 이상에서만 시행된다.

〈표 3〉 중국한어수평고시 등급 수준

新HSK	어휘량	자격 수준	등급		유럽공통 언어참조기준
HSK 6급	5,000개 이상	중국 통역사 수준 (최고급) 중국 대학원 입학 가능 중국어로 업무 종사 가능	C2	유창	외국 대학 문학 공부 가능
HSK 5급	2,500개	중국 대학의 문과 및 중의학과 입학 가능	C1	고급	외국 대학 공부 가능
HSK 4급	1,200개	중국 대학의 이공계 및 의과 입학 가능	B2	중상	외국 대학 이공계 가능
HSK 3급	600개		B1	중하	일반적 의사소통 가능
HSK 2급	300개		A2	초급	빈번한 일상 언어의 이해와 표현
HSK 1급	150개		A1	입문	일상생활의 간단한 의사소통

HSK 4급 쓰기시험에서는 10문항 정도 병음을 제시하고 글씨를 쓰는 시험이 25분간 실시된다. 4급은 중국의 자연계열(이공과, 농과 등) 대학 본과에 외국인이 입학할 수 있는 최저 중국어 능력 표준이다. HSK 5급은 중국 국가 교육부가 규정한, 외국 유학생의 중국 인문계열(문과 등) 대학에 입학할 수 있는 최저 기준이다. HSK 5급 쓰기 시험은 40분간 제시된 5개 단어로

---

14) www.hsk.or.kr 참조.

80자를 쓰고, 또 그림을 보고 80자를 쓰는 것이다.

HSK 6급은 5,000개 이상의 중국어 상용어휘와 이에 상응하는 어법 지식을 가지고 있는 응시자를 위한 시험으로 중국 대학원 입학 기준이기도 하다. 쓰기 시험은 총 45분으로 준비 시간 10분 동안 메모 없이 제시문의 내용을 파악한 뒤, 나머지 35분 동안 이 내용을 400자로 요약하는 것이다.

한국에서 HSK 시험에 응시하는 사람의 50% 정도는 대학생이며 중국 관련 업무가 활발한 기업체에서 사원들의 입사 및 외국어 능력 평가 기준으로 활용되기도 한다. 한어수평고시가 측정하고 평가하는 점수와 등급의 주요 근거는 중국 대외 한어 교학 학회의 〈한어 수평 등급 표준 연구 소조〉가 편찬하고 국가 대외 한어 교학 영도 소조 판공실이 심사하여 제정한 '한어 수평고시 등급 표준과 등급 대강(漢語水平考試等級標準과 等級大綱)'이다. 그 어휘 범위 등급은 갑급 어휘(1,101개), 을급 어휘(2,017개), 병급 어휘(2,140개) 등 3등급으로 나뉘며 모두 5,168개이다. 문법 요소도 등급을 나누어 각각의 어휘 범위에 상응하도록 갑급 어법(133항), 을급 어법(249점), 병급 어법(207점) 등 총 589항 및 점으로 규정하고 있다.

3.1.6. JLPT(일본어능력시험)와 EJU(일본유학시험)

외국어로서의 일본어 능력 측정을 위한 대표적 평가 도구는 JLPT(Japanese Language Proficiency Test)로 일본 정부 문부성의 산하 기관인 국제 교류 기금 및 재단법인 일본국제교육협회가 주관한다. 1급에서 5급까지 5개 등급이며 1급이 최고급이다. 한국의 대학에서 일본어학 관련 학과들은 이 시험에서 2급 이상의 자격증을 따면 졸업시험을 면제하거나 교양 과목의 학점을 취득한 것(3급 이상)으로 인정해 주기도 한다. 1급과 2급은 언어 지식(문자, 어휘, 문법)과 독해 및 청해의 두 영역으로, 나머지 3급~5급은 언어 지식(문자, 어휘), 언어 지식(문법), 독해 및 청해의 세 영역으로 구성되고, 쓰기 능력은 문법 영역에서 다룬다.[15]

EJU(Examination for Japanese University Admission for International Student)는

일본의 대학 및 대학원 입학을 희망하는 외국인 유학생을 대상으로 일본에서 대학 생활을 하는 데 필요한 일본어 능력 및 고등학교 수준의 기초 학력을 평가한다. 전에는 '일본어능력시험(JLPT)' 점수로 일본어 능력을, '사비외국인유학생통일시험'으로 기초 학력을 각각 측정했지만, 2002년 이후부터 EJU(일본유학시험)라는 통합된 형태로 일본어 능력 및 기초 학력을 동시에 측정하고 있다.

EJU의 수험 과목은 지원하고자 하는 대학에서 지정하는 과목 중에서 수험자가 선택한다. 과목은 일본어와 이과, 종합과목, 수학 등 4과목이고 만점 점수는 일본어 450점, 나머지는 모두 200점이다. 일본어는 기술(작문), 독해(읽기), 청독해 및 청해(듣기)의 세 영역으로 구성되고, 독해, 청독해 및 청해가 각 200점, 기술(작문)이 50점이다. 기술(작문)의 경우 수험자가 작성한 소논문의 사본이 지원 대학으로 보내진다.

일본어 과목에서는 대학에서 수학할 수 있는 학술적 일본어 능력을, 이과 과목에서는 자연계 학부에서 수학할 수 있는 물리·화학·생물 기초 학력을, 종합 과목에서는 사고력·논리력을 중심으로 한 인문계의 기초 학력을, 수학 과목에서는 수학의 기초 학력을 측정한다.16) 일본 정부의 '유학생 30만 명 유치' 계획에 따라 일본어 과목을 제외한 나머지 이과, 종합과목, 수학 영역은 일본어는 물론 영어와 한국어, 중국어로도 출제하므로 원서 제출 시 원하는 외국어를 선택할 수 있다.

작문 문제는 두 개 주제 중 한 가지를 선택하여 의견을 기술하는 것으로 일반적인 주제에 대해 묻는다. 응시자의 기초 학력을 평가하는 수험 과목이 따로 있으므로 작문 문항에서 어려운 주제를 제시해서 주제 관련 지식을

---

15) http://www.jlpt.or.kr/jlpt/jlpt4.asp?Mcode=4

16) 종합과목은 다문화 이해의 관점에서 본 현대 세계와 일본에 대한 테마가 중심이다. 유학생이 일본에서 공부하는 데 있어 필요하다고 생각되는 현대 일본에 대한 기초적 지식과 더불어 근현대 국제 사회의 기본적인 문제에 대해 논리적으로 사고하고 판단할 능력이 있는가를 판정하고자 한다. 정치, 경제, 사회를 중심으로, 지리, 역사 등이 종합적으로 출제된다(http://www.karuru.com/board.php?board=mstLife&command=body&no=97).

평가하지는 않는다. 다음은 작문 답안에 대한 채점 기준이다.

<표 4> EJU(일본유학시험)의 기술(작문) 채점 기준

득점	기준
50점	(레벨 S) 과제에 맞추어 글쓴이의 주장이 설득력 있는 근거와 함께 명확하게 진술되고 있다. 한편, 효과적인 구성과 세련된 표현이 보인다.
45점 40점	(레벨 A) 과제에 맞추어 글쓴이의 주장이 타당한 근거와 함께 명확하게 진술되고 있다. 한편, 효과적인 구성과 적절한 표현이 보인다.
35점 30점	(레벨 B) 과제에 거의 맞추어 글쓴이의 주장이 대체로 타당한 근거와 함께 진술되고 있다. 한편, 타당한 구성을 갖추고 표현에 정보 전달상의 지장이 보이지 않는다.
25점 20점	(레벨 C) 과제와 거리가 있으나 글쓴이의 주장이 근거와 함께 진술되고 있다. 그러나 그 근거의 타당성, 구성, 표현 등에 부적절한 점이 보인다.
10점	(레벨 D) 글쓴이의 주장이나 구성이 보이지 않는다. 혹은 주장이나 구성이 보이더라도 과제와의 관련성이 적다. 또한 표현에 부적절한 부분이 상당히 보인다.
0점	채점이 이루어지기 위한 조건을 충족시키지 못함.

※ 레벨 A, B, C에 대해서는 동일 수준 내에서 상위 수험자와 하위 수험자를 구별해 득점을 표시한다.

3.1.7. FLEX(외국어 능력시험: Foreign Language Examination)

FLEX는 한국외국어대학교가 1999년 개발한 외국어능력시험으로 1999년 9월까지 영어, 프랑스어, 독일어, 스페인어, 중국어, 일본어, 러시아어 등 7개 언어에 대해서 국가공인자격시험으로 인정을 받았다. 이 7개 주요 언어 사용 능력은 연간 4회에 걸쳐 정기적으로 평가를 시행하고 있으며, 이외에 40개 언어[17]에 대해서는 기관이나 단체의 위탁을 받아 수시로 평가를 시행하고 있다. 한국인의 특성을 반영한 외국어 능력 시험을 설계, 시행

---

17) 터어키어, 힌디어(인도), 베트남어, 불가리아어, 세르비아어, 포르투갈어(브라질), 스칸디나비아어(스웨덴), 폴란드어, 루마니아어, 체코어, 헝가리어, 태국어, 아프리카어(스와힐리어), 이탈리아어, 말레이·인도네시아어, 아랍어, 네덜란드어, 이란어, 카자흐어, 그리스어 등(http://flex.hufs.ac.kr/참조).

한다는 점에서 의의가 있다.

FLEX는 기초언어능력, 생활언어능력, 실무언어능력, 원어수학능력으로 구분하여, 실질적인 언어 사용 능력을 측정하는데, Bachman(1990)[18]과 Bachman과 Palmer(1996)[19]의 언어능력모형 등을 한국적 상황에 맞게 응용하여 쓰기와 말하기 시험을 선택사항으로 시행하는 등 전반적인 언어 사용 능력을 평가하고자 한다.

FLEX A형은 공통으로 평가하는 기초언어능력과 생활언어능력 이외에 실무언어능력에 대한 평가를, B형에는 원어수학능력에 대한 평가를 더하였다. 따라서 A형에서는 일상생활, 비즈니스, 제조 분야, 공무 관련 문건 이해, 업무 협의 및 협상 등과 같이 비즈니스 현장에서 필요한 표현에 대한 지식

---

18) 바흐만(Bachman, 1990: 22~23)은 평가와 측정, 검사의 개념을 명확히 구분하기 위해서 다음과 같은 그림을 제안하였다.

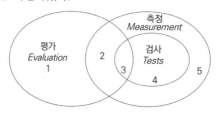

〈그림 1〉 평가의 개념도(Bachman, 1990)

1번 영역에서 이루어지는 평가는 글의 문제를 진단하여 보고서 말미에 상세한 설명을 덧붙이는 질적 평가이다. 그리고 질적 평가와 양적 측정이 교차하는 2번 영역에서 이루어지는 평가는 산출된 텍스트에 순위를 매겨 성적을 부여하는 해석 행위이고, 3번 검사 영역에서 이루어지는 평가는 특정 커리큘럼 안에서 학생의 학습 능력이 얼마나 향상되었는가를 진단하는 성취도 평가나 준거 참조 절대 평가를 말한다. 일반적으로 정의적, 인지적 영역은 직접 측정이 불가능한 잠재적 특성(latent trait)을 가지므로 공인 타당도를 확보한 특정 검사 도구를 사용하여 이렇게 간접 측정할 수밖에 없다. 평가가 배제된 4번 영역의 검사(test)는 특정 연구를 수행하는 연구자가 조사 목적으로 사용하는 측정 도구를 일컫는다. 한편 평가나 검사 개념이 배제된 5번 영역에서 이루어지는 측정은 모어 화자가 언어 연구를 위해 주제별로 특정 코드를 부여하는 맥락과 같이 조사 결과를 질적 범주로 구획하는 작업에 해당한다.

19) 김유정(1999: 106)은 바흐만과 팔머(Bachman & Palmer, 1996)의 의사소통 중심 제2언어 능력 모델을 바탕으로, 한국어 능력 평가 범주 및 측정 기제를 ① 어휘 ② 문법 ③ 수사적 조직 ④ 구조적 긴밀성 ⑤ 기능 수행력 ⑥ 사회언어적 지식 ⑦ 전략적 능력 ⑧ 맞춤법 ⑨ 이해력(각 범주 별로 정확성, 유창성, 다양성 측정)으로 항목화하였다.

을 평가하는 반면, B형에서는 유학이나 연수를 가서 필요한 표현에 대한 이해도를 평가한다. 그래서 B형의 문항은 원어 교재 및 문헌에 대한 이해, 원어 발표, 보고서 작성, 원어 토론 등과 같은 내용을 담고 있다.

FLEX는 듣기 및 읽기, 말하기, 쓰기 등 3개 영역의 시험으로 구성되었다. 쓰기 시험(60분)은 단문 번역(5문항, 각 10점), 내용 요약(1문항, 30점), 담화 구성(1문항, 40점), 데이터 분석(1문항, 40점), 서신·메모 작성(1문항, 30점), 주제별 작문(1문항, 60점) 등 총 10문항이며 점수는 250점 만점이다.

3.1.8. IELTS(영국의 국제 영어 시험: International English Language Testing System)

학문 목적 영어 평가에 대한 연구는 1970년대 후반 영국에 ELTS(English Language Testing Service)가 생기면서 시작되었다. ELTS가 영국과 호주 대학에서 비모어화자의 영어 숙달도 평가의 표준화된 도구로 인식되면서 타당도를 높이기 위한 후속 연구들이 잇따랐고 마침내 1989년 IELTS를 발족시켰다. IELTS는 〈IDP(International Development Program Education) 산하 기관 IELTS Australia와 캠브리지 대학 지역 시험 연합회, 영국 문화원이 공동 개발, 관리한다. IELTS는 학문 목적(Academic Module)과 일반 목적(General Module)으로 평가 목적이 구분되며, 각 영역은 다시 듣기, 읽기, 쓰기, 말하기 네 영역으로 나눈다. 여기서는 학문 목적 쓰기 영역의 문항만을 분석, 참고하고자 한다.

학문 목적 쓰기 영역은 그래프나 도표 등을 제시하고 설명하도록 하는 제1 과제와, 응시자가 문제에 대한 관점이나 논쟁점 또는 문제점을 제시해야 하는 제2 과제로 구성되며 60분간 진행된다. 제1 과제에서는 도표에 제시된 정보 데이터를 비교, 분석하고 그러한 데이터에 이른 과정에 대해 최소 150단어로 설명해야 한다. 이를 통해 주어진 자료를 정리하고 비교하는 능력, 과정이나 순서의 단계를 논리적으로 설명하는 능력, 대상이나 현상, 현상의 결과에 대해 설명하는 능력, 어떻게 일이 진행되는지에 대한 설명 능력 등 학문적 활동 능력이 있는지를 평가한다.[20]

제2 과제에서는 제시된 특정 문제나 논의에 대한 관점을 보이고 논거를

세우고 추상적 주제에 대해 논박하는 능력을 보여야 한다. 주제는 교육, 과학기술, 직업, 환경 등 특정 전공과 관계없는 일반적인 관심사이며 250단어 내외의 에세이나 보고서 형식으로 서술해야 한다. 이러한 평가 문항을 통해 문제의 해결책을 제시하는 능력, 의견을 제시하고 타당성 있게 설명하는 능력, 글을 전개하기 위해 의견, 증거, 의미 등을 비교, 대조하는 능력, 생각과 증거 또는 논쟁을 이끌어내고 적용시키는 능력을 평가한다. 하지만 이 두 쓰기 과제 간에 연관성이 없어 수험자가 내용을 생성할 때 서로 다른 영역의 배경지식을 활성화시켜야 한다는 인지적 부담이 있다.[21]

시험 성적은 각 영역별로 1점에서 9점까지이며, 대학들은 대체로 평점 6.0~6.5를 입학 조건으로 하고 있다. 쓰기는 제2과제 비중이 더 높지만 두 과제의 점수를 합산하여 성적을 부여한다. 외국어 필자의 유창성을 평가 구인으로 삼는 영국의 평가에서는 대부분 전문가가 의사소통 목적에 맞게 언어를 사용했는가를 판단한다. 그러나 양적 신뢰도와 타당성을 구체적으로 밝히는 심리측정법을 수용해 개선할 여지가 남아 있다.[22]

3.1.9. 제반 외국어 평가 도구에 대한 검토

이상의 평가 도구들은 모두 해당 언어로 학문을 수행할 수 있는지 여부를 평가하기 위해 만들어졌다. 점수제 평가를 하는 TOEFL, EJU, IELTS를 제외하면, DALF와 HSK 등 나머지 대다수 시험이 5~6개의 등급제 평가 방식을

---

20) 일반 목적 쓰기의 첫 번째 문항에는 대부분 요청하기, 정보 구하기, 유감 표현하기, 감사하기 등의 편지 쓰기 유형이 제시된다. 일반 목적 쓰기의 두 번째 문항에도 일반적이고 실생활과 관련된 익숙한 주제가 제시된다. 두 번째 유형은 학문 목적이나 일반 목적 평가 문항 모두 찬성과 반대의 의견을 주장하는 과제이다.

21) 한국어 학습자를 위한 학술적 글쓰기 평가 문항을 개발한다면, 각 문항이 글을 쓰는 과정으로, 즉 주제에 관한 배경지식을 활성화한 후 개요를 작성하고, 서론, 본론, 결론을 갖춘 한 편의 글을 완성하기까지 각 과정이 서로 연계되도록 구성할 필요가 있다.

22) William Grabe & Robert B. Kaplan(1996), *Theory and Practice of Writing*, Addison Wesley Longman; 허선익 옮김, 『쓰기 이론과 실천 사례』, 박이정, 2008, 508쪽.

따르고 있다. 말하기, 듣기, 읽기, 쓰기 기능을 평가하는 결합 방식을 기준으로 본다면 세 집단으로 구획된다.

① IELTS, HSK, TOPIK처럼 언어 기능을 영역과 등급별로 구분하여 개개 언어 기능을 단독으로 평가한다.
② TOEFL처럼 제시문, 강의 등의 자료를 바탕으로 글을 쓰게 함으로써 4개 언어 기능을 통합형 과제로 평가한다.
③ DALF C2처럼 언어 기능을 구어와 문어 영역으로 나눈 뒤 수준별 과제로 평가한다.

첫째, 각 영역과 수준별로 독립 과제를 제시하는 경우에는 다른 언어 기능의 간섭을 최소화할 수 있다. 하지만 듣고 쓰기, 읽고 말하기, 읽고 쓰기[23] 등 학문 목적 언어 사용의 실제성을 평가에 반영할 수 없다.

둘째, 4개 언어 기능을 통합하여 평가한다면 학문 목적 외국어 구사의 실제성을 살릴 수 있다. 하지만 다른 언어 기능의 간섭을 어느 정도로 통제할 것인가를 고려해야 한다. 즉, 학술적 글쓰기 능력을 측정하고자 할 때, 표현 능력이 아닌 이해 능력의 수준차로 인한 결과의 편차를 어떻게 해석할 것인가가 문제가 된다.[24]

셋째, 듣기와 말하기, 읽기와 쓰기 등 구어와 문어 영역으로 언어 기능을

---

23) Dubin & Olshtain(1980: 353~357)을 보면, 읽기와 쓰기는 듣기와 말하기의 경우와 마찬가지로 수용에 이은 생산 과정으로 연계된다고 한다. 텍스트를 연결 고리로 한 읽기와 쓰기의 관계는 다음과 같다.

THE WRITING PROCESS → [THE TEXT] ← THE READING PROCESS
     (production end)   (receiving end)

24) 학문 목적의 표현 능력을 평가할 때는 일반 목적의 언어 능력 평가와 그 범주를 달리해야 한다. 이해 능력은 강의 듣고 이해하기, 자료 읽고 이해하기와 같은 능력이 학문 영역에서도 비중이 높으므로 단독으로 평가될 수 있다. 하지만 표현 능력은 듣거나 읽기를 통한 입력 자료를 기반으로 말하거나 쓰게 되는 경우가 대부분이므로 평가 영역 설정과 과제 구성에서 이러한 점을 반영해야 한다(김유정, 2009: 200).

통합하고 수준별로 개별 과제를 제시하는 경우, 구어와 문어 구사 능력 내에서 통합 과제 수행 능력을 평가할 수 있다. 하지만 강의 듣고 쓰기나 문헌 자료 읽고 발제하기 등과 같이 음성 언어와 문자 언어를 넘나들며 과제를 수행하는 언어 구사 능력은 평가하기가 어렵다. 따라서 평가 문항을 개발할 때는 어떠한 목적으로 어느 언어 기능을 단독으로, 혹은 통합하여 과제를 개발할 것인지 여부를 먼저 결정해야 한다.

만약 학문 목적 한국어능력평가 가운데 학술적 쓰기 능력을 평가할 채점 기준을 수립하고자 한다면 문어적 문식성을 공유하는 읽기와 쓰기의 통합 과제를 가정하고 참고 문헌 내용이 얼마나 효과적으로 문어적 양식에 맞게 인용되었는가를 평가할 수 있을 것이다. 학술 과제의 일반적 유형인 자료 읽고 요약하기, 논증 단락의 구조를 파악하고 비교나 대조, 설명 등의 본문 단락 구성을 위한 개요 짜기 등의 과제 수행 기능도 고려될 만하다.

3.2. 국내 한국어 쓰기 평가 도구 조사

현재까지 국내에서 개발되어 공식적으로 시행되고 있는 한국어 평가 도구로는 TOPIK과 KBS KLT with YONSEI,[25] KPE(한국어능력시험: Korean Proficiency Examination) 등이 있다. 2006년 한국어세계화재단에서 '학문 목적 한국어능력시험(AKT)'이라는 명칭으로 학문 목적 한국어 시험을 개발하여 중국의 한국어 전공 대학생을 대상으로 1차 시험을 실시한 바 있지만 이후 지속적인 평가가 이루어지지는 않았다. KPE 시험은 연세대학교 언어연구교육원이 개발하여 2008년 10월부터 YBM/si-sa가 시행하고 있는 한국어

---

25) KBS KLT with YONSEI는 2020년 민간자격시험 지위를 인정받은 KBS KLT에 연세대학교 언어연구교육원이 2022년부터 시행에 함께 참여하게 되면서 상시 응시 가능한 체계로 운영되는 iBT 한국어능력시험이다. 응시자의 어휘문법 지식수준에 연동된 범위의, 듣기, 읽기, 쓰기, 말하기 문항을 차별적으로 제공함으로써 4개 언어 영역에 대한 평가 시간을 획기적으로 줄인 간편 진단평가와, 응시자가 원할 경우 쓰기, 듣기, 읽기, 어휘문법 영역을 각기 50분씩 응시하여(말하기 10분) 개별 언어 능력에 대한 심층 진단을 내리는, 심화 숙달도 평가로 운영된다.

능력 평가이다. 기존의 한국어능력시험에 결여된 말하기 평가를 보완하였고 쓰기 평가도 실제 텍스트 작성 능력을 평가하도록 구성되었다. 이 글에서는 기존 TOPIK의 쓰기 문항과 2014년 개정된 쓰기 문항, 그리고 학문 목적 한국어능력시험(AKT)과 KPE의 쓰기 문항을 살펴보고자 한다.

3.2.1. TOPIK(한국어능력시험: Test of Proficiency in Korean)

TOPIK 한국어능력시험은 1997년 6등급 6종의 시험지로 처음 평가를 실시한 이래, 2006년 6등급 3종의 시험지로 평가 체제를 정비하고 외국인 노동자의 국내 산업 연수 비자 발급을 위한 B-TOPIK(실무한국어능력시험: Business TOPIK)까지 실시하면서 한국어 능력에 대한 국가 공인 표준화 시험으로 자리를 잡았다. 이 시험의 시행 이후 한국어 교육 기관의 교육과정이 표준화되었고 한국어 숙달도 평가 유형이 체계화되었으며 재외 동포 및 외국인에게 통일된 한국어 학습 목표를 제시하는 등의 성과가 있었다(강승혜 외, 2006: 360~362).

〈표 5〉 어휘·문법 영역의 출제 지침

목표	4급	한국의 사회와 문화에 배경을 둔 어휘, 공식적 상황에서 의사소통하는 데 필요한 어휘, 특정 주제에 대하여 논리적으로 서술하고 토론하는 데 필요한 문형 표현을 이해하고 활용할 수 있다.
	5급	정치, 경제, 사회, 과학, 문화, 예술 등 사회의 제 영역과 관련하여 깊이 있는 의사소통에 필요한 어휘와 문법을 이해하고 활용할 수 있다. 한국의 대표적인 시나 소설, 수필을 읽기에 필요한 어휘와 문법 표현을 이해하고 활용할 수 있다.
	6급	정치, 경제, 사회, 과학, 문화, 예술 등 사회의 제 영역과 관련하여 전문적이고 학문적으로 의사소통하는 데 필요한 어휘와 문법 표현을 이해하고 활용할 수 있다.
소재	4급	• 직장 생활, 언어생활, 사건·사고, 환경 공해, 경제 형편, 문화 예술 등 사회의 주요 관심 영역 • 한국의 풍습, 한국인의 사고방식 등 한국인의 일상생활과 관련하여 배경지식을 요하는 소재

	5급	직장에서의 특정 활동 영역, 정치적 상황, 경제 지표 및 경기 흐름, 사회적 미담 또는 쟁점, 문화 현상의 주요 특징, 직장에서의 특정 활동 영역, 정보화 사회와 같은 시대적 흐름 등 사회의 전문적인 영역
	6급	직장에서의 구체적인 직무 수행 영역, 정치·경제·사회·문화·과학·국제관계 등 사회의 전문적인 영역
어휘	4급	• 일반적인 소재를 표현하는 데 필요한 추상적인 어휘 • 직장에서 일상적인 업무를 수행하는 데 필요한 어휘 • 신문 기사 등에 자주 등장하는 어휘 • 빈도가 높은 관용어와 속담 • 자연·풍습·문화·사고방식·경제·과학·예술·종교 등 일반적인 사회 현상과 관련한 핵심적인 개념어
어휘	5급	• 사회 현상을 표현하는 데 필요한 추상적인 어휘 • 직장에서의 특정 영역과 관련한 기본적인 어휘 • 세부적인 의미를 표현하는 어휘(아프다: 결리다, 노랗다: 누르스름하다) • 자주 쓰이는 시사용어 • '이데올로기', '매스컴' 등 사회의 특정 영역에서 자주 쓰이는 외래어 • 일반적으로 사용되는 관용어와 속담
어휘	6급	• 사회 현상을 표현하는 데 필요한 추상적인 어휘 • 널리 알려진 방언, 자주 쓰이는 약어, 은어, 속어 • 사회 각 영역과 관련하여 널리 쓰이고 있는 전문 용어 • 복잡한 의미를 갖는 속담이나 관용어
문법	4급	• '치고', '치고는', '는커녕' 등 복잡한 의미를 갖는 조사 • '-더니', '-었더니', '-더라도', '-었더라면', '-길래' 등 복잡한 의미 또는 사용상의 제약을 갖는 연결어미 • '-고 말다', '-어 내다' 등 복잡한 의미를 갖는 보조 용언 • '-게 마련이다', '-으로 인해서', '-기에는', '-는 한' 등 복잡한 맥락을 서술하거나 사회적 맥락을 논리적으로 서술하는 데 필요한 문법 표현
문법	5급	• '-듯이', '-겠거니', '-되', '-고서라도', '-다가도', '-이니만큼' 등과 같이 복잡한 의미를 갖는 연결어미 또는 연결어미+조사 결합형 • 신문 기사, 논설문 등에서 자주 사용되는 문법 표현
문법	6급	• 신문 사설, 논설문, 학술적인 저술 등에서 주로 사용되는 문법 표현 • 계약서, 협정서 등 전문적인 영역의 실용문에서 특별하게 사용되는 문법 표현
텍스트 유형	4급	비교적 긴 문장, 비교적 복잡한 대화, 공적인 상황에서의 대화, 10문장 이내로 구성된 서술문과 기사문, 간단한 토론문
텍스트 유형	5급	긴 문장, 복잡한 대화, 공적인 상황에서의 대화, 복잡한 맥락을 갖는 서술문과 기사문, 토론문, 시·소설·수필과 같은 문학 작품

6급	긴 문장, 복잡한 대화, 공적인 상황에서의 대화, 복잡한 맥락을 갖는 서술문과 학술문, 사설, 평론, 토론문, 시·소설·수필과 같은 문학 작품

현재 S-TOPIK(일반한국어능력시험: Standard TOPIK)[26]은 국내 대학에 입학하고자 하는 재외 동포 및 제2언어 학습자의 입학 사정 기준으로, 또 외국 대학의 한국어 전공 혹은 한국학과 입학 시 한국어 전공 대체 시험 등으로 다양하게 활용되어 오고 있다. 2014년 6등급 2종의 평가 체제로 정비되기 전까지 쓰기 문항 출제의 일반적인 규준으로 참조되어 온, 어휘·문법 영역과 쓰기 출제 지침에 대해 먼저 알아보도록 하자.

한국어 표현 영역 안에 어휘·문법 30문항과 쓰기 17문항(중급 16문항, 고급 15문항)이 90분 이내에 풀도록 출제되었다. 어휘·문법 능력이 표현 영역에만 국한한 언어 지식이 아니지만 '이해'와 '표현' 영역으로 평가 영역을 구분하고 말하기 평가 도구가 결여된 상태에서 평가 영역 간 균형을 맞추기 위해 이렇게 구분된 것으로 보인다. 〈표 5〉와 〈표 6〉은 어휘·문법 영역과 쓰기 영역의 4, 5, 6급 출제 지침이다(김광해, 2002: 129~132).

〈표 6〉 쓰기 영역의 출제 지침

목표	4급	표현할 수 있는 추상적 소재의 범위가 넓어지며, 보다 정확하고 유창하게 표현할 수 있다. 업무 환경에서 요구되는 일반적인 글쓰기 기능을 부분적으로 수행할 수 있다.
	5급	정치, 경제, 사회, 문화 전반에 걸쳐 친숙하지 않은 주제에 관해 어느 정도 표현할 수 있다. 업무나 학문 등 자신의 전문 분야에서 요구되는 글쓰기 기능을 부분적으로 수행할 수 있으며, 논증이나 추론 과정을 거쳐 자신의 주장을 논리적으로 펴는 글을 쓸 수 있다. 다양한 담화 상황에 맞는 적절한 격식을 사용하여 글을 쓸 수 있다.
	6급	정치, 경제, 사회, 문화 전반에 걸쳐 친숙하지 않은 주제에 관해 대체로 표현할 수 있다. 사회적, 업무적, 학문적 영역에서 요구되는 글쓰기 기능을 전면적으로 수행할 수 있어, 자신의 업무나 전문 분야와 관련된 글을 정확하고 유창하게 쓸 수 있다. 간혹 오류가 나타날 수 있으나, 의미 파악에 지장을 주지는 않는다. 한국어 담화 구조의 특징을 이해하여 설득력 있고 논리적인 글을 쓸 수 있다. 다양한 표현법 중 가장 적절한 표현을 선택해 사용할 수 있다.

---

26) 이후 TOPIK이라 표기한 것은 모두 S-TOPIK(일반한국어능력시험: Standard TOPIK)을 지칭한다.

소재	4급	가족, 직업, 근황, 학교생활, 직장 생활, 업무, 사건, 사고, 모양, 외모, 복장, 성격, 사회, 문화, 경제, 언어, 유행, 교육, 인간
	5급	업무, 사건, 사고, 사회, 문화, 경제, 언어, 교육, 과학, 인간, 사랑, 가치관, 성
	6급	업무, 사회 현상, 문화 비평, 가치관, 의학 기술, 정치 구조, 경제 현상, 제도, 관념
기능	4급	• 친숙한 추상적 소재로 대화 구성하거나 글쓰기 • 간단한 논리적 글(감상문, 설명문, 수필 등) 쓰기 • 일반적인 업무와 관련된 간단한 서류 및 보고서 작성 • 하나의 의미를 다양한 방법으로 표현하기 • 설명하기, 묘사하기, 비교하기, 후회 표현하기, 가정 표현하기, 우려 표현하기
	5급	• 격식에 맞는 문체와 어휘를 사용해서 글쓰기 • 다양한 표현법 중 적절한 표현 선택해 글쓰기 • 비교적 간단한 요약하기, 의견 주장하기, 비판하기, 가설 뒷받침하기, 서류/보고서 작성하기, 번역하기
	6급	• 격식에 맞는 문체와 어휘를 사용하여 유창하고 정확하게 글쓰기 • 다양한 표현법 중 가장 적절한 표현 선택해 사용하기 • 한국어 담화 구조에 맞춰 글쓰기 • 의견 주장하기, 비판하기, 가설 뒷받침하기, 요약하기, 서류/보고서 작성하기, 번역하기
텍스트 유형	4급	문장의 연쇄, 문단·대화문, 서술문, 실용문, 설명문, 편지, 안내문, 광고문, 기사, 감상문, 서평, 수필
	5급	문장의 연쇄, 문단·대화문, 서술문, 설명문, 논설문, 편지, 안내문, 광고문, 기사, 서평, 수필, 소설, 시
	6급	문장의 연쇄, 문단·대화문, 서술문, 설명문, 논설문, 편지, 안내문, 광고문, 기사, 서평, 수필, 소설, 시

TOPIK 쓰기 평가 문항 가운데 2007년 당시 대학 입학 허용 기준이 되는 4급 이상의 쓰기 평가에서 측정하는 쓰기 기능은 〈표 7〉과 같았다.

• 기존 TOPIK 쓰기 문항의 문제

4급의 '대화 구성' 기능은 엄밀한 의미에서 쓰기 기능이 아니었다. 쓰기 평가에서 '대화 구성' 기능을 평가하려면 전자 매체 맥락을 전제해야 한다. 현대인은 틈새 시간마다 온라인에 접속하여 원거리 대화 텍스트를 작성하고 유통시킨다. 이러한 21세기 쓰기 매체의 변화를 반영하여 구어적 쓰기 기능에 필요한 어휘와 문법, 주제 범주를 면밀히 분석한 이후라야 '대화 구성'

<表 7> TOPIK의 쓰기 기능(이현, 2009: 37)

	기능
4급	• 친숙한 추상적 소재로 대화 구성하거나 글쓰기 • 간단한 논리적 글쓰기 • 하나의 의미를 다양한 방법으로 표현하기 • 설명하기, 묘사하기, 비교하기, 후회 표현하기, 가정 표현하기, 우려 표현하기, 설명문 쓰기, 안내문 쓰기, 기사 작성하기
5급	• 격식에 맞는 문체와 어휘 사용하기 • 다양한 표현법 중 적절한 표현 선택해 사용하기 • 비교적 간단한 요약하기, 의견 주장하기, 비판하기, 가설 뒷받침하기, 서류 및 보고서 작성하기, 번역하기
6급	• 격식에 맞는 문체와 어휘를 사용하여 유창하고 정확하게 글쓰기 • 다양한 표현법 중 가장 적절한 표현 선택해 사용하기 • 한국어 담화 구조에 맞춰 글쓰기 • 의견 주장하기, 비판하기, 가설 뒷받침하기, 요약하기, 서류 및 보고서 작성하기, 번역하기

기능을 쓰기 영역에서 평가할 수 있을 것이다.

TOPIK의 쓰기 기능과 출제 지침에 대한 위 표들에서 5급과 6급의 쓰기 기능이나 소재, 텍스트 유형에 큰 차이가 없는 문제에 대해서도 생각해 보아야 한다. 한국어 능력 고급 학습자들이라면 특수 목적별로 세분화된 쓰기 동기들이 있다. 따라서 특정 장르의 글을 작성하는 데 필요한 다양한 전략 및 기능이 활용될 소재와 텍스트 유형을 발굴하고 등급 지표를 차별화할 방안에 대해서도 연구가 필요하다.

기존 TOPIK 쓰기 시험에서는 정해진 수준의 어휘 및 문법을 사용하여 표준적인 한국어 문장을 구성하는 종합적 운용 능력과 문장의 조합, 배열 등에 의한 문장이나 단락27) 구성 및 이해 능력을 평가하였다.28) 문장에 오

---

27) '문단'은 들여 쓰기를 통해 구분되는 형태적 덩잇글을 지칭하고 '단락'은 내용을 중심으로 구분되는 의미의 덩어리를 가리킨다. 일반적으로 내용이 달라지는 지점에서 새로운 문단을 작성하게 되므로 '문단'과 '단락'은 혼용되기도 한다.

28) 빈칸 채우기 시험(Close test)은 영어 모국어 화자를 대상으로 독해력(readability)을 측정하

류가 적으면 쓰기 능력이 있는 것으로 보겠다는 것이다. 하지만 학습자들의 실제 사례를 살펴보면 어휘를 많이 외우거나 문장 단위의 오류가 적은 학생이 꼭 통글을 잘 쓰는 것은 아니다. 그리고 문장과 단락의 정확한 형성 능력을 평가하는 데 치중함으로써 일상적인 서술 상황에서 만들어지는 텍스트 작성 능력을 평가하지 못하는 한계가 있었다. 또한 일상적으로 접해 본 적이 없는 주제가 출제되거나 관련 주제에 대한 배경지식이 적을 때 평소의 쓰기 능력을 제대로 발휘하지 못할 수도 있다.

이렇듯 대규모 평가의 작문 문항에서 채점자 간 신뢰도를 높이기 위해 제시된 내용과 문형 표현을 정확히 사용하도록 제한하면, 쓰기 능력의 주요 요인 가운데 하나인 창의적 내용 생성 능력을 측정하기 어렵다. 한국어 학습자의 쓰기 능력을 타당하게 평가하려면 구체적인 쓰기 텍스트를 매개로 특정한 담론 공동체와 의사소통을 시도할 때 어떤 내용을 어떻게 표현해야 하는지, 즉 구체적인 맥락의 생태학적 쓰기 능력 평가 도구가 필요하다.

• 기존 TOPIK 쓰기 평가 준거의 문제

2014년 6월 이전까지 TOPIK 고급의 작문 문항은, 제시된 주제에 대해 찬반 의견을 정하고 제시된 각 입장의 논거 중 두 개 이상을 사용하여 700~800자로 자신의 견해를 서술하는 것이었다. 평가자는 수험자가 고급 어휘를 써서 과제가 요구하는 텍스트 유형에 합당한 담화 문맥을 사용해 과제를 제대로 수행하였는지(25%) 제시한 조건을 충족시켰는지(25%), 즉 문항에 따라 제시된 소재 사용, 논거 제시, 예를 들어 설명하기 등의 조건을 만족시켰는지, 또한 맞춤법과 문법(15%), 구조(25%), 분량(10%) 등을 평가 준거로 하여 채점을 하였다. 하지만 어떤 절차와 근거로 이러한 평가 기준

기 위해 Taylor가 1953년 개발하였다. 빈칸 메우기는 인간이 잠재의식에서 전체를 구성하기 위해서 불완전한 형태를 완성하거나 빠진 부분을 메우려는 심리, 즉 형태 심리학 (Gestalt psychology) 이론에 근거한 것이다. 따라서 빈칸 메우기는 수험자가 문맥 안에서 '중단된' 혹은 '불완전한' 메시지를 완성하기 위해 어떤 가능한 메시지를 넣을 수 있는지의 능력을 측정함으로써 언어 능력을 평가한다(김영아, 1996: 26).

을 수립하였고 점수를 배정하였는지, 그러한 채점의 결과가 수험생의 쓰기 능력을 얼마나 잘 변별하는지에 대해서는 더 연구가 필요하다.

쓰기는 필자의 논리력, 사고력, 구성력, 지적 능력을 표현할 수 있는 종합적 기술 영역이다. 따라서 문제에 대한 해결 방법 구상하기, 원인과 결과 추론하기, 비교나 대조하기, 찬성 또는 반대하기 등으로 글의 내용을 전개할 수 있는 주제를 주고 수험자가 글의 서론부터 결론까지 자유롭게 논지를 펼칠 수 있도록 과제를 설정하는 것이 바람직하다(서희정, 2005: 20).

• TOPIK의 체제 변화

2014년 7월 제35회 TOPIK 시험부터 기존의 초, 중, 고급 수준 문항 6등급 체제는 TOPIK 1과 TOPIK 2의 2개 수준 6등급 체제로 개편되었다. 초급 학습자 대상의 TOPIK 1에는 듣기(40분, 30문항)와 읽기(60분, 40문항)의 이해 영역(각 100점) 문항만 출제되며, 총 200점 가운데 80점 이상이면 1급, 140점 이상이면 2급에 해당한다. 기존 시험에서 중·고급에 해당하는 TOPIK 2에는 듣기(60분, 50문항) 및 쓰기(50분, 4문항)가 각 100점 만점으로 1교시에, 읽기(70분, 50문항)가 100점 만점으로 2교시에 출제된다. TOPIK 2 시험 결과 총 300점 가운데 120점 이상이면 3급, 150점 이상이면 4급, 190점 이상이면 5급, 230점 이상이면 6급에 해당한다.

신체제에서 가장 큰 변화는 어휘·문법 시험이 없어지고 쓰기 시험이 직접 쓰기 문항으로 변환된 점이다. 기존 체제에서 어휘·문법 시험과 쓰기 시험이 함께 표현 영역 평가지로 출제되었을 때에는 학습자에 따라 객관식 문항을 빠르게 풀고 주관식 쓰기 문항에 시간을 더 배분할 수도 있었다. 하지만 신체제에서는 모든 학습자가 정해진 시간 동안 듣기 문항을 완료하고 나서 쓰기 문항에 착수하게 되므로 쓰기 평가에 소요되는 시간이 좀 더 엄정하게 관리된다.

• 새 TOPIK의 쓰기 평가 문항

신체제의 쓰기 시험은 51번부터 54번까지 총 4개 문항이다. 처음 2개 문항(각 10점)은 광고나 문자, 그리고 에세이의 문맥에 맞게 한 문장으로 빈칸을 채우는 과제이며, 기존 쓰기 시험 문항과 크게 다르지 않다. 53번 문항 (30점)은 비교, 인과 등 서로 관련이 있는 내용의 그래프나 시각 자료를 설명하면서 자신의 견해를 200~300자로 쓰는 과제이고, 54번 문항(50점)은 특정 주제에 대해 관섬이 드러난 160여 자 이내의 글을 읽고 자신의 견해를 600~700자로 쓰는 과제이다. 다음과 같이 답안을 작성할 때 꼭 써야 할 내용을 읽기 자료 아래 2~3개의 질문으로 제시하여 평가 점수의 내용 타당도를 높일 방안을 마련하였다.[29)]

※ [54] 다음을 주제로 하여 자신의 생각을 600~700자로 글을 쓰십시오. (50점)

> 사람들은 다양한 경제 수준의 삶을 살고 있으며 그러한 삶에 대해 느끼는 각자의 만족도도 다양하다. 그러나 경제적 여유와 행복 만족도가 꼭 비례한다고는 할 수 없다. 경제적 여유가 행복에 미치는 영향에 대해 아래의 내용을 중심으로 자신의 생각을 쓰라.
>
> • 사람들이 생각하는 행복한 삶이란 무엇인가?
> • 경제적 조건과 행복 만족도의 관계는 어떠한가?
> • 행복 만족도를 높이기 위해 어떠한 노력이 필요한가?

새로이 시도되는 TOPIK 고급 쓰기 시험 문항에는, 단일한 시험의 결과로 일상생활이나 대학 수학, 업무 수행에 필요한 쓰기 능력까지 한꺼번에 평가해야 하는 출제자들의 고민이 잘 드러나 있다. 특수 목적 한국어 능력 시험들이 타당하게 분화되기 전까지는 차선의 방법으로 평가의 효율성을 높일 방안이 지속적으로 연구되어야 할 것이다.

---

29) http://www.topik.go.kr/usr/cmm/subLocation.do 참조.

3.2.2. AKT(학문 목적 한국어능력시험: Academic Korean Test)[30]

2006년 한국어세계화재단에서는 한국의 전문대 및 대학(원)에 재학 중이거나 입학 및 유학을 희망하는 외국인 및 재외 국민, 그리고 학문적 한국어 능력을 측정 받고 싶어 하는 한국어 학습자들의 대학 수학 능력과 대학 교양 강의 수강 능력, 대학원 수학 능력 등을 평가하기 위해 학문 목적 한국어 능력 시험(Academic Korean Test)을 개발하였다.

공통적인 학습 기술과 내용 중심의 언어 능력이 있는가를 평가하여 대학 입학 자격(A1, A2)을 허가하고, 대학 재학생에게는 교양 과목 관련 언어 능력이 있는가를 평가하여 특정 영역의 강의 수강(B1, B2)을 허가하고자 한 것이다. 전공 관련 언어 능력을 평가하여 대학원 입학 자격 허가(C) 기준으로 삼을 수도 있다. A1급부터 C급까지 5등급 체제는 유럽공통 언어참조기준을 따른 것이다. 시험의 평가 목표는 다음과 같다.

① 학문적 텍스트를 이해하거나 산출하는 등의 학술 기능 수행 능력을 측정한다.
② 한국어로 된 학문적 텍스트나 담화, 사회적·추상적 주제를 다룬 텍스트나 담화를 이해하고 산출하는 데 필요한 사고력과 논리력을 측정한다.
③ 한국의 대학(원)과 학문 공동체의 문화에 대한 이해 능력을 측정한다.
④ 대학 생활과 관련된 한국어 의사소통 능력을 측정한다.

AKT 평가 점수는 총 700점 만점이고 숙달도는 A1, A2, B1, B2, C 등급 등 전체 5단계로 구성되어 있다.

---

30) 김유정(2009), 「학문 목적 한국어 학습자 대상 평가 체제 구축 방안」, 한국어학당 창립 50주년 기념 제5회 한국어교육 학술대회 자료집, 연세대학교 언어연구교육원, 190~203쪽 참조. 이후 본문에서 AKT로 표기된 것은 학문 목적 한국어능력시험을 지칭한다.

〈표 8〉 AKT(학문 목적 한국어 능력 시험)의 숙달 수준

점수	숙달 단계	교육시수	숙달 수준 기술	수준
0~140점	일반 한국어 구사	400~800	대학 입학 전 단계로서 대학 강의 수강 시에 적절한 도움이 필요하다.	A1
141~280점	기본적인 학문 목적 한국어 구사	800~1,200	대하 강의 수강 시작 단계로서 한국어로 주제가 있는 내용의 이해 및 처리가 가능하다.	A2
281~420점	대학 교양 강의 수강 목적 한국어 구사	1,200~1,400	대학 교양 강의 수강 단계로서 한국어로 주제가 있는 내용의 생산이 가능하므로 대학 교양 강의를 수강할 수 있다.	B1
421~560점	대학 전공 강의 수강 목적 한국어 구사	1,400~1,600	대학 전공 강의 수강 시작 단계로서 한국어로 전공 관련 내용의 이해 및 처리가 가능하므로 도움이 있으면 전공 강의를 수강할 수 있다.	B2
561~700점	학문 목적 완성	1,600~1,800 (시간)	대학 전공 강의 수강 및 대학원 전공 강의 시작 단계로서 한국어로 전공 관련 내용의 생산이 가능하므로 대학 전공 강의를 수강하거나 대학원 전공 강의 수강을 시작할 수 있다.	C

AKT에서 평가하는 한국어 구사 능력과 주제는 다음과 같다.

등급	평가 내용	
	한국어 능력	주제
A1 (일반 한국어)	대학 생활 관련 한국어 구사 능력	친구/가족, 집/하숙, 이사, 초대, 여가, 취미, 여행, 날씨와 계절, 건강, 유행, 용모/첫인상, 연애, 결혼, 은행, 우체국/편지, 미용실, 보건소, 직업과 적성(상담실), 시사 문제, 정보화 시대, 생일 축하, 명절, 실수와 사과, 부탁, 대학 생활(입학식, 수강 신청, 동아리 활동, 축제, 졸업식 등), 규칙과 위반, 사건과 사고, 신고(신용카드 분실), 학업 관련 속담이나 옛날이야기, 한글
A2 (기본적인 학문 목적 한국어)	내용 중심의 한국어 능력	언어생활/언어 학습, 전통 생활(온돌, 한복, 김치 등), 건강, 운동/오락, 민속놀이, 판소리, 설화, 탈춤, 민속 풍습(돌, 폐백, 회갑, 문상, 혼례, 식사), 성격, 이성관, 결혼관, 생활관, 현대 사회(공해, 스트레스), 대중 매체/문화, 경제와 생활(소비자 보호, 수출, 월급, 증권 투자), 정치(민주주의, 분단 상황 등), 가정생

		활, 가족 제도, 교육, 역사와 유적, 역사 속 인물, 철학과 윤리, 예술 활동, 시, 소설, 수필
B1 (대학 교양 강의 수강 목적 한국어)	대학의 5개 주요 영역의 교양 주제 과목 관련 한국어 능력	• 인문: 문학, 언어, 역사, 철학, 사상, 인간학, 미학, 윤리, 논리, 신화, 종교학, 고고학, 문화, 연극, 미술, 문화 예술, 영화, 미디어, 디자인, 무용, 음악, 매체와 예술, 공연 예술 등 • 사회: 사회학, 심리학, 경제, 정치, 법, 경영, 행정, 외교, 교육, 조직, 정보사회, 언론, 가족제도, 국제관계, 국제통상, 인구, 인류학, 지리학, 영상학, 여성학, 대중문화, 취업, 기업 등 • 자연: 수학, 물리학, 생물(의 진화), 생명, 지구, 우주, 기후, 생명과학, 환경, 해양 환경, 컴퓨터, 인터넷, 과학 기술과 사회, 통계학, 정보통신, 화학, 원예, 건강과 위생, 의복과 현대 사회
B2 (대학 전공 강의 수강 목적 한국어)	대학 전공 강의 관련 한국어 능력(주제 택일 심화)	전공(학부): 영문, 국문, 한국어교육, 외국어(중국, 일본, 스페인, 프랑스, 독일, 포르투갈, 러시아, 이탈리아, 아랍), 일본학, 영어교육, 유아교육, 경영, 무역, 국제통상, 언론 정보, 광고, 정치 외교, 상경, 호텔 경영, 회계, 행정, 법, 역사, 관광, 비서, 컴퓨터공학, 정보통신, 음악학, 의류 패션, 레저스포츠
C (학문 목적 완성단계)	전공 관련 한국어 능력(대학원)	전공(대학원): 일문, 국문, 영문, 중문, 서어서문, 한국어교육, 한국학, 일본학, 중국학, 문화 콘텐츠학, TESOL, 경영, 관광경영, 국제통상, 국제경영, 행정, 법학, 전자/컴퓨터, 물리학, 수학, 생물학, 화학, 생화학

AKT에서 평가하려는 숙달 수준과 학업 기술은 다음과 같다.

숙달 수준	학술 과제 유형	영역	학업 기술
A1 (3~4급)	문헌 연구	읽기	이해하기
	도서관 참고 자료 활용	읽기(사전)	사전류 활용하기
A2 (5~6급)	강의, 세미나 듣기	듣고 쓰기	노트 필기하기
		쓰기	발표 요지 작성하기
	실험, 실습	듣고 읽고 쓰기	인터뷰, 설문지 작성하기(지도 필요)
	문헌 연구	읽기	분석하기
			속독 및 정독
		읽고 쓰기	완성된 글로 요약하기

	도서관 참고 자료 활용	읽기(목차, 색인)	목차와 색인 활용하여 내용 추측하기
	보고서, 논문 작성	읽기	관련 문헌 탐독하기
B1 (7급)	실험, 실습	읽고 쓰기	분석하기
		쓰기	결과 기록하기
	문헌 연구	읽기	논평하기
		읽고 쓰기	시각적인 정리 방식으로 메모하며 읽기
	보고서, 논문 작성	읽고(듣기)	자료 수집, 분석하기
		읽고(듣고) 쓰기	논거 수집, 제시하기
			요약, 부연, 종합하기
		쓰기	글 짜기
			문체, 구조, 정서법에 맞게 쓰기
			초고 쓰기와 수정하기
B2 (8급)	실험, 실습	쓰기	요약하고 풀이하거나 해석하기
	보고서, 논문 작성	쓰기	인용, 각주, 참고문헌 달기

• AKT의 쓰기 문항 구성

AKT 쓰기 평가에서는 두 문항 중 하나를 골라 쓰도록 하였는데 하나는 도표를 보고 분석해서 쓰는 것으로 GRE 쓰기 시험의 분석 능력 평가(analytic writing)에 준한 것이고 다른 하나는 '사회와의 관계에서 대학의 역할과 기능이 어떠해야 하는가'를 쓰는 것으로 서술형 문항이다. 그러나 1회의 평가에 그친 데다가 수험자가 쓴 글에 대한 평가 기준이 명확히 공시되지 않아 한국어 교육 관계 기관에서 학문 목적 학습자를 위한 평가를 시도했다는 점에서만 의의가 있을 뿐이다. 차후 이 시험을 발전시킨다면 문어 텍스트의 이해와 표현 능력을 함께 측정할 수 있는 읽고 쓰기 문제를 구성해 볼 수 있을 것이다. 이 시험의 5단계, A1, A2, B1, B2, C 등급 평가 기준을 참조하여 학문 목적 읽고 쓰기 과제의 평가 기준을 수립하면 다음과 같이 예시할 수 있다.

〈표 9〉 학문 목적 읽고 쓰기 과제의 평가 기준 예시

등급	영역	평가 기준
A1 (일반 한국어)	읽기	• 자주 쓰이는 표현으로 된 비교적 추상적인 내용의 글을 이해할 수 있다. • 관심이 있는 내용의 시사적인 글을 이해할 수 있다. • 익숙하지 않은 표현으로 된 글도 내용을 유추하며 이해할 수 있다.
	쓰기	• 대학 관련 일상적인 주제에 대해 의견을 표현하는 글을 쓸 수 있다. • 관심 있는 내용의 시사적인 글을 읽고 요약하여 쓸 수 있다. • 관심 있는 주제에 대해 주장하는 글을 구성할 수 있다.
A2 (기본적인 학문 목적 한국어)	읽기	• 사실적인 내용의 글(신문이나 잡지의 기사, 편지, 간단한 논술문, 설명서, 소책자 등)을 이해할 수 있다. • 친숙하지 않은 주제라 해도 분명하게 필자의 논점과 견해가 드러나는 글은 읽고 이해할 수 있다. • 표준어로 되어 있고 비유적 표현이 그리 많지 않은 산문체 그리고 운문체로 된 현대 문학의 텍스트를 이해할 수 있다.
	쓰기	• 관심 있는 주제에 대해 의견을 표현하는 글을 정확하게 쓸 수 있다. • 관심 있는 다양한 주제의 글을 읽고 요약하여 쓸 수 있다. • 관심 있는 주제에 대해 자신이 주장하는 바를 논증하는 간단한 글, 즉 보고서 및 짧은 논문을 작성할 수 있다.
B1 (대학 교양 강의 수강 목적 한국어)	읽기	• 사실적인 내용의 긴 글(기사, 편지, 논설, 설명서 등)을 이해할 수 있다. • 친숙하지 않다 해도 특정한 주제를 다루는 기사나 전문 분야의 긴 텍스트를 읽고 이해할 수 있다. • 비표준어가 다소 섞인 산문체 그리고 운문체로 된 문학 텍스트를 이해할 수 있다.
	쓰기	• 복잡한 주제에 대해 자신의 견해가 명확하게 정리된 글을 구성할 수 있다. • 복잡하고 다양한 주제의 글을 읽고 요약하여 쓸 수 있다. • 복잡한 주제에 대해 자신의 주장을 논증하는 글을 구성할 수 있다. • 특정 주제에 관해 자신의 주장이 분명하게 드러나는 보고서 및 에세이를 작성할 수 있다.
B2 (대학 전공 강의 수강 목적 한국어)	읽기	• 일부 추상적인 내용(개론서, 전문적인 내용 등)의 텍스트들을 노력하여 이해할 수 있다. • 현대어로 된 고전 산문 및 운문 텍스트를 이해할 수 있다.
	쓰기	• 전문적 주제에 대해 자신의 견해가 명확하게 정리된 글을 구성할 수 있다.

		• 전공 관련 글을 읽고 요약하여 쓸 수 있다.
		• 전문적 주제에 대해 자신이 주장하는 바를 논증하는 간단한 글을 구성할 수 있다.
		• 관심 있는 전공 관련 주제에 관해 자신의 주장이 분명하게 드러나는 보고서 및 에세이를 작성하여 발표할 수 있다.
C (학문 목적 완성 단계)	읽기	• 문학 텍스트를 포함하여 다양한 형태의 추상적이고 복잡한 텍스트들을 이해할 수 있다.
	쓰기	• 전공과 관련하여 자신이 주장하는 바를 논증하는 글을 구성할 수 있다. • 전문 서적이나 문학 작품을 요약하고 비평하는 글을 쓸 수 있다. • 전공 논문을 작성하여 발표할 수 있다. • 전공 관련 내용을 작성하여 발표할 수 있다. • 전공 서적 및 문학 작품을 요약하고 평가할 수 있다.

3.2.3. KPE(한국어능력시험)

연세대학교 언어연구교육원에서는 2008년 YBM/si-sa와 공동으로 KPE (한국어능력시험)를 개발하였고, 이 글은 쓰기 영역 수행 평가 문항 개발 과정에 대한 보고(전나영 외, 2009)에 기반을 두고 있다. 이 수행 평가는 대규모 평가의 객관성을 높일 수 있는 분석적 평가 방법[31]을 채택하였으며 과제 중심의 직접 평가 방식으로 구성하였다. 한국어 학습자는 언어 능력의 하부 기술 발달 정도가 각기 다르기 때문에 세부 영역을 나누어 평가하는 분석적 평가 방식을 채택하는 것이 적절하다고 판단하였다.[32] 일기, 온라인 대화 창, 카드, 이메일, 자기소개서, 개요, 설득문 쓰기 등 이 시험의 세부 쓰기

---

31) 분석적 평가(Analytic scoring)는 좋은 글을 구성하는 질적 자질을 범주화하여 평가하는 것이다. 내용, 조직, 효율성, 논리 전개, 어휘 사용, 문법, 구두점, 철자법 등의 요소를 검토하여 각 영역별 점수를 산정한다. 분석적 평가는 시간이 많이 소요되지만 세 가지 측정 방법(총체적 평가, 분석적 평가, 주요 특성 평가) 가운데 가장 신뢰할 만하다(Kellogg, 1994).

32) 분석적 평가 방법은 시간이 많이 걸리고 평가 지침이 상세하지 않을 경우 채점자 간 신뢰도가 떨어질 수 있다. 하지만 본 평가에서는 YBM/si-sa로부터 문법, 담화, 화용별 오류 개수가 자동 합산되는 프로그램을 지원 받아 채점자 부담을 최소화하였고 평가 지침을 세분하여 시험 사용에 대한 통계 검증 결과 유의미한 신뢰도를 산출하였다.

문항 개발 과정에 대해서는 다음 4장에서 보다 자세히 살펴볼 것이다.

4. 쓰기 평가 문항 개발

4.1. 쓰기 평가 범주 설정

1970년대 이후 제2언어 영어 교육에서 언어 능력에 대한 관점은 문법적 정확성과 구조적 형식을 중시하던 문법 중심주의에서 의사소통적 기능[33]과 수사적 상황 중심주의로 변화하였다. 이후 쓰기 연구 분야에서도 문법적으로 정확한 텍스트를 산출하는 것보다, 쓰기 과정과 단계별 전략, 독자 반응, 의사소통의 성공 여부가 중시되었다. 이러한 변화는 평가에도 반영되어 문법적 정확성뿐만 아니라 과제 맥락이 요구하는 사회적 기능의 달성 여부도 평가할 수 있는 복합적 평가 척도의 필요성이 제기되었다.

강승혜 외(2006: 282)에서는 쓰기 평가의 범주를 문법적 능력, 담화적 능력, 사회언어학적 능력, 전략적 능력으로 제시하였고, 한국교육과정평가원(2006: 24)에서는 TOPIK 쓰기 작문형 시험의 평가 범주를 내용 및 과제 수행, 글의 전개 구조, 언어 사용, 사회언어학적 기능 수행으로 구분하였다. 이상의 선행 연구를 토대로 하여 KPE(한국어능력시험)[34] 쓰기 능력 평가 문항을 개발할 때에는 다음과 같이 평가 범주를 설정하였다.

---

33) Canale과 Swain(1983: 2~27)은 의사소통 능력을 크게 문법 능력, 담화 능력, 사회 언어 능력, 전략 능력의 4가지로 분류하였다. KPE에서 문법 능력과 담화 능력은 이 기준을 그대로 따르고 사회 언어 능력은 화용적 능력으로 명명하여 그 안에서 의사소통적 기능과 사회문화적 능력에 대한 평가를 포함시켰다.

34) 이후 이 글에서 KPE로 표기된 것은 실제적 장르 위주의 한국어능력시험을 지칭한다.

4.1.1. 문법적 능력

문법적 능력 평가 범주에서는 어휘와 맞춤법의 정확한 표현 능력을 평가하였다. 즉, 어휘가 한글 맞춤법 표기법과 정서법, 글의 내용과 문맥에 맞게 적절히 사용되었는지를 평가한다. 고급 문항에서 시사적이고 논리적인 글을 작성할 때 일상적 생활 어휘만 사용한 경우에는 일반적으로 감점 대상이 되므로 사용 어휘의 수준도 고려 대상이 된다. 또한 조사, 시제, 연결 어미 등에 대한 문법 지식의 정확성과 다양성을 평가하며 자연스러운 한국어 문장 표현을 사용하였는지, 번역투의 문장은 아닌지도 평가 대상으로 삼았다.

4.1.2. 담화적 능력

담화적 능력 평가 범주에서는 작성된 글의 내용과 구성 수준을 평가한다. 내용적인 측면에서는 주제에 적합한가, 전체 글에 일관성이 있고 자연스러운가를 평가하며, 구성적인 측면에서는 해당 텍스트의 전개 방식에 맞게 조직되었는가, 각 단락이 유기적으로 조직되었는가, 담화 표지가 적절하게 사용되었는가 등 텍스트 형식에 대한 지식35) 정도를 평가한다.

4.1.3. 화용적 능력

화용적 능력 평가 범주에서는 텍스트의 의사소통적 기능과 사회 문화적 능력을 평가한다. 의사소통 기능 측면에서는 소개하기, 예약하기, 건의하기, 초대하기 등의 실용적 기능 수행 능력 정도를 평가한다. 그리고 사회 문화적 능력에서는 글을 읽는 대상을 잘 파악하고 그에 따라 적절한 경어법

---

35) 텍스트 형식에 관한 지식은 초대장의 경우, 초대하는 내용, 일시, 장소 등이 드러나야 하고, 편지 형식은 받는 사람, 인사말, 전할 내용, 맺음말, 보내는 사람 등으로 구성됨을 아는 것이다.

과 공식 또는 비공식적 종결 어미 표현을 제대로 사용하였는가를 평가한다. 이상의 내용을 도표로 나타내면 〈표 10〉과 같다.

〈표 10〉 KPE(한국어능력시험) 쓰기 능력 평가 범주

쓰기 평가 범주		평가 항목
문법적 능력	맞춤법	• 기초적인 한글 자모 쓰기 • 맞춤법과 띄어쓰기의 정확한 사용
	어휘	• 어휘 사용의 적절성과 정확성 • 어휘 사용의 수준 평가
	문법	• 조사와 어미, 시제, 연결 어미 등 문법 사용의 정확성과 다양성 • 한국어식 표현법(번역투 문장일 경우 감점)
담화적 능력	내용	• 주제에 적합한 내용인가 • 글이 내용적으로 일관성이 있고 자연스러운가
	구성	• 글의 종류에 따른 전개 방식을 따르고 있는가 • 각 단락이 유기적으로 조직되어 있는가 • 담화 표지를 적절하게 사용했는가 • 텍스트 형식에 대한 지식이 있는가
화용적 능력	기능	• 의사소통적 기능 수행 능력이 있는가
	사회 문화적 능력	• 글을 읽는 대상을 잘 파악하고 썼는가

이상의 평가 범주로써 표현의 정확성뿐만 아니라 의사소통적 기능 수행 능력까지 평가할 수 있다. 하지만 학습자의 언어 수준에 따라 각 평가 범주의 반영 비율은 달라져야 한다.[36] 일반적으로 초급 학습자가 써야 하는 글은 문장의 길이가 짧고 주로 친구나 가족을 상대로만 글을 쓰므로 담화와 화용 능력의 비중은 상대적으로 낮다. 그러나 중급과 고급의 텍스트는 문장의 구조가 복잡할 뿐만 아니라 공적인 맥락에서 쓰이는 경우가 많으므로 문법적 정확성뿐만 아니라 담화와 화용 능력도 비중 있게 측정되어야 한다.

---

36) 원진숙(1992), 김정숙 외(1993) 등의 논문에도 이러한 의견이 있으며, 한국교육과정평가원(2006: 24)이 제시한 TOPIK의 작문형 문항의 평가 범주별 점수도 아래와 같이 학습자 수준에 따라 차등 적용되었다.

따라서 KPE 쓰기 평가에서 초급은 문법 능력과 담화·화용 능력의 비율을
6 : 4로, 중급은 5 : 5로, 그리고 고급은 4 : 6으로 반영하였다. 초급, 중급,
고급 문항의 전체 점수는 〈표 11〉의 비율을 따랐다.

〈표 11〉 한국어 쓰기 능력 평가 범주의 급별 반영 비율

한국어 쓰기 평가의 범주		한국어 쓰기 평가의 범주별 비율		
		초급	중급	고급
문법적 능력	맞춤법	20%	15%	10%
	어휘	20%	15%	10%
	문법	20%	20%	20%
담화적 능력	내용	15%	15%	20%
	구성	15%	15%	20%
화용적 능력	기능	5%	10%	10%
	사회 문화적 능력	5%	10%	10%

4.2. 급별 숙달도 설정

KPE 쓰기 평가 도구를 개발하면서 이희경 외(2002), 강승혜 외(2006) 그리
고 TOPIK 응시 요강 등을 참고로 하여 등급에 따른 쓰기 평가의 숙달도
목표를 다음(〈표 12〉)과 같이 설정하였다.

평가 범주		점수 비율		
		초급	중급	고급
내용 및 과제 수행		30%, 9점	30%, 9점	30%, 9점
글의 전개 구조		20%, 6점	20%, 6점	20%, 6점
언어 사용	어휘	20%, 6점	15%, 4점	15%, 4점
	문법	20%, 6점	15%, 4점	15%, 4점
	맞춤법	10%, 3점	10%, 3점	10%, 3점
사회언어학적 기능 수행		0% 0점	10%, 3점	10%, 3점

문법적 능력	맞춤법	• 한글의 자모 체계와 맞춤법의 기본 구조를 익혀 쓸 수 있다.
	어휘	• 기본적인 인칭 대명사 및 지시 대명사, 수사, 단위 명사, 일상생활 관련 기본 명사·동사·형용사를 사용할 수 있다.
	문법	• 한국어의 기본 문법 구조로 문장을 쓸 수 있다. • 기본 조사를 사용할 수 있다 • 기본 연결 어미와 서법에 따른 공식적·비공식적 존대형 종결 어미, 시제에 따른 관형형 어미를 사용할 수 있다. • 부정법을 사용할 수 있다. • 시제 표현을 할 수 있다. • 존대법(-시-)을 사용할 수 있다.
담화적 능력	내용	• 간단한 현상을 설명하거나 느낌을 표현하는 글을 쓸 수 있다.
	구성	• 일기 등 일상적 텍스트 형식을 구성할 수 있다.
화용적 능력	기능	• 소개·서술하기 등 기초적 의사소통 기능을 수행할 수 있다.
	사회문화적 능력	• 상황에 따라 공식적인 존대 표현(-습니다 등)과 비공식적인 존대 표현(-어요 등)을 구별해 사용할 수 있다. • '형, 오빠' 등 남녀에 따른 어휘를 구별하여 쓸 수 있다.

〈표 13〉 KPE 쓰기 능력 평가 2급의 숙달도 목표

문법적 능력	맞춤법	• 기본 어휘를 대체로 맞춤법의 오류 없이 사용할 수 있다.
	어휘	• 일상생활 관련 기본 어휘를 정확하게 사용할 수 있다. • 일상생활 관련 확장 어휘를 다양하게 사용할 수 있다. • 기본적인 사회 활동에 필요한 어휘를 사용할 수 있다.
	문법	• 연결 어미와 접속 부사를 활용하여 복문 및 중문을 쓸 수 있다. • 기본 조사를 정확하게 사용할 수 있고 보조사도 문맥에 맞게 사용할 수 있다. • 기본 연결 어미를 정확하게 사용할 수 있고 '-어도' 등 다양한 연결 어미도 문맥에 맞게 사용할 수 있다. • 불규칙 용언을 정확하게 활용해서 쓸 수 있다. • 간접화법을 사용할 수 있다.
담화적 능력	내용	• 일상적인 주제에 대해 적합한 내용으로 글을 구성할 수 있다.
	구성	• 카드 등 일상적 텍스트 형식을 구성할 수 있다. • 기본 담화표지를 사용해서 단락을 구성할 수 있다.
화용적 능력	기능	• 권유하기 등 일상적 의사소통 기능을 수행할 수 있다.
	사회문화적 능력	• 상대에 따라 반말과 높임말을 적절하게 사용할 수 있다.

〈표 14〉 KPE 쓰기 능력 평가 3급의 숙달도 목표

문법적 능력	맞춤법	• 일상생활 관련 어휘는 거의 맞춤법 오류 없이 사용할 수 있으며 띄어쓰기를 대체로 지킨다.
	어휘	• 일상생활 관련 어휘를 어려움 없이 쓸 수 있다. • 간단한 한자성어와 속담을 활용할 수 있다.
	문법	• 유사한 의미의 연결어미를 적절하게 활용할 수 있다. • 피동과 사동 표현을 자연스럽게 쓸 수 있다. • 간접화법을 정확하게 사용하여 정보를 전달할 수 있다. • 보조동사를 다양하고 적절하게 활용할 수 있다.
담화적 능력	내용	• 일반적인 주제에 대해 적합한 내용으로 쓸 수 있다. • 글이 내용적으로 일관성이 있고 자연스럽다
	구성	• 신청서 등 간단한 서류 형식을 형식에 맞게 작성할 수 있다. • 중급의 담화 표지를 사용할 수 있다.
화용적 능력	기능	• 제안하기 등 간단한 사회 활동을 위한 의사소통 기능을 수행할 수 있다.
	사회문화적 능력	• 상대에 따라 반말과 높임말을 구분해 쓸 수 있다.

〈표 15〉 KPE 쓰기 능력 평가 4급의 숙달도 목표

문법적 능력	맞춤법	• 중급 어휘를 맞춤법에 맞게 정확히 쓸 수 있다. • 주요 품사 단위로 띄어쓰기를 할 수 있다.
	어휘	• 사용 빈도가 높은 비유와 관용 표현, 속담, 사자성어, 의성어, 의태어를 사용할 수 있다. • 한자 어휘나 추상적 어휘도 어느 정도 사용할 수 있다. • 시사 화제 관련 어휘를 어느 정도 쓸 수 있다.
	문법	• 문법 오류가 간혹 나타나나 스스로 인지하고 수정할 수 있다. • 감탄과 아쉬움 등 양태 표현을 쓸 수 있다. • 독자와의 관계에 따른 대우법 체계를 적절하게 쓸 수 있다. • 사용 빈도가 높은 어미결합형을 정확하게 쓸 수 있다.
담화적 능력	내용	• 일반적 주제에서 다소 추상적인 주제까지 다룰 수 있다. • 내용에 일관성이 있고 연결이 자연스럽다.
	구성	• 앞뒤 문맥에 맞게 문단을 구성할 수 있다. • 텍스트의 종류에 따른 전개 방식을 구성할 수 있다. • 각 단락이 유기적으로 조직된 글을 쓸 수 있다. • '반면에' 등 중급 담화 표지를 적절하게 쓸 수 있다. • 공적인 텍스트를 형식에 맞게 구성할 수 있다.
화용적 능력	기능	• 텍스트의 주요 내용을 요약할 수 있다. • 지원서 쓰기 등 공적인 의사소통적 기능을 수행할 수 있다.
	사회문화적 능력	• 회사나 공공기관 등의 쓰기 맥락에서 독자를 고려한 글을 쓸 수 있다.

<표 16> KPE 쓰기 능력 평가 5급의 숙달도 목표

문법적 능력	맞춤법	• 띄어쓰기와 맞춤법의 오류가 간혹 있으나 의미 전달에 지장을 주지 않는다. • 불완전 명사 관련 띄어쓰기도 대체로 할 수 있다.
	어휘	• 사용 빈도가 높은 한자어, 시사용어를 다양하게 쓸 수 있다. • 사회 현상을 표현하는 데 필요한 추상적 어휘를 쓸 수 있다. • 시사 화제 관련 어휘를 필요에 따라 쓸 수 있다.
	문법	• 사용 빈도가 높은 접미사와 접두사를 비롯하여 사용 빈도가 낮은 연결·종결 어미도 정확하게 쓸 수 있다. • 안타까움과 결심 등 양태 표현을 문맥에 맞게 쓸 수 있다. • 사용 빈도가 비교적 낮은 어미 결합형을 정확하게 쓸 수 있다.
담화적 능력	내용	• 정치, 경제, 사회적 현상이나 추세에 대한 자료를 보고 내용을 설명할 수 있으며, 그러한 현상에 대해서 자신의 의견을 대체로 표현할 수 있다.
	구성	• 자기 의견을 밝히는 글을 개요에 맞게 구성할 수 있다.
화용적 능력	기능	• 비교하기, 주장하기 등 다소 전문적인 내용의 의사소통 기능을 수행할 수 있다.
	사회문화적 능력	• 한국의 정치, 경제, 사회, 문화적 상황에 대한 이해를 바탕으로 특정 집단에 대한 자신의 의견을 논리적으로 주장할 수 있다.

<표 17> KPE 쓰기 능력 평가 6급의 숙달도 목표

문법적 능력	맞춤법	• 맞춤법 오류는 거의 보이지 않는다.
	어휘	• 전문 분야에서 일반적으로 사용하는 어휘를 쓸 수 있다. • 사용 빈도가 낮은 관용 표현이나 속담, 한자성어, 의성어, 의태어, 풍자나 반어적 표현 등을 자연스럽게 사용할 수 있다.
	문법	• 사용 빈도가 낮은 접미사와 접두사, 의고적 관용 표현을 다양하고 적절하게 쓸 수 있다. • 주요 문법과 관련해서 발생되는 문제가 거의 없다.
담화적 능력	내용	• 추상적이거나 사회적인 소재나 주제에 대해 자신의 의견이나 주장을 설득력 있게 표현할 수 있다.
	구성	• 글의 종류에 따라 인과, 비교 등의 문장 전개 방식을 선택적으로 적용할 수 있다. • 연대기적 서술, 논리적 서술, 논술, 묘사 등의 수사적 방법을 쓸 수 있다.
화용적 능력	기능	• 근거 제시하기 등 전문적인 내용의 의사소통 기능을 수행할 수 있다.
	사회문화적 능력	• 실용적, 사회적, 전문적 주제에 대해 공적이거나 사적인 문서의 대부분을 효과적으로 작성할 수 있다.

4.3. 문항 유형

KPE 쓰기 시험의 목표는 수험자가 다양한 한국어 쓰기 텍스트의 유형을 이해하고 해당 텍스트를 작성하는 데 필요한 사회·언어적 지식의 정도를 평가하는 데 있다. 따라서 문학적이거나 논리적으로 완성도 있는 한 편의 긴 글을 쓰는 것을 목적으로 하지 않고 일상생활에서 필요한 쓰기 텍스트를 다양하게 구성하는 능력을 평가하고자 하였다.

또한 수험자의 언어 능력에 따라 등급을 나누어 평가지를 구별하는 등급별 문항지를 따로 구성하지 않고, 동일 평가지로 초급에서 고급까지 난이도 수준이 다양한 텍스트 장르를 작성하게 하고 총점에 따라 등급을 부여하는 통합 문항 총점제 방식을 택하였다. 이로써 수험자가 자신의 쓰기 능력을 확신할 수 없을 때 중급이나 고급의 문항을 선택하거나 둘 다 봐야 하는 부담을 줄이고자 하였다.

4.3.1. 문항의 구성

KPE 쓰기 평가는 총 10문항으로 구성되었는데 1~4번은 초급, 5~8번은 중급, 9~10번은 고급 수준에 해당한다. 구체적으로 1, 2번은 1급, 3, 4번은 2급, 5, 6번은 3급, 7, 8번은 4급, 9, 10번은 5급과 6급을 통합한 수준의 문항이다. 본 평가지가 고급 문항을 줄이고 초, 중급 문항의 비중을 높인 것은 초, 중급 수준의 수험자가 많은 현실을 감안해 초, 중급의 등급을 세분하기 위함이다. 그리고 각 급별 문항도 앞의 문항은 해당 급의 하급, 뒤의 문항은 해당 급의 상급 수준으로 구성하였다.

KPE 쓰기 평가는 문법 지식이나 단문 구성 능력을 평가하는 기존의 한국어 쓰기 시험과 달리, 10문항 모두 실제적 텍스트 작성 과제로 구성하였으므로, 문항의 요구에 맞게 내용을 작성하는 데 다소 시간이 필요하다. 그래서 전체 10문항을 두 문항씩 연계해 크게 5가지 주제에 대한 글을 단계적으로 작성하도록 하여 집필 소요 시간을 줄였다. 예를 들면 초급 문항에서 그림을 보고 설명하는 글을 쓴 후 다음 문항에서는 설명된 내용을 바탕으로 일기를 쓰게 한다든가 고급 문항에서는 개요를 작성한 후 개요를 바탕으로 긴 글을 완성하게 하는 등 문항 간 연계성을 고려하였다. 이렇게 해서 수험자는 시험 시간을 경제적으로 사용할 수 있을 뿐만 아니라 답안을 작성하면서 글을 쓰는 과정 또한 익힐 수 있다.

4.3.2. 문항 유형

국내외 평가 도구와 교재를 분석하면서 초·중·고급 수준의 쓰기 능력을 평가할 텍스트를 선정한 결과 초급에서는 일기와 온라인 대화창, 카드, 중급에서는 이메일과 공식적 서류, 자기 소개서, 고급에서는 맥락에 따라 의견을 제시하는 논리적인 글 양식이 채택되었다.

1급 문항은 그림을 보고 일기를 작성하는 문제이다. 초급의 수험자가 존대법에 구애 받지 않고 보고 느낀 것을 쓰게 하기 위하여 일기 텍스트를 선정하였다. 2급 문항에서는 인터넷 채팅 상황에서 평가지에 제시된 상대방의 질문과 대답에 맞게 응답문을 작성한다. 그리고 그 대화 내용을 바탕으로 특정 대상에게 보낼 카드를 쓰는 과제가 제시된다.[37] 이 문항에서는 글을 읽는 대상에 따라 높임말과 반말을 적절히 구사하는 능력도 평가의 대상이 된다.

중급에 해당하는 3급 문항은 공적인 이메일의 내용을 요약하여 간접화법으로 전달하는 문제와 받은 메일의 내용을 파악하여 공식적으로 답장을 쓰는 문항으로 구성하였다. 4급 문항에는 공적인 입학 원서나 입사 지원서 등의 서류를 형식에 맞게 작성하고 이를 바탕으로 공식적인 자기 소개서를 작성하는 문제가 제시된다.

[37) 인터넷 메신저 및 모바일 기기를 이용한 단문 대화는 현대 사회의 중요한 의사소통 수단이다. 전후 문맥에 따라 적절한 응답과 질문을 작성하는 과제는 담화 맥락에 맞게 텍스트를 작성하는 능력을 평가하는 데 유용하다고 판단되어 평가 문항으로 채택하였다.

5급과 6급은 통합 문항으로 개발되었는데 9번 문항에서는 논리적인 글을 쓰기에 앞서 개요를 작성해야 하고 10번 문항에서는 이 개요를 바탕으로 긴 글을 완성해야 한다. KPE의 전체 문항 구성은 다음과 같다.

〈표 18〉 KPE의 문항 구성

번호	급	유형	세부 유형
1	1급	그림 설명하기	그림을 보고 설명하는 글을 쓴다.
2		일기 쓰기	1번 그림의 내용을 바탕으로 일기를 쓴다.
3	2급	대화 완성하기	평가지에 주어진 상대방의 메시지에 맞게 대화를 완성하는 글을 쓴다.
4		카드 쓰기	3번 문항의 대화 내용과 관련된 일상적인 내용의 카드를 쓴다.
5	3급	알려 주는 글 쓰기	공적인 내용의 이메일을 요약해서 전달하는 글을 쓴다.
6		이메일 쓰기	5번의 공적인 이메일에 대해서 답장을 쓴다.
7	4급	서류 작성하기	입사지원서, 입학원서, 설문지 등 공적인 양식의 문서를 작성한다.
8		자기 소개서 쓰기	7번의 입사지원서, 입학원서, 설문지 등과 함께 제출할 공적인 양식의 자기소개서를 쓴다.
9	5·6급	개요 작성하기	주제에 맞는 글을 쓰기 위한 개요를 작성한다.
10		논리적인 글 쓰기	9번에서 작성한 개요를 참고로 하여 목적에 맞는 논리적인 글을 쓴다.

5. 쓰기 평가 기준 개발

5.1. 문항별 배점 및 시험 소요 시간

배점은 총 100점 가운데 초급 문항에 40%, 중급과 고급은 각각 30%를 부과하였다. 초급 문항에 높은 배점을 부과한 것은 초급 단계의 수준 차이를 보다 세분하기 위함이다. 그리고 시험 소요 시간은 총 50분으로 하였다.

고급 문항까지 모두 푸는 학습자를 기준으로 예상 소요 시간을 추정하면, 초급 문항에 10분, 중급 문항에 15분, 고급 문항에 25분 정도가 걸릴 것으로 예상되나 초급이나 중급의 수험자는 자신의 수준에서 해결할 수 있는 문항까지만 작성하면 되므로 각 문항 당 할애되는 시간은 수험자의 숙달도 수준에 따라 융통성 있게 조절될 수 있다. 문항별 배점과 시험 소요 시간은 다음과 같다.

〈표 19〉 KPE 쓰기 능력 평가 문항의 배점과 소요 시간

급	문항 번호	배점(점)	예상 소요 시간(분)	
초급 (40점)	1	8	1	10
	2	12	2	
	3	10	3	
	4	10	4	
중급 (30점)	5	5	3	15
	6	10	4	
	7	5	3	
	8	10	5	
고급 (30점)	9	8	10	25
	10	22	15	
총		100	50	

5.2. 채점 방식

본 쓰기 문항은 객관식이나 단답식이 아닌 개방형 문항으로 구성되었으므로 채점자의 주관적 판단에 따라 평가 간극이 넓어질 수 있다. 따라서 채점의 타당도와 신뢰도를 높일 수 있는 객관적이고 정교한 채점 기준을 마련하는 것이 평가 도구 개발 과정에서 중요한 과제였다. 여러 차례 예비 시험[38]을 거치면서 채점 방식과 기준은 다음과 같이 정교화되었다.

첫째, 중복 채점 방식을 채택한다. 각 문항에서 채점자 간 점수 차가 20% 이상 벌어지는 경우 제3자가 다시 채점한다. 그리고 채점자 간 편차를 줄여 평가의 신뢰도를 높이기 위해 채점자 워크숍을 실시한다.[39] 또한 채점자 간 간섭 오류를[40] 줄이기 위하여 동일한 수험자의 답안을 채점하는 평가자 간 정보 교환을 차단하였다.

둘째, 채점 방식은 틀린 부분을 감점하는 방식이 아니라 평가의 표준 지 표를 달성한 정도에 따라 단계별 점수를 부여하는 방식을 따른다. 문법, 담화, 화용 능력의 세부 평가 범주를 0점을 포함한 5간 척도로 구성하여 학습자의 쓰기 수준 정도를 합산하는 방식으로 점수를 부여한다.

셋째, 글의 분량이 문항에서 요구하는 적정 글자 수에 못 미치거나 넘치는 경우, 분량의 가감 정도에 따른 감점 기준을 적용한다. 이는 정해진 분량 으로 내용을 조리 있게 요약하거나 정리하는 능력을 평가하기 위함이다.

넷째, 문항의 의도를 바르게 이해하지 못해서 시시문의 조건과 다른 내용 이나 형식의 글을 쓴 경우에는 문항 전체를 0점 처리한다. 예를 들어 카드 를 받는 대상을 문항의 요구와 전혀 다른 사람으로 상정하고 글을 쓴 경우, 문법과 담화 측면만 고려한다면 완성된 글로 여길 수도 있으나 의사소통

---

38) 1차 예비 시험지 검토 결과 1급 수준의 2번 문항 정답률이 2급 수준의 3, 4번 정답률보다 낮게 나타났다. 2번 일기 쓰기 문항에서 반말로 작성되지 않은 답안의 감점 폭이 큰 것이 문제였으므로 이에 대한 대책을 평가 문항 수정과 채점 기준표 보완에 참조하였다.

39) 오류가 많은 샘플 답안지를 스크린에 띄워 두고 제시된 평가 지표에 따라 공동 채점을 실시하는 워크숍을 열었다. 평가자 간 이견이 제기된 사항에 대해서는 논의를 거쳐 평가 지표의 비고난에 세세히 기록하여 평가 시 배점 차이가 발생할 여지를 최소화하였다.

40) Murphy & Davidshofer(1991)는 평가자 간 오류를 ① 후광 오류 ② 관대함의 오류 ③ 범주 제한 오류로 구분하였다. 후광 오류는 연속적으로 에세이를 읽을 때 한 편의 글에서 강한 인상을 받으면 다음 에세이에도 그 인상이 영향을 미침을 말하고, 관대함의 오류란 너무 높거나 낮은 점수를 주려는 경향을, 반대로 범주 제한 오류는 낮은 점수나 높은 점수 주기를 기피하는 경향을 말한다(Sue M. Legg, 1998: 137에서 재인용).

기능을 수행하지 못했으므로 전혀 쓸모없는 글이 되고 만다. 본 평가에서는 그러한 경우 문항의 핵심 의도를 간과한 것으로 보아 0점 처리한다.

다섯째, 띄어쓰기와 맞춤법은 문법 능력 평가 범주에 포함시킨다. 한글 맞춤법 규정에서 허용하는 경우는 본 평가에서도 감점하지 않는다. 모든 답안은 원고지 형식에 맞게 적어야 하므로 원고지 작성 방식에 따르지 않으면 문법적 능력에서 낮은 점수를 받는다.

6. 쓰기 평가의 시행 결과 분석

KPE 쓰기 평가가 한국어 숙달도를 측정하는 정도를 알아보기 위해 2008년 가을 학기 연세대학교 한국어학당 재학생 68명을 대상으로, 본 평가를 포함하여 연세대학교 한국어학당 쓰기 성취도 평가, TOPIK, 객관식 100%인 KLPT(Korean Language Proficiency Test, 세계한국말인증시험)[41] 등 4가지 쓰기 평가의 결과를 비교하였다.

• KPE 쓰기 평가 vs 중간 성취도 시험 vs 등급 숙달도 구분

우선 KPE 쓰기 평가와, 같은 주에 실시한 연세대학교 성취도 쓰기 평가 결과를 비교하여 SPSS 12.0 통계 프로그램으로 상관도를 분석하였다. 두 평가 가운데 한 평가라도 결시한 학생을 제외한 36명의 KPE 평가와 중간 쓰기 시험 간 상관관계를 분석한 결과, 한국어학당의 중간 쓰기 시험[42] 점수와 KPE 평가는 .905의 매우 높은 상관관계를 보였다.

중간 쓰기 시험에서 1급의 경우 작문을 평가 문항으로 구성하지 않았으

---

41) 당시 KLPT는 어휘·문법 평가 등 모든 문항이 객관식으로 구성된, 대표적인 간접 평가 도구였다.
42) 연세대학교 한국어학당의 급별 교육과정은 10주이며 5주와 10주에 중간시험과 기말시험을 실시하여 성취도를 평가한다. '중간'과 '기말'은 이러한 성취도 평가의 시기를 가리킨다.

므로 사례 수가 적어 수험자의 일반적 작문 능력과 직접적인 상관을 비교하기에는 한계가 있지만 이번 분석에서 주요 분석 대상이 된 중급 이상의 학습자에게서 KPE 쓰기 평가 결과와 작문 성적 사이에는 .686이라는 적지 않은 상관이 확인되었다.

한국어 수업의 숙달도 등급과 본 쓰기 평가 결과로 판정된 급 간의 상관도 .855로 상당히 높았다. 이는 실제적인 쓰기 능력 평가가 언어교육기관의 배치고사나 성취도 평가로 활용될 수 있음은 물론 학습자의 한국어 숙달도 수준을 6등급으로 비교적 정확하게 측정할 수 있음을 보여 주는 수치이다.

• KPE 쓰기 평가 vs 기말 성취도 시험 vs TOPIK 숙달도 평가

기말 쓰기 시험의 작문 점수와 KPE 쓰기 평가 성적과의 상관도 .497의 무시할 수 없는 수치를 보였다. 그러나 기말 시험과 같은 주에 실시한 TOPIK의 어휘·문법, 쓰기 평가 점수와 기말 작문 점수의 상관은 각각 .465와 .452였다. 같은 주에 숙달도의 차이가 발생할 변인이 비교적 적은, 동일한 수험자를 대상으로 평가를 실시하였는데도 본 쓰기 능력 평가의 예측 수치인 .497보다 낮았다. 이로써 실제적 쓰기 능력 평가는 어휘·문법 능력에 대한 평가뿐만 아니라 작문 능력을 평가하는 데 있어서도 기존의 대규모 한국어 능력 평가 도구에 못지않은 타당도를 가지고 있다고 할 수 있다.

〈표 20〉 평가 도구 간 상관

		TOPIK 쓰기			TOPIK 어휘문법	TOPIK 쓰기
중간 쓰기	Pearson 상관계수 유의확률 (양쪽)	.905** .000	기말 쓰기	Pearson 상관계수 유의확률 (양쪽)	.760** .000	.695** .000
	N	36		N	36	36
중간 작문	Pearson 상관계수 유의확률 (양쪽)	.686** .007	기말 작문	Pearson 상관계수 유의확률 (양쪽)	.465** .004	.452** .006
	N	14		N	36	36

• TOPIK 어휘·문법 평가 vs 기말 성취도 시험

수험자의 중간 쓰기 점수와 KPE 쓰기 평가의 상관이 .905인 반면, 기말 쓰기 점수와 TOPIK 어휘·문법 평가의 상관은 .760인 것으로 나타났다. 물론 중간 쓰기 문항과 기말 쓰기 문항의 난이도가 다르다는 변인이 작용할 수도 있었겠으나 본 쓰기 수행 평가 도구가 한국어의 어휘·문법 성취도나 쓰기 성취도 평가 문항으로서 TOPIK과 대등하거나 더 나은 타당도를 가짐을 알 수 있다.

• KLPT 어휘, 문법 시험 vs 기말 성취도 시험

기말 시험과 TOPIK 평가를 실시한 지 5주 후에 KLPT 시험을 실시하여 기말 쓰기 및 작문 점수와의 상관도를 분석한 결과, 기말 쓰기 성적과 KLPT 어휘, 문법 영역의 평가 점수는 각각 .490과 .633의 상관을 보였다.

기말 쓰기 점수와 KLPT 문법 점수와의 상관(.633)이 어휘 점수와의 상관 (.490)보다 더 높은 이유는 한국어학당의 쓰기 시험이 문법 능력을 평가하는 문항을 위주로 구성되었기 때문인 것으로 보인다.

기말 쓰기 점수와 KLPT 총점은 .575의 상관을 보여 TOPIK의 어휘·문법 평가와의 상관도인 .760, 본 쓰기 수행 능력 평가와의 상관도인 .905와 비교하면 가장 낮은 통계 수치를 보였다.

기말 작문 점수와 KLPT 점수의 상관은 그리 유의미하지 않은 것으로 나

〈표 21〉 한국어학당의 성취도 평가와 KLPT 평가의 상관도

		KLPT 어휘	KLPT 문법	KLPT 총점
기말쓰기	Pearson 상관계수	.490**	.633**	.575**
	유의확률 (양쪽)	.002	.000	.000
	N	36	36	36
기말작문	Pearson 상관계수	.318	.392*	.334*
	유의확률 (양쪽)	.058	.018	.046
	N	36	36	36

타났다. 통계적 유의미성과 실제적 중요성은 구별해야 하겠지만 객관식 문항만으로 구성된 대표적 간접 평가 도구였던 KLPT 평가로는 학생의 실제적 작문 능력을 측정하기가 어려운 것으로 확인되었다.

이상과 같은 통계 수치 분석 결과로 볼 때 실제적 쓰기 수행 능력 평가는 학습자의 한국어 쓰기 능력 숙달도나 성취도, 학업 성취도를 가늠하는 데 있어 기존의 한국어 능력 평가 도구들에 비추어 그 타당도 면에서 뒤지지 않는다. 또한 기존 평가 도구의 한계로 지적되어 온 학습자의 실제적 쓰기 능력 정도를 점수화할 수 있다는 점에서 진학이나 입사 등 실질적 쓰기 능력 정도를 파악하여야 할 때 유용한 평가 도구로 기능할 것으로 보인다.

7. 실제적 쓰기 능력 평가 도구 개발의 의의

최근 대학 진학이나 한국 기업 취업을 목표로 한국어를 배우는 외국인이 많아지면서 개별 학습자의 언어 기능별 숙달도를 정확하게 측정하는 것은 더욱 중요한 교수요목으로 부각되고 있다. 개별 학습자의 현재 숙달도를 정확하게 판정해야 수준별로 적절한 학습을 계획할 수 있고, 이후의 학업 성취도나 회사에 대한 기여도도 예측할 수 있기 때문이다.

하지만 쓰기와 같이 인지적으로 복합적인 언어 능력을 객관적으로 계량하기란 매우 어려운 일이다. 이 때문에 대규모 평가의 편이성을 고려해 객관식 평가 위주로 구성되었던 기존의 한국어능력평가도 쓰기 평가의 특수성을 반영해 쓰기 과정 수행 능력과 인지적 조작 능력을 검증할 수 있는 주관식 평가로 개선되었다. 기존의 평가는 객관식 평가 문항을 관리하는 능력을 포함하여 어휘나 문법 지식을 측정하는 것이었으므로 실제적 쓰기 능력 평가가 아니었다.

말하기나 듣기, 읽기 평가 문항을 개발할 때 언어 기능별로 실제적 맥락을 고려하는 것처럼 쓰기 능력 평가 문항도 한국어의 실제적 쓰기 맥락을 고려한 과제로 출제되어야 한다. 그러면서도 학습자 숙달도에 따른 등급 판정이나 학업 성취도 평가 면에서 통계적으로 손색이 없는 타당도를 확보하는 것도 중요하다. 쓰기 평가 문항이 실제적 텍스트 생성 과제로 구성되면 쓰기 교육과정도 어휘나 문법 위주의 명제적 지식 전수만이 아닌 한국어 글쓰기 과정 수행 능력에 대한 절차적 지식까지 온당하게 구성될 것이다. 그래야 한국어 학습자들에게 구체적인 쓰기 맥락에서 한국인과 성공적으로 의사소통할 수 있게 하겠다는, 한국어 쓰기 교육의 고유한 목표도 달성할 수 있다. 실제적 쓰기 텍스트로 평가 문항을 구성하고, 한국어 문법, 담화, 화용 능력을 동시에 측정하고자 한 이 연구가 이후의 한국어 쓰기 능력 평가 도구를 개선하는 데 도움이 되기를 바란다.

〈부록〉 한국어 쓰기 능력 평가 예시 문항

1. 그림 설명하기

아래 그림을 설명하십시오. (한 문장 정도씩)

1)

2)

2. 일기 쓰기

1번의 그림을 보고 일기를 쓰십시오. (90자 정도)

3. 대화 완성하기

당신은 제임스입니다. 친구 리에와 컴퓨터 메신저로 대화를 하고 있습니다. 아래 대화를 완성하십시오. (문항 당 20자 정도씩)

리에:	뭘 하고 있었어?
제임스:	1) _____
리에:	나는 방금 식당을 예약했어. 다음 달에 웨이가 고향에 돌아간다고 해서 송별회를 하려고 해.
제임스:	2) _____
리에:	아니, 다음 주 토요일 저녁 6시에 학교 앞에 잇는 '통통 삼겹살' 식당에서 할 거야. 넌 시간이 괜찮아?
제임스:	3) _____
리에:	알았어. 그럼 천천히 와. 그리고 다른 친구들에게는내가 연락할 테니까 너는 선생님께 연락 한번 드려 주겠니?
제임스:	4) _____
리에:	고마워, 내일 만나.

4. 카드 쓰기

3번의 내용을 보고 한국어 선생님께 모임에 초대하는 카드를 쓰십시오.
(120자 정도)

5. 알려 주는 글 쓰기

여행을 같이 가는 사람에게 다음 이메일의 주요 내용을 알려 주는 글을 쓰십시
오. (90자 정도)

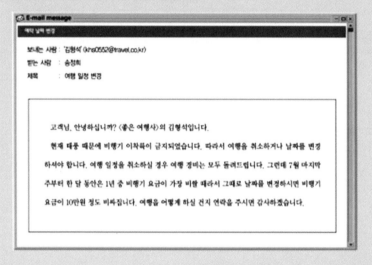

6. 이메일 쓰기

5번의 이메일을 보고 〈좋은 여행사〉의 김형석 씨에게 답장을 쓰십시오.
(150자 정도)

7. 서류 작성하기

다음 사원 모집 공고를 보고 취직하고 싶은 회사를 골라 입사지원서를 쓰십시오. (지원 동기 60자 정도)

• 사원모집공고

상호	: **코리아무역**		**상호**	: **국제호텔**
모집부문	: 경력 및 신입		**모집부문**	: 경력 및 신입
대상	: 나이 제한 없음		**대상**	: 1976년 1월 1일 이후 출생자
업무	: 해외지사 근무 및 무역업무		**업무**	: 객실 관리
학력	: 대졸 이상		**학력**	: 고졸 이상
※ 외국어 구사자 우대			※ 호텔경영학 전공자 우대	

• 입사지원서

1) 지원 회사		
인 적 사 항	2) 성명	
	3) 국적	
	4) 생년월일	
	5) 최종 학력	
6) 지원 부문		
7) 지원 동기		

8. 자기소개서 쓰기

7번의 입사지원서와 함께 지원하는 회사에 보낼 자기소개서를 쓰십시오. 내용은 자신의 경험이나 경력에 대한 설명을 중심으로 쓰십시오. (210자 정도)

9. 개요 작성하기

모교에서 발행하는 신문에 졸업생으로서 글을 실으려고 합니다. 다음을 작성하십시오.

1) 졸업생으로서 글을 싣는 소감(1문장, 40자 정도)

2) 학창시절 재미있었던 경험(1문장, 40자 정도)

3) 학창시절 힘들었던 경험(1문장, 40자 정도)

4) 후배들에게 조언하고 싶은 말(한자성어나 속담, 관용표현을 사용하십시오.)
  (2문장 80자 정도)

10. 글쓰기

'후배들에게'라는 제목으로 모교 신문에 실을 글을 쓰십시오. 9번의 내용을 이용할 수 있습니다. (500자 정도)

이 장에서는 국내외 쓰기 숙달도 평가 도구들에 대해서 알아보고, 실제적 텍스트 중심의 쓰기 능력 평가 도구 개발과 그 타당성 검증 과정을 살펴보았습니다. 다음 문제를 풀면서 본문의 중심 내용을 정리하고 효율적인 쓰기 능력 평가 도구 개발 방안에 대해서 생각해 봅시다.

1. 본문 이해

1) 대규모 언어 숙달도 평가 도구들의 한계는 무엇입니까?

2) 언어 발달 능력이 상이한 수험자들에게 평가 결과를 구체적으로 알려주고, 이후 필요한 영역의 학습에 동기를 부여하려면 쓰기 결과물을 어떤 평가 방법으로 채점하는 것이 좋겠습니까?

3) 쓰기 능력 평가 범주의 종류와 세부 항목들에는 어떤 것이 있습니까?

2. 수행 과제

1) 쓰기 숙달도 평가 도구를 개발하기 위해서 다음 출제 구성표를 완성해 봅시다.

문항	등급	배점	문항 유형	문항 내용	평가 목표 (출제 의도)	텍스트 유형	비고 (담화길이)

2) 완성된 출제 구성표를 바탕으로 문항을 개발해 봅시다. 그리고 나서 과제의 요구사항을 준수한 모범답안도 작성하십시오.

3) 동료가 개발한 문항과 모범답안을 검토하여 수정 방향을 조언해 주십시오. 문항 수정이 끝나면 아래 〈보기〉 자료들을 참조하여 〈연습 1, 2〉에다가 자신이 개발한 문항의 채점 기준을 작성해 봅시다.

〈보기〉

문항 1	모범 답안	2015년 10월 9일 수요일 오후 8:16 어디 아파요? 오후 8:18 네, 지금 열이 나고 기침을 해요. 오후 8:20 그래요? 내일 학교에 올 수 있어요? 오후 8:22 못 갈 것 같아요. 오후 8:28 알겠어요. 내일 선생님께 내가 말할게요. 오후 8:30 정말 고마워요. 오후 8:35

	평가 범주		기준	배점 (12)
문항 1	채점 기준	담화 구성	4 — 대화문 간의 연결이 긴밀하고 자연스럽다. 3 — 대화문 간의 연결이 긴밀하고 자연스럽지 않은 곳이 1군데 있다. 2 — 대화문 간의 연결이 긴밀하고 자연스럽지 않은 곳이 2군데 있다. 1 — 대화문 간의 연결이 긴밀하고 자연스럽지 않은 곳이 3군데 이상이다.	4
		언어 사용	4 — 어휘와 문법, 맞춤법 오류가 3개 이하이다. 3 — 어휘와 문법, 맞춤법 오류가 4개 이상 6개 이하이다. 2 — 어휘와 문법, 맞춤법 오류가 7개 이상 9개 이하이다. 1 — 어휘와 문법, 맞춤법 오류가 10개 이상이다.	4
		사회언어학적 기능 수행	4 — SNS 텍스트의 대화체 격식을 일관되게 유지하였다. 3 — SNS 텍스트의 대화체 격식에 맞지 않은 곳이 1군데 있다. 2 — SNS 텍스트의 대화체 격식에 맞지 않은 곳이 2군데 있다. 1 — SNS 텍스트의 대화체 격식에 맞지 않은 곳이 3군데 이상이다.	4
		감점 기준	* 위의 기준으로 채점하되, 아래와 같은 점에 유의함. 총 5차례의 대화문을 작성하는 본 과제에서 한 차례의 대화문 작성을 누락할 때마다 각 2점씩 최대 10점까지 감점함.	

제 목	김정수의 〈사랑이야기〉 신청해요!
이 름	티안
전화번호	010-5678-1234

모범 답안

안녕하세요? 저는 서울에 사는 티안이라고 해요. 저는 베트남 사람이지만 지금은 한국 주부예요. 한국 사람과 결혼했거든요.

남편하고 저는 날마다 이 방송을 들어요. 정말 노래들이 다 좋아요. 이번 주 수요일이 제 남편 생일인데 남편에게 노래 선물을 하고 싶어요.

듣고 싶은 노래는 김정수의 사랑이야기예요. 이 노래는 남편이 처음 저한 테 불러준 한국 노래예요. 생일에 라디오에서 이 노래가 나오면 특별한 선 물이 될 거예요. 앞으로도 계속 좋은 방송 부탁드려요.(256자)

문항 3 / 채점 기준

평가 범주		기준	배점(24)
과제 수행	6	하고 싶은 말을 알리고 노래를 신청하는 2가지 기능을 모두 잘 수행하였다.	6
	4.5	과제가 요구하는 2가지 기능을 모두 수행하였으나 1가지 기능의 성취 수준이 미흡하다.	
	3	과제가 요구하는 2가지 기능을 모두 수행하였으나 2가지 기능의 성취 수준이 모두 미흡하다.	
	1.5	과제가 요구하는 2가지 기능 가운데 1가지 기능만 수행하였다.	
담화 구성	6	게시글에 필요한 ① 제목·이름·전화번호 ② 자기소개 ③ 본문 ④ 마무리 문장을 모두 갖추었다.	6
	4.5	게시글에 필요한 4개 구성 요인 가운데 3개를 갖추었다.	
	3	게시글에 필요한 4개 구성 요인 가운데 2개를 갖추었다.	
	1.5	게시글에 필요한 4개 구성 요인 가운데 1개를 갖추었다.	
언어 사용	6	어휘와 문법, 맞춤법 오류가 8개 이하이다.	6
	4.5	어휘와 문법, 맞춤법 오류가 9개 이상 15개 이하이다.	
	3	어휘와 문법, 맞춤법 오류가 16개 이상 23개 이하이다.	
	1.5	어휘와 문법, 맞춤법 오류가 24개 이상이다.	

사회언어학적 기능 수행	6	방송 매체에 보내는 글로서 적절한 내용이 2군데 이상 있으며 구어체 존대법 표현을 일관되게 사용하였다.	6
	4.5	방송 매체에 보내는 글로서 적절한 내용이 1군데 있거나, 구어체 표현의 오류가 1군데 있다.	
	3	방송 매체에 보내는 글로서 적절한 내용이 없거나, 구어체 표현의 오류가 2군데 있다.	
	1.5	방송 매체에 보내는 글로서 적절하지 않은 내용이 있거나, 구어체 표현의 오류가 3군데 이상이다.	
감점 기준	* 위의 기준으로 채점하되, 아래와 같은 점에 유의함. 300자±30자: 감점 없음 ±31~60자: 4점 감점 ±61~90자: 8점 감점 ±91~120자: 12점 감점		

〈연습 1〉

모범 답안			
채점 기준	평가 범주	기준	배점
	과제 수행		
	담화 구성		
	언어 사용		
	사회언어학적 기능 수행		
	감점 기준	* 위의 기준으로 채점하되, 아래와 같은 점에 유의함.	

〈연습 2〉

모범 답안			
채점 기준	**평가 범주**	**기준**	**배점**
	과제 수행		
	담화 구성		
	언어 사용		
	사회언어학적 기능 수행		
	감점 기준	* 위의 기준으로 채점하되, 아래와 같은 점에 유의함.	

3. 더 생각해 볼 거리

1) 특수 목적 한국어 쓰기 능력을 평가한다면 어떤 평가 문항들을 개발할 수 있을지 생각해 봅시다.

2) 평가 목적에 따라 실제성, 실용성, 신뢰도, 환류 효과, 타당도 등 평가 도구 개발의 5개 원리는 우선순위가 달라집니다. 수험자에게 미칠 환류 효과를 고려한다면 어떤 사항을 가장 중시해야 할지 근거를 들어 설명해 봅시다.

3) 한국어 학습자의 수준별 말하기 능력을 평가하기 위하여 어떤 문항이 적합할지 수행 과제의 1)~3) 틀에 맞게 정리하고서 실제적인 말하기 평가 문항을 개발해 봅시다.

서술식 채점 기준표의 구성 요소

　전형적인 직접 평가는 수험자가 쓴 글에 훈련된 채점자가 점수를 부여하는 방식으로 진행된다. 평가 결과에 대한 신뢰도를 확보하려면 타당성이 입증된 서술식 채점 기준표에 근거해 점수를 부여해야 한다. 평가 준거의 개념으로 쓰이는 채점 기준(rubric)은 붉은 색을 의미하는 라틴어 ruber에서 유래하였다. 중세에 rubric은 미사 전례나 재판 진행을 돕기 위해 빨간 색으로 적은 지침을 의미했고, 그래서 지금도 rubric은 수행 평가나 프로젝트, 쓰기 시험 등 수험자가 주관적으로 답안을 작성하는 평가 국면에서 평가자가 참조할 만한 권위 있는 채점 기준을 뜻한다.

　일반적으로 서술식 채점 기준표(rubric)는 목표 숙달 영역을 범주화한 ① 평가 준거(criteria)와 수행 과제가 기술된 ② 평가 문항(item), 그리고 문항에서 제시한 과제를 수행한 수준에 따라 구획된 ③ 등간 척도(standard)로 구성된다. 등간 척도의 범위는 연구자의 판단에 따라 3개 이상 다양하게 구획되고, 이 등간 척도에 부여되는 ④ 양적 점수 척도(scale)의 범위도 평가 대상 집단의 특성이나 평가의 목적에 따라 달라진다. 평가자는 ⑤ 질적 기술(description) 척도 내용을 보고 수험자의 수행 수준에 해당하는 양적 척도 점수를 부여하는 채점을 수행하게 된다. 효율적으로 평가를 하려면 이 질적 척도를 간단명료하게 기술해야 한다. 평가 준거와 등간 척도, 양적 점수 척도의 관계를 표상하면 다음과 같다.

〈표 22〉 서술식 채점 기준표(rubric)의 구성 요소 예시

① 준거 (criteria)	② 문항 (item)	③ 등간 척도 (standard)	④ 양적 점수 척도 (scale)	⑤ 질적 기술 (description) 척도
내용	예시	3	3점	주장에 대해 적절한 예시를 하였다.
		2	2점	주장에 대해 예시 내용이 없거나 예시에 대한 설명이 없어서 어색한 부분이 1군데 있다.
		1	1점	주장에 대해 예시 내용이 없거나 예시에 대한 설명이 없어서 어색한 부분이 2군데 이상 있다.
			0점	주장에 대한 예시가 없다.

온라인 대중공개강좌(MOOC) 한국어 수업에서 학습자 참여형 쓰기 평가의 효용성

수업 중 교수자의 적절한 평가와 조언은 학습자의 성취 수준을 크게 향상시킵니다. 개개 쓰기 능력을 맞춤형으로 개선하려면 대면 피드백이 가장 효과적이지만 교실에서는 실용적 측면을 고려하여 첨삭 후 지면 코멘트나 점수 고지 방식의 피드백을 많이 합니다. 대규모 학생이 접속하는 대중 공개강좌에서 효율적으로 피드백을 전달할 방법에 대해 생각해 봅시다.

√ 피드백 주체
√ 피드백 시기
√ 피드백 내용 및 무상 제공 범위
√ 피드백 반영 여부 검토 방법

1. 학습자 참여형 쓰기 평가의 필요성

한국어 교수 학습을 계획할 때 평가 문항의 내용은 수업 설계 지점에서부터 고려된다. 교수자에게 해당 과정 이수 후 학습자 능력의 도달 지점이 명확히 표상되어 있어야 학기 전 학습자 수준에 대한 진단과 학기 말 성취도 평가를 일관성 있게 실시할 수 있다. 학습자 수준의 정확한 진단과 예측적 타당도를 높이기 위해 그동안 평가 관련 연구에서는 수험자 능력의 엄밀한 측정이 중시되었다. 그래서 평가 준거 구인 설정이나 준거의 주관적 해석을 줄일 방안 등이 중요한 문제였다. 이러한 연구 결과는 한국어 교사 양성이나 쓰기 평가 채점자 훈련 과정에 적용되었다. 하지만 평가의 목적이 수험자의 다음 과제 착수 능력을 높이는 것이라는 본래의 취지를 상기한다면, 현행 각종 평가에서 수험자에 대한 배려가 부족한 점은 재고되어야 한다.

수업 과정에서 평가는 중요한 요인이다. 단위 수업의 수강생 규모가 커질수록 평가의 타당성과 실용적 피드백, 환류 효과 등을 모두 충족시키기란 쉽지 않은 요건이다. 교육부의 장려에 힘입어 자기 학교의 대표적인 수업들을 무크(Massive Open Online Curriculum) 콘텐츠로 다양하게 개발한 대학들이 선뜻 무크 교과의 학점을 인정하지 못하는 것도 이 때문이다.[1] 무크는 이러닝, 소셜네트워킹, 쌍방향 오락(Interactive Entertainment) 요소를 결합해 교수 -학생, 학생-학생 간의 공개된 상호 작용을 도입한, 새로운 형태의 온라인 교육 환경으로 정의된다(권오영, 2013: 163~168). 전통적인 대학 수업처럼 개강일, 종강일, 과제 기한이 있으며 계절 학기 일정도 가능하다. 수업 절차가 온라인으로 진행되므로 대단위 수강 인원을 감당할 수 있고, 유료 원격교육의 질을 뛰어넘는데도 무료로 콘텐츠를 제공하면서 교육 비용을 획기적으로 낮출 대안으로 등장하였다. 무크가 발전시키고 있는 정보 공유 기술과 원거리 교수법은 평생교육의 질적 개선에 기여하면서 인류 공익을 증진하고 있다.

언어는 사고를 매개하는 수단이므로 특정 언어의 숙달도를 높이는 수업에서 학습자는 사고력의 성장을 경험하게 된다. 특히 무크 교과와 같이 고등교육 콘텐츠를 개발하는 언어 교수자라면 학습의 매순간이 학습자에게 유의미한 경험이 되도록 기획해야 한다. 이러한 취지에 공감한 연세대학교는 2016년 3월 First Step Korean이라는, 한국어 수업 콘텐츠를 처음 글로벌 무크 플랫폼인 코세라(Coursea)에 등록시켰고 곧바로 Learn to Speak Korean 1 과정을 운영 중이며, 2021년부터 자체 학습 플랫폼인 러너스(LearnUs)에다가 한국어 프로그램을 비롯하여 다양한 고등교육 콘텐츠를 게시하고 있다. 연세대학교 한국어학당은 이러한 온라인 콘텐츠를 개발하면서 이러닝으로 유의미한 학습 촉진을 장려한 칸(Khan)의, 교수법, 기술 지원, 대면 디자인, 평가, 수업 관리, 자료 지원, 윤리적 문제, 제도적 측면 등 8개 이러닝 교수 원리를 검토하였고 이 글에서는 그 중 평가 항목을 중심으로 다음과 같은 사안을 검토해 보고자 한다.2)

---

1) 2016년 1학기부터 이화여대는 K-무크에 개설한 본교 강의 이수자에게 학점을 인정하기로 했고, 2학기부터는 KAIST, 서울대, 경희대, 포항공대 등 4개 학교가 학점 인정에 동참할 예정이다. 하지만 2015년 10개 대학을 필두로 해마다 10개 대학씩을 늘려 무크 강의를 보급하고, 특정 산업과 연계된 K-무크 과목 이수자를 우선 선발하도록 기업을 독려하는 교육부의 열의와는 대조적으로 무크 수업 이수를 학점으로 인정하는 것에 대해 대다수 대학들의 태도는 아직 미온적이다.

2) 이 8개 이러닝 과목 개발 원리를 무크 콘텐츠 개발 지침으로 활용한 구체적인 사례는

첫째, 오프라인 교실과 다른 시수 기준으로 전개되는 온라인 공간의 학습자 참여도를 어떻게 일반적인 학부 수업 시수 기준과 연계할 것인가.

둘째, 교수자와 다른 시공간에서 다양한 양태로 평가에 임한 결과를 어떤 기준으로 평가할 것인가.

셋째, 온라인 평가 과정 및 결과가 학습자에게 유의미한 경험이 되게 하려면 평가 절차 및 준거를 어떻게 구성해야 할 것인가.

이러한 문제를 점검하는 이유는 온라인으로 대규모 학습이 이루어지는 무크 학습 공간에서 동료 학습자 평가로써 평가의 실제성과 실용성을 확보하고, 학습자 스스로 목표 장르의 평가 준거를 내면화하게 하며, 같은 과제를 완수한 동료의 제출본을 평가하게 함으로써 개개인의 과제 수행 효능감을 높이기 위함이다. 이러한 과제 평가 절차를 통해서 교수자는 다음과 같은 효과를 기대할 수 있다.

첫째, 평가 준거가 내면화된 학습자는 본인이나 동료 과제의 완성도는 물론 담화 공동체 내에서 유통되는 유사 장르까지 평가할 감식안을 갖추게 된다.

둘째, 학습자별 수준 차이를 비계로 활용하여 상호 견인을 유도한다. 동료 평가에 임하는 성의 있는 학습자는 진단 오류를 최소화하는 방식으로 평가의 정확성을 기하고자 하므로, 자신이 확실히 아는 쓰기 지식에 기초하여 수정 방안을 조언하게 된다. 이 과정에서 학습자의 정확한 문법 지식은 긍정적으로 강화될 수 있다.

셋째, 교사의 권위에 종속되지 않고, 과제가 수행되는 담론 기반을 학습자 스스로 비판, 분석하게 하며 자기 지식을 동료와 공유할 선의지를 실천하게 할 수 있다. 무크 수업에서 동료 피드백 점수는 최종 학점에 영향을 미치지 않으므로 학습자는 주체적으로 피드백 내용을 수용하거나 거부할

김성숙·김성조(2016: 103~114)를 참조할 수 있다.

수 있다.

2. 한국어 쓰기 장르의 등급화

국내 대학에 입학하기 위해 필요한 한국어 등급 기준이 대단히 낮아졌다. 한국어 능력 4급 이상을 고수하던 교육부는 2011년을 기점으로 외국인 유학생 수가 줄자 공학 계열 입학 기준을 2급까지 내리더니, 이제 입학 조건으로 한국어 등급 자격을 요구하지 않는 대학도 적지 않다. 강의 수강에 필요한 한국어 능력은 스스로 알아서 갖추고 졸업 시점까지만 일정 수준의 한국어 능력을 입증하라는 것이다. 하지만 유학생 사이에서도 입학 기준이 엄정할 때 들어온 학생들이 그 이후 입학생들의 학업 능력을 폄훼하는 경향이 농후하다.

대학에 개설된 기초 교양이나 필수 교양, 교양 선택 과목 가운데 유학생에게 특화된 수업은 많지 않다. 유일하게 〈글쓰기〉 수업만이 특례 입학 여부와 한국어 숙달도에 따라 교수 내용에 난이도 차이를 둔다. 국문학과 전공 선택 과목으로 〈외국인을 위한 한국 문화의 이해〉 같은 수업이 개설되기도 하나, 수업 매개 언어의 난이도 기준이 따로 없어서 강의 개설자나 수강자 모두 수업 진행을 난감해하는 실정이다. 교양 영어 과목은 언어 등급 수준을 수업 난이도로 명시하기도 하지만 국내 유학생 중에는 영어 숙달도도 한국어 못지않게 낮은 경우가 많아 어떤 교양 과목에서도 유학생은 글로벌 학부생에게 필수적인 교양 지식을 숙달하기가 쉽지 않다.

• 유럽공통참조기준을 적용한 수업 개설의 필요성
2000년대 초반과 달리 한국어 4급 자격이 입학이 아닌 졸업 요건이 되면서 대학에서 유학생이 들을 수 있는 전공이나 교양 수업은 현저히 부족하게 되었다. 유학생 교육 경험이 별로 없는 대학 교수자들이 유학생 수준에 맞춰 강의를 개설하기는 쉽지 않다. 이렇게 대학 입학 전후의 한국어 수준을 연계할 과목이나 교수자가 적다 보니, 대학에 입학한 상당수 유학생이 휴학이나 자퇴를 고려한다. 한국어교육 현장 기반 학위자들이 제2언어로서의 한국어 학부 수업을 등급별로 구성하고, 표준화된 강의 개발 절차나 모델을 제공하는 연구가 시급한 이유이다. 유럽공통참조기준(Common European Framework of Reference for Languages)과 한국어의 특수성 등을 고려한 국제통용한국어교육표준모형에 따라 유학생 대상 강의를 표준화한다면 강의 개설자나 수강생 모두 판단의 근거를 확보할 수 있을 것이다.

현재 성균관대학교와 홍익대학교 등에서는 유학생의 한국어 능력이 낮고 고르지 않은 데서 발생하는, 전공 부적응이나 중도 탈락 등의 문제를 학제적 차원에서 해결하려고 시도하고 있다. 외국인 신입생 전체를 대상으로 1개 학기 12학점씩의 집중 한국어 과정을 운영하여 1년간 학습자의 개별 역량에 맞춰 대학 강의 수강을 위한 한국어 능력을 집중적으로 향상시키려는 것이다. 국문학과 등 일부 인문학 수업에서 산발적으로 개설되던 외국인 대상 교양 과목을 집중 교양 과정에서 통합적으로 운영하면서 언어 학습과 병행하여 외국인 신입생의 종합적 사고력과 글로벌 문화 이해력 신장을 추구하고 있다.

• 블렌디드러닝 수업의 효과

블렌디드러닝은 학업 수행 능력과 수업 참여 의지가 상이한 학습자들을 가르치기에 이상적인 교수법이다. 학습자 수준별로 횟수를 달리하여 강의를 반복 청취하며 이해 정도를 맞출 수 있기 때문이다. 각자 능력껏 사실적 지식을 이해하여 수업 착수 시점의 배경지식 수준을 평준화시킨 후에, 교실에서는 토론으로 명제적 지식의 습득 정도를 점검하거나 특정 과제를 수행하면서 절차적 지식을 익히게 할 수 있다. 예를 들어 동일하게 3급 수준의 온라인 학습을 선행했을지라도 목표 과제의 숙달 정도는 상이할 수 있다. 학습자들이 가진 이러한 인식 차이는 교실에서 서로의 부족한 점을 채우는 대화를 촉진하여 오프라인 협력 학습을 북돋우는 긍정적 효과로 귀결될 것이다. 이 글에서는 블렌디드러닝 교과의 온라인 교수 자료로서 무크 콘텐츠를 제작, 활용할 것을 제안한다. 원거리 평생교육 학습자는 온라인 강의만을 이수하여 관심 분야에 대한 이해를 늘리고 근거리 대학생은 오프라인 출석 수업과 병행하여 학점을 취득하게 하려는 것이다. 온라인 수업 이수는 2학점, 출석을 병행한 블렌디드러닝 수업 이수는 3학점을 부여하도록 설계할 수도 있다.

· 2학점의 온라인 수업 시수

무크 수업은 오프라인 수업에 비해서 학습 지속 시간이나 기간이 짧기 때문에 보통 주차별 3~4개 활동으로 총 5~8주 과정으로 진행된다. 2학점, 15주 30시간의 교양 수업을 개발한다고 할 때 중간과 기말 시험 시간을 제외하면 총 26시간 분량의 수업 활동이 필요하다. 현재 교육부의 원격교육 지침에 따르면 오프라인 50분 학습을 온라인에서는 25분으로 환산하여 인정하므로 2학점 강의에는 총 650분(26시간×25분)의 강의 활동 자료가 필요하다.3) 대략 1주에 100여 분씩 6주차의 강의 및 활동 자료를 제작해야 하는 것이다. 각 주차별로는 특정 등급의 단계별 쓰기 텍스트 생성을 목표로 시청각 강의, 어휘·문법 표현 연습, 읽기 자료, 퀴즈 및 과제 활동을 구성할 수 있다.

이 글에서 관심을 두는 무크 한국어 수업은 대면 의사소통을 통한 학습자 수준 점검과 오프라인 수업과의 연계를 전제한 블렌디드러닝 모형이므로 한국어 6등급 체계를 전제하였다. 기존의 한국어 능력 등급에서는 급별로 200시간씩의 숙달을 요구한다. 구체적으로 일상생활이 가능한 1, 2급, 대학 생활이 가능한 3, 4급, 대학원 이상 전문직 종사가 가능한 5, 6급의 위계를 따른다. 이러한 각급 200시간 체계를 무크 수업과 연계시키기 위해 〈표 1〉과 같이 수평적으로 8개 난이도의 과제 활동을 구성하였다. 초급은 문장

---

3) 오프라인 대학의 3학점 수업이 주당 3시간을 기준으로 한다면 사이버 대학의 3학점 수업은 75분 강의로 진행된다. 교육부의 이러한 원격교육 지침을 알려 주어 졸고의 논의를 정치하게 해 준 심사자 선생님께 감사드린다.

단위의 대화문 장르, 중급은 일상생활 및 학업과 직업 입문 장르, 고급은 전문 학술 장르 생성을 목표로 하였다. 〈표 1〉에 굵은 외곽선으로 표시한 예시 부분과 같이, 한국어 50시간, 즉 1/4급 이수 모듈로서의 무크 수업마다 650분 분량의 강의 및 과제 활동을 배치하여 2개 쓰기 장르 작성 방법을 교수하고 2학점을 부여할 수 있다.

〈표 1〉 등급별 한국어 쓰기 장르 구분 예시

등급＼시간	25	50	75	100	125	150	175	200	목표
6	요약	분석	비교	지문 / 적용	자료 / 설명	비판옹호	기준평가	대안제시	창의
5	감상문	광고평	음반평	드라마평	뮤지컬평	연극평	영화평	서평	평가
4	자기소개	독자투고	추천서	기사문	입사지원	연구계획	중수필	보고서	종합
3	개요작성	도표	관람후기	구매후기	발표자료	시나리오	전기문	소설	분석
2	단락글	가입인사	카드	엽서	요리법	블로그	편지	경수필	적용
1	번역	문장	문자	댓글	메모	광고문	일기	SNS대화	이해

• 블룸의 학습 인지 위계

오른쪽 열의 학습 목표는 Bloom(1956)과 Anderson(1990, 2001) 등이 분류한 학습 인지 위계를 참조하여 설정하였다. Bloom이 이끌었던 미국교육심리학회는 학습에 필요한 인지 활동 수준을 지식, 이해, 적용, 분석, 종합, 평가로 계층화하였다. 1950년대 미국 학교 시험 문제의 95%가 낮은 사고 단계인 '지식의 이해'만을 요구하는 데 이의를 제기하기 위함이었다. 이후 미국 교육은 Bloom의 학습 인지 목표 분류 체계를 적용하여 고차원적 사고력 배양에 주력하였다. 분류 체계에서 가장 낮은 단계인, 지식에 대한 '이해'는 정보를 단순히 암기하는 것이다. 기억력에 의한 단답식 답안이 바로 이 이해력 측정 문항에 속한다. 최고 목표인 '창의'로 다가갈수록 고차원적 사고력이 요구된다. 학술 담론을 생성하려면 이해한 지식 내용의 맥락 관계를 분석하여 여러 상황에 적용하고 전체 의견을 종합하며 평가할 줄 알아야 함은 물론 새로운 의견을 창의할 수 있어야 한다.

Bloom의 고전적 학습 인지 분류 체계는 그의 제자였던 Anderson에 의해 1990년내에 수정되었다. 정보화 사회 여건을 반영하여 '종합(Synthesis)'을 빼고 '창조하기(Creating)'를 추가하면서, 목표를 명사에서 동사형으로 바꾸어 21세기 지식의 유동성을 표상하였다. 다양한 정보를 종합하는 능력은 디지털 기기가 더 우수하므로, 기계가 흉내 낼 수 없는 창조력으로 인간의 고유성을 발휘해야 한다고 본 것이다(김성숙, 2016: 60 참조).

이 글에서는 학술적 쓰기 능력의 기초가 되는 논술문 작성 능력을 한국어 쓰기 학습자가 도달할 최상위 능력으로 설정하였다. 제반 유형의 논술문 작성 연습을 통해서 '이해'에서 '창의'에 이르는 학습 인지 발달 단계를 추체험할 수 있을 뿐만 아니라 학술 담론 생성에 필수적인 논리적 글쓰기 연습을 할 수 있기 때문이다. 현행 TOPIK II 시험에서도 도표 자료 해석과 논증적 사고의 표현력을 위주로 수험자의 실제적 쓰기 능력을 측정하고 있음을 고려할 때, 논술문 작성 능력을 학문 목적 한국어 쓰기 능력의 기본 장르로 설정하는 것이 타당하다고 사료된다.

• 등급별 쓰기 장르

〈표 1〉에서 1급은 일상생활 가운데 문장 단위의 정보를 이해하고 표현하는 장르로 한정하였고 2급은 기초적인 어법과 수사적 지식을 적용해 개인적인 주제의 단락 글을 작성하도록 지도하는 데 목표를 두었다. 개인에서 사회로 관심의 폭이 확장되는 3급에서는 자료 해석의 결과를 비교, 분석하도록 하기 위해, 개요를 작성해 2개 이상 단락으로 감상을 표현하는 장르를 배치하였다. 4급 이상에서 목표로 하는 종합, 평가, 창의 등의 학습 인지 목표와 각 등급별 텍스트 선정이 타당한가, 목표로 하는 학습 인지가 이러한 텍스트 작성 과정에서 얼마나 발현될 것인가 하는 등의 문제가 제기될 수 있다. 본 연구는 오프라인과 온라인을 연계하는 블렌디드러닝 수업 설계

를 위한 시론적 성격이 강하므로 이에 대해서는 추가적인 논의가 계속 있어
야 할 것이다.

3. 쓰기 과제 평가 절차 구성

수업 구성은 Grant와 Jay(2005)의 역순 설계(Backward design) 방식을 기반
으로 설계하였다. 역순 설계란 '바라는 결과 목표 확인 → 목표 도달 증거
결정 → 목표와 증거에 부합하는 수업 과제 계획'의 구조를 가리킨다.4) 수
업의 본 활동은 호주의 이민자 교육에서 효율을 입증한 Martin의, 장르에
대한 체계기능언어학적 접근, 즉 '교수-학습 순환(teaching-learning cycle)' 3
단계 모형을 참조하였다.5)

한국어 무크 수업에서 쓰기 과제의 목적은 학습자가 자발적으로 수업에
참여하여 쓰기 효능감을 진작하고 궁극적으로는 스스로 자기와 세계에 대
한 이해를 넓혀 글로벌 지식인으로서의 자아를 성취하도록 돕는 것이다.
효능감이란 어떤 수준으로 수행할 수 있는 능력에 대한 개인의 신념과 판단

---

4) 교육 목표에 부합하는 내용과 방법을 결정한 후 평가를 계획하는, 일반적인 순서를 거스
른다는 점에서 '역순(backward)'으로 명명된다. Grant & Jay(2005)는 교육과정을 '학생들
이 바라는 결과를 성취하도록 적절한 학습 활동과 평가를 제시하는 지도'로 보고, '바라는
학습'의 관점에서 목표 성취를 위해 사용될 경험, 과제, 평가를 적절하게 구체화한 교육과
정 설계 모형을 제안하였다(강현석 외 역, 2008: 39).

5) 이 모형은 예시글 제시하기(modeling), 협력하여 글쓰기(joint negotiation of text), 독립적
으로 글쓰기(independent construction of text)의 3단계로 구성된다. 첫 단계에서 학생과
교사는 텍스트의 문화와 상황 맥락을 장르 기능의 측면에서 규명하고, 그것들이 어떤
사회적 목적에 기여하는지, 장르의 구조 요소는 어떤 방식으로 기능을 반영하는지, 장르
의 언어 자질은 어떻게 기능을 수행하는지에 대해 토론하고 분석한다. 두 번째 단계에서
는 학생과 교사가 공동으로 참여하여 해당 장르에 속한 텍스트를 구성해 본다. 본격적인
조사를 시작하고 내용 지식을 개발하고, 노트하고 관찰하고 다이어그램을 그리고 나서
글을 쓴다. 마지막 단계에서 학생들은 텍스트의 초고에 대해 동료들과 회의를 하고, 편집
하고 평가하며 자신들의 글을 출판하는 과정을 통해 해당 장르의 글 한 편을 독립적으로
작성한다(Bawarshi, Anis & Reiff, Mary Jo, 2010: 33~34).

을 나타내는 인지적 구인으로, 과제에 대한 도전 수준, 노력, 수행에 영향을 준다(Multon, Brown, & Lent, 1991; Bandura, 1997; Zimmerman, 2000). 교사가 성취 가능한 도전적인 과제와 의미 있는 활동을 제공하고, 지지와 격려로 학습자의 자발적인 노력을 이끌며 과제를 완수할 것이라 믿어주면 학생이 자신감을 발달시키는 데 도움을 줄 수 있다(Mills & Clyde, 1991).

강의 시작 단계에서 각 학습자의 쓰기 효능감 및 핵심 역량 수준과 목표 장르 생성 능력의 정도를 측정하여 강의 종료 후 실시한 학습자 성취도 및 강의 만족도 결과와 비교함으로써 학습자의 성장 정도를 측정하고 수업의 효율을 분석할 수 있다.

• 평가의 내용과 단계

진단 평가와 성취도 평가 문항은 학습될 내용과 동일한 쓰기 장르로 구성해야 한다. 진단 평가에서 목표 장르가 제시되어야 수업에 임할 학습자가 목표와 한계를 명료하게 표상할 수 있기 때문이다(Present). 자신에게 부족한 점을 파악한 학습자는 강의와 연습으로 진행되는, 이후 쓰기 지식의 이해 수업에서 자신에게 부족한 능력을 습득하는 데 집중하게 된다(Practice).

과제를 제출하기 전에 학생들은 평가 준거를 학습한다. 준거를 이해한 학생들은 난이도가 다른 예시 답안들을 평가하고(Produce) 평가 오류를 정정하면서 유능한 평가자가 되기 위한 훈련을 한다. 샘플 글 2~3개를 평가해 보면서 평가 준거를 내면화한 학생들은 자신의 초고를 수정할 단서들을 확보하게 된다. 초고를 제출한 학생은 동료가 제출한 초고를 두 편 이상 평가해야 해당 쓰기 수행 과제를 종료할 수 있도록 시스템을 구성한다.

한국어 무크 수업에서 목표 장르 생성 지식에 대한 성취도 평가를 '동료 평가'로 진행하는 가장 큰 이유는, 학습자들에게 한국어 담화 공동체의 일원으로서 정체성을 가지도록 진작하기(Promote) 위함이다. 교실 협동은 학생들이 연대감을 느끼며 학습 담화 공동체를 만들어 가는 과정이다. 무크 수업의 소속감을 더욱 강화하려면 오프라인 지인을 10여 명 모아 등록하게 하거나(edX GROOC 시스템 참조), 수업 등록 시 제공한 정보를 토대로 한국

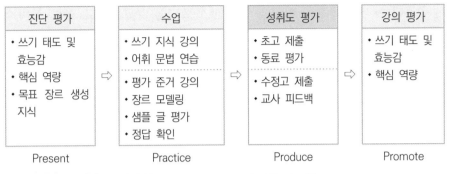

<그림 1> 무크 수업의 평가 유형 및 절차

어 숙달도나 취미 등이 유사한 사람들로 토론방을 구성해 주는 것도 한 방법이다. 〈그림 1〉은 기존의 언어 교수 모형인 3P 모형을 기반으로 언어 학습이 회귀적임을 강조하여 1P(Promote)를 추가, 수정한 것이다.

무크 수업에서 성취도 평가를 '동료 평가'로 진행할 수밖에 없는 두 번째 이유는 교사가 일일이 평가할 수 없기 때문이다. 특히 글로벌 무크라면 수 강생 규모가 더욱 방대하므로 수업의 모든 절차를 시스템화해야 한다. 문제 는 한국어 숙달도가 너무 다른 학습자 간에 동료 평가 짝이 만들어지는

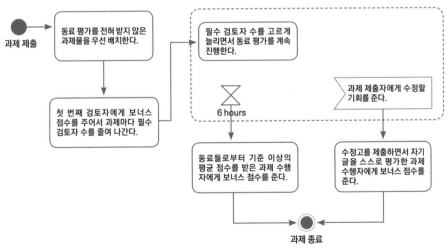

<그림 2> 동료 평가를 위한 과제 배치 시스템 예시

경우인데 이러한 곤경을 미연에 방지할 프로그램이 필요하다. 유료 서비스를 신청하는 학습자에게는 동료 피드백을 받아 수정한 최종 제출고에 대해 〈그림 1〉에 점선으로 표시한 전문적인 피드백을 제공하도록 한다. 〈그림 2〉는 Thomas Staubitz et. al.(2016)의 최근 연구를 참조하여 학습자가 제출한 과제물을 동료 평가하기 위해 배치하는 시스템을 예시한 것이다.

• 동료 평가 내용

동료 평가 문항은 객관적 채점이 이루어질 수 있도록 주관적 해석을 가급적 배제할 수 있는 내용으로 구성해야 한다. 동료 평가 문항 구인의 요건은 1) 채점자 변인을 최소화할 문항을 위주로 한다. 2) 등급 판정 목적이 아닌, 이후 과제 착수 시점의 학습자 능력을 향상시킬, 평가의 긍정적 환류 효과 발생을 목적으로 한다. 3) 피평가자뿐만 아니라 평가자에게도 유의미한 학습 활동이 되어야 한다.

• 저자의 의자

본 콘텐츠를 블렌디드러닝 수업에 활용하고자 한다면 '성취도 평가' 단계를 교실에서 진행하는 것이 바람직하다. 먼저 검토할 초고의 순서를 정하고 해당 날짜에 검토 받기로 한 저자를 지정된 의자(the author's chair)에 앉힌다. 둘러앉은 동료들은 학습한 준거에 따라 대상 글에서 수정되어야 할 부분을 알려 준다. 이때 조언을 듣는 학생이 마음을 다치지 않도록 잘 쓴 부분부터 칭찬하고 나서 문제점을 지적하는 말하기 예절을 미리 가르쳐야 한다. 교사는 학생들의 수업 참여도를 평가에 반영하고, 일정 시간 동안 진행된 동료 평가에서 언급되지 않은 사항을 중심으로 수정의 조언을 해 준다. 오프라인 교실에서 모든 학생은 동료 평가를 받은 날로부터 일주일 이내에 수정고를 제출하도록 하고, 교사는 최종고에 대하여 평가를 진행한다.

무료로 공유되는 무크 수업에서는 수강생의 쓰기 효능감 고취가 주된 목표이므로 교사는 수업 개시 직후와 종료 직전에 효능감이 향상된 정도를 확인하여 차시 수업 개선에 참조하도록 한다. 물론 시스템 접속 방법이나 강의 내용에 대한 피드백도 필요하지만 그러한 내용의 설문 문항 개발은 본 연구의 목표가 아니므로 추후 과제로 미루고자 한다. 다만 강의 평가 항목으로 미래 핵심 역량 성취도를 추가할 필요가 있다. 종합적 사고력, 자기 관리 역량, 자원·정보·기술 활용 역량, 글로벌 역량, 대인관계 역량, 의사소통 역량 등 OECD가 2012년 미래 핵심 역량으로 공표한 목표들은 현재 한국의 초·중·고등 교육에서 지상 과제가 되었다. 무크 역시 학부생 교육을 목표로 하므로 학부 유학생을 위한 쓰기 교육 콘텐츠를 구성할 때에도 의사소통 역량을 중심으로 미래 핵심 역량 증진을 목표로 삼아야 한다.

4. 쓰기 평가 준거 영역 및 항목

진단 평가와 성취도 평가 시 학습자가 가진 쓰기 능력은 수업에서 다룰 목표 장르를 생성하는 데 필요한 지식으로 측정되는 것이 바람직하다. 무크 교육 여건 상 목표 장르 평가는 수업 중에 학습한 준거에 의해서 동료들이 수행한다. 그리고 평가 결과는 자동으로 합산되어 학습자에게 제공되어야 한다. 동료 평가 방식은 자기 주도 학습 본연의 성취감을 제공함으로써 학업 동기를 고무할 수 있다. 또한 핵심 역량을 중심으로 한 쓰기 효능감 측정 문항도 필요하다. 개별 기능이나 과제에 대한 효능감을 검사할 때에는 전통적인 리커르트 척도보다 0에서 100 사이의 숫자 척도를 사용한 측정력이 더 탁월하다(Pajares, Hartley, & Valiante, 2001). 반응의 폭이 좁은 검사 도구는 학생들의 판단을 변별하는 데 실패할 수도 있다. 동일한 반응을 선택한 사람이라도 그 사이에 중간 단계들이 있었다면 결과는 달라질 수 있기 때문이다(Bandura, 1997: 44).

• 쓰기 행위는 교류적인가 전달적인가

Baaijen 등(2014)은 84명의 대학생을 대상으로 실험하여, 쓰기에 대한 필자의 신념이 교류적인가(transactional) 전달적인가(transmissional)에 따라 텍스트 질, 수정의 정도와 유형, 필자의 자기 이해도 확장 폭이 달라짐을 확인하였다.[6] 전형길(2016: 172)은 학문 목적 한국어 학습자의 쓰기 동기 구성 요인을 탐색하여 효능감, 흥미, 상호작용 영역의 세부 구인을 선정하였다. 이러한 선행 연구 성과는 본 연구에서 쓰기 태도 및 핵심 역량을 점검하는 문항을 구성하는 데 〈표 2〉와 같이 참조되었다.

〈표 2〉 쓰기 태도 및 핵심 역량 점검 문항

1. 글을 쓰는 과정에 최선을 다 했다면 결과물의 질이 좀 낮아도 괜찮다.
2. 결과물의 질을 높일 수 있다면 글을 쓰는 과정은 그리 중요하지 않다.
3. 내가 글을 쓰는 목적은 생각과 정보를 전달하는 데 있다.
4. 내가 글을 쓰는 목적은 독자와 소통하는 데 있다.
5. 책이나 잡지에다가 전문 정보를 소개하는 글이 좋은 글이다.
6. 자신의 감정이나 감상을 솔직하게 표현한 글이 좋은 글이다.
7. 주제에 대한 필자의 관점이나 입장이 확실하게 드러난 글이 좋은 글이다.
8. 글을 써 가면서 전달하고자 하는 주제나 주장을 명료하게 다듬어 가는 편이다.
9. 개요 등 내용 계획을 미리 세워 두고 글을 쓸 때는 그대로 옮겨 쓰는 편이다.
10. 글을 쓰는 동안 논리적 사고가 활발해진다.
11. 글을 쓰는 동안 감성적 사고가 활발해진다.
12. 글을 쓰고 나면 글 쓴 주제에 대한 지식이나 이해가 깊어진다.
13. 나는 읽을 사람이 누구인가를 고려해서 글의 구조나 표현을 다르게 쓴다.
14. 글을 쓸 때에는 '개요 작성－집필－수정'의 단계별 절차를 따른다.
15. 나는 쓰기 과정 중에 어떤 전략을 써야 글의 목적을 이룰 수 있는지 안다.
16. 수정할 때 처음에는 내용 위주로, 다음에는 문법이나 맞춤법 위주로 고친다.
17. 글을 쓰고 나서 수정을 많이 할수록 글의 질이 좋아질 것이다.

---

6) 교류적 신념이란 필자의 정서나 태도가 작성되는 글과 상호작용한다고 믿는 것이고, 전달적 신념이란 외부 세계에 객관적으로 존재하는 정보를 텍스트에 명료하게 옮겨 적는 것이 필자의 역할이라고 보는 것이다. 아직 국내에서는 필자의 신념이 텍스트 생성 과정이나 최종 결과물의 질에 미치는 영향을 구체적으로 탐구한 연구가 없으므로 추후 이러한 영향 관계를 검증하는 연구 설계가 필요하다.

18. 좋은 글을 따라서 써 보는 과정이 글을 잘 쓰는 데 도움이 될 것이다.

19. 글을 잘 쓰려면 특정 장르의 구조나 형식 관련 지식을 학습하는 게 중요하다.

20. 글을 잘 쓰려면 창의적인 내용을 쓰는 게 중요하다.

21. 글을 잘 쓰려면 권위 있는 내용을 알맞은 자리에 잘 인용해서 써야 한다.

22. 자신이 잘 알고 있는 주제에 대해 글을 쓰면 결과물의 질이 우수해질 것이다.

23. 나는 글을 잘 쓰는 편이다.

24. 쓰기 능력은 타고나는 것이라기보다 다듬어지는 것이다.

25. 글을 쓸 때 컴퓨터 활용 기회가 많아진 것은 인류에게 긍정적인 발전이다.

26. 나는 듣기 및 읽기 능력을 갖추었다.	의사소통 역량
27. 나는 말하기 및 글쓰기 능력을 갖추었다.	
28. 나는 토론 및 조정 능력을 갖추었다.	
29. 나는 분석 및 추론 능력을 갖추었다.	종합적 사고력
30. 나는 비판적 사고력을 갖추었다.	
31. 나는 창의적 사고력을 갖추었다.	
32. 나는 자료 수집 및 분석 능력을 갖추었다.	자원·정보·기술 활용 역량
33. 나는 정보기술 및 소프트웨어 활용 능력을 갖추었다.	
34. 나는 외국어 능력을 갖추었다.	글로벌 역량
35. 나는 글로벌 다문화 이해 능력을 갖추었다.	
36. 나는 자기 주도적 학습 능력을 갖추었다.	자기 관리 역량
37. 나는 자기이해 및 정서적 조절 능력을 갖추었다.	
38. 나는 공동체 의식을 갖추었다.	대인 관계 역량
39. 나는 협력 능력을 갖추었다.	
40. 평소에 한국어를 잘 쓰는 방법을 계속 찾아본다.	효능감
41. 한국어 쓰기를 잘 하기 위해 노력할 것이다.	
42. 수업 시간이나 과제를 할 때, 별로 쓰고 싶지 않은 주제라도 끝까지 쓰려고 노력한다.	
43. 앞으로 내 쓰기 실력은 더욱 향상될 것이다.	
44. 말할 때보다 글을 쓸 때 내 생각을 더 잘 전달할 수 있다.	
45. 글을 쓰다가 어려울 때 해결 방법을 찾을 수 있다.	

46. 내 생각을 한국어로 쓰는 시간이 즐겁다.	흥미
47. 한국어로 쓴 글을 교사에게 제출하면 기분이 좋아진다.	
48. 한국어 쓰기가 재미있다.	
49. 내 글에 대해 동료 및 교사와 이야기하는 것이 즐겁다.	
50. 쓴 글을 출판하기 위해 잡지에 글을 쓰는 것도 재미있을 것 같다.	상호작용
52. 내 글을 다른 동료들이 흥미로워하는 것 같다.	
53. 내 글을 다른 사람에게 보여주는 것이 즐겁다.	
54. 평소에 동료들과 서로 쓴 글을 돌려 읽는다.	

〈표 2〉에서 1~25번 문항은 필자의 쓰기 태도를 판별하기 위하여 Baaijen 등(2014)의 연구를 참조하였고, 26~39번 문항은 미래 핵심 역량에 대한 수업 만족도를 조사하기 위하여 한양대학교 창의융합교육원에서 2014년도에 개발하여 적용한 학부생 핵심역량진단 문항을 참조했으며, 40~54번 문항은 한국어 학습자로서의 쓰기 동기를 측정하기 위하여 전형길(2016)의 연구를 참조하여 조직하였다.[7]

• 피드백 시스템 관리

무크와 같이 학습자의 자발적 의지나 자기 관리 능력이 학습 성공의 변별적 요인으로 작용하는 수업에서는 학습자와 교수 매체의 원활한 상호작용 시스템이 매우 중요하다. 따라서 수업 개발자는 학습자 요구를 충족할 대면 디자인과 기술 지원 등에 주의를 기울이고 이에 대한 학습자 만족도 측정 문항을 강의 평가 문항 안에 수렴해야 한다. 무크 수업의 효율은 무엇을 제공하느냐보다 어떻게 제공하느냐에서 비롯된다. 동일한 주제에 관심을

---

7) 추후 연구를 통해서 본 진단평가 문항을 적용한 학습자 성취 수준의 변별적 차이를 분석하고자 한다. 전형길(2016)의 쓰기 동기 구성 요인에 대한 연구에 따르면, 국외 집단의 한국어 쓰기 동기 수준이 국내 집단에 비해 전반적으로 높았고, 두 집단 모두 효능감 요인이 주된 동기 요인이었으며 상호작용 요인 수준이 가장 낮은 것으로 분석되었다. 한국어 학습자의 쓰기 동기 강화를 위해서는 한국어 학술 담론 공동체 내에서 실제적으로 상호작용할 쓰기 과제 활동을 더 많이 개발, 적용해야 할 필요가 있다.

가진 상이한 이력의 학습자들이 서로 배움의 연대를 형성하여 수업의 목표 숙달도를 공동으로 성취하게 하는 것이 무크 수업의 최종 목표이다.

• 동료 평가 문항 예시

다음은 한류 스타에게 팬으로서 생일 축하 메일을 보내는 과제에 대해 동료 평가를 진행할 때 사용하도록 개발된 수행 평가 문항의 예시이다. 평가 범주는 과제 수행, 내용 전개, 어휘의 정확성, 문법과 문체 등 4개 영역이다. 샘플 글의 수준을 다양화하여 학습자들이 평가 준거를 충분히 숙지할 수 있도록 준비한다.

〈보기〉 | 샘플 글

과제 수행
1. 생일 축하 이메일입니까?

| ○ | 아니요 (0점) |
| ○ | 네   (1점) |

2. 글자 수가 400±40자로 쓰였습니까?

| ○ | 아니요 (0점) |
| ○ | 네   (1점) |

내용 전개
3. 편지를 받는 사람과 보내는 사람, 제목의 내용을 잘 썼습니까?

○	하나 이상 안 쓴 것이 있다.	(0점)
○	쓰기는 썼지만 내용에 맞지 않는다.	(1점)
○	모두 썼고 내용과 잘 어울린다.	(2점)

---

4. 자신을 소개하는 내용이 있습니까?

○	자신을 소개하는 내용이 전혀 없다.	(0점)
○	자신을 1문장으로 간단히 소개하였다.	(1점)
○	자신을 2문장 이상으로 잘 소개하였다.	(2점)

5. 왜 그 스타를 좋아하는지 설명했습니까?

○	좋아하는 이유를 설명하는 내용이 전혀 없다.	(0점)
○	이유를 1문장으로 간단히 설명하였다.	(1점)
○	이유를 2문장 이상으로 잘 설명하였다.	(2점)

6. 또 다른 하고 싶은 이야기를 썼습니까?

○	다른 이야기가 전혀 없다.	(0점)
○	다른 이야기를 1문장으로 간단히 썼다.	(1점)
○	다른 이야기를 2문장 이상으로 충분히 썼다.	(2점)

7. 편지를 받는 사람이 한류 스타입니까?

○	편지를 받는 사람의 직업을 전혀 알 수 없다.	(0점)
○	편지를 받는 사람이 한류 스타인지 확실치 않다.	(1점)
○	편지를 받는 사람은 한류 스타이다.	(2점)

8. 첫인사와 마지막 인사가 있습니까?

○	인사하는 내용이 전혀 없다.	(0점)
○	처음과 마지막 인사 가운데 하나가 부족하다.	(1점)
○	첫인사와 마지막 인사가 모두 있다.	(2점)

어휘의 정확성

9. 맞춤법과 어휘가 정확하게 쓰였습니까?

○	여러 군데 정확하지 않아 내용 이해가 어렵다.	(0점)
○	잘못 쓰인 데가 있지만 내용은 이해할 수 있다.	(1점)
○	맞춤법과 어휘 표현에 틀린 데가 거의 없다.	(2점)

문법과 문체

10. 문법이 정확하게 쓰였습니까?

○	여러 군데 정확하지 않아 내용 이해가 어렵다.	(0점)
○	잘못 쓰인 데가 있지만 내용은 이해할 수 있다.	(1점)
○	틀린 데가 거의 없다.	(2점)

11. 편지 내용의 변화에 따라서 문장의 길이를 다양하게 썼습니까?

○	문장 길이가 모두 너무 짧거나 모두 너무 길다.	(0점)
○	문장 길이를 다양하게 쓰려고 노력한 곳이 있다.	(1점)
○	편지 내용에 알맞게 문장 길이를 다양하게 썼다.	(2점)

정답을 보여 주세요.

*정오답을 표시하고 설명을 덧붙인다. 〈보기 2〉에는 〈보기 1〉과 다른 수준의 사례를 제시하여 동일한 평가 준거로 연습시켜서 학습자가 평가 준거를 내면화하게 한다.

〈그림 3〉 온라인 쓰기 수업의 생일 축하 이메일 장르 평가 문항 예시

5. 학습자 참여형 쓰기 평가의 의의

한국어 교육 분야에서 무크 콘텐츠를 개발할 때 학습자 참여형 수행 평가 기반을 마련하려면 다음과 같은 사항을 고려해야 한다.

첫째, 오프라인 교실과 다른 시수로 전개되는 온라인 학습 공간을 일반적인 학부 교육 체제와 연계하기 위해 강의 및 과제 활동에 할당될 구체적인 시수 계획을 세워야 한다. 이에 이 글에서는 2학점 650분 분량의 온라인 강의 활동 자료 구축을 제안하였고 1개 등급 4개 과제씩 6등급 체계에 해당하는 쓰기 장르를 난이도별로 분류하였다(〈표 2〉 참조).

둘째, 교수자와 다른 시공간에서 다양한 양태로 평가에 임한 결과는 참여의 성실도로써 학습자 성취도에 반영되어야 한다. 이 글에서는 과제 수행 자세의 성장 양상을 강조하기 위하여 언어 학습의 일반적 절차인 3P 모형에다가 저자 정체성 숙달 지점인 진작(振作, Promote) 단계를 추가하여 4P 모형을 개발하였다(〈그림 1〉 참조). 또한 성실하게 동료 평가에 참여한 정도나 평가 결과를 적극적으로 수용한 정도를 최대한 객관적으로 수치화하기 위하여 Thomas Staubitz et. al.(2016)의 최근 연구를 참조하여 〈그림 2〉와 같은 평가 절차를 계획하였다.

셋째, 평가 절차 및 준거 숙지를 교수요목으로 구성함으로써 평가 과정 및 결과가 학습자에게 유의미한 경험이 되도록 설계해야 한다. 일반적으로 쓰기 수업에서 평가자와 피평가자의 권위는 위계적으로 구분되고, 학점 취득을 위한 성취도 평가의 결과는 최종 점수로 고지될 뿐 다음 과제의 출발 지점을 진단한 지표로서 안내되지 않는다. 하지만 대규모 온라인 쓰기 수업에서 권위 있는 교사가 학습자의 쓰기 수행 결과에 대해 일일이 절대 점수를 부여하는 것은 불가능하다. 이에 이 글에서는 교사의 평가 과정을 추체험해 보는 동료 평가 과제를 설계함으로써 특정 장르에 대한 개인의 쓰기 감식안을 높이고 자발적으로 자신의 글을 수정할 동기를 강화하고자 하였다.

이러한 학습자 참여형 쓰기 수행 평가의 의의는 다음과 같다. 먼저, 평가의 주체로서 활동해 본 경험은 학습자들에게 학술 담화 공동체의 일원이 되었다는 자신감을 갖게 할 것이다. 그리고 동료 평가에 임하는 학습자는 확실히 아는 쓰기 지식에 기초하여 수정 방안을 조언하게 되므로, 이 과정에서 학습자의 정확한 문법 지식은 긍정적으로 강화될 수 있다. 또한 교사의 권위에 종속되지 않고, 과제가 수행되는 담론 기반을 스스로 비판, 분석해 봄으로써 자신의 지식을 동료와 능동적으로 공유할 수 있고, 동료로부터 받은 피드백은 최종 학점에 영향을 미치지 않으므로 좀 더 편한 마음으로 피드백 내용을 수용하거나 거부하는, 저자로서의 주체적 경험을 할 수 있을 것이다. 표현 매체가 디지털화되고 교수 매체 역시 가상현실로까지 확장되고 있는 최근의 쓰기 교수 학습 매체 변화에 적응하기 위한 방편으로 학습자 참여형 쓰기 평가 방법을 모색해 본 이 시론적 논의가 가진 한계는 추후 연구를 통하여 지속적으로 보완해 나갈 예정이다.

이 장에서는 온라인 쓰기 교과를 개발할 때 고려해야 할 사항들과 학습자 참여형 쓰기 피드백 방안에 대해 살펴보았습니다. 다음 문제를 풀면서 본문의 중심 내용을 정리하고 새로운 쓰기 수업과 환류효과가 높은 피드백 방법을 개발해 봅시다.

1. 본문 이해

1) 온오프라인 교실에서 효과적인 동료 평가 방법에는 어떤 것이 있습니까?

2) 온라인 수업 구성원의 연대감을 높일 방안을 찾아 적어 봅시다.

3) OECD(2012)가 꼽은, 미래 인재가 갖추어야 할 6가지 핵심 역량은 무엇입니까?

2. 수행 과제

1) 〈표 1〉의 등급별 한국어 쓰기 장르의 내용을 검토하고 새로운 기준(예, 의사소
   통 기능 목표)의 도표를 작성해 봅시다.

〈표 1〉 등급별 한국어 쓰기 장르 구분 예시

등급＼시간	25	50	75	100	125	150	175	200	목표
6	요약	분석	비교	지문 적용	자료 설명	비판 옹호	기준 평가	대안 제시	창의
5	감상문	광고평	음반평	드라마평	뮤지컬평	연극평	영화평	서평	평가
4	자기 소개	독자 투고	추천서	기사문	입사 지원	연구 계획	중수필	보고서	종합
3	개요 작성	도표	관람 후기	구매 후기	발표 자료	시나리오	전기문	소설	분석
2	단락글	가입 인사	카드	엽서	요리법	블로그	편지	경수필	적용
1	번역	문장	문자	댓글	메모	광고문	일기	SNS대화	이해

2) 〈그림 3〉을 참조하여 온라인 쓰기 수업의 동료 평가 문제로 타당한 영역과
   항목을 더 생각해 봅시다.

평가 영역	평가 항목
• 과제 수행	예) 생일 축하 이메일입니까?
• 내용 전개	
• 어휘의 정확성	
• 문법과 문체	
•	

3. 더 생각해 볼 거리

1) 온라인 학습 공간에서 학습자 간 동료 평가로써 쓰기 평가의 실제성과 실용성을 확보하고, 학습자 스스로 목표 장르의 평가 준거를 내면화하게 하여, 다음 쓰기 과제를 높아진 쓰기 효능감으로 시작하게 할 방안을 찾아봅시다.

2) 온라인 말하기 교과에서 학습자 참여를 높일 피드백 방안에 대해 조사해 봅시다. 동료가 발화한 내용에 대해 어떤 준거로써 평가하게 해야 평가를 하는 사람과 평가를 받는 사람 모두에게 유익한 효과가 있을지 생각해 봅시다.

글　　　로　　　벌
평생교육을　위한
한　　　국　　　어
멀티모달 콘텐츠의
구조화 요인 탐색

10장

한 편의 글을 작성할 때 뇌는 장기기억에서 관련 화제나 독자 지식, 수사법을 상기해 내는 등 63쪽 〈그림 2〉와 같은 작업기억을 활성화시킵니다. 한 편의 영상을 제작할 때 우리 뇌에 활성화되는 작업 기억의 유형은 글을 쓸 때와 다음 항목에서 무엇이 어떻게 같고 다를지 생각해 봅시다.

√ 작성/제작 동기
√ 필요한 지식/기술
√ 추가 고려 사항

1. 한국어 교육의 특수성

인간은 먹고 마시고 자는 생물학적 욕구 이외에 보고 들으며 즐기는 쾌락의 욕구가 있다. 이에 더하여 중세까지 소수의 식자층은 지식 탐구의 가치와 재미를 추구하는 특권을 누렸다. 그러나 근대 이후 자본주의 발흥과 공교육의 확산으로 대중 다수가 문어 및 외국어 소통 능력을 갖추게 되면서 문식성에는 출세나 여가의 방편이라는 효용적 가치가 커지고 문자를 아는 지식인에게 본래 요구되었던 윤리적 책무 의식은 이전보다 경시된다.

• 소리글자 한글, 문맹을 퇴치하다

그런데 한글은 본디 학문 수단으로 창제된 것이 아니고 1894년 국가 공식 언어로 인정받을 때에도 신분 상승 수단과는 거리가 멀었다. 오히려 대중 계몽을 위해 한글을 쓴 근대 지식인은 옥고를 겪었고 전문직에서 배제되었다. '국어'가 된 시점에 대표할 국가가 없어진 한반도 근대사의 특수성으로 인하여 한글은, 쉽게 익히게 하여 문맹을 없애려던 세종의 바람대로 문자를 통한 국민적 의사소통 수단으로서만 사적, 공적으로 활용되었다.

• 한글, K-콘텐츠 매개어

그러한 한글이 외국어로서의 한국어 교실을 통해 세계인의 선택 과목이 되었다. 초창기 한국어 교실에는 선교사, 주한미군, 외교관, 신문기자가 절대 다수였지만 1980년대 이후 교통통신 수단이 비약적으로 발달하면서 학문, 직업, 취미, 여가 목적의 학습자가 국내외 다양한 한국어 교실을 찾는다. 한국어에 입문하여 한글의 편이한 소통 기능과 한반도 거주민 특유의 고진감래 서사, 한글 지식인의 가치지향적 저작 행위에 매력을 느낀 이들은 시간을 내서 어학 및 전공 수업을 듣고 한국어 담화공동체의 일원으로 활동하게 된다. 특히 최근 세계인 보편의 문화적 감수성을 충족시킨 한류 콘텐츠는 한국어 학습자를 늘리는 주요 동력이 되고 있다.

• 한국어 교원 자격 취득의 매력

학습자군의 변화만큼 교수자군에 생긴 변화도 적지 않다. 성인 대상의 국내 한국어 교육은 주로 대학이나 대학부설기관에서 석사 이상 학위자에 의해 교수된다. 그런데 사회통합프로그램, 세종학당, 한국문화원 등이 교육 체계를 갖추면서 관련 학위가 없어도 전문 자격증을 소지하면 한국어를 가르칠 수 있는 현장이 많아졌다.[1] 인생 제2 직업을 한국어 교원으로 정하고 (비)학위과정에서 필수과목을 이수하고 자격증을 취득하는 이유이다.

한국어 교육 전공은 언어를 잘 가르치기 위한 교과목들로 구성되기 때문에 평생교육 지원자의 심리적 진입 장벽이 낮은 데다가 학업 과정에서 '한국어'와 '교육'의 가치를 체감하게 되므로 자격증 취득 여부와는 별개로 동료와 함께 공통의 목표를 추구하는 과정 자체에 대한 만족도가 높은 편이다. 또한 수강생은 교육용 최신 콘텐츠를 소개 받고 활용 및 제작 방법도 익혀야 하므로 중년층의 디지털 리터러시 함양이라는 부수적 효과도 거두

---

1) 교원 자격증을 취득하려면 비학위과정에서 필수과목을 120시간 수강한 뒤 한국어 교원 3급 시험에 응시하거나, 학점은행제 등 학위과정에 등록하여 16과목을 이수하고 2급 자격증을 받는 방법이 있다. 한국어 교육은 베이비부머 세대 전문인들이 은퇴 후 보람 있게 종사할 직업으로 선호된다.

게 된다.[2] 그리고 이미 한국어 학습자에게 디지털 기기는 생활양식이다. 온오프 한국어 교실을 매개로 평생교육에 참여하는 전문 교원 및 학습자들이 멀티모달 장르의 윤리적 소비, 체계적 생성, 효율적 유통에 복무하도록 할 교육과정이 더 체계적으로 개발되어야 할 이유가 여기에 있다.[3]

• 교과서의 정의

최미숙 외(2008: 52)에서는 교과서의 특징이 '추상적인 교육과정을 교수 · 학습자료 수준으로 구체화한 텍스트'에 있다고 정의 내린다. 교육과정이 교육의 전반적 방향을 계획한 밑그림이라면, 교과서는 무엇을 가지고, 어떻게 그 계획을 달성할 수 있는지를 실질적으로 보여주는 보다 구체화된 그림에 비유된다는 것이다. '교육과정을 구현하는 실체'라는 서책형 교재의 정의는 교육용 멀티모달 콘텐츠의 개념을 정립하는 데에도 적용된다.

• 디지털 리터러시 구인 탐구 절차

여기서는 문자 리터러시와 디지털 리터러시 간 비교를 통하여 한국어 교육용으로 제작될 멀티모달 콘텐츠의 구조화 요인을 탐색해 보려고 한다. 현재까지 한국어 담화 공동체에서 탐구되어 온 설명, 서사, 서정, 교술 장르의 문법 및 텍스트 구조화 관련 연구 성과가, 20세기 말 대중화되기 시작한 멀티모달 장르의 구조 확립에 연동될 방안을 모색하고 이를 실제 콘텐츠 제작에 반영하기 위함이다. 이를 위하여 다음 장에서 관련 교수 이론을 검토하고 이어서 공적 문어 장르의 구조화 요인을 검토한 뒤 이로부터 교육용

---

2) 디지털 리터러시 함양은 한국어 교수자와 학습자가 함께 얻게 되는 교육 효과이다. 한국 문화 및 여가, 교육용 콘텐츠가 많아지면서 한국어 학습자의 디지털 장르 소비량은 갈수록 늘어나고 있다.

3) 최근 촬영과 편집에 익숙한 뉴미디어 세대가 직접 영상물을 제작해 유튜브에 올리면서 웹상에는 쾌락지상주의 콘텐츠가 범람하고 있다. 식자층이라고 해서 다 지식인 역할을 하지는 않았듯이 무엇을 어떻게 왜 유통시킬 것인가가 숙고되지 않고 인기나 명성만 추구된 저작물들이 멀티모달 장르 자체의 품격을 떨어트리고 있다. 한국어로 디지털 리터러시 교육을 강화해야 할 이유가 여기에 있다.

멀티모달 콘텐츠의 구조화 요인들을 차용하고자 한다. 인간의 인지 활동이 문헌을 읽고 이해하는 단순 인지로부터 멀티모달 장르를 시청해하는 복합 인지 영역으로까지 확장되었고, 멀티모달 장르가 현대인의 지식 구성에 미치는 사회적 영향력이 큰 만큼 이 글에서는 리터러시 간 지식 전이를 설명하는 이론적 근거로 사회구성주의를 채택하였다.

2. 사회구성주의 교수법에 대한 이론적 검토

사회구성주의에서는 인지 능력이 사회와의 교호작용에서 생성되며 지식 역시 공동체 구성원의 합의에 따라 구성된다고 본다. 이러한 관점은 이 이론이 배태된 20세기 초 인지 심리학 분야에는 물론 교육학, 언어학, 문학비평, 작문 이론 분야에도 영향을 미쳤다. 한국어 말하기와 쓰기는 명제적 지식보다 절차적 지식이 더 중요한 수행 영역이므로 표현의 인지 기능을 설명하는 이론이 있다면, 그 이론을 실제 교육에 적용해서 성과를 확인할 필요가 있다. 하지만 여타 영역에서도 사회구성주의 교수법은 이론적 논의가 활발한 데 비해 수업 사례 보고는 적다. 이는 연구자와 교수자가 일치하지 않는 교육 현장 여건에도 원인이 있지만, 사회구성주의 이론 자체가 교수 이론으로서 구체적 모듈을 제시하기 어렵기 때문이기도 하다.

• 비판적 담화 분석 방법론
그런데 고등교육 학제 내 한국어 수업을 설계할 때에는 사회구성주의 교수 이론이 유용하다. 이중언어 구사자의 인지는 사회적으로 구성될 계기가 많은 데다가 장차 다중 언어 화자들이 속할 공동체의 이해가 상충할 수도 있어서 해당 언어공동체의 담화적 관습 등 사회적 요인을 적극적으로 고려해야 하기 때문이다. 따라서 글로벌 시민 양성을 위한 한국어 수업에서는 학습자가 모국어 공동체와 한국어 공동체의 요구를 비판적으로 성찰하고 시의적절성을 판단하여 적합한 한국어 장르를 생성해 내도록 지도할,

비판적 담화 분석 방법론 교육이 필요하다. 비판적 담화 분석 방법은 사회구성주의 이론을 교수법으로 구현한 대표적 사례이다. 학생들에게, 뭔가를 표현하기에 앞서 자신의 표현 행위가 해당 언어공동체의 어느 집단 이익에 복무할지를 비판적으로 분석하게 하고 예상되는 결과에 동의할지 여부를 먼저 결정하도록 지도한다. 그리고 그 표현 행위가 장르 사슬 안에서 연쇄 반응을 일으키도록 단계를 설계하여 해당 언어공동체의 이익 분배 구조를 바꾸는 데 실제적 영향을 끼치게 하는 것이다.

• 수사적 인지 구조로서의 장르

일반적으로 사회적 장르는 화용적 행위, 통사적 형식, 정보 내용 측면에서 정의된다(Miller, 1994: 57). 즉, 특정 담화공동체로부터 발화 자격을 인정받은 (ethos) 행위자가 상호 납득되는(logos) 패턴 형식을 써서, 독자/청중의 기대를 충족하는(pathos) 내용을 반복적으로 기표하는 것이 통용될 때 해당 언표 행위는 장르로서 인정을 받게 된다. 장르는 생산자와 소비자에게 공히 익숙한 매개체이므로 특정 언어 공동체의 사고를 구성하는 틀로도 작용한다.

18세기 이탈리아 수사학자 비코는 *verum-factum*(진리는 만들어진 것이며 인간이 진리를 만들기 때문에 그것을 안다) 원리로써 인지 구성성이 인간의 '타고난 성질(Ingenium)'임을 강조하였다(Vico, 1725/1968). 언어는 사회를 규합하고 신화와 은유는 다양한 유형의 경험을 공동체에 납득시키는 스키마라는 것이다. 이야기에 내재한 서사(narratives)의 일관성이나 복선 장치가 인지 구성을 돕는 의미소가 된다고 간주한다(Bruner, 1985, 1990).

• 장르 인지의 스키마적 속성

장르 인지의 스키마적 속성을 기든스(Giddens, 1981: 161)는 "구조화 이론 (structuration theory)"으로 구체화하였다. "구조화"란 일정한 규칙에 따라 사회적 자원을 시공간적으로 배치하는 작업이다. 장르는 수단인 동시에 목적이고, 자원인 동시에 산물이어서 그 구조는 규칙이 적용된 구체적 사례를 통해서만 인지된다. 특정 장르에 대해 사회적으로 구조화된, 낯익은 인식이 다시 유사 사례를 재생산하여 규칙을 강화할 자원이 되는 과정, 그 자체가 장르의 역동적 구조이다. 새로운 장르의 출현은 기존 장르 인식을 벗어나 낯선 영토로의 확장을 도모한 결과이고 멀티모달 장르 역시 기존 서사문학에 대한 대중의 기대를 기계 장치로써 시각화한 데에서 출발하였다. 따라서 이 글에서는 근원 장르에서 추구되었던 구조화 요인을 탐색하여 멀티모달 한국어 교육용 장르의 구조화 요인을 타당하게 수립하고자 한다.

• 멀티모달 학습 콘텐츠 장르의 구성 요인

학습용 콘텐츠의 목표는 서책형 교재의 도입 대화가 수행하는 기능과 마찬가지로, 재미있고 일관된 서사를 활용하여 한국어 기초 문법에 대한 학습 동기를 장려하는 것이어야 한다.4) 습득된 지식을 장기기억으로 전환하는 데에는 반복에 의한 강화 전략이 유용하므로 목표 문형을 1편 당 3회 이상 노출시키는 것을 본 교육용 시나리오 집필의 원칙으로 삼았다. 또한 웃음 코드가 심리적 방어 기제를 낮춰 기억력을 촉진하므로 매 편에 유머 요소를 심고자 하였다. 3장에서는 리터러시 간 전이 가능성과 함께 초급 한국어 교육용 멀티모달 장르 구인으로서 통사적 반복성과 내용적 유머 요소가 타당한 근거를 밝힐 것이다.

3. 리터러시 간 인지 이해의 전이 가능성 탐색

전통적으로 읽기와 쓰기는 문자 문화가 축적해 놓은 방대한 지식에 접근할 수 있는 유일한 수단이었고(크냅 & 왓킨스, 2007: vi) 디지털 기기가 생활 양식이 된 현대에도 문자 리터러시의 고저(高低)는 지식수준을 재는 중요한

---

4) 습득한 지식을 활용하여 한국어 담화 공동체에 가치 있는 내용을 생성하는 것은 별개 과제로서 별도의 온오프라인 교실에서 수행된다. 멀티모달 콘텐츠로부터 습득한 문형 지식을 활용하여 이해 수업에서는 비판적 분석 과제를, 표현 수업에서는 창의적 사고력 배양 과제를 수행할 수 있다.

척도이다. 2000년대 이후 대학은 신입생 글쓰기 교육을 체계화하면서 전문 교재를 개발하고 온·오프라인상 전문 저자성(authorship) 교육을 강화해 왔다. 다음 〈그림 1〉은 노드엑셀 프로그램을 이용하여 19종 대학 글쓰기 교재에 나타난 핵심 용어와 개념을 정리한 쓰기 지식 지형도이다.

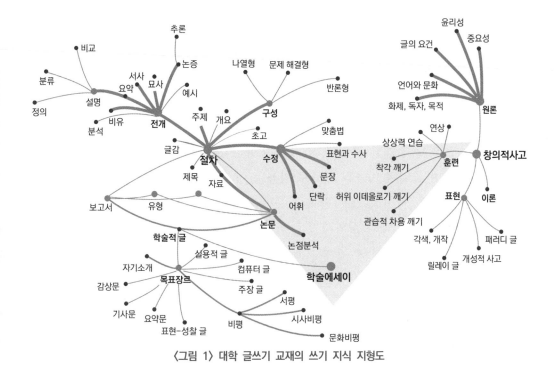

〈그림 1〉 대학 글쓰기 교재의 쓰기 지식 지형도

〈그림 1〉을 보면 장차 주요 담론을 생성하고 유통시킬 미래 세대의 저자성 함양을 위해 국내 대학 글쓰기 수업이 중시하는 장르가 학술적인 글임을 알 수 있다. 학술적 에세이 작성을 위한 절차적 지식과 수정 방법을 중심으로 다양한 문종(文種)과 수사법이 교수된다.5) 대학의 의사소통 전문가들이

---

5) 별도의 단원을 설정해서 원론적으로는 저자가 갖추어야 할 윤리성이나 창의적 사고력도 다루지만 이를 핵심 교수요목으로 설정한 교재는 본 조사가 이루어진 2016년까지 단 한 권뿐이었다.

학부생의 전문 저자성 함양을 목표로 선정한 이러한 쓰기 지식, 즉 문자 리터러시 교수요목들을 토대로 이 글에서는 다음 〈표 1〉과 같이 멀티모달 콘텐츠의 구조화 요인을 정리하였다. 멀티모달 콘텐츠의 장르 속성 틀은 Miller(1994)에 따라 3개로 구분하였고, 김성숙(2014)을 참조하여 디지털 리터러시 구인에 연동시켰다. 시나리오 구조화 요인은 디지털 리터러시를 세분한 것으로 영상 콘텐츠 제작에 필요한 항목을 점검하기 위해 모색되었다. 〈표 1〉에 음영 표시된 4개 항목이 한국어교육용 콘텐츠의 시나리오 집필에 고려된 것이다.

현재 멀티모달 콘텐츠는 화용적 행위 목적이나 정보 내용에 따라 다양한 생활양식 장르가 유통되지만 이 글에서는 한국어교육용 영상 콘텐츠에 국한하여 논의를 전개할 것이다. 한국어 초급의 24개 문법 요소별 영상 강의를 보조하며 도입과 마무리 자료로 활용될 이 콘텐츠는 초급 수준의 제한된 어휘와 문법을 써서 일관된 서사로 흥미를 담아야 한다는 제약이 있다. 또한 서책형 교재의 대화 상황과 달리6) 한정된 출연 인원만으로 연속된 장면과 대화를 이어가야 하는 한계가 있지만 표정이나 억양 등 시청각적 요소를 통해 발화의 화용적 의미 전달이 가능한 장점도 있다.

• 서책형 교재 대화문과 멀티모달 콘텐츠 대화의 차이

일반적으로 한국어 주교재 단원들의 도입 대화는 해당 등급의 주제를 바탕으로 관련 어휘장과 문형 표현을 활용하여 특정 의사소통 기능을 선보이는 역할을 한다. 초급에서는 기본 격조사와 종결어미, 의문사, 숫자를 중심으로 자기 자신, 가족, 고향을 소개하거나, 음식 주문, 주말 계획, 일상생활 관련 정보를 묻고 대답하기 등의 기능을 수행한다. 이 때 단원 밖으로

---

6) 교재에 등장인물의 이름, 국적, 관계망이 삽화와 함께 소개되지만 이들은 기능성 발화를 전달하는 장치로서 호명될 뿐 교재 전편에 살아있는 인물로 가정되지 않는다. 등장인물들 사이에 복잡한 관계가 형성되면 그만큼 후행 단원의 대화문 개발에 제한 사항이 많아지므로 교재 개발자는 맥락에 상관없이 등장인물 이외의 이름을 호명하여 오로지 해당 단원의 기능만을 수행시키는 전략을 쓰기도 한다.

확장되는 등장인물 간 서사나 갈등은 거의 없다. 하지만 서책형 교재를 개발할 때와 달리 온라인 콘텐츠를 제작할 때는 서사의 일관성 등 '흥미' 요소를 최대한 살려서 시청 동기를 자극하는 것이 중요하다. 온라인 콘텐츠 소비자는 감각적 재미를 추구하는 성향이 강하고 집중 학습이 어려운 여건에 처해 있어서 조금만 학습 동기가 떨어져도 금방 주의가 분산되기 때문이다.

〈표 1〉 교육용 멀티모달 콘텐츠의 구조화 요인

저자성 요인	Miller	문자 리터러시	디지털 리터러시	시나리오 구조화 요인
저자 윤리성 (ethos)	화용적 행위	상황 요구 인지	장르 사슬 인식	시공간적, 경제적 효율 고려
		동기 및 효능감	가치 표현 의지	글로벌 지식인의 평생교육 기여
		인용, 표절 규약	지식 공유 윤리	저작권 준수 및 촬영 협조 구함
정보 문식성 (logos)	통사적 형식	• 수사적 기능 • 결속장치 (cohesion) • 응집성 (coherence) • 수정 및 교열	발화 청해 능력	• 인물별 역할 안배 • 핵심 정보 강조(반복)
			저술 독해 능력	• 텍스트 내 응집성(서-본-결) • 텍스트 간 일관성과 복선 장치
			제작 시청 능력 (촬영, 편집 기술)	주의 집중용 이미지(자막, 말풍선, 이모티콘, 음향 등)
집단 신뢰성 (pathos)	정보 내용	관련 문헌 검토	정보 생산자	교육용 장르의 정체성 분석
		독자 기대 고려	정보 소비자	흥미성
		출판 시장 진입	정보 생태계	웹/모바일 유통

김성숙(2014)의 디지털 리터러시 개념과 Miller(1994: 57)의 장르 기준을 연동시켜 보면 '저자 윤리성'은 발화자의 화용적 행위 수준을 한정하고, '정보 문식성'은 텍스트의 '통사적 형식'을 규정하며, '집단 신뢰성'은 청중/독자의 기대를 충족할 '정보 내용'을 생성하는, 저자로서의 자질로 연결 지을 수 있다. 이 저자성 요인의 하위 구인들이 표현 매체의 변화에 따라 획기적으로 달라지지는 않는다. 오히려 '저자'로서 가용할 매체가 발달함에 따라, 윤리성, 논리성, 신뢰성 등 아리스토텔레스 이후로 추구되어 오던 〈수사학〉의 속성이 더욱 정교해지고 있다.

• 저술 주체의 윤리성

예를 들어 저자성 제1요인인 '저자 윤리성' 하위의 '상황 요구 인지'는 특정 저술 상황에 긴요한 장르를 알아채는 '직감'으로서, 기존에는 문자 텍스트 장르간 연쇄만 고려하면 되었던 것이 디지털 매체가 생활양식이 된 이후에는 특정 저술 및 저작 상황 전후로 시의적절하게 연계되어야 하는 모든 시공간 장르에 대한 인지로 그 절차적 지식의 범위가 확장되었다. 쓰기 '동기 및 효능감'도 온라인상에서 소신을 밝히는 가치 지향적 의지로 연계되고, 제한된 금액으로 교육용 영상을 제작하려는 연구자 및 제작자들에게는 글로벌 지식인의 평생교육에 복무하고 있다는 자긍심이 창작/제작 동기가 되기도 한다.[7]

• 저술 주체의 정보 리터러시

저자성 제2요인인 '정보 문식성'은 Miller(1994)가 특정 담화공동체 안에서 상호 납득되는 패턴, 즉 통사적 형식에 대한 인지 능력이라 지칭한 것과 통한다. 대학의 글쓰기 수업에서는 감상문, 기사문, 비평문 등 글의 종류에 따라 변별적으로 요구되는 논증, 설명, 분석, 서사, 묘사, 비유, 비교, 정의 등의 단락 기능을 가르친다. 텍스트 작성 중에는 문장 간 결속 장치(cohesion)와 단락 간 응집성(coherence)을 고려하는 것이 중요하다. 담화 구조를 안다는 것은 장르 사슬의 연쇄에서 고려해야 할 결속 장치와 응집성을 이해한다는 뜻이다. 초고를 완성한 후에 수정 및 교열을 잘하는 것도 중요한 쓰기

---

7) 대학의 〈의사소통〉 교과나 〈외국어로서의 한국어〉 수업이 평생교육의 교양과목으로서 정체성을 확립하려면 국내 중등교육이나 외국인의 대학 입학 전 〈한국어〉 교육과의 연계성이나 차별성을 고민해야 한다. 21세기 정보화 사회의 〈의사소통〉 교과목에서는 2007년 개정된 중고등 교육과정에서 목표로 삼은 비판적 문식성 및 디지털 저자성 개념을 연계할 교양 교육 방안을 모색해야 할 것이다. 그동안 대학의 〈의사소통〉 교과는 전공 진입에 앞서 신입생의 일반적인 학술 담론 기능 숙달에 초점을 맞춰 왔고, 대학 진학을 위한 〈한국어〉 교육 역시 유학생의 성공적인 대학 생활을 기원하며 학문 목적 한국어 수행 능력 숙달에만 주력해 왔다. 그러다 보니 왜 비판적 문식성을 체득해야 하는가는 도외시되고 어떻게 숙련할 것인가 하는 기능 위주의 수업이 진행되어 온 한계가 있다(김성숙, 2017: 299).

능력이다. 이러한 저술 및 독해 능력은 발화 및 청해 능력과 함께 오랫동안 공적, 사적 표현 장르 교육에 활용되어 왔지만 최근에는 제작 및 시청 능력이 '정보 문식성'의 새로운 요인으로 포함되었다.

본 연구에서는 교육용 시나리오를 작성하면서 특정 영상마다 목표 문형을 반복 사용하였고 영상 간 서사가 이어질 수 있게 한정된 인원에 맞는 캐릭터를 설정하였으며 주의 집중용 소품과 청각 자료를 사용함으로써 서사 정보의 효율적 시청각화를 도모하였다. 한국어 초급 문법 교수용 자료에서 도입과 마무리 영상으로 활용될 동영상 48편은 각 편의 에피소드가 그 자체로 완결된 결속성(cohesion)을 갖추었지만 각 편을 이으면 학생 커플과 직장인 커플이 시간 순으로 전개해가는 응집력(coherence) 있는 서사가 펼쳐진다.8)

• 저술 주체가 가진, 집단지성에 대한 신뢰성

저자성 제3요인인 '집단에 대한 신뢰성'은 내용 정보가 유통되는 장르 생태계 내 생산자와 소비자를 신뢰하고 공감하는 정도와 상통한다. 특정 담화 공동체의 정보 생산자가 되려면 소비자에게 익숙한 장르가 무엇인지 분석하고 종이 출판 시장과 웹, 모바일 중 어디에 유통시킬지를 결정한 뒤 결과물 유통을 촉진하기 위해 시장의 어떤 기대에 부응해야 할지를 판단해야 한다. 작품 내용 생성에 관여하는 지식에는 주제나 배경 문화와 관련된 지식이 있다. 문화 지식은 저자에게 거시 사회적 맥락과 미시 사회적 맥락 지식을 제공한다. 사회적 맥락 지식이란 당면한 의사소통 행위의 중요성, 저자의 역할과 독자와의 관계, 적절한 발화 조건(무엇을 말해야 하고 무엇을 말할 수 있으며 무엇을 말하면 안 되는지) 등을 파악하는 능력과 결부된다.

---

8) 동원 가능한 주제 어휘장과 문형 표현 등급에 따라 교육용 영상의 서사 축은 갈등, 경쟁, 공포, 시사, 환상 등으로 다양해질 수 있다. 경제적 지원이 풍족하여 촬영 가능한 등장인물의 수를 늘릴 수 있다면 초급에서도 보다 깊이 있고 흥미진진한 서사를 구성할 수 있을 것이다. 또한 시청자가 내용을 추리하며 보는 재미를 늘리기 위하여 곳곳에 복선을 두는 장치가 필요하다.

이러한 리터러시 간 인지 이해의 전이 가능성을 기초로 본 영상물 제작 과정에서는 먼저 본 교육용 콘텐츠의 기능적 의의를 학습 동기 유발로 정하고서, 기존 영상물에 부족한 흥미성을 진작하기 위해 학생(남1, 여1)과 직장인(남2, 여2)의 일상과 연애를 그리는 서사를 기획하였다. 또한 본 영상을 소비할 교수자 및 학습자들의 공감지수를 높이기 위하여 다양한 국적의 학생 지원자를 섭외하여 한국어 초급 능력으로 수행할 수 있는 교실 활동과 언어교환 상황 등을 소재로 삼았다.

4. 블렌디드 한국어교육용 콘텐츠의 실제

본 연구는 연세대학교출판문화원이 펴낸 '3주완성 연세한국어' 1급의 어휘·문법 교육용 블렌디드 콘텐츠 개발을 목표로 하였다. 제1과부터 3과까지는 한글 자모, 경음 및 격음, 받침의 형태와 음가에 대한 학습이 이루어지고 제4과부터 15과까지는 주제 어휘장과 함께 각 단원당 2개 문형을 제공하여 총 24개 기초 문형을 학습하게 된다. 해당 교재의 단원 구성은 〈그림 2〉와 같다.

제1과	한글(1)	10
제2과	한글(2)	27
제3과	한글(3)	43
제4과	제 이름은 유리예요	54
제5과	어느 나라 사람이에요?	75
제6과	이것이 마이클 씨 책이에요?	92
제7과	일본 사람도 있어요	112
제8과	동생은 무엇을 해요?	130
제9과	경치가 아름다워요	149
제10과	불고기를 먹을까요?	166
제11과	불고기 이 인분하고 냉면 주세요	183
제12과	세 시부터 다섯 시까지 운동을 해요	203
제13과	토요일에 무엇을 하고 싶어요?	224
제14과	동대문시장에 가요	243
제15과	한 개에 만 원이에요	261

〈그림 2〉 3주완성 한국어 1급의 단원구성

• 콘텐츠의 내용 유형

온라인 콘텐츠는 어휘 교육용과 문법 교육용으로 구성된다. 본문 어휘 및 주제 어휘 콘텐츠는, 먼저 어휘와 함께 어휘의 의미를 설명해주는 번역 및 그림 자료를 제시하였다. 어휘의 발음은 남녀 교사가 한 번씩 낭독하였다. 학생이 어휘 예문을 보고 관련 어휘를 유추할 수 있는 5초의 시간을 주었고 어휘를 사용한 질문과 대답을 듣도록 구성하였다. 〈그림 3〉은 한글 단원, 〈그림 4〉는 각 과의 어휘 교육용 콘텐츠의 구성 예시이다.

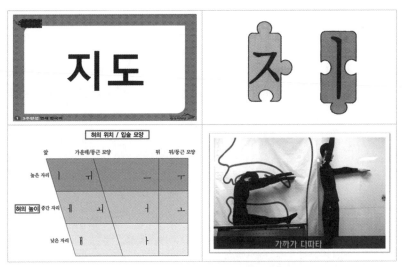

〈그림 3〉 한글 단원의 교육용 콘텐츠 예시

특히 본 연구에서는 '자음송'과 '모음송'을 개발하여 한글의 형태를 낯설어하는 비아시아권 학습자들이 흥미를 가지고 자모 형태를 익히도록 유도하였다. 음원의 저작권을 고려하여 작곡가 사후 70년 기준에 부합하는 모차르트의 창작곡 "반짝반짝 작은별" 멜로디로 피아노를 연주하고 모음과 자음용 가사를 외국인 학생들이 직접 노래하고 동작을 시연하였다.

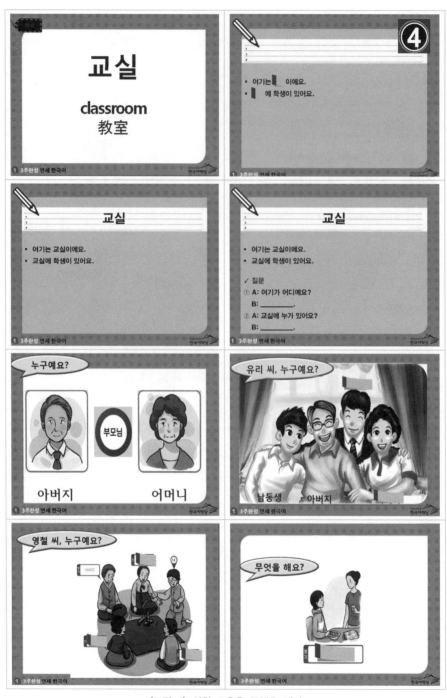

〈그림 4〉 어휘 교육용 콘텐츠 예시

- **어휘 교육용 콘텐츠**

주제 어휘 학습 국면에서도 학생들이 유추하고 맞히는 기회를 주기 위하여 예를 들면, 여성 교사가 "누구예요?"라는 질문을 들려주고 잠깐 시간을 준 뒤, 인물 하단에 포스트잇으로 가려진 부분이 하나씩 벗겨지면서 남성 교사가 "남동생이에요, 아버지예요."라는 답안을 발화하도록 동영상을 구성하였다.

- **문법 교육용 콘텐츠**

문형 교육용 콘텐츠는 해당 문형이 사용된 영상을 먼저 보여주고, 반복적으로 사용된 문형의 의미를 교사가 설명한 뒤, 해당 문형의 단순 교체 연습과 응답 연습을 지도한다. 이어서 해당 문형이 사용된 또 하나의 영상을 보여 주면서 목표 문형이 담화 맥락 속에서 쓰인 사례를 강조하고 나서 해당 문형이 사용된 노래 제목(예, 이 노래를 한 번 들어보세요. "이름이 뭐예요?", '포미닛'이 불렀어요. 오늘 배운 문법이 있어요.)이나 드라마 정보를 알려 준 후, 영어, 중국어, 일본어, 스페인어로 번역된 문형 설명 자료를 제시하였다. 〈그림 5〉는 문형 교육용 콘텐츠의 구성 예시이다.

〈그림 5〉의 예시에서 도입 영상은 직장인 남녀가 연애하는 과정에서 남자가 캐나다 여가수 사진을 보며 좋아하는 여자인 척 소개하여 여자의 기분을 상하게 하는 시나리오를 기초로 하였고 마무리 영상은 여자가 중국어를 가르치는 남자 선생님 사진을 보며 좋아하는 남자인 척 소개하여 남자에게 작은 복수를 하는 시나리오를 기초로 하였다. 이와 같이 본 블렌디드 한국어교육용 콘텐츠는 최대한 온라인 학습자와 쌍방향적 활동을 할 수 있는 장치를 마련하였고 서사적 흥미 요소를 기반으로 문형 학습 동기를 고무할 방안을 모색하였다.

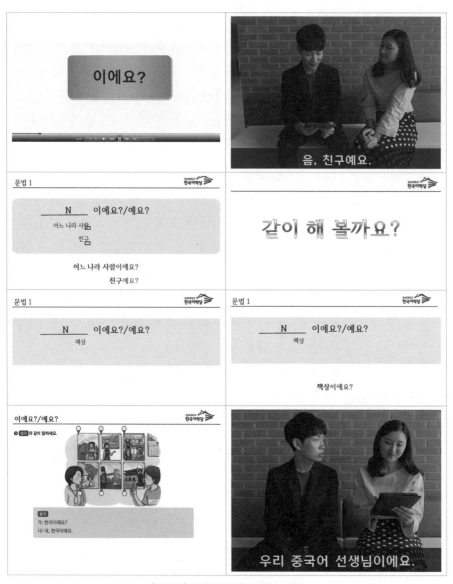

〈그림 5〉 문형 교육용 콘텐츠 예시

5. 멀티모달 콘텐츠를 활용한 교육의 가치

이 글에서는 사회구성주의 교수법에 입각한 장르 기반 교수법을 검토하여 공적 문어 장르의 저자성 요인을 확정하였고 이를 기반으로 멀티모달 장르, 특히 교육용 영상 콘텐츠의 구조화 요인을 타당하게 수립하고자 하였다. 학술적 담화 공동체에서 공인된 문어 장르 스키마를 기반으로 새로운 장르의 구조화 요인을 연계시키기 위함이었다. 그리고 이 구조화 요인을 실제 교육용 영상 제작에 적용하여 글로벌 시민의 한국어 교육을 수월하고 재미있게 할 콘텐츠를 개발하고자 하였다. 물론 한국어 초급 문법 교수용 콘텐츠를 제작하였으므로 비판적 담화 분석 등 사회구성주의 이론에 근거한 과제를 포괄할 수 없었지만 멀티모달 콘텐츠의 구조화 요인을 최대한 반영하였다. 문자 리터러시와 디지털 리터러시 간 유사점과 차이점을 밝히는 본 연구를 통하여 그간의 문자 리터러시 연구가 새로이 영토를 확장 중인 멀티모달 장르의 구조적 안정화에 기여되기를 바란다.

멀티모달 장르는 시청각 장르이므로 비언어적 표현까지 전달 가능하다는 장점이 있다. 표정, 시선, 몸짓, 자세 등 비언어 구조도 의미 생성에 관여하지만 서책형 교재로는 이를 충분히 가르치기 어렵다. 초급 학습자일수록 의사소통 상황에서 몸짓 언어의 도움을 많이 받는다. 초급 수업을 담당한 교사가 중요한 순간에 학습자 관심을 집중시키기 위해 몸짓을 자주 사용하는 것은 이 때문이다(Leki, Silva, Cumming, 2008 참조). 재미있게 구성된 온라인 콘텐츠를 통해 학습자가 자발적으로 초급 문법을 학습하게 된다면 실제적 의사소통 장르의 언어적, 비언어적 구조를 교수하는 데 큰 도움이 될 것이다.

지금은 베이비부머 세대(1946~1964)가 은퇴하는 시기이기에 멀티모달 장르의 윤리적 소비, 체계적 생성, 효율적 유통을 위한 글로벌 평생교육의 중요성은 더욱 커지고 있다. 2차 세계대전 종료 후 출생한 이들은 의무 교육을 받고 자본주의 경제 발전의 주역으로 활약하였고 평균수명이 80세 이상이 된 첫 세대로서 노후에도 가치 있는 일을 계속 하고 싶어 한다. 시공간 제약이 적은 멀티모달 장르는 글로벌 학습자군의 평생교육 수요를 충족하는 데 적합하다. 한국어교육은 이들의 디지털 생활양식 접근성을 높이고 언어 교육을 매개로 교수자와 학습자로서 서로 소통할 계기를 제공할 수 있을 것이다.

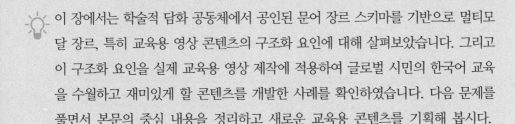
이 장에서는 학술적 담화 공동체에서 공인된 문어 장르 스키마를 기반으로 멀티모달 장르, 특히 교육용 영상 콘텐츠의 구조화 요인에 대해 살펴보았습니다. 그리고 이 구조화 요인을 실제 교육용 영상 제작에 적용하여 글로벌 시민의 한국어 교육을 수월하고 재미있게 할 콘텐츠를 개발한 사례를 확인하였습니다. 다음 문제를 풀면서 본문의 중심 내용을 정리하고 새로운 교육용 콘텐츠를 기획해 봅시다.

1. 본문 이해

1) 외국어로서의 한국어교육은 그 역사와 학습자, 교수자의 측면에서 어떤 특수성이 있습니까?

2) 사회구성주의 교수법의 장점과 한계는 무엇입니까?

3) 저자성이란 무엇이며 왜 한국어 표현 교육에서 중요한 개념으로 다루어야 합니까?

4) 문자 리터러시와 디지털 리터러시의 공통점과 차이점은 무엇입니까?

2. 수행 과제

1) 시판된 한국어 교재의 수업 도입용 대화문을 분석해 보고 해당 스크립트를 동영상으로 제작하기 위하여, 그리고 1개 등급 연작물을(예, 20개 과 40개 항) 만들기 위하여 어떤 변형과 정리가 필요할지 생각해 봅시다.

2) 특정 등급, 특정 단원의 주제 어휘(7개 내외)와 문형 표현(2개 이내)이 담긴 수업 도입용 대화(공간 2곳 이내) 예시 콘텐츠를 촬영할 계획을 세워 봅시다.

학습 목표	
주제 어휘	
목표 문형	
시공간 배경	
등장인물	
유머 요소	
대사	# 1 (# 2)
촬영 준비	• 촬영 일시 정한 뒤 장소 협조 공문 발송 • 촬영 감독, 음향 감독, 배우 등 섭외 • 소품 목록 작성 • 장소 이동이 필요한 경우 동선 순서 확인 • 식사 메뉴 및 배달 시간 확인 • •

3. 더 생각해 볼 거리

한국어교육용 동영상 콘텐츠에 학습 흥미 요소를 더하기 위하여 매 편당 혹은 한 세트 전체에 어떤 장치가 필요할지 생각해 봅시다.

1. 자료

김제열 외, 연세한국어2, 연세대학교 출판부, 2007.

정희정 외, 연세한국어3, 연세대학교 출판부, 2008.

조현선 외, 한달완성 한국어 중급I 쓰기, 연세대학교 출판부, 2008.

이희경 외, 한달완성 한국어 중급II 쓰기, 연세대학교 출판부, 2006.

유학생을 위한 대학한국어1: 읽기·쓰기, 이화여자대학교 출판부, 2008.

이정희 외, 유학생을 위한 한국어 글쓰기의 기초, 하우출판사, 2007.

이정희, 유학생을 위한 한국어 글쓰기의 실제, 하우출판사, 2007.

강현화 외, 외국인 유학생을 위한 경영 한국어, 다락원, 2007.

허용, 외국인 유학생을 위한 인문 한국어, 다락원, 2006.

초급 한국어 쓰기, 김정숙 한림출판사, 2006.

www.hsk.or.kr

http://flex.hufs.ac.kr/

http://www.jlpt.or.kr/jlpt/jlpt4.asp?Mcode=4

http://www.karuru.com/board.php?board=mstLife&command=body&no=97

www.delfdalf.ch

「외국인 유학생 9만 명 … 무너지는 코리안 드림」, 중앙일보, 2013.6.5.
　　　http://article.joins.com/ news/article/article.asp?total_id=11718334&cloc=olin
　　　k|article|default).

「해외 한국어 학습자 급증…교육과정 개발 시급」, 연합뉴스 2015년 8월 9일

http://www.yonhapnews.co.kr/bulletin/2015/08/06/0200000000AKR2015080
6150600371.HTML)

시사상식사전, 박문각

http://terms.naver.com/entry.nhn?docId=69562&cid=43667&categoryId=43667

코리아타임즈, 2010년 10월 8일

2. 논문 및 서적

강경옥(2011), 『영어교육기관 교육과정 개발 및 평가』, 한국문화사.

강승혜·강명순·이영식·이원경·장은아(2006), 『한국어 평가론』(한국어교육총서 3), 태학사.

강애남·이규민(2006), 「학생들의 동료평가를 활용한 수행평가 결과의 일반화가능도 분석」, 『교육평가연구』 19(3), 한국교육평가학회, 107~121쪽.

강현석(1996), 「학문중심 교육과정 설계의 준거개발」, 경북대학교 박사논문.

강현화(2008), 「한국어교육을 위한 연어의 유형에 대한 고찰」, 『응용언어학』 24(3), 한국응용언어학회, 197~217쪽.

강현화(2010), 「한국어교육학 연구의 최신 동향 및 전망」, 『국어국문학』 155, 국어국문학회, 39~78쪽.

공일주(1993), 「한국어 숙달지침과 말하기 능력 측정에 대하여」, 『교육한글』 6, 한글학회, 91~118쪽.

곽수진(2011), 「형태 집중을 활용한 한국어 문장 구조 교육 연구」, 경희대학교 박사논문.

곽수진·김영주(2010), 「한국어 학습자의 문장 성분 호응 관계 오류 연구」, 『한국어의미학』 32, 한국어의미학회, 29~51쪽.

국립국제진흥원(2008), 「2008 국내 외국인 유학생 현황 조사 결과」.

권오영(2013), 「평생 능력 개발: 일-학습 병행을 위한 온라인 교육 시스템」, 『실천공학교육논문지』 5(2), 한국실천공학교육학회, 163~168쪽.

권태현(2012), 「고등학생의 쓰기 효능감과 서술형 및 논술형 평가 결과의 상관관계」, 『국어교육학연구』 44, 국어교육학회, 37~66쪽.

김경령(2010), 「한국어 교수 방법에 대한 고찰」, 『세계한국어문학』 4, 세계한국어문학회, 131~150쪽.

김광해(2002), 「한국에서의 한국어 평가, 한국어 능력 시험(KPT: Korean Proficiency Test), 한국어 교육 평가론, 각국의 한국어 교육 평가 현황·실태 및 평가 내용·방법 모색」, 제4회 한국어교육 국제학술회의, 서울대학교 국어교육연구소, 129~132쪽.

김미옥(2002), 「학습 단계에 따른 한국어 학습자 오류의 통계적 분석」, 『외국어로서의 한국어교육』 27, 연세대학교 언어연구교육원 한국어학당, 495~541쪽.

김보연(2011), 「피터 엘보우(Peter Elbow) 글쓰기 이론 연구」, 『대학작문』 3, 대학작문학회, 237~262쪽.

김성규·석주연·김성진·김옥화·신수정·이지하(2005), 「외국인 및 재외국민을 위한 대학국어 이수 방법 및 교육 내용 개선을 위한 기초적 연구」, 서울대학교 기초교육원 사업보고서, 서울대학교 기초교육원.

김성숙(2007가), 「새로운 쓰기 평가도구 개발의 필요성, 한국어능력 평가의 원리와 개발 방향」, 연세대학교 언어연구교육원 제3회 한국어교육 학술대회, 121~144쪽.

김성숙(2007나), 「한국어 작문 과정 모형과 단계별 전략 탐구」, 『한국어교육』 18(2), 국제한국어교육학회.

김성숙(2008가), 「미국의 대학 글쓰기 교육과정과 평가」, 『작문연구』 6, 한국작문학회, 99~125쪽.

김성숙(2008나), 「외국인의 한국어 작문 과정에 대한 연구」, 『작문연구』 7, 한국작문학회, 209~233쪽.

김성숙(2011가), 「학문 목적 기초 한국어 쓰기 능력 평가 척도 개발과 타당성 검증」, 연세대학교 박사논문.

김성숙(2011나), 「학문 목적 한국어 쓰기 능력에 대한 분석적 평가의 일반화가능도 검증」, 『한국어교육』 22(3), 국제한국어교육학회, 29~48쪽.

김성숙(2014), 「학부생의 디지털 저자성 측정 문항 개발」, 『작문연구』 23, 한국작문학회.

김성숙(2016), 「학부 유학생의 핵심 교양 읽기 과목 모형 개발」, 『사고와 표현』 9(1), 한국사고와표현학회, 51~76쪽.

김성숙(2017), 「복합양식적 의사 표현을 위한 한국어 교재 개발 기초 연구」, 한국문화융합학회 2017년 하계전국학술대회 자료집, 293~300쪽.

김성숙·김성조(2016), 「대중 공개 강좌(MOOC)를 위한 한국어 교육 모형 개발 사례: 글로벌 MOOC와 K-MOOC」, 『외국어로서의 한국어교육』 44, 연세대학교 언어연구교육원, 85~129쪽.

김성숙·김양분(2001), 『일반화가능도 이론』, 교육과학사.

김성숙·이아리(2007), 「미국 컬럼비아 대학의 글쓰기 교육과정」, 『학부대학 〈글쓰기〉 교강사·튜터 워크숍』, 연세대학교.

김성숙·정희모(2009), 「내·외국인 학생 간의 작문 수정 결과 비교」, 『국어국문학』 153, 국어국문학회, 377~416쪽.

김승종(2002), 「한국 대학 작문 교육의 실태와 발전 방향」, 명지대 인문과학연구소, 『인간은 어떻게 말하고 쓰는가』, 월인.

김양원(1994), 「한국어 말하기 능력 평가 방안 연구」, 고려대학교 석사논문.

김영만(2003), 「하이퍼미디어 시대의 언어 문화 교육 연구: 개인 홈페이지를 활용한 국어 작문 교육에 대한 연구」, 『국어교육연구』 11, 서울대학교 국어교육연구소, 61~102쪽.

김영서·김윤경(2000), 「영어 말하기 수행능력의 평가 모델에 관한 연구」, 『인문과학연구』 5, 덕성여자대학교 인문과학연구소, 1~32쪽.

김영아(1996), 「외국어로서의 한국어 능력평가 연구」, 고려대학교 박사논문.

김유미·박동호(2008), 「대학수학 목적을 위한 한국어 교육과정 설계 연구」, 제5회 GK 한국언어문화 국제학술대회발표자료집, 경희대학교 GK대학특성화사업단, 97~112쪽.

김유정 외(1998), 「한국어 능력 평가 방안 연구」, 『한국어교육』 9(1), 국제한국어교육학회, 37~94쪽.

김유정(1999), 「한국어 능력 평가 연구」, 고려대학교 박사논문.

김유정(2009), 「학문 목적 한국어 학습자 대상 평가 체제 구축 방안」, 한국어학당 창립 50주년 기념 제5회 한국어교육학술대회자료집, 연세대학교 언어연구교육원 한국어학당, 190~203쪽.

김은주(2002), 「Development of writing accuracy through error feedback」, 『한국어교육』 13(1), 국제한국어교육학회, 279~306쪽.

김인규(2003), 「학문 목적을 위한 한국어 요구 분석 및 교수요목 개발」, 『한국어교육』

14(3), 국제한국어교육학회, 81~118쪽.

김재덕(1988), 「청해능력과 발화능력의 시험과 평가: 외국어로서의 한국어교육을 중심으로」, 연세대학교 석사논문.

김정숙(1999), 「담화능력배양을 위한 외국어로서의 한국어 쓰기 교육 방안」, 『한국어교육』 10(2), 국제한국어교육학회, 195~213쪽.

김정숙(2000), 「학문적 목적의 한국어 교육과정 설계를 위한 기초 연구」, 『한국어교육』 11(2), 국제한국어교육학회, 1~20쪽.

김정숙(2003), 「통합 교육을 위한 한국어 교수요목 설계 방안 연구」, 『한국어교육』 14(3), 국제한국어교육학회, 119~143쪽.

김정숙(2007), 「읽기·쓰기 활동을 통합한 학술 보고서 쓰기 지도 방안」, 『이중언어학』 33, 이중언어학회, 35~54쪽.

김정숙(2009), 「내용 지식 구성을 위한 학문 목적 한국어 쓰기 교육 방안」, 『한국어교육』 20(1), 국제한국어교육학회, 23~44쪽.

김정숙·원진숙(1993), 「한국어 말하기 능력 평가 기준 설정을 위한 연구」, 『이중언어학』 10, 이중언어학회, 24~33쪽.

김정숙·최은규·김유정(2005), 「한국어능력시험의 개선 방안 연구(I): 등급 부여 방식을 중심으로」, 『한국어교육』 16, 국제한국어교육학회, 77~97쪽.

김정애(2000), 「과정 중심의 한국어 쓰기 교육 방안」, 이화여자대학교 석사논문.

김정우(1996), 「대학 작문 교육의 방향 정립을 위한 시론」, 『교육이론과 실천』 6, 경남대학교 교육문제연구소, 197~209쪽.

김주훈·동효관·송미영·남민우·김미영·최원호·이재봉·주지은·이은경·김지윤(2010), 「문항의 배점 결정 요인 및 타당성 분석」, 『교육과정평가연구』 13(2), 197~218쪽.

나은미(2005), 「대학에서의 글쓰기 교육의 목표와 지도 방법」, 『이중언어학』 29, 이중언어학회, 103~124쪽.

나이즐 스피비(2004), 『구성주의와 읽기 쓰기』, 박이정.

남명호(1995), 「수행 평가의 타당성 연구: 과학 실기 평가, 실험 보고서 평가, 컴퓨터 시뮬레이션 평가의 비교」, 고려대학교 박사논문.

노명완(2010), 「대학작문: 현 실태, 개념적 특성, 그리고 미래적 지향」, 『대학작문』

1호, 대학작문학회, 11~33쪽.

도승이(2015), 「대학생의 글쓰기 메타인지가 글쓰기 관련 효능감에 미치는 영향」, 『학습자중심교과교육연구』 15(4), 학습자중심교과교육학회, 617~634쪽.

문금현(1999), 『국어의 관용표현 연구』, 태학사.

문금현(2002), 「한국어 어휘 교육을 위한 연어 학습 방안」, 『국어교육』 109, 한국어교육학회, 217~250쪽.

민선식(2002), 『TOEFL CBT 공식문제 1300』, YBM 시사영어사.

박성원(2002), 「인터뷰 담화분석을 이용한 한국어 말하기 숙달도 평가 연구」, 이화여자대학교 석사논문.

박영목 외(2001), 『국어과 교수학습론』, 교학사.

박영목(1999), 「작문 능력 평가 방법과 절차」, 『국어교육』 99, 한국국어교육연구학회, 1~29쪽.

박영목(2007), 「작문 지도 모형과 전략」, 『국어교육』 174, 한국어교육학회, 181~215쪽.

박영민(2010), 「쓰기 지식과 쓰기 동기가 중학생의 설명문 쓰기 능력에 미치는 영향」, 『새국어교육』 84, 한국국어교육학회, 127~152쪽.

박주현(2007), 「학습자 작문의 형태 오류에 대한 교사 피드백 방법의 영향」, 『한국어교육』 18(1), 국제한국어교육학회, 195~213쪽.

반다이크(1978), 정시호 옮김(2000), 『텍스트학』, 도서출판 아르케.

배정옥(2006), 「Two-way Immersion Students' Writing Skills in Korean as a First and Foreign Language in the United State」, 『이중언어학』 32, 이중언어학회, 55~96쪽.

백봉자(1987), 「교포 2세의 한국어와 쓰기 교육」, 『이중언어학』 3(1), 이중언어학회, 63~83쪽.

버트런드 러셀(1935, 2005), 『게으름에 대한 찬양』, 사회평론.

봉원덕·서진숙·이정희·장미라(2007), 『유학생을 위한 한국어 글쓰기의 실제』, 하우출판사.

사와다 히로유키(2003), 「한국어 말하기 평가에서 전략적 능력과 어휘 구사력의 평가: 일본인 학습자를 대상으로 한 성취도 평가를 중심으로」, 『국어교육연구』 12, 서울대학교 국어교육연구소, 101~130쪽.

서수현(2008), 「요인 분석을 통한 쓰기 평가의 준거 설정에 대한 연구」, 고려대학교 박사논문.

서희정(2005), 「한국어능력시험 쓰기 영역 문항 개발에 관한 연구: 주관식 문항 유형을 중심으로」, 『고화온집』 37, 경희대학교 대학원우회, 13~32쪽.

석주연(2006), 「외국인 대학 신입생의 한국어 능력 실태 연구」, 『인문과학연구』 11, 가톨릭대학교 인문과학연구소, 65~82쪽.

성태제(2001), 『문항반응이론의 이해와 적용』, 교육과학사.

성태제·시기자(2006), 『연구방법론』, 학지사.

손연자(1996), 「한국어 글쓰기 교육의 실태와 방안」, 『새국어생활』 6(2), 국립국어연구원, 101~119쪽.

송현정(1998), 「한국어의 호응 관계에 대한 국어교육적 연구」, 서울대학교 박사논문.

안경화(2005), 「학문 목적 한국어교육 프로그램의 개발 방향」, 국제한국어교육학회 24차 학술대회 자료집, 국제한국어교육학회, 36~56쪽.

양영희(2014), 「'2011 국어과 교육과정'에 근거한 '문법' 영역의 텍스트 구현 방식 고찰」, 『국어문학』 57, 5~30쪽.

연세대학교 언어연구교육원(2001), 「한국어학당 성취도 평가문항 개발연구」, 연세대학교.

오문석(2006), 「민족문학과 친일문학 사이의 내재적 연속성 문제 연구: 최남선을 중심으로」, 『현대문학의 연구』 30, 한국문학연구학회, 339~365쪽.

우인혜(1996), 「한국어 쓰기 교육에 대한 일고찰」, 『한국언어문화』 14, 한국언어문화학회, 163~185쪽.

원진숙(1992), 「한국어 말하기 능력 평가 기준 설정을 위한 연구」, 『한국어어문교육』 6, 고려대학교 한국어문교육연구소, 101~133쪽.

원진숙(2005), 「대학생들의 학술적 글쓰기 능력 신장을 위한 작문 교육 방법」, 『어문논집』 51, 민족어문학회, 55~86쪽.

원진숙(2007), 「논술 개념의 다층성과 대입 통합 교과 논술 시험에 관한 비판적 고찰」, 『국어교육』 122, 한국어교육학회, 201~231쪽.

유승금(2005), 「학문 목적 한국어의 교육과정 개발 연구」, 국제한국어교육학회 24차 학술대회 자료집, 국제한국어교육학회, 61~82쪽.

유형선(2007), 「중급 한국어 학습자의 문장 구성과 유형에 관한 연구」, 『우리어문연구』 29, 우리어문학회, 51~79쪽.

유혜령·김성숙(2011), 「문법 능력과 작문 능력 간의 상관성 고찰」, 『청람어문교육』 44, 청람어문교육학회, 611~638쪽.

이근용(2006), 「한국어 학습자의 작문에 나타난 오류 분석」, 『어문학논총』, 국민대학교 어문학연구소, 95~111쪽.

이명실(2004), 「학제적 교양교육의 의의, 한계 그리고 가능성」, 『학제적 교양교육의 이념과 교육현장』, 가톨릭 대학 주체 학술 심포지움 자료집, 가톨릭대학교.

이미혜(2000), 「과정 중심의 한국어 쓰기 교육: 작문 수업을 중심으로」, 『한국어교육』 11(2), 국제한국어교육학회, 133~150쪽.

이선웅(2005), 『국어의 명사 논항 구조 연구』, 월인.

이수민(2002), 「한국어 쓰기 교육에서 교사 피드백이 학생 수정에 미치는 영향 연구」, 연세대학교 석사논문.

이아라(2007), 「컬럼비아 대학의 교양 기초 과목인 〈대학 글쓰기〉를 위한 강사 지침」, 『〈글쓰기〉 교육 혁신안 및 새 〈글쓰기〉 교재에 대한 설명』, 2007년도 2학기 학부대학 〈글쓰기〉 교강사·튜터 워크숍 자료집.

이연하(2005), 「학습자 반응 분석을 통한 한국어능력시험 개선 방안에 관한 연구」, 한양대학교 석사논문.

이영식(2004), 「한국어 말하기 시험의 유형 및 채점 기준 설정을 위한 기초 연구」, 『한국어교육』 15(3), 국제한국어교육학회, 209~230쪽.

이은경(2013), 「학문 목적 한국어 학습자의 요약문 쓰기 과정에 대한 연구」, 연세대학교 박사논문.

이은하(2007), 「학문목적 한국어 학습자의 쓰기 수행 평가를 위한 분석적 채점 척도 개발」, 이화여자대학교 석사논문.

이재승(2000), 「과정 중심의 작문 교육 프로그램 개발 및 적용」, 『새국어교육』 62, 한국국어교육학회, 93~116쪽.

이재승(2002), 『글쓰기 교육의 원리와 방법』, 교육과학사.

이재승 외(2006), 「초등학생용 쓰기 동기 검사도구 개발과 활용 방안」, 『청람어문교육』 34, 청람어문교육학회, 129~159쪽.

이종성 편(1988), 『일반화가능도이론』, 연세대학교 출판부; Brennan, R. L.(1983),

Elements of generalizability theory, Iowa: ACT Publications.

이주미(2009), 「중국인 학습자를 위한 한국어 쓰기 교육 방안 연구」, 동덕여자대학교 석사논문.

이필영·이성영·이은희(2005), 「쓰기 능력의 지표화 방안 연구」, 학술대회자료집, 서울대학교 국어교육연구소.

이해영(2004), 「학문목적 한국어 교과과정 설계 연구」, 『한국어교육』 15(1), 국제한국어교육학회, 137~163쪽.

이혁규(2010), 「교육과정 설계와 개발에서 기반 학문의 개념과 역할에 대한 성찰」, 『국어교육』 133, 한국어교육학회, 25~62쪽.

이현(2009), 「유학생의 대학 입학을 위한 한국어 쓰기 평가 연구」, 한국외국어대학교 석사논문.

이호관(1999), 「교정하기 전략 학습이 쓰기 능력 신장에 미치는 효과」, 한국교원대학교 석사논문.

이화여자대학교 언어연구교육원(2008), 『EPRESS』.

이희경 외(2002), 「한국어 성취도 평가 문항 개발 연구」, 『외국어로서의 한국어교육』 27, 연세대학교 언어연구교육원 한국어학당, 341~416쪽.

임유종(1997), 「국어 부사의 범주 정립과 호응 및 어순에 관한 연구」, 한양대학교 박사논문.

임인재(1993), 『심리 측정의 원리』, 교육과학사.

에릭 메슈스(1996), 김종갑 옮김(1999), 『20세기 프랑스 철학』, 동문선.

자이웨이치(2004), 「중국인 학습자들의 한국어 작문에 나타나는 오류 분석 연구: 초급 단계 학습자를 대상으로」, 강남대학교 석사논문.

전나영·김성숙·강혜림·이은경(2009), 「실제적 텍스트 중심의 쓰기 능력 평가 도구 개발 연구」, 『외국어로서의 한국어교육』 34, 연세대학교 언어연구교육원 한국어학당, 409~442쪽.

전은주(1997), 「한국어 능력 평가: 말하기 능력 평가 범주 설정을 위하여」, 『한국어학』 6(1), 한국어학회, 153~173쪽.

전형길(2016), 「학문 목적 한국어 학습자의 쓰기 동기 구성 요인 연구」, 『한국어교육』 27(1), 국제한국어교육학회, 157~183쪽.

정현경(1999), 「외국어로서의 한국어 쓰기 교육: 과정 중심의 접근을 통하여」, 고려
　　　대학교 석사논문.

정화영(2000), 「한국어 말하기 숙달도 평가 방안: FSI Oral Proficiency Test 분석을
　　　중심으로」, 연세대학교 석사논문.

정희모(2004), 「MIT 대학 글쓰기 교육 시스템에 관한 연구」, 『독서연구』 11호, 한국
　　　독서학회, 327~356쪽.

정희모(2005), 「대학 글쓰기 교육과 사고력 학습에 관한 연구」, 『현대문학의 연구』
　　　25, 한국문학연구학회, 425~456쪽.

정희모(2006), 「대학 글쓰기 교육과 과정 중심 방법의 적용」, 『현대문학의 연구』
　　　29, 한국문학연구학회, 483~513쪽.

정희모(2011), 「대학 글쓰기 교육과 연구 과제」, 『대학작문』 2, 대학작문학회, 7~
　　　25쪽.

정희모·김성희(2008), 「대학생 글쓰기의 텍스트 비교 분석 연구」, 국어교육학연구
　　　32, 국어교육학회, 393~426쪽.

조국현(2004), 「독일어 능력 평가 시험 TestDaF와 FLEX의 비교 고찰」, 『독어교육』
　　　29, 한국독어독문학교육학회, 81~104쪽.

조재윤(2009), 「일반화가능도 이론을 이용한 쓰기 평가의 오차원 분석 및 신뢰도
　　　추정 연구」, 『국어교육』 128, 한국어교육학회, 325~357쪽.

진대연 외(2006), 「한국어 학습자의 쓰기 텍스트에 대한 대조 수사학적 연구」, 『한국
　　　어교육』 17(3), 국제한국어교육학회, 325~356쪽.

진대연(2004), 「한국어 쓰기 능력 평가에 대한 연구: 텍스트 생산 능력 평가를 중심
　　　으로」, 『국어교육학연구』 19, 국어교육학회, 483~512쪽.

차숙정(2005), 「한국어 중급 학습자의 쓰기에서 나타나는 어휘 오류 분석」, 부산외
　　　국어대학교 석사논문.

차숙정·송향근(2006), 「중국인 한국어 학습자의 쓰기에서 나타나는 어휘 오류」, 『한
　　　국어교육』 17(1), 국제한국어교육학회, 415~436쪽.

최경희(1995), 「쓰기 평가의 개선 방안에 관한 연구」, 『국어교육』 89, 한국국어교육
　　　연구회, 225~250쪽.

최미숙 외(2008), 『국어교육의 이해』, 사회평론.

최병선(2001), 「한국어 작문 능력의 향상 방안 연구: 중국어 화자를 중심으로」, 『한국언어문화』 19, 한국언어문화학회, 5~24쪽.

최은규(2008), 「국내 학문목적 한국어교육의 현황과 과제-특수목적 한국어교육의 현황과 과제」, 국제한국어교육학회 18차 국제 학술대회 발표 자료집, 국제한국어교육학회, 59~81쪽.

최은정(2009), 「대학수학능력 평가를 위한 한국어 쓰기 시험 개발 방안 연구」, 경희대학교 석사논문.

최은지(2012), 「고급 한국어 학습자들의 담화통합 쓰기 양상」, 『이중언어학』 49, 이중언어학회, 381~410쪽.

최인철(1998), 「Test of Oral Proficiency(TOP)의 개발 연구」, 『어학연구』 34(1), 서울대학교 어학연구소, 245~286쪽.

최정순(2006), 「학문목적 한국어교육의 교육과정과 평가」, 『이중언어학』 31, 이중언어학회, 277~313쪽.

최종환(2012), 「자기서사식 글쓰기 지도에 있어 효과적 피드백 모색: 경희대 후마니타스칼리지 '글쓰기 1'강의 사례를 중심으로」, 『우리어문연구』 43, 우리어문학회, 101~124쪽.

최주리(2008), 「인지 구성주의 쓰기 전략 교수가 한국어 쓰기에 미치는 영향 연구」, 연세대학교 석사논문.

페터 크냅·메건 왓킨스, 주세형 외 역(2007), 『장르, 텍스트, 문법: 쓰기 교육을 위한 문법』, 박이정.

한국교육과정평가원 편(2005), 『영어과 말하기 평가 문항 제작 및 활용 연수』.

한국교육과정평가원(2006), 『한국어능력시험 문항 유형 개발을 위한 기초 연구: 문항 개발을 위한 지침서』.

한송화(2010), 「학문 목적 한국어 교육과정 설계의 실제」, 『한국어교육』 21(1), 국제한국어교육학회, 225~248쪽.

허봉자(2007), 「중국어권 학습자의 경어법 사용 오류 분석」, 『이중언어학』 35, 이중언어학회, 361~383쪽.

허영실(2007), 「쓰기 능력 신장을 위한 문장성분 호응 지도 내용 연구」, 이화여자대학교 석사논문.

허선익(2010), 「대학생들의 쓰기 동기 구성요인 분석」, 『배달말』 46, 배달말학회, 257~281쪽.

홍윤혜(2014), 「학술적 문어담화와 구어담화의 장르 비교 분석」, 연세대학교 박사논문.

홍은진(2006), 「중국인 한국어 학습자의 어휘 오류 연구: 대치 오류를 중심으로」, 『이중언이학』 31, 이중언어학회, 315~358쪽.

홍정현(2005), 「학문 목적 한국어 쓰기 요구 분석」, 이화여자대학교 석사논문.

황수영(2006), 『물질과 기억, 시간의 지층을 탐험하는 이미지와 기억의 미학』, 그린비.

Andrew Sangpil Byon, 「Teaching Composition in the Advanced KFL Class」, 『한국어교육』 16(1), 국제한국어교육학회, 299~325쪽.

Brown, H. Douglas, 이영식·안병규·오준일 옮김(2006), 『외국어 평가(원리 및 교실에서의 적용)』, 피어슨에듀케이션코리아.

Celce-Murcia, 임병빈 외 옮김, 『영어교육의 이론과 실제』, 경문사, 2004, 235쪽.

Grabe, William & Kaplan, Robert B., 허선익 옮김(2008), 『쓰기 이론과 실천 사례』, 박이정.

Grant Wiggins & Jay McTighe(2005), *Understanding by Design*(2nd edition); 강현석 외 공역(2008), 『거꾸로 생각하는 교육과정 개발: 교과의 진정한 이해를 목적으로』, 학지사.

Littlejojn, S. W. & Foss, K. A., 김홍규·황주연 옮김(2007), 『커뮤니케이션 이론』 제8판, 커뮤니케이션북스.

Spivey, N. N., 신헌재 외 옮김(2004), 『구성주의와 읽기·쓰기』, 박이정.

Alderson, J. C. & Hamp-Lyons, L.(1996), "TOEFL preperation courses: a study of washback", *Language Testing* 13(3), pp. 280~297.

Anderson, L. W., Krathwohl, D. R. (2001), *A taxonomy for learning, teaching, and assessing: A Revision of Bloom's Taxonomy of Educational Objectives*, New York: Longman.

Bachman, L. F. & Palmer, A. S.(1996), *Language testing in Practice*, Oxford: Oxford University Press.

Bachman, L. F.(1990), *Fundamental Consideration in Language Testing*, Oxford:

Oxford University Press.

Baddeley, A. & Hitch, G.(1974), "Working Memory", In Bower, Gordon H.(ed.), *Psychology of Leraning and Motivation* 8, Academic Press, pp. 47~87.

Baddeley, A.(1986), "Exploring the Central Executive", *The Quarterly Journal of Experimental Psychology Section A: Human Experimental Psychology* vol. 49(1), pp. 5~28.

Baker, F. B.(1985), *The Basic of Item Response Theory*, Portsmouth, N. H.: Heinemann.

Bandura, A.(1997), *Self-efficacy: The exercise of control*, New York: Freeman.

Bandura, A., & Schunk, D. H.(1981), Cultivating competence, self-efficacy, and intrinsic interest through proximal self-motivation, *Journal of personality and social psychology*, 41, pp. 586~598.

Bartlett, E. J.(1982), "Learning to Revise: Some Component Processes", In Nystrand, M.(1982), *What Writers Know: The Language, Process, and Structure of Written Discourse*, Academic Press, pp. 354~361.

Bawarshi, Anis & Reiff, Mary Jo(2010), *Genre: An Introduction to History, Theory, Research, and Pedagogy*, Parlor Press.

Belanoff, Pat(1991), "The Myths of Assessment", *Journal of Basic Writing* 10(1).

Bereiter, C. & Scardamalia, M.(1983), "Schooling and the growth of intentional cognition: Helping children take charge of their own minds", In Lamm, Z.(ed.), *New trends in education*, Tel-Aviv: Yachdev United Publishing, pp. 73~100.

Bereiter, C. & Scardamalia, M.(1987), *The psychology of written composition*, Hillsdale, NJ: Erlbaum.

Bizzell & Patricia(1992), *Academic Discourse and Critical Consciousness*, University of Pittsburgh Press.

Bloom, B. S. (1956), *Taxonomies of educational objectives, Handbook 1. Cognitive Domain. NY: McKay. Bloom's Taxonomy of learning domains: The three types of learning*, www.nwlink.com

Boldt, H., Valescchi, M. I. & Weigle, S. C.(2001), "Evaluation of ESL student writing on text-responsible and non-text responsible writing tasks", *MEX-TESOL*

Journal 24, pp. 13~33.

Brennan, R. L.(1983), *Elements of Generalizability Theory*, Iowa: ACT Publications.

Brennan, R. L.(1992), *Elements of Generalizability Theory*(2nd), Iowa city, IA: The American College Testing Program.

Bridwell, L.(1980), "Revising strategies in twelfth grade students' transactional writing", *Research in the Teaching of English* 14(3), pp. 197~222.

Britton, J.(1970), *Language and Thought*, Harmondsworth, Penguin.

Brooke & Collin Gifford(2013), *New Media, A Guide to Composition Pedagogies*, Oxford University Press.

Brown, H. Douglas(1994), *Principles of Language Learning and Teaching*, Prenctice Hall Regents.

Brown, J. D. & Bailey, K. M.(1984), "A categorical instrument for scoring second language writing skills", *Language Learning* 34(4), pp. 21~38.

Bruner, J. (1985), *Vygotsky: A Historical and Conceptual Perspective. In J. Wertsh (Ed.), Culture, Communication, and Cognition: Vygotskian Perspectives*, Cambridge: Cambridge University Press.

Bruner, J. (1990), *Acts of meaning*, Harvard University Press.

Canale, M. & Swain, M.(1980), "Theoretical bases of communicative approaches to second language teaching and testing", *Applied Linguistics* 1(1).

Canale, Michael & Swain, Merrill(1983), "Communicative Competence to Communicative Language Pedagogy", *Language and Communication*, Longman: London & New York, pp. 2~27.

Carell, P. L. & Connor, U.(1991), "Reading and writing descriptive and persuasive texts", *Modern Language Journal*, pp. 314~324.

Chapman, M.(1992), *Equilibration and the dialectics of organization. In H. Beilin & P. Pufall(eds.), Piagets theory: Prospects and possibilities*, Hillsdale, NJ: Erlbaum, pp. 39~59.

Chenoweth, N. A. & Hayes, J. R.(2001), "Fluency in writing: Generating text in L1 and L2", *Written Communication* 18. pp. 80~98.

Cho, Y.(2003), "Assessing Writing: Are we bound by only one method?", *Assessing*

Writing 8(3), pp. 165~191.

Clanchy, J. & Ballard, B.(1992), *How to write Essays*, Melbourne: Longman Cheshire.

Cohen, A. D.(1983), "Reformulating composition", *TESOL Newsletter* 17(6), pp. 1~5.

Copple, C., Sigel, I. E. & Saunders, R. A.(1984), *Educating the Young Thinker: classroom strategies for cognitive growth*, Lawrence Erlbaum.

Crick, J. E. & Brennan, R. L.(1983), "Mannual for GENOVA: A Generalized analysis of variation system", *ACT technical bulletin* 43, ACT Program, Iowa city, IA.

Cronbach, L. J., Glesser, G. C., Nanda, H. & Rajaratnam, N.(1972), *The Generalizability of Behavioral Measurement: The Theory of generalizability for scores and profiles*, New York: John Wiley.

Deno, Stanley L., Marston, D. & Mirkin, P.(1982), "Valid measurement procedures for continuous evaluation of written expression", *Exceptional Children* 48(4), pp. 368~371.

Diederich, P. B.(1974), *Measuring growth in English*, Urbana, IL: NCTE.

Douglas, Brown, H.(2001), *Teaching by Principles an Interactive Approach to Language Pedagogy*(2nd Ed.), White Plains, NY: Addison Wesley Longman.

Douglas, Brown, H.(2004), *Language Assessment Principles and Classroom Practices*, Longman.

Dubin, Fraida & Olshtain, Elite(1980), "The Interface of Writing and Reading", *TESOL Quarterly* 14(3), pp. 353~363.

Dudley-Evans, T.(1988), "A genre-based Investigation of the Discussion Sections in Articles and Dissertations", *English for Specific Purposes* 7(2), pp. 113~121.

Elbow, P.(2005), *Ranking, Evaluating, and Liking: Sorting Out Three Forms of Judgement, Teaching Composition*, T. R. Johnson, Tulane University, Boston, New York.

Emig, Janet(1971), "The Composing Process of Twelfth Graders", *Research Report* 13, Urbana, IL: National Council of Teachers of English.

Engeström, Yrjo(1999), "Activity Theory and Individual Social Transformation", In Y. Engeström, R. Miettinen, R-L Punamaki(ed.), *Perspectives on Activity Theory*, Cambridge: Cambridge University Press, pp. 19~38.

Ernst, G. W. & Newell, A.(1969), *GPS: A case study in generality and problem solving*, New York: Academic Press.

Faigley, L. & Witte, S.(1981), "Analyzing Revision", *College Composition and Communication* 32(4), pp. 400~414.

Faigley, L., Cherry, R., Jolliffe, D. & Skinner, A.(1985), *Assessing writers' knowledge and processes of composing*, Norwood, NJ: Ablex.

Faigley, Lester(1986), "Competing Theories of Process: A Critique and a Proposal", *College English* 48(6).

Fish, S.(1980), *Is their a test in this class? The authority of interpretive communities*, Cambridge, MA: Harvard University Press.

Flower, L. & Hayes, J. R.(1981), "Cognitive process model of the writing process", *College Composition and Communication* 32(4), pp. 365~387.

Flower, L.(1987), "Interpretive Acts: Cognition and the Construction of Discourse", *Poetics* 16, pp. 110~120.

Flower, L., Schriver, Karen A., Carey, L., Haas, C., Hayes & John R.(1989), "Planning in Writing: The Cognition of a Constructive Process", *Technical Report* No. 34.

Freedman, A. & Medwey, P.(1994), *Genre and the New Rhetoric*, London: Taylor and Francis, Paré, A. & Smart, G.

Freeman, Jennifer Maria(2007), *The writing exam as index of policy, curriculum, and assessment: An academic literacies perspective on high stakes testing in an American university*, Unpublished dissertation, University of Pennsylvania.

Gathercole, S. E. & Baddeley, A.(1993), "Phonological Working Memory: A Critical Building Block for Reading Development and Vocabulary Acquisition?", *European Journal of Psychology of Education* vol. 8(3), pp. 259~272.

Gee, J. Paul(1996), *Social Linguistics and Literacies: Ideology in Discourses*, Bristol, PA: Taylor and Francis.

Giddens, A.(1981), 'Agency, Institution and Time-Space Analysis', in Knorr-Cetina, K. & Cicourel, A.V.(eds), *Advances in Social Theory and Methodology: Toward an Integration of Micro-and Macro-Sociologies*, Boston, MA: Routledge and

Kegan Paul, pp. 161~174.

Giroux, Henry, A.(1983), *Theory and Resistance in Education*, South Hadley, MA: Bergin.

Grabe, William & Kaplan, Robert B.(1996), *Theory and Practice of Writing*, Addison Wesley Longman.

Graves, Don & Hansen, Jane(1983), "The Author's Chair", *Language Arts* 60(2), pp. 176~183.

Graves, K.(ed.)(1996), *Teachers as Course Developers*, Cambridge University Press.

Hairston, Maxine(1982), "The Winds of Change: Thomas Kuhn and the Revolution in the Teaching of Writing", *College Composition and Communication* 33(1).

Halliday, M. A. K. & Hasan, Ruqaiya(1976), *Cohesion in English*, Longman.

Hamp-Lyons, L.(1991), "Pre-text: Task-related influences on the writer", *Assessing second language writing in academic contexts*, Norwood, NJ: Ablex, pp. 87~107.

Harris, J. & Mosseley, A.(2003), *Strategies For College Writing: Sentences, Paragraphs, Essays*(2nd edition), Longman.

Harris, K. R., & Graham, S.(1996), *Making the writing process work: Strategies for composition and self-regulation*, MA: Brookline Books.

Haswell, Richard H.(1988), "Error and change in college student writing", *Written Communication* 5(4), pp. 479~499.

Hayes, J. R., Flower, L., Schriver, K. A., Stratman, J. & Carey, L.(1987), "Cognitive processes in revision", In Rosenberg, S.(ed.), *Advances in applied psycholinguistics: Vol. II. Reading, writing, and language processing*, New York: Cambridge University Press.

Hayes, John R.(2000), "A New Framework for Understanding Cognition and Affect in Writing", In Indrisano, R. & Squire, J. R.(eds.), *Perspectives on Writing Research, Theory, and Practice*, International Reading Association.

Hayes, John R.(2006), "New Directions in Writing Theory", *Handbook of Writing Research*, The Guildford Press, New York, London.

Hillocks, G.(1986), *Research on Written Composition: New Directions for Teaching*,

Urbana, IL: National Conference on Research in English.

Hillocks, G.(1987), *Synthesis of research on teaching Writing*, Educational Leadership.

Hoetker, J. & Brossell, G.(1986), "A procedure for writing content-fair essay examination topics for large-scale writing assessments", *College Composition and Communication* 37(3), pp. 328~335.

Hormazábal, Rene Díaz(2007), "Argumentative writing strategies and perceptions of writing in academia by EFL college student", *Literatura y lingüística, Lit. lingüíst* n. 18, Santiago.

Houck, C. K. & Billingsley, B. S.(1989), "Written expression of students with and without learning disabilities: Differences across the grades", *Journal of Learning Disabilities* 22, pp. 561~567, 572.

Hunt, K. W.(1965), *Grammatical Structures Written at Three Grade Levels*, Champaign, IL: National Council of Teachers of English.

Hyland, K.(2003), *Second Language Writing*, Cambridge: Cambridge University Press.

Ivanic, R.(1998), *Writing and Identity*, John Benjamins Publishing Co.

Jacobs, H., Zinkgraaf, S., Wormuth, D., Hartfiel, V. & Hughey, J.(1981), *Testing ESL composition: A practical approach*, Rowley, MA: Newbury House.

Kellogg, Ronald T.(1994), "Process and Performance", *The Psychology of Writing*, New York: Oxford University Press, pp. 46~70.

Kellogg, R. T.(1996), "A Model of Working Memory in writing", In Levy, C. M. & Ransdell, S.(eds.), *The science of writing: Theories, methods, individual differences, and applications*, Mahwah, NJ: Erlbaum, pp. 57~72.

Kern, R. P., Sticht, T. G., Welty, D. & Hauke, R.(1976), *Guidebook for the development of Army training literature*, Alexandria, VA: U. S. Army Research Institute.

Krashen, Stephen D.(1985), *The Input Hypothesis: Issues and Implications*, London: Longman.

Kroll, B. & Reid, J.(1994), "Guidelines for designing writing prompts: Clarifications, caveats, and cautions", *Journal of Second Language Writing* 3(3), pp. 231~255.

Kroll, B.(1978), "Cognitive Egocentrism and the Problem of Audience Awareness in

Written Discourse", *Research in Teaching* 12.

Kroll, B.(1978), "Cognitive Egocentrism and the Problem of Audience Awareness in Written Discourse", *Research in the Teaching of English* vol. 12(3), pp. 269~281.

Kroll, B.(1990), *Second Language Writing: Research insights for the classroom*, Cambridge: Cambridge University Press.

Kuhn, T.(1962), *The structure of scientific revolutions*, Chicago: University of Chicago Press.

Langan, John(2005), *College Writing Skills with Readings*, McGraw-Hill; 5th edition.

Langer, J.(1984), "Where problems start: The effects of available information on responses to school writing tasks", In Applebee, A.(ed.), *Contexts for learning to write*, Norwood, NJ: ABLEX.

Larsen, Ditlev Stenild(2003), *Freshman College Student Acquiring Academic Writing: An Examination of Basic Writers and ESL Writers*, Ph. D., Minnesota University.

Legg, Sue M.(1998), *Reliability and Validity, An Overview of Writing Assessment*, NCTC, Urban, IL.

Leki, I.(1991), "Twenty-five years of contrastive rhetoric: Text analysis and writing pedagogies", *TESOL Quarterly* 25(1).

Leki, I., Cumming, A. and Silva, T.(2008), Rosa Manchon(ed.), *Writing in Foreign Language Contexts: Learning, Teaching*, and Research, Muitilingual Matters.

Levy C. M. & Marek, P.(1999), "Testing components of Kellogg's multicomponent model of working memory in writing: the role of the phonological loop", In Rijlaarsdam, G. et al., *Studies in Writing: vol. 3. The cognitive demands of writing: Processing capacity and working memory effects in text production*, Amsterdam: Amsterdam University Press, pp. 25~41.

Linacre, J. M.(1989), *Many-faceted Rasch measurement*, MESA Press, Chicago IL.

Lindemann, E.(1987), *A Rhetoric for Writing Teachers*, New York: Oxford University Press.

Littlejojn, S. W. & Foss, K. A.(2005), *Theories of Human Communication*(8th ed.), Belmont, CA: Thomson Wadsworth.

Livingston, S.(1987), "The effects of time limits on the quality of student-written essays", *Paper presented at the annual meeting of the American Education Research Association*, Washington, DC.(ERIC No. ED286936)

Longoni, A. M., Richardson, J. T. E. & Aiello, A.(1993), "Articulatory rehearsal and phonological storage in working memory", *Memory & Cognition* 21(1), Psychonimic Society, pp. 11~22.

Lumley, T. & McNamara, T. F.(1995), "Rater characteristics and rater bias: implications for training", *Language Testing* 12(1), pp. 54~71.

Lunz, M. E., Wright, B. D. & Linacre, J. M.(1990), "Measuring the impact of judge severity on examination scores", *American Measurement in Education* 3(4), pp. 331~345.

Lyons, Hamp(1991), *Assessing second language writing in academic contexts*, Norwood, NJ: Ablex, pp. 241~278.

McComiskey, Bruce(2000), *Teaching composition as a social progress, Logan*, Utah: Utah State University Press.

McWhorter, Kathleen T.(2005), *Successful College Writing: Skills, Strategies, Learning Styles*, Bedford/stMartins.

Mendelsohn, D. & Cumming, A.(1987), "Professors' ratings of language use and rhetorical organizations in ESL composition", *TESOL Canada Journal* 5(1), pp. 9~26.

Miller, Carolyn R.(1994), Rhetorical Community: The Cultural Basis of Genre, in Freedman, A. & Medway, P.(eds.), *Genre and the New Rhetoric*, Taylor & Francis, pp. 57~67.

Mills, H. & Clyde, J. A.(1991), Children's success as readers and writers: It's the teacher's beliefs that make the difference, *Young Children*, 46(2), pp. 49~54.

Minsky, M. (1975), *A framework for representing knowledge*, In P. H. Winston (Ed.), The psychology of computer vision, New York: McGraw-Hill Book.

Mullen, K.(1977), "Using rater judgement in the evaluation of writing proficiency for non-native speakers of English", In Brown, H. D., Yorio, C. A. & Crymes, R. H.(eds), *Teaching and learning English as a second language: trend in research and practice*, TESOL, Washington DC, pp. 309~320.

Multon, K. D., Brown, S. D., & Lent, R. W.(1991), Relation of self-efficacy beliefs to academic outcomes: A meta-analytic investigation, *Journal of Counseling psychology*, 18, pp. 30~38.

Murphy, C. & Sherwood, S.(2003), *The St. Martin's Sourcebook for Writing Tutors*, New York.

Murphy, K. R., & Davidshofer, C. O.(1991), *Psychological testing: Principles and applications*, Englewood Cliffs, NJ: Prentice Hall.

Nakamura, Yuji(1996), "Assessment of English Speaking Ability", *Journal of Humanities and Natural Sciences*, pp. 25~53.

Nakamura, Yuji(1997), "Establishing Construct Validity of an English Speaking Test", *Journal of Communication Studies*, pp. 13~30.

Neilsen, Lorri(2008), "Remaking Sense, Reshaping Inquiry: Reimaging Metaphors for a Literacy of the Possible", In James Flood et tal.(ed.), *Handbook of Research on Teaching Literacy Through the Communicative and Visual Arts* II, Lawrence Erlbaum Associates, pp. 143~144.

Noyce, Ruth M. & Christie, James F.(1989), *Integrating Reading and Writing Instruction in Grades K-8*, ERIC No. ED308469.

Ojeda, Jeanna Howell(2004), *English as a second language writing revisited: Grading timed essay responses for overall quality and global assets*, Ph.D., University of Florida.

Omaggio, A. H.(1993), *Teaching Language in Context*, Heinle & Heinle Publishers.

Oxford, Rebecca L.(2001), "Language learning strategies In Ronald Carter & David Nunan", *Teaching English to Speakers of Other Languages*, Cambridge University Press.

Pajares, F., Hartley, J., & Valiante, G.(2001), Response format in writing self-efficacy assessment: Greater discrimination increases prediction, *Measurement and Evaluation in Counseling and Development*, 33, pp. 214~221.

Piaget, J.(1975, 1985), *The equilibration of cognitive structures: the central problem of intellectual development*, T. Brown & K. J. Thampy, Trans., Chicago: University of Chicago Press.

Plakans, Lia Margaret(2007), *Second language writing and reading-to-write assessment tasks: A process study*, The University of Iowa.

Poe, E. A.(1846), "The Philosophy of Composition", *Graham's Magazine* vol. 28(4), pp. 163~167.

Powers, D. E. & Fowles, M. E.(1996), "Effects of applying different time limits to a proposed GRE writing test", *Journal of Educational Measurement* 33(4), pp. 433~452.

Raforth, Bennett A. & Rubin, Donald L.(1984), "The Impact of Content and Mechanics on Judgments of Writing Quality", *Written Communication* 1(4), pp. 446~458.

Raimes, Ann(2008), *Keys for Writers*, Hunter College, City University of New York.

Ravitch, D. & Finn, C. E.(1987), *What do our 17-year-olds know?*, Harper & Row.

Reid, J. M.(2000), *The Process of Composition*, Englewood Cliffs, N. J.: Prentice hall Regents.

Reid, Joy(2001), "writing", In Carter, Ronald & Nunan, David, *Teaching English to Speakers of Other Languages*, Cambridge University Press.

Richards, J. C. & Rodgers, T. S.(1996), *Approaches and Methods in Language Teaching*, Cambridge University Press.

Richards, R. T.(1988), "Thesis/dissertation writing for EFL students: an ESP course design", *English for Specific purposes* 7(3).

Rijlaarsdam, Gert & Huub van den Bergh(2006), "Writing Process Theory", *Handbook of Writing Research*, The Guilford Press, New York, London.

Rogers, Bruce(2001), *Complete Guide to the TOEFL Test*, Thomson Heinle.

Rohman, Gordon, D., Wlecke, Alfred O.(1964), *Pre-Writing: The Construction and Application of Models for concept Formation in Writing*, Cooperative Research Project No. 2174.

Rosenblatt, L. M.(1978), *Literature as exploration*(3rd ed.). New York: Barnes & Noble(Original work published, 1938).

Ruth, L. & Murphy, S.(1988), *Designing writing tasks for the assessment of writing*,

Norwood, NJ:Ablex.

Santos, T.(1988), "Professors' reactions to the academic writing of nonnative speaking students", *TESOL Quarterly* 22(1), pp. 69~90.

Scarcella, R. C. & R. L. Oxford(1992), *The tapestry of Language Learning: The Individual in the Communicative Classroom*, Boston, MA: Heinle and Heinle.

Schriver, Karen A.(1990), "Theory Building in Rhetoric and Composition: The Role Empirical Scholarship", *Technical Report* 38.

Shanahan, Timothy(2006), "Relations among Oral Language, Reading, and Writing Development", *Handbook of Writing Research*, The Guilford Press, New York London.

Shavelson, R.(1991), *Generalizability theory: a primer*, SAGE Publication.

Shavelson, R.(1993), "Sampling Variability of Performance Assessments", Report on the Status of Generalizability Performance: Generalizability and Transfer of Performance Assessments, ERIC No. ED359229.

Shavelson, R., Baxter, P. & Gao, X.(1993), "Sampling variability of performance assessment", *Journal of Educational Measurement* 30(3), pp. 215~235.

Shavelson, R., Webb N. & Burstein, L.(1986), "Measurement of teaching", In M. C. Wittrock(ed.), *Handbook of research on teaching*(3rd ed.), New York: Macmillan, pp. 50~91.

Shohamy, E., Dentisa-Schmidt, S. & Ferman, I.(1996), "Test impact revisited: Washback effect over time", *Language Testing* 13(3), pp. 298~317.

Sigel, I. & Cocking, R.(1977), *Cognitive Development from Childhood to Adolescence: A Constructivist Perspective*, NY: Holt.

Simmons, J.(1992), "Don't settle for less in large-scale writing assessment", In K. Goodman, L. B. Vird & Y. M. Goodman(eds.), *The whole language catalog: Supplement on authentic assessment*, Santa Rosa, CA: American School Publishers.

Sloan, Charles A., McGinnis, Iris(1982), "The effect of handwriting on teachers' grading of high school essays", *Journal of the Association for the Study of Perception* 17(2), pp. 15~21.

Slotnick, H. B. & Rogers, W. T.(1973), "Writing Errors: Implications about Student Writers", *Research in the teaching of English* 7, pp. 75~87.

Smagorinsky, P.(ed.)(2006), *Research on composition: multiple perspectives on two decades of change*, NY: Teachers College Press.

Smith, W. L., Hull, G., Land, R. E., Moore, M. T., Ball, C., Dunham, D. E., et al.(1985), "Some effects of varying the structure of a topic on college students' writing", *Written Communication* 2(1), pp. 73~89.

Sommers, Nancy(1980), "Revision Strategies of Students Writers and Expression Writers", *CCC* 31, pp. 378~388.

Song, B. & Caruso, I.(1996), "Do English and ESL faculty differ in evaluating the essays of native English-speaking and ESL students?", *Journal of Second Language Writing* 5(2), pp. 163~182.

Spack, R. F.(1988), "Initiating ELS students into the academic discourse community: How far should we go?", *TESOL Quarterly* 22(1), pp. 29~52.

Spivey, N. N.(1997), *The Constructivist Metaphor. Reading, Writing and the making the Meaning*, San Diego, Ca: Academic Press.

Spolsky, B.(1995), *Measured Words: The Development of Objective Language*, Oxford: Oxford University Press.

Stallard, Charles K.(1974), "An Analysis of the Writing Behavior of Good Student", *Research in the Teaching of English* vol. 8(2) pp. 206~218.

Straw, Stanley, B. & Schreiner, Robert(1982), "The effect of sentence manipulation on subsequent measures of reading and listening comprehension", *Reading Research Quarterly* 17(3), pp. 339~352.

Swales, J. M. & Feak, C. B.(1994), *Academic Writing for Graduate Students*, Ann Arbor: University of Michigan Press.

Swales, J. M.(1990), *Genre analysis: English in academic and research setting*, Cambridge University Press.

Thomas Staubitz, Dominic Petrick, Matthias Bauer, Jan Renz, Christoph Meinel(2016), Improving the Peer Assessment Experience on MOOC Platforms, Hasso Plattner

Institute, (file:///C:/Users/user1/Desktop/Staubitz_ImprovingthePeer Assessment ExperienceonMOOCPlatforms.pdf) 2016년 6월 15일 검색.

Tindal, Gerald & Parker, Richard(1989), "Assessment of Written Expression for Students in Compensatory and Special Education Programs", *The Journal of Special Education* 23(2), pp. 169~183.

Tyler, R. W.(1949), *Basic principle of curriculum and instruction*, Chicago, IL: University of Chicago Press.

Van der Hoeven(1997), "Children's composing: A Study into the relationships between writing process, text quality, and cognitive and linguistic skills", *Utrecht Studies in Language and Communication* 12, Amsterdam: Rodopi.

Vaughan, C.(1991), "Holistic assessment: What goes on in the raters' minds?", In L. Hamp-Lyons(ed.), *Assessing second language writing in academic contexts*.

Witte, Stephen P.(1983), "Topical Structure and Revision: An Exploratory Study", *College Composition and Communication* 34(3), pp. 313~341.

Vygotsky, L. S.(1978), *Mind in Society: The Development of Higher Psychological Processes*, Cambridge, MA: MIT Press.

Vygotsky, L. S.(1986), *Thought and Language*, Cambridge, MA: MIT Press.

Wall, D.(1996), "Introducing new tests into traditional systems: Insights from general education and from innovation theory", *Language Testing* 13(3), pp. 334~354.

Wallace, David L. & Hayes, John R.(1990), *Redefining Revision For Freshmen*, Carnegie Mellon University, OP. 21.

Weigle, Sara Cushing(2005), *Assessing Writing*, Cambridge University Press.

Weissberg, R. & Buker, S.(1990), *Writing up research*, Englewood Cliffs, H. J.: Prentice Hall Regents.

White, Edward M.(1984), "Holisticism", *College Composition and Communication* 35(4), pp. 400~409.

White, Edward M.(2007), "Helping students do well on writing assignment", *Assigning, Responding, Evaluating*, St. Martin's.

White, Edward M.(2008), "Holisticism", In Hunt, Brian & O'Neill, Peggy(ed.), *Assessing writing*, Bedford/ST. Martin's.

Wiggins, Grant P.(1993), *Assessment: Authenticity, context, and validity*, Phi Delta Kappan, 75.

Wiggins, Grant P., McTighe, Jay(2005), *Understanding by Design*, Association for Supervision and Curriculum Development.

Williams, James D.(2003), "Assessing and Evaluating Writing", *Preparing to Teach Writing*, Lawrence Erlbaum Associates.

Wiseman, Cynthia, S.(2008), "Investigating selected facets in measuring second language writing ability using holistic and analytic scoring methods", Unpublished dissertation in Teachers College, Columbia University.

Wolcott, Willa & Legg, Sue M.(1998), *An Overview of Writing Assessment*, NCTE, Urbana, IL.

Zamel, V.(1987), "Writing: The process of discovering meaning", In M. H. Long & J. C. Richards(eds.), *Methodology in TESOL: A book of readings*, New York: Newbury House Publishers, pp. 267~278.

Zimmerman, B. J.(2000), Self efficacy: An essential motive to learn, *Contemporary Educational Psychology*, 25, pp. 82~91.

찾아보기

1장 한국어 작문 과정 모형

김성숙(2007), 「한국어 작문과정 모형과 단계별 전략 탐구」, 『한국어교육』 18(2),
　　　국제한국어교육학회, 2007, 21~47쪽.

2장 작문 과정의 각 단계별 전략

김성숙(2008), 「외국인의 한국어 작문 과정에 대한 연구」, 『작문연구』 7, 한국작문
　　　학회, 209~233쪽.

3장 내·외국인의 작문 수정 전략 비교

김성숙(2009), 「내·외국인 학생 간의 작문 수정 결과 비교」, 『국어국문학』 153, 국
　　　어국문학회, 377~416쪽.

4장 중국인 학습자의 쓰기 표현 오류 분석

김성숙·유혜령(2012), 「한국어 학습자의 쓰기 수행 능력 연구」, 『이중언어학』 49,
　　　이중언어학회, 1~28쪽.

5장 보고서 쓰기 수행 과제 개발

김성숙(2013), 「학문 목적 한국어 쓰기 숙달도 평가 연구」, 『한국어교육』 24(2), 국
　　　제한국어교육학회, 57~80쪽.

6장 실제적 텍스트 중심의 교재 개발

김성숙·유연숙·안윤정(2008), 「실제적 텍스트 중심의 쓰기 교재 개발에 관한 연구」, 『외국어로서의 한국어교육』 33, 연세대학교 언어연구교육원, 299~328쪽.

7장 대학 신입생 대상 쓰기 교수요목 개발 사례

김성숙(2012), 「컬럼비아대학교 글쓰기 교수법의 적용 사례」, 『대학작문』 4, 대학작문학회, 35~66쪽.

김성숙(2008), 「미국의 대학 글쓰기 교육과정과 평가」, 『작문연구』 6, 한국작문학회, 99~125쪽.

8장 실제적 텍스트 중심의 쓰기 능력 평가 도구 개발

전나영·김성숙·강혜림·이은경(2009), 「실제적 텍스트 중심의 쓰기 능력 평가 도구 개발 연구」, 『외국어로서의 한국어교육』 34, 연세대학교 언어연구교육원, 409~442쪽.

9장 온라인 대중 공개강좌(MOOC) 한국어 수업에서 학습자 참여형 쓰기 평가의 효용성

김성숙(2016), 「온라인 대중 공개강좌(MOOC) 한국어 수업에서 학습자 참여형 쓰기 평가의 효용성」, 『대학작문』 18, 대학작문학회, 223~246쪽.

10장 글로벌 평생교육을 위한 한국어 멀티모달 콘텐츠의 구조화 요인 탐색

김성숙(2020), 「글로벌 평생교육을 위한 한국어 멀티모달 콘텐츠의 구조화 요인 탐색」, 『리터러시연구』 11(1), 한국리터러시학회, 85~103쪽.